晩氷期の人類社会
北方先史狩猟採集民の適応行動と居住形態

佐藤　宏之
山田　　哲　編
出穂　雅実

六一書房

目 次

I 列島の晩氷期適応

第1章 総論：晩氷期の人類社会
　　　　―北方先史狩猟採集民の適応行動と居住形態―……………………佐藤宏之　3

第2章 日本列島における晩氷期適応の地域相………………………………森先一貴　23

II 吉井沢遺跡の研究

第3章 北海道における晩氷期人類の居住生活 ―吉井沢遺跡の事例から―………夏木大吾　43

第4章 晩氷期における石材資源の開発と石器の生産・供給の様相
　　　　―吉井沢遺跡出土資料からの考察―…………………………………山田　哲　65

第5章 晩氷期の北海道における石器使用と地点間変異
　　　　―吉井沢遺跡の忍路子型細石刃核を伴う石器群を対象とした石器使用痕分析―……岩瀬　彬　85

III 北海道の晩氷期適応

第6章 小形舟底形石器石器群からみた居住形態………………………………尾田識好　105

第7章 黒曜石の体系的産地分析からわかってきた古サハリン―北海道―千島半島の
　　　　後期旧石器時代における狩猟採集民行動の変化
　　　　………………………………………………出穂雅実・ジェフリーファーガソン　129

第8章 広郷石器群にみられる学習行動と文化伝達…………………………髙倉　純　147

第9章 北海道中央部の旧石器について………………………………………中沢祐一　169

第10章 晩氷期における北海道中央部の石材消費形態
　　　　―忍路子型細石刃核を伴う石器群の分析―…………………………赤井文人　189

第11章 白滝遺跡群の石刃技法………………………直江康雄・鈴木宏行・坂本尚史　209

IV 北方大陸の晩氷期適応

第12章 北西ヨーロッパの考古文化と生業戦略の変化………………………佐野勝宏　237

第13章 内陸アラスカの石器群の多様性と人類集団の連続性
　　　　―近年の研究動向とその問題点―……………………………………平澤　悠　257

編者略歴・執筆者一覧

I

列島の晩氷期適応

第1章　総論：晩氷期の人類社会
―北方先史狩猟採集民の適応行動と居住形態―

佐藤　宏之

はじめに

　本書は，これまで編者らが行ってきた環日本海北部地域におけるいくつかの考古学研究プロジェクトの成果を，今日的な視点からとりまとめたものである。特に，筆者を代表として実施した科研費研究（基盤A「黒曜石の流通と消費からみた環日本海北部地域における更新世人類社会の形成と変容」平成21～25年度）プロジェクトの研究成果を中心としている（佐藤編2012，佐藤・出穂編2014，佐藤・山田編2014）。かつて，同じく科学研究費（基盤B「日本列島北部の更新世／完新世移行期における居住形態と文化形成に関する研究」平成17～20年度）で実施したシンポジウムの成果を一書にまとめて上梓したこと（佐藤編2008）があったが，本書はその続編にあたる。前書では，列島全域の更新世／完新世移行期の問題を扱ったが，本書では北方域の移行期（晩氷期）に焦点を絞り，若手研究者を主体に研究の最前線を論じてもらった。

　本章の前半では，これらの研究プロジェクトを通して得られた最新の研究成果に基づき，旧石器時代末葉の北海道を中心とした列島先史社会の環境と人間の歴史的応答関係の概要を記述し，後半では本書の内容について解題を述べることとする。

　晩氷期とは，人類の歴史上最大の転換期であった。文明や農耕，都市といった世界史上の重大な事件・事象は，全て晩氷期を契機としたそれ以降の出来事である。それはなぜか。本書は主として日本列島およびその周辺を扱ってはいるが，本書を通じてそのことに思索を巡らせていただければ，編者としては望外の幸せである。

1　氷期の日本列島の気候と地理的環境

　晩氷期Late Glacial（LG）とは，長く続いた氷河時代（氷期）である更新世（260～1.17万年前）がようやく終わりを告げようとする末期（1.5～1.17万年前）に相当する地質時代である。考古学的には旧石器時代にあたる氷期の日本列島は，全球的にダンスガード・オシュガー・サイクルと呼ばれ「突然かつ急激に変動する」きわめて不安定な気候パターンに支配されており，寒冷・乾燥の大陸性気候を基調としていた。そのため縄文時代早期以降今日まで続く安定した温暖・湿潤の海洋性気候下での生活環境とは異なり，列島旧石器時代人の暮らした自然環境は，資源利用の

予測が難しい厳しい生活をもたらしていた（佐藤ほか2011）。

　更新世の列島では，寒冷気候により水分が陸上に固定されたため，おおむね現海水面よりも−120〜140 m ラインまで陸域が拡大していたと推定されている。そのため現在の北海道は，サハリン・千島列島南部と陸域で大陸まで繋がって古北海道・サハリン・南千島半島（古北海道半島）を形成し，一方本州・四国・九州は一つの島（古本州島）を作り出していた。日本海は著しく縮小し，わずかに幅狭の津軽海峡と朝鮮海峡によってかろうじて大洋と繋がっていたので，日本海には大洋流が流入することはなく，これが列島に寒冷・乾燥の大陸性気候をもたらす主因となっていた。ただし，陸域が拡大していたとはいえ，琉球諸島や薩南諸島の島々は，一部の島を除き相互に陸で接することはなかったようである。このような地理的環境は，旧石器時代人類集団の文化動態の基本単位が，古北海道半島・古本州島・古琉球諸島の三つに大きく分立されることを強いた（佐藤2005a・2013・2015a，佐藤編2008）。以下本稿では，考古学的証拠が不分明な古琉球諸島を除き，最近研究の進展している古本州島と古北海道半島について論じていく。

　更新世の不安定で短周期に変動する気候環境は，それでも大局的にみると相対的な温暖／寒冷期のサイクルが繰り返されていた。筆者は，これまで得られた考古学的証拠に基づいて，列島における最古の人類居住は中期旧石器時代（12〜5万年前）に開始されたと考えており，中期／後期旧石器時代移行期（5〜3.8万年前）を経て，後期旧石器時代（3.8〜1.6万年前）に入ると現生人類による遺跡数の爆発的増加といった現生人類型行動が発現すると理解しているので，この間の気候変動の大略を概観しておきたい（佐藤2001・2003a・2004・2006・2008・2010a）（第1図）。

　地域の人類文化の実情を反映する考古学的時代区分を世界全体に適用するのは適当ではないため，現在旧石器時代に相当する時期区分として世界的に適用されているのは，第四紀学で使用される相対的な温暖／寒冷気候の順を呼称する海洋酸素同位体ステージ Marin Isotopic Stage (MIS) 法である[1]。この区分法では，現在の温暖期である完新世を MIS 1（1.17万年前〜現在）と呼び，その前の相対的な寒冷期を MIS 2（2.8〜1.17万年前），さらにその前の MIS 2 よりも相対的な温暖期を MIS 3（6〜2.8万年前）と順に呼称する（温暖期は奇数，寒冷期は偶数となる）。現在と同程度に温暖なステージは MIS 5e（12万年前）であり，それ以降日本列島の旧石器文化が展開した MIS 5e から 2 の期間は，奇数の相対的な温暖ステージを含むとはいえ，基本的には完新世や MIS 5e よりも寒冷な時代（氷期）となる。現生人類 Homo sapiens が本格的に列島に登場したのは MIS 3 後半にあたり，後期旧石器時代前半期は相対的な温暖基調であったが，前半期を通じて次第に寒冷化が進行した。後期旧石器時代後半期前葉の MIS 2 前半になると寒冷化はピークを迎え，最終氷期極相期 Last Glacial Maximum（LGM）（2.4〜1.8万年前）[2]となり，MIS 5e 以降で最も寒冷な時期を迎える。LGM が終了した MIS 2 後半は，後期旧石器時代後半期後葉・末期から縄文時代草創期（1.6〜1.17万年前）初頭にあたり，基本的には向温暖期であるが，1.5万年前（MIS 2 末）になると，一転して激しい寒暖が繰り返される晩氷期を迎えることになる。そして完新世（1.17万年前〜現在）に入ると，気候はさらに一転して安定した今日の温暖・湿潤期に大きく移行する。

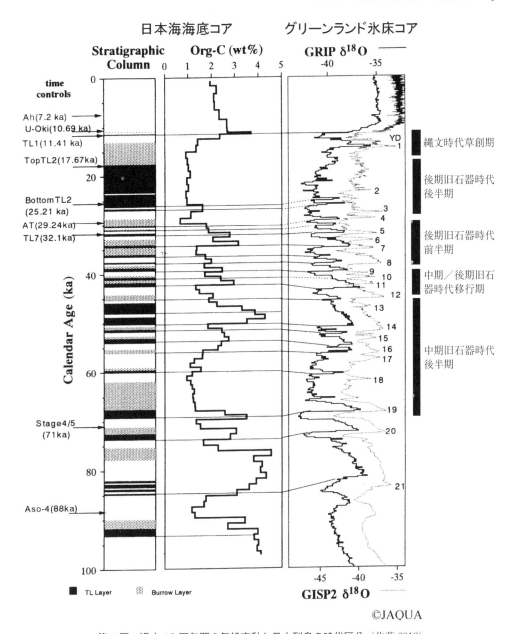

第1図 過去10万年間の気候変動と日本列島の時代区分（佐藤 2012）

2 氷期の人類社会

　古本州島と古北海道半島では文化動態が大きく異なり，それに応じて考古学的時期の存続期間も異なる（第2図）。古本州島では，中期旧石器時代（12～5万年前）・中期／後期旧石器時代移行期（5～3.8万年前）を経て後期旧石器時代が3.8万年前に開始されるが，古北海道半島では，下

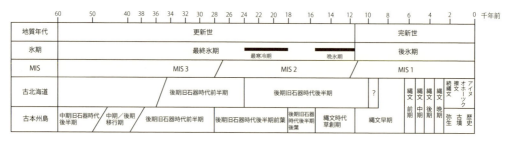

第2図　後期更新世の日本列島における地質時代区分と考古学的時代区分の対比（佐藤 2013）

川町ルベの沢遺跡（髙倉ほか 2001・2005）等の中期および移行期が存在する可能性が高いものの不分明であり（佐藤 2005b），後期旧石器時代は古本州島にやや遅れて，3.4〜3.5万年前頃に開始された（佐藤 2000・2003b）。後期旧石器時代前半期の様相は両地域で共通するが，同後半期になると著しい違いをみせる。古本州島においては，MIS 3 の終了とともに後半期に移行する（2.8万年前）が，これは主要な生業（狩猟）の対象であったゾウ・ウシ・オオツノシカ等の大型シカ類等からなる大型哺乳類が LGM の開始ともに絶滅した（Iwase et al. 2012・2015）ことに連動し，中大型獣狩猟を目的とした広域移動戦略から中小型獣狩猟を主とした地域移動戦略に集団の行動戦略を変更したためであろう（佐藤ほか 2011）。後期旧石器時代後半期は，LGM にほぼ対応し各地の遊動狩猟採集民による地域社会が単位となり，各々特徴的な石器群が目紛しく変遷する前葉（2.8〜1.8万年前）と，LGM 終了後向暖期を迎えて，細石刃石器群や尖頭器石器群が広範囲に展開する後葉（終末期，1.8〜1.6万年前）の二つの時期に分かれる。氷期の列島を支配した寒冷・乾燥気候は，太平洋側南岸に張り付くように分布した暖温帯常緑・落葉広葉樹林帯を除いては，堅果類等の植物質食糧資源に乏しい植生をもたらし，短周期に変動する気候環境によって植物食糧の安定供給が確保できなかったため，後期旧石器時代を通じて列島では，動物狩猟が生業の主体をなしていた。

一方古北海道半島では，古本州島東北部と石器製作技術構造の高い共通性を示す前半期（3.5〜2.4万年前）が，LGM の開始とともに北方起源の細石刃石器群が古北海道半島全体に到来したことによって終了し，細石刃石器群からなる後半期（2.4〜1.0万年前）に劇的に移行する。より北方の古北海道半島では，LGM の厳しい寒冷気候が生活環境に与えた影響はより甚大であったと考えられ，植物資源にほとんど依拠できなかった当該地域では，古本州島よりも大型哺乳類の狩猟に種々の方法で高度に特化した各種細石刃石器群が，完新世の温帯森林が卓越する縄文時代の開始まで展開した。広域に移動する群居性大型哺乳類を計画的・効率的に捕獲するためには，黒曜石等の分布が限られる優良石材を狩猟具（そして加工具）の主材料に用いねばならず，そのため広域移動しながら石材消費を徹底的に節約可能な細石刃を埋め込んだ狩猟具を製作し，その製作を基本に各種の加工具を連動して運用する道具製作システムが採用された。

当初 LGM 期に展開した蘭越・峠下1類細石刃石器群（前期前葉細石刃石器群［山田 2006］）は，古本州島に遅れて古北海道半島でも2万年前頃までに大型哺乳類が絶滅すると，札滑・峠下2類細石刃石器群（前期後葉細石刃石器群［1.9〜1.6万年前］）に置き換わる。両面調整体をブランクと

し発達した湧別技法を採用した札滑型細石刃石器群（Sato and Tsutsumi 2007）は，道内では主として北海道中央部に所在する白滝産黒曜石の利用に特化しながらも，細石刃核生産の副産物（両面体調整剥片）等から加工具を生産する一体型システムを保有することで，道内全域にわたる超広域移動を可能とした（佐藤1992）。この移動戦略と石器生産システムは，次期の白滝型細石刃石器群（後期細石刃石器群期［1.6〜1.0万年前］初頭）にも継続され，この両石器群だけが津軽海峡を越えて古本州島東半部にまで進出できた。他の古北海道半島の細石刃石器群は，基本的に半島内に分布が限られる（佐藤・役重2013，佐藤2015a）。

気候変動のうえでは，LGM以後次第に相対的な温暖化の傾向をみせるが，この全体的な気候回復傾向と人類文化の変動は必ずしも相関しない。おそらくよりミクロな環境変動が，人類活動に強く影響した可能性が高い（第1図）。

3 晩氷期の人類社会

(1) 古本州島と古北海道半島

晩氷期は，北欧の花粉分析では三つの寒冷期（Oldest Dryas, Older Dryas, Younger Dryas）と二つの温暖期（Bølling, Allerød）が短期間に交互に訪れた[3]ことが判明しているが，より南の列島ではそれほど高い分解能が得られておらず，大略前半の温暖期と後半の著しい寒冷期（YD）に2分して理解するのが最も整合的である（工藤2012，佐藤2015a・印刷中）。

列島で最古の土器が出土した青森県大平山元Ⅰ遺跡の無文土器付着物の^{14}C較正年代には16,000年前を遡る例があり，それ以降列島では土器文化が継続して出現するため，晩氷期をわずかに遡る更新世末の段階から，列島では縄文時代が開始されたと考えられる。これら草創期初頭の土器群（遡源期）の出土量は僅少であるが，次期の晩氷期前半の温暖期に相当する隆起線文土器期になると列島全域で遺跡数が増大する。隆起線文土器期の遺跡は列島全域で認めることができるが，特に南九州等では一遺跡当たりの土器出土量が膨大となるため，縄文的な生活が定着し人口が増大しはじめたことを示唆している。草創期後半の爪形文（後半）・押圧縄文・多縄文期はヤンガー・ドリアス（YD）の「寒のもどり」に相当し，一転して遺跡数が激減する。土器の保持が指示するように，草創期はある程度の定着性を有する生活構造の存在が想定されるが，基本的には更新世に属し，旧石器時代以来の両面体尖頭器等が活発に利用されているので，なおも遊動的な行動戦略が採用され続けていた可能性が高い。本格的な縄文時代の生活構造が完成するのは，晩氷期が終了し，温暖湿潤を基調とする海洋性気候への転換が完了した縄文時代早期になる。

上述した晩氷期適応は，主として古本州島以南の出来事である。古北海道半島の晩氷期では，後期細石刃石器群期からなる細石刃石器群が依然として継続していた。超広域移動戦略を採用した札滑・白滝型両細石刃石器群以降の後期細石刃石器群は，古北海道半島に分布が限られ，忍路

子型1類・2類・広郷型・紅葉山型の各細石刃石器群,小形舟底形石器1類・2類石器群,尖頭器・有茎尖頭器石器群等が,若干の時期差を有しながらも多くは同時存在していた(山田2006,佐藤・役重2013)。

(2) 晩氷期石器群の同時存在

細石刃石器群に顕著にみられるように,石器製作・運用システムが相互に確立・分離している石器群が同一の地理的範囲にほぼ同時に存在するという考古学的現象の存在をどのように説明するか,あるいはその要因は何かを解明することは,現在北方先史考古学の中心的課題に浮上してきている。これはひとり北海道だけの現象ではなく,周辺大陸にも観察することができる。特に晩氷期にあたる後期細石刃石器群期で顕著な現象であるが,その前段階にあたる前期細石刃石器群期にも観察することができる。

例えば,前期前葉細石刃石器群期に相当することでおおむね研究者間の同意を得ていると思われる蘭越型・峠下1類・美利河型の各細石刃石器群が地理的に重複して同時存在している理由はいまだ本格的に説明されていない。わずかに,前期後葉細石刃石器群の札滑型細石刃石器群と峠下2類細石刃石器群の併存理由に関しては,前者がほぼ白滝産黒曜石利用に著しく偏向しているのに対して,後者が在地直近産の黒曜石をもっぱら利用するという証拠に基づき,広域移動における優良石材の節約消費に伴う石器生産行動戦略の差異であるとする解釈が行われている程度である(佐藤・役重2013)。

この分析結果が示唆するように,異なる複数細石刃石器群の同一地理空間における同時存在の説明は,山田が提出した,「主体的に利用する黒曜石産地において獲得される原材料の産状および形質に大きく依拠している」という仮説(山田2006)の実証が今後重要となる。本書に収録した諸論文の多くも,この仮説に応答を試みており,本書のテーマの一つとなっている。北海道を含む北方ユーラシアの後期旧石器時代に展開した石器群の多くは細石刃石器群であるため,この仮説の検討は,本書の副題に掲出した「北方先史狩猟採集民の適応行動と居住形態」を解明するための試金石となるであろう。その方法は,従来の考古学で行われてきた考古学的アセンブリッジの抽出に基づく文化領域の設定という皮相な分析法ではなく,先史人の行動論分析に依拠せねばならないことは明白である。

山田は,後期細石刃石器群を「低い居住地移動性と高い兵站的移動性に特徴づけられる居住・移動システム」として説明した(山田2006)が,これは同時期の行動システムの一般的特徴を記述したに過ぎず,これだけでは石器群の同一空間における同時存在を説明できない。本書第Ⅱ・Ⅲ部で展開している具体的な分析例の蓄積が,実態の解明を前進させる橋頭堡になるであろう。

4 文化的境界としての津軽海峡

津軽海峡は,後期旧石器時代を通じて,基本的に古北海道半島と古本州島という二つの文化動

態圏を切断する文化的境界であり続けた。前述したように，後期旧石器時代前半期の古北海道半島では，古本州島東北部の石器群と高い共通性を示すので，相対的な温暖期であった当該期の古北海道半島は，南からの文化的影響の元に先史社会が成立した可能性が高いが，同後半期になるとその違いは対照的となる。そもそも日本列島（古本州島）に現生人類が出現するのは 3.8 万年前であるが，古本州島は 12 万年前以降一つの陸塊であったから，最初の現生人類は，何らかの海洋渡航技術を駆使して列島に渡来したはずである。従来想定されていたよりも遠距離に渡る海洋渡航技術は東アジア沿海域・東南アジア島嶼部特有の現生人類型行動の一つであり，現生人類の出現とほぼ同時期に，一度も列島と陸で繋がることのなかった伊豆諸島神津島の黒曜石を積極的に利用しはじめる（Ikeya 2015）。したがって，当時の先史人は海洋渡航技術を保持していたはずであるから，津軽海峡を境にみられる文化動態圏の差異は，文化的境界に違いない。

　後期旧石器時代後半期を通じて存在し続けたこの文化的境界は，それでも時折破られることがあった。後期旧石器時代後半期後葉（終末期，1.8～1.6 万年前）になると古本州島では，その前から出現していた両面調整体を主とする尖頭器が次第に狩猟具の主体となる石器群が登場するようになり，地域石器群の単位を超えて広域に移動する石器群も認められるようになる。ほぼ同時期に，北海道の細石刃石器群の影響を受けて稜柱系細石刃石器群が発生し，やや遅れて西日本を中心に列島規模で広がりをみせるが，この段階では地域石器群の顕著な分立は潜在化し，地域社会ネットワークに動揺が生じた（佐藤 2011a）。この直後，それまで強固に形成されてきた津軽海峡という文化的境界を越えて，古北海道半島の札滑および白滝型細石刃石器群が古本州島東半部に南下する。すでに大型動物が絶滅していた古本州島では広域移動戦略の優位性が維持できず，内水面漁労等の生業転換を通じて急速な在地化を遂げた（佐藤 1992）。この北方系細石刃石器群は，各地で在地の両面体石器群と同化して，古本州島東半部で神子柴・長者久保石器群を誕生させた。北海道では，引き続き細石刃文化（後期細石刃石器群）が継続されたが，八雲町大関校庭遺跡等の道南の石器群は，古本州島東北部の長者久保石器群とほとんど変わらないため，この時期に，石斧等を保有する長者久保石器群が道南まで北上したと考えることができよう（安斎 2003）。この段階では，いくつかの石器群にすでに初源期土器を伴出しており，時代は晩氷期を迎えることになる。

　一方古北海道半島では，晩氷期を通じて後期細石刃石器群が依然として展開し続けている。しかしながら晩氷期前半の温暖期になると，古本州島の文化的影響が一時的に認められる。帯広市大正 3 遺跡では爪形文土器が出土しているが孤立的で，道内に類例は認められない。ただし，大正 3 遺跡の石器組成には有茎尖頭器は含まれず，小型両面加工尖頭器が組成されていた（帯広市教育委員会 2006）。また遠軽町旧白滝 5 遺跡（北海道埋蔵文化財センター 2013）等で見られる小型鋸歯縁尖頭器石器群（直江 2014）が，白滝産黒曜石の利用が確認されている新潟県小瀬が沢洞窟遺跡等と共通する技術形態学特徴をもつ等の例は，古本州島の草創期文化の影響を受けた可能性が高い（佐藤 2005b）。しかしながら大局的には，古北海道半島には文化階梯としての縄文時代草創期は存在せず，9,000 年前の道南に縄文時代早期文化が出現するまで，高度な遊動型先史狩猟採

集民社会が継続した可能性が高い[4]（佐藤 2013・2015b）。

　完新世への移行に伴い，古本州島では温帯森林環境がいち早く成立し，すでに出現していた土器に象徴される定着的指向を示す草創期の生活構造（森林性新石器文化［今村 1999］）が，石鏃，磨石・石皿等の礫石器，集落の形成等の現象の段階的出現等，草創期を通じて漸移的に進行した（佐藤編 2015）。一方古北海道半島では，完新世の温帯森林環境の出現が古本州島より遅れ，道南（9,000 年前）から次第に北上した（五十嵐 2011）ため，道東では 8,000 年前頃になってようやく縄文的な生活構造が出現する。縄文時代の各土器型式の出現プロセスも，この自然環境の変化によく連動している。かつて縄文文化の大陸起源説の証拠として人口に膾炙した縄文早期石刃鏃石器群は，この道東北における縄文化の初期に，遊動性と定着性の間のせめぎ合いの過程でみられた，局地的・一時的な考古学的現象に過ぎない（佐藤 2015b）。

5　本書の構成と解題

　本書の構成は，目次に示したように，第Ⅰ部で本総論（第 1 章）と列島全域の概観（第 2 章）を述べた後，第Ⅱ部以下に各論を配置している。第Ⅱ部は，黒曜石科研プロジェクトの中心的な調査対象であった北見市吉井沢遺跡の研究成果を掲載した（第 3〜5 章）。続く第Ⅲ部では，古北海道半島における晩氷期適応の諸相を研究課題毎に配列（第 6〜11 章）し，最後の第Ⅳ部で，比較対象地域として最近研究の進展している北方大陸のヨーロッパとアラスカの晩氷期研究の現状をレヴューしている（第 12〜13 章）。

Ⅰ　列島の晩氷期適応

a　環境変化と人類の応答

　近年開発され活用が著しい高精度年代測定法を適用することにより，各種自然環境データと考古学資料の結合・統合が進展している。その結果，より解像度が向上した自然環境の変遷に対して，先史時代の人々がどのように応答し適応してきたかを明らかにすることが，現在の先史考古学の主要な研究課題となっている（佐藤 2007a）。

　第 2 章　森先一貫「日本列島における晩氷期適応の地域相」では，人類と環境とを取り結ぶ諸関係についてのこれまでの研究の歴史を振り返り，社会生態学と呼ばれるここ 20 年間に発展してきた理論について，鍵となる用語概念の解説を通して，このことを平易に説明する。これらの概念の多くは生態学から借用・援用され，主として狩猟採集民考古学や民族考古学の分野で理論化が進められ，先史考古学に導入されてきた（佐藤 1999）。

　こうした方法は，1970 年代以降に登場したプロセス考古学と呼ばれる科学主義を基調とする考古学理論の主要な方法であり，そのため現在流行のポスト・プロセス考古学者たちからは，プロセス考古学を悪しきモダニズムと決めつけて反発する傾向が時に興起する。しかしながら，自然生態系の一部を構成する人類という視点がなければ，人と自然の応答史は解明することができ

ず，むしろ必須の方法論であろう．反発ではなく，重層化・構造化が合理的方法と考えられる（佐藤 2010b）．実際に，近年世界の旧石器時代研究でも盛んに取り入れられており，この分析法の精緻化・洗練化が今日的課題となっている．

続いて森先は，日本列島における晩氷期適応を，自然環境の変化とそれに連動した人類の生活行動の変化について概観する．そこでは，自然環境の「好転」が列島で最初に始まった南九州地域における草創期社会の生活の「充実」ぶりを，石器運用システムや居住形態等を通じて，列島他地域と対比しながら浮彫することに努めている．北方と南方の差は，資源環境の多様性と安定を生み出した自然環境の差異が多くをもたらしている．

II 吉井沢遺跡の研究

a 「見えない炉」辺の人間活動

一転して第 II 部では，本書を編むきっかけとなった北海道北見市吉井沢遺跡という，筆者らの研究グループが 10 年近くをかけて緻密に発掘調査をした一遺跡の研究成果について論じていく．1980 年代以降列島では，埋蔵文化財（遺跡）の大規模な行政発掘調査が進展したため，大学による学術調査は，漫然とした目的意識では意義を見出しにくい状況が生まれている．そこで吉井沢遺跡の発掘調査では，居住行動の正確な解明を目的に，通常の行政調査では実現しにくい精度の調査を十分な時間をかけて実施することにした．その結果 7 次（7 年間，1 回 3 週間程度）にわたる本調査の発掘総面積は，単純遺跡（文化層は 1 枚）にもかかわらず，わずか 123 m^2 にすぎないこととなった（佐藤・山田編 2014）．

吉井沢遺跡は，晩氷期後期細石刃石器群期に属する忍路子型細石刃石器群の単純遺跡である．四つの遺物集中地点（ブロック）が検出されており，出土した全 22,265 点の石器遺物のうち 21,217 点（95％）が出土地点の三次元座標を記録して取り上げられた．このうち 87％（18,556 点）がチップ（2×2 cm 未満の細片）であるが，通常の調査ではチップの座標付き取り上げはほとんど行われていない．

北海道の旧石器時代遺跡では，最近になってようやく 1 遺跡あたり複数の AMS 放射性炭素年代測定が実施されるようになったが，氷期の激しい埋没後擾乱等の影響を受けて，包含層起源のカーボンによる測定値は芳しい数値を示さないことがきわめて多い．本遺跡でも 10 点近くのカーボン・サンプルによる測定を実施したが，想定される年代値を示すデータも存在するものの，それを上回る数のデータがきわめて大きな年代の振れ幅を示したため，確実な遺跡の推定年代を炭素年代として示すことができなかった．そのため炉等の遺構に伴うカーボンの検出に努めたが，最後まで視認可能な炉等の遺構を検出するに至らなかった．

近年の狩猟採集民考古学ならびに世界の旧石器時代遺跡の研究では，炉を取り囲む空間が先史人の活動の具体的復元・解釈にきわめて重要であることが指摘されて久しい（山田 2003）．ところが北海道の旧石器時代遺跡では，包含層の上位が恵庭 a 火山灰等の降下火山灰等で厚く被覆された結果，包含層の埋没後擾乱の影響が緩和されているといった特殊な例・地域を除いて，炉が

検出されることは稀である。これは前述したように，氷期（特に晩氷期）の激しい埋没後攪乱と，高い移動性を有する先史集団の土地利用パターンに起因すると考えられる。つまり，集団による一回の遺跡居住期間が短いため，大地に痕跡を残し，しかもそれが遺存するほどの強度で炉が利用されていないためと推定される。

そこで第3章 夏木大吾「北海道における晩氷期人類の居住生活―吉井沢遺跡の事例から―」では，この「見えない炉」を復元することにチャレンジした。まず2万点以上に上る石器遺物全点を観察し，その中から被熱痕跡のある遺物を抽出する。次にそれら被熱痕跡のある資料が遺跡内のどこに集中して分布するのかを同定した。95％の遺物の座標記録があることがこの分析を初めて可能にしたが，それでも遺物の多くは1cmに満たない微細なチップである。この分析は困難（労力と時間）を極めたといっても過言ではない。その結果，主要な「見えない炉」がブロック全てと密接に関係していることが判明し，石器製作技術，主要石器との関連，石器の使用痕分析，場の立地条件，既存の現生狩猟採集民に関する行動論研究等を総合して，吉井沢遺跡を利用した集団の具体的な居住行動を，説得力高く高解像度で解明することに成功している（佐藤2003c）。

なおこの分析を意味あるものとするためには，その前提として，遺物分布が遺跡形成後の他の文化的・自然的影響により大きく改変されていないことを示さねばならない。例えば2次堆積や地表流水等の強い影響を受けていれば，その後の詳細な空間分析の前提が崩壊するからである。そのため周到なファブリック解析という，地質学で採用され地考古学に導入された評価法に基づいてその影響を判定している点も重要である。

b 黒曜石産地分析と集団の居住行動

吉井沢遺跡から出土した石器の大部分は，黒曜石から製作されている。そのため黒曜石の産地推定は，集団の石材開発と利用形態および居住・行動システムを具体的に明らかにするために，きわめて重要である。吉井沢遺跡では計594点の理化学分析が実施され，報告書（佐藤・山田編2014）にその分析結果を記載したが，その考古学的な検討は掲載できなかった。そこで第4章山田 哲「晩氷期における石材資源の開発と石器の生産・供給の様相―吉井沢遺跡出土資料からの考察―」では，その分析結果に基づく考古学的考察が論じられている。なお黒曜石の理化学的産地推定法の課題や標準化の問題等については後述する。

吉井沢遺跡出土黒曜石製石器のうち，蛍光X線分析（XRF）法や電子プローブマイクロアナライザ（EPMA）法といった理化学的産地推定法が実施されたのは，主としてブロック1出土の資料に対してである。ブロック1出土の黒曜石資料は膨大であるためこの全点を分析することは非現実的なので，母岩別分類にならい，黒曜石を肉眼的特徴で数種に大別する石質分類を実施した後に，石質分類群を参考に分析対象資料を抽出するという分析プロセスを踏んでいる。黒曜石産地分析の結果は置戸所山（直近，86％）・留辺蘂（類直近，7％）・十勝三股（遠距離，6％）・白滝（中距離，0.3％）という四つの黒曜石産地を利用していたことが判明したが，遺跡内で行われた石器

生産活動の内容を総合して解釈を試みると，集団の移動範囲や直接採取／交換といった行為が単純に産地別黒曜石の頻度分布や遺跡からの距離に結びつくわけではないことを，山田は示唆している。

c　使用痕分析からみた地点間変異の実態

忍路子型細石刃石器群を含む後期細石刃石器群では，常呂パターンのように，以前から遺跡間・内で機能分化あるいは多様性があることが指摘され注目を集めてきた。吉井沢遺跡においても同様な現象が観察されており，ブロック間で石器組成・石器製作技術等に顕著な変異が認められる（Sato and Yamada 2014, Natsuki et al. 2014）。その要因についてはこれまで判然としなかったが，岩瀬はこれに果敢に挑戦した（第5章　岩瀬　彬「晩氷期の北海道における石器使用と地点間変異—吉井沢遺跡の忍路子型細石刃核を伴う石器群を対象とした石器使用痕分析—」）。

岩瀬が使用痕分析の対象としたのは，4 ブロック全てから出土した計 614 点だが，これは剥片・細片等を除いた主要な石器類の 47% に当たる。吉井沢遺跡からもっとも多く出土した器種は石刃製掻器であるが，従来他の遺跡の分析例でも指摘されていたように，刃部には乾燥皮革の掻き取り・削り作業に用いられた使用痕が検出されたことに加え，側縁にも皮の切断によって生じる使用痕が高頻度で観察されたことが注目される。切り合い関係から側縁の使用が刃部の使用に先立っていたことが判明しているので，掻器に加工される前に素材となる石刃（または削器）の段階で使用されていたことがわかる[5]。また彫器には頁岩製と黒曜石製の二者があるが，使用痕分析から，両者の機能が異なっていたことが示された。前者は骨角牙の削りに，後者は皮革の掻き取り・削りに主として供されていたらしい。両者の刃部角が異なる傾向を示すことは従来から技術形態分析によって指摘されていたが，これが機能（用途）の違いに起因する可能性が高いことをあらためて示した。

以上の成果は，掻器・彫器といった忍路子型細石刃石器群の主要な石器が，皮革加工プロセスの各段階毎に使い分けられていたことを示唆し，同時に細石刃をはめ込んだ植刃槍等の骨角牙製品の製作・彫刻（石錐）を行っていた可能性を示している。こうした個別石器の分析を総合すると，ブロック間で指摘されていた多様性が，上記作業の段階や内容の差異に起因していたと推測できた。後期旧石器時代後半期末に当たる忍路子型細石刃石器群においては，器種の規格性が高度に確立していたため，皮革処理や骨角器製作を中心とした生活活動のなかで展開された作業プロセスがブロックを単位として段階ごとに異なり，それが器種変異に基づく遺跡内変異を生じる主因となっていたのであろう。吉井沢遺跡で展開された活動の多くは，段階毎に場所を違えて異なる専用の道具を駆使してシステマティックに行われた動物の皮革処理プロセスであった。

III　北海道の晩氷期適応

a　小形舟底形石器石器群の地域適応

北海道の晩氷期に相当する後期細石刃石器群の一つに，小形舟底形石器石器群がある。同石器

群の存続年代は未だ確定していないが，1.5万年前頃に始まり，晩氷期を越えて完新世初頭の1.0万年前頃まで続く長期間の存続を，尾田は想定している。第6章　尾田識好「小形舟底形石器石器群からみた居住形態」では，この石器群にみられる原材料から石器製作を経て廃棄に至るプロセス（リダクション・シーケンス）と遺跡に残された石器組成の分析から，北海道東部という地域に適応した集団の居住・行動形態を推測する。

最初に現れた幅広の小形舟底形石器1類を使用する集団は，北東部では白滝産黒曜石原産地の開発に強く結びつき，その周辺で居住地を移動させながら，特定の作業を行う地点を放射状に居住地周辺に展開する兵站的な資源開発を行っていたが，やがて幅狭の同2類を利用する集団になると，白滝原産地を基点とすることで居住地移動の範囲が縮小したとする移動モデルを，尾田は提案する。

b　体系的黒曜石分析と狩猟採集民の行動変化

冒頭に述べた科研研究プロジェクト（基盤A）の研究テーマは，科学的黒曜石産地分析の体系を確立することにあった（佐藤編2012，佐藤・出穂編2014，佐藤・山田編2014）。第7章　出穂雅実，ジェフリー・ファーガソン「黒曜石の体系的産地分析からわかってきた古サハリン―北海道―千島半島の後期旧石器時代における狩猟採集民行動の変化」は，このことを平易に説明する。

理化学的な黒曜石産地同定分析は，これまで多くの研究者・グループが実践してきたが，相互に産地名称が異なり，対比の基準となる標準サンプルおよびその元素組成データ等も提示されておらず，その結果分析データを総合して統一的に解釈することを困難にしてきた（佐藤・役重2013）。これらの問題を克服するために，出穂らは体系的な黒曜石産地同定法を提案し，その実践結果を予察的に示す。まず北海道の火山活動と黒曜石生成の地史を背景として地質学的黒曜石産出地21ヵ所を同定・記載し（出穂ほか2008），現在最も確実な分析法といえる放射化分析（NAA，破壊分析）によってそれら産地の化学組成を決定する。これを標準資料として比較対象資料に設定し，破壊分析が困難な考古遺物を対象に，非破壊法である蛍光X線分析法（EDXRF）等を適用した。従来の分析でも微量元素比を用いるXRF法は広く用いられているが，微量元素比の領域重複といった理由で一部の資料は判定が困難な場合が生じる例があった。しかしながらNAAによる標準資料と対比することで，これを回避することが可能となる（佐藤2014）。

出穂らによる研究はまだ継続途上にあるが，例えばサハリン南部のアゴンキ5遺跡では，従来予測されていた白滝・置戸産（佐藤ほか2002）とは別に留辺蘂産黒曜石が利用されていたことが判明した等，興味深い分析成果が報告されている。LGM以前と以後における黒曜石産地の開発と利用形態の差異は，これまでも指摘されていた（佐藤・役重2013）が，出穂らが体系的分析法を実施したことによってその確実性がより向上した。出穂らによって開発された体系的な黒曜石産地分析法は現在考えられる最適な分析法であり，今後の成果が楽しみである。

c 学習と文化の伝達

先史時代の人々が，生活や文化・社会の技術知をどのように後の世代に伝えたのかについて，これまで多くの議論がなされてきた。漠然とした類推は別として，これを旧石器時代の遺跡に残された石器製作技術の痕跡のなかから具体的に読み取ろうとする研究は，フランスを中心に活発に議論されており（Zubrow et al. eds. 2010 ほか），我が国でも近年盛んになっている。最近実施された現生人類の出現に関する大規模な研究プロジェクトでは，ネアンデルタール人と現生人類の「交替」が現生人類による高い学習能力の獲得に起因するという仮説も提起されている（西秋編 2014）。

伝統的な文化史復元学派のスキームでは，石刃技術の稚拙／高度は人類史における技術進化の時間差を示すと解され，各種の石核整形技術のセットに欠ける要素が多いほど，あるいは生産される石刃の均質度が低いほど古拙とみなされていた。やがて遺跡の調査が進展するのに伴い，同時期資料のなかにしばしば両者が共存することが見出されるようになると，この差異は素材となる原石・材料の形状に応じて適用される技術的バリエーションの差異ではないかと考えられるようになった。ところが原産地遺跡等の大量の遺物を産出する遺跡では，原石・材料の形状がほぼ共通するにもかかわらず両者が認められるので，これは豊富な石材消費が可能という条件のもとで，熟練者（成人男性）が未熟練者（子供・少年等）に手本を示した痕跡ではないかとする仮説が提起されるようになった。

第8章 髙倉 純「広郷石器群にみられる学習行動と文化伝達」では，黒曜石の原産地遺跡である白滝遺跡群の広郷型細石刃石器群に属するいくつかの遺跡で，同時期に発達する大型石刃剥離の痕跡から熟練者と未熟練者による資料を具体的に同定し，旧石器時代人による学習行動と文化伝達の問題について積極的にアプローチしている。長大な石刃の剥離には高度かつ熟練した技術が必要であることは研究者間で意見が一致しているが，同定の基準となった石刃剥離の「非効率性」の認定には，なおも議論や事例研究の積み重ねが必要になろう。

d 石材環境の劣悪な北海道中央部の遺跡

北海道の中央に位置する石狩低地帯は，札幌を中心とした大都市圏を包摂するため，近年開発に伴う事前調査として大規模な遺跡の行政発掘調査が行われ，旧石器時代の資料が蓄積されてきた。石狩低地帯は，北海道を代表する石器石材である黒曜石の主要4大産地（白滝・置戸・十勝・赤井川）や道南の頁岩産地からいずれも離れており，石材環境はそれほどよくない。

第9章 中沢祐一「北海道中央部の旧石器について」は，石狩低地帯の遺跡が4.2万年前頃に噴出した火砕流によって形成された支笏火山灰台地の一部に主要な分布が限定されることに着目し，分析を加えている。十勝平野や道東部では北海道の後期旧石器時代のほぼ全時期に属する遺跡が継続的に認められるのに対して，支笏火山灰台地ではその半数程度の時期の遺跡しか存在が確認できない。遺跡分布が後期旧石器を通じておおよそ10 km圏内に偏ることから，周囲に比べてこの範囲が当時食糧資源に恵まれていた可能性を指摘するが，その当否は今後の調査・研究

事例の蓄積にゆだねねばならないであろう。

　こうした石狩低地帯にあって，例外的に豊富な資料を産出しているのは，後期旧石器時代末期の忍路子型細石刃石器群である。第 10 章　赤井文人「晩氷期における北海道中央部の石材消費形態―忍路子型細石刃核を伴う石器群の分析―」は，忍路子型細石刃石器群に属する当該地域の 5 遺跡から出土した石器資料を分析対象として，原石採取から石器製作・運用を経て廃棄に至る過程（リダクション・シーケンス）を個別に詳細に分析し，山田が後期細石刃石器群の居住行動戦略として提案した仮説である「低い居住地移動性と高い兵站的移動性に特徴づけられた居住・移動システム」（山田 2006）という内容を，資料分析に基づき実証した。この結論は，第 3・4・5・6 章の個別の分析結果とも整合的なので，晩氷期北海道の先史狩猟採集民の居住行動戦略には，一般的特徴と呼び得るパターンが広く存在していた可能性が高い。

e　白滝遺跡群の石刃技法

　白滝遺跡群は，1950 年代の白滝団体研究会の調査以来これまで連綿と調査が行われてきた日本を代表する旧石器時代の遺跡である。近年高規格自動車道の建設に伴う事前調査が，14 年間にわたる発掘とその後の資料整理を含めると 20 年近くの間，北海道埋蔵文化財センターの手によって実施され，きわめて多くの資料が精度の高い発掘調査によって検出され報告されている。22 遺跡 12.3 万 m^2 の発掘によって出土した石器等の考古資料はそのほとんどが旧石器時代に属し，約 670 万点 13.6 トンに及び，本書に収録した多くの論考も，この白滝遺跡群の調査成果に多くを依拠している。

　白滝遺跡群からは北海道の後期旧石器時代の全時期に属する遺跡の発掘資料が得られており，特に 4,600 以上の母岩別資料に代表される豊富な接合資料によって，主要な石器群に伴う石刃技法の実態が報告された。第 11 章　直江康雄・鈴木宏行・坂本尚史「白滝遺跡群の石刃技法」では，最古の白滝 Ia 群から草創期に相当する鋸歯縁小型尖頭器石器群までの 16 群の石器群から検出された石刃技法を，簡便な表と図版にまとめて提示している。後期旧石器時代を通じて展開した石刃技法の実態を，一つの遺跡群の資料に基づいて詳細に明らかにしたのは日本の旧石器考古学では初めてのことであり，その資料的価値はきわめて高い。「c　学習と文化の伝達」で述べたように，伝統的な文化史復元学派の単純で素朴な技術進化のスキームが成立しがたいことは，本章の説明で明らかである。また「晩氷期石器群の同時存在」（8 頁）で論じた，異なる複数の石器群が同一空間で同時存在する問題にアプローチする一つの材料を，本章のデータは示唆している。

IV　北方大陸の晩氷期適応

a　北西ヨーロッパにおける居住行動研究の最前線

　近代考古学発祥の地である北西ヨーロッパは，現在においても先史考古学研究の最先端地域の一つである。日本考古学は伝統的にヨーロッパ考古学の研究動向に敏感であったが，それは今も変わらない。なぜなら，ヨーロッパにおける旧石器研究は，高い研究水準に基づいた精緻な研究

第1章　総論：晩氷期の人類社会　17

成果を発信し続けているからである。第12章　佐野勝宏「北西ヨーロッパの考古文化と生業戦略の変化」は，北西ヨーロッパにおける研究の最前線を手際よくまとめている。

　LGMの氷床・氷河の拡大によって北西ヨーロッパには広大な無人地帯が広がった。その後LGMの終了に伴い，北西ヨーロッパは南からの人類の再居住が開始される。このマグダレニアン期の集団は，日本列島よりも強い寒冷・乾燥気候のもとで形成されたツンドラまたは森林ツンドラ環境下での中大型獣狩猟を生業の中心（漁撈も開始）としており，遠距離にある良質石材を用いて大型石刃を生産する長距離移動型行動戦略を採用していたが，晩氷期になるとより北方まで居住地帯を拡大しながらも，居住行動は一転して大規模遺跡がなくなり，小規模遺跡が密集するようになる。遠隔地産良質石材の管理的利用から近距離産石材の便宜的使用へという劇的な変化は，精密な環境復元に基づく自然環境の変化とよく対応している。

　日本列島は北西ヨーロッパに比べて南方に位置しているため，その自然環境は全く同じという訳にはいかない。それでも環境変動に応答した先史人の居住行動戦略の変化の様式は，よく類似している。列島および東・東北アジアに特有な更新世末以来の土器文化の先行的出現といった特有の事象の存在を注意深く加味しながらも，彼我の共通点に注意を払っていくべきであろう。

　b　ピープリング・オブ・アメリカ

　新大陸アメリカには現生人類以前の古代型ホミニンは分布していない。最古の人類はホモ・サピエンスであり，その出現時期はおおむね晩氷期前後と考えられている。そのルートは氷期に陸化した今日のベーリング海峡（ベーリンジア）のみであり，その点からも晩氷期のアラスカ先史時代研究の重要性が議論され続けている。第13章　平澤　悠「内陸アラスカの石器群の多様性と人類集団の連続性―近年の研究動向とその問題点―」は，最新の研究動向を丁寧に解説している。

　「最初のアメリカ人」がいつ・どのようにして新大陸に現れたかの問題は，アメリカ考古学の主要課題の一つであり続けている。氷期の北米大陸には現在のカナダとほぼ同じ範囲に広大な二つの氷床が広がり，人間の行く手を阻んでいたため，氷期を通じて今日の合衆国以南に人類が陸路を通して拡大することは困難であった。それが可能となるのは，クローヴィス文化が出現する晩氷期終末の温暖化の開始とともに両氷床間に空いた「無氷回廊」を通した出来事と長い間考えられてきた。ところが，近年チリのモンテ・ベルデ遺跡等のクローヴィス文化にわずかに先行する遺跡の存在（プレ・クローヴィス）が確実視されるようになると，通行不能の「無氷回廊」にかわって氷床のない海岸沿いを通過したとする海岸植民説が登場し，両説の間で熱い議論が交わされるようになった（佐藤2007b）。

　しかしながら平澤によれば，内陸アラスカで現在までに発見されている最初期の遺跡は1.4～1.3万年前となるので，後者の海岸植民説が正しければ，この集団は内陸アラスカに居住痕跡を何ら残さなかったことになる。とすると，数千kmに及ぶ海洋渡航を極北のベーリンジア沿岸で敢行したことになるが，その意図や技術水準・装備等説明すべき課題は大きい。シベリアとアラスカを分ける極北のベーリング海峡は，今日においてもきわめて劣悪な海況を示すことで

よく知られているからである。

　内陸アラスカの晩氷期を中心としたわずか4～3千年間に展開した最初期石器群の様相は複雑であることは従来から知られてきたが，現在においてもその状況は基本的に変わらない。細石刃や両面調整尖頭器に代表される四つの石器群は，多量の炭素年代測定値の蓄積にもかかわらずその存続年代が重複傾向を示し，しかも遺跡の分布範囲も重複している。季節的居住行動の差異等に原因を求める説も提出されているが，各石器群の系統や消長関係はいまだ不分明となっている。ここでも「晩氷期石器群の同時存在」（8頁）問題が顕在化しているが，遺跡出土資料が一般に零細なことも寄与して，問題解決の見通しが得られていない。しかしながら，「最初のアメリカ人」の「無氷回廊」通過説が正しいとすれば，いち早く内陸アラスカに到達していた人類は，そこで文化的醸成を経た後に北米大陸に拡散したはずなので，課題解決の重大性は依然として高い。もっともクローヴィス文化に類似した石器群がアラスカでは未発見という高い壁も今だ存在するが。

おわりに

　晩氷期は全球規模の地質学的現象であり，同時に人類史上最大の画期をもたらしたことは，冒頭で述べた通りである。しかしながら，この激しい寒暖の振れは，北方で著しく，南方では相対的に影響は弱かった。例えば東南アジアやオセアニアでは，晩氷期特有の文化現象は目立たず，むしろ完新世中頃の最温暖期の影響による生活システムの変化の方が顕著である（佐藤2011b）。熱帯・亜熱帯では，その自然環境によく適応していた集団にとって，温暖の程度の方が重大であった可能性が高い。

　世界各地の先史狩猟採集民は，晩氷期による各地の自然環境の個別的な変化に対応した生活・行動戦略を採用したため，きわめて多様な様相を示す。そのため本書では，特に劇的な変容を示した北方域の考古学の成果について，研究の最新成果を紹介することとした。

　そこでは，完新世の出現とともに直ちに農耕社会に移行することなく，定着的でありながら依然として狩猟と採集を生業の中心に据え，移動行動を組み込み，高度に計画された適応と居住システムを開発した先史狩猟採集民たちの「したたかさ」が浮き彫りになったに違いない。

　本書では，列島北部を中心とした北方先史狩猟採集民による晩氷期適応について論じたが，今後の残された課題の一つは，南方における先史狩猟採集民の適応行動の実態の解明にある。氷期の寒冷気候によって，地球の水分は氷床・氷河の拡大といった形で陸上に固定された。北方では生活域の縮小と寒冷・乾燥気候による資源環境の変動への適応が，先史時代人の主要な課題であったが，南方では乾燥気候により砂漠等の極端に乾燥した地域が拡大したため，乾燥による自然環境の劣化に応答する適応行動の開発が先史人の行動戦略を規定した。それは北方の自然・資源環境とは対照的と形容可能な環境であったに違いない。

註

1) 現在旧石器時代の世界的な年代比較の単位には，酸素同位体ステージが国際的に使用されている。酸素同位体ステージには，グリーンランド・南極等の大陸氷床，アンデス山脈等の山岳氷床等のボーリング・コアや湖沼堆積物・鍾乳洞の鍾乳石等の年縞堆積物の解析データから復元された陸上データに基づくOISと，サンゴ化石や海洋底堆積物から復元された海洋酸素同位体ステージMISの二者がある。OISは一部を除いて年縞堆積物を基本とするため分解能はきわめて高いが，周囲の地域環境を反映しやすく，しかもデータを獲得できる地点が地球上で限られる。一方MISはOISに比べて分解能が劣るが，より広範囲の環境データを反映している可能性が高く，基本的に世界中の海洋底からデータを入手可能なため，汎用性が高い。そのため現在では，MISを用いて議論することが多い。

2) 最終氷期極相期LGMの存続期間は，世界各地で研究者によりかなり相違する。これは氷床量・花粉帯・気候変動曲線等，最寒冷期のメルクマールに何を選択するかに起因しており，最近ではMIS 2（2.8〜1.17万年前）の全期間をLGMとみなす議論も盛んである。しかしながら，本論では，考古学的現象の理解と説明を優先するため，この期間をLGMと考える。

3) Oldest Dryas（寒冷）→ Bølling（温暖）→ Older Dryas（寒冷）→ Allerød（温暖）→ Younger Dryas（寒冷）の順である。

4) ただし完新世初頭の1.17〜0.9万年前の間は，確実な年代値をもつ遺跡の検出例は知られていない。無人説もあるが，筆者は後期細石刃石器群がその間も存在していたと考えている（佐藤2015a）。

5) 忍路子型細石刃石器群ではないが，同様な大型石刃を用いる乱馬堂型細石刃石器群（後期旧石器時代後半期）に属する山形県太郎水野2遺跡の使用痕分析でも，石刃製掻器の刃部以外の側縁にも肉皮の処理に関連した使用痕が高頻度に観察された例がある（山田2008）。太郎水野2遺跡では，遺跡内で石器生産を行った痕跡が認められないため，作業場遺跡としての性格が想定されているが，このことは高度に計画的な行動戦略を保有した遊動型狩猟採集民における石刃製掻器のリダクション戦略が機能的に類似（収斂）していたことを強く示唆している。

引用・参考文献

安斎正人　2003『旧石器社会の構造変動』同成社

五十嵐八枝子　2011「北海道とサハリンにおける最終氷期最盛期の植生—特に草原の発達について—」『野と原の環境史』17-39頁，文一総合出版

出穂雅実・廣瀬 亘・佐藤宏之　2008「北海道における考古学的黒曜石研究の現状と課題」『旧石器研究』4号，107-122頁

今村啓爾　1999『縄文の実像を求めて』吉川弘文館

帯広市教育委員会　2006『帯広・大正遺跡群2』

工藤雄一郎　2012『旧石器・縄文時代の環境文化史』新泉社

佐藤宏之　1992「北方系削片系細石器石器群と定住化仮説—関東地方を中心に—」『法政大学大学院紀要』29号，55-83頁

佐藤宏之　1999「新考古学 New Archaeology は日本の旧石器時代研究に何をもたらしたか—先史考古学研究のパラダイム・シフト—」『旧石器考古学』58号，133-140頁

佐藤宏之　2000「日本列島後期旧石器時代のフレームと北海道および九州島」『九州旧石器』4号，71-82頁

佐藤宏之　2001「日本列島の前期・中期旧石器時代を考える─藤村氏非関与資料からの見通し─」『第15回東北日本の旧石器文化を語る会予稿集』127-142頁，第15回東北日本の旧石器文化を語る会実行委員会

佐藤宏之　2003a「中期旧石器時代研究の地平」『博望』4号，9-22頁

佐藤宏之　2003b「北海道の後期旧石器時代前半期の様相─細石刃文化期以前の石器群─」『古代文化』55巻4号，3-16頁

佐藤宏之　2003c「石器遺物集中部の分析から人間行動を復元するために」『旧石器人たちの活動を探る─日本と韓国の旧石器研究から─』347-359頁，大阪市学芸員等協同研究「朝鮮半島総合学術調査団」

佐藤宏之　2004「日本列島最古の旧石器時代石器群：中期旧石器時代の可能性を探る」『The 9th International Symposium "SUYANGE and her Neighbours"』183-192頁，明治大学博物館・明治大学考古学研究室・笠懸町教育委員会・国立忠北大学校博物館

佐藤宏之　2005a「日本列島の自然史と人間」『日本の地誌』第1巻，80-94頁，朝倉書店

佐藤宏之　2005b「北海道旧石器文化を俯瞰する─北海道とその周辺─」『北海道旧石器文化研究』10号，137-146頁

佐藤宏之　2006「遺跡立地から見た日本列島の中期／後期旧石器時代の生業の変化」『生業の考古学』16-26頁，同成社

佐藤宏之　2007a「序論」『ゼミナール旧石器考古学』5-13頁，同成社

佐藤宏之　2007b「1万3000年前に海を渡った人びとを追う─最初のアメリカ人をめぐって─」『科学』77巻4号，351-354頁

佐藤宏之　2008「東アジアにおける後期旧石器時代の形成」『異貌』26号，2-15頁

佐藤宏之　2010a「日本列島における中期／後期旧石器時代移行期の石器群と竹佐中原遺跡」『長野県竹佐中原遺跡における旧石器時代の石器文化Ⅱ』365-372頁，国土交通省中部地方整備局・長野県埋蔵文化財センター

佐藤宏之　2010b「旧石器時代集団の行動生態論的研究」『講座　日本の考古学』第2巻［旧石器時代（下）］373-391頁，青木書店

佐藤宏之　2011a「荒川台型細石刃石器群の形成と展開─"稜柱系"細石刃石器群の生成プロセスを展望して─」『考古学研究』58巻3号，51-68頁

佐藤宏之　2011b「オーストラリア大陸への人類の移住」『旧石器考古学』75号，101-108頁

佐藤宏之　2012「環日本海北部における後期旧石器時代の環境変動と先史狩猟採集民の生業適応」『第26回北方民族文化シンポジウム報告書』45-54頁，北海道立北方民族博物館

佐藤宏之　2013「日本列島の成立と狩猟採集の社会」『岩波講座　日本歴史』第1巻，29-62頁，岩波書店

佐藤宏之　2014「黒曜石研究の現状と課題：産地同定研究法の標準化を展望して」『法政考古学』40集，17-23頁

佐藤宏之　2015a「旧石器から縄文へ」『季刊考古学』132号，14-17頁

佐藤宏之　2015b「北海道の石刃鏃石器群と石刃鏃文化」『日本列島北辺域における新石器／縄文化のプロセスに関する考古学的研究：湧別市川遺跡の研究』102-110頁，東京大学大学院新領域創成科学研究科社会文化環境学専攻・東京大学大学院人文社会系研究科附属北海文化研究常呂実習施設

佐藤宏之　印刷中「更新世の日本列島における自然・資源環境の変動と人類行動の応答」『田中良之先生

追悼論文集　考古学は科学か』同刊行会

佐藤宏之編　2008『縄文化の構造変動』六一書房

佐藤宏之編　2012『黒曜石の流通と消費からみた環日本海北部地域における更新世人類社会の形成と変容（I）』東京大学大学院人文社会系研究科附属北海文化研究常呂実習施設

佐藤宏之編　2015「特集：旧石器から縄文へ」『季刊考古学』132号

佐藤宏之・出穂雅実編　2014『黒曜石の流通と消費からみた環日本海北部地域における更新世人類社会の形成と変容（II）』東京大学大学院人文社会系研究科附属北海文化研究常呂実習施設

佐藤宏之・山田　哲編　2014『黒曜石の流通と消費からみた環日本海北部地域における更新世人類社会の形成と変容（III）―北見市吉井沢遺跡の研究―』東京大学大学院人文社会系研究科附属北海文化研究常呂実習施設

佐藤宏之・出穂雅実・山田　哲　2011「旧石器時代の狩猟と動物資源」『野と原の環境史』51-71頁，文一総合出版

佐藤宏之・役重みゆき　2013「北海道の後期旧石器時代における黒曜石産地の開発と黒曜石の流通」『旧石器研究』9号，1-25頁

佐藤宏之・ヤロスラフ　V. クズミン・ミッチェル　D. グラスコック　2002「サハリン島出土の先史時代黒曜石製石器の原産地分析と黒曜石の流通」『北海道考古学』38輯，1-13頁

髙倉　純・出穂雅実・中沢祐一・鶴丸俊明　2001「北海道上川郡下川町ルベの沢遺跡の旧石器時代石器群」『古代文化』53巻9号，43-50頁

髙倉　純・出穂雅実・鶴丸俊明　2005「北海道上川郡下川町ルベの沢遺跡における発掘調査報告」『第6回北アジア調査研究報告会要旨集』68-70頁

直江康雄　2014「北海道における旧石器時代から縄文時代草創期に相当する石器群の年代と編年」『旧石器研究』10号，23-39頁

西秋良宏編　2014『ホモ・サピエンスと旧人2―考古学からみた学習』六一書房

北海道埋蔵文化財センター　2013『白滝遺跡群XIII』

山田　哲　2003「炉址周辺における遺物分布の検討―北海道地域の事例より―」『旧石器人たちの活動を探る―日本と韓国の旧石器研究から―』137-148頁，大阪市学芸員等協同研究「朝鮮半島総合学術調査団」

山田　哲　2006『北海道における細石刃石器群の研究』六一書房

山田しょう　2008「太郎水野2遺跡の石器の使用痕と表面状態の分析」『地坂台遺跡・下中田遺跡・太郎水野1遺跡・太郎水野2遺跡』60-219頁，写真69-324，（財）山形県埋蔵文化財センター

Ikeya, K. 2015 Maritime transport of obsidian in Japan during the Upper Paleolithic. *Emergence and Diversity of Modern Human Behavior in Paleolithic Asia*, 362-375, Texas A & M University Press.

Iwase, A., J. Hashizume, M. Izuho, K. Takahashi, and H. Sato 2012 The timing of megafauna extinction in the Late Pleistocene on the Japanese Archipelago. *Quaternary International*, 255, 114-124.

Iwase, A., K. Takahashi and M. Izuho 2015 Further study on the Late Pleistocene megafauna extinction in the Japanese Archipelago. *Emergence and Diversity of Modern Human Behavior in Paleolithic Asia*, 325-344, Texas A & M University Press.

Natsuki, D., H. Sato and S. Yamada 2014 Intra-site spatial organization of the Yoshiizawa Site. *7th International Symposium of the Asian Palaeolithic Association*, Gongju National University, Korea.

Sato, H. and T. Tsutsumi 2007 The Japanese microblade industries: technology, raw material procurement and adaptation. *Origin and Spread of Microblade Technology in Northern Asia and North America*, 53-78, Archaeology Press, Simon Fraser University.

Sato, H. and S. Yamada 2014 Intrasite variability of Oshorokko microblade industry in Yoshiizawa site in Hokkaido, northern Japan. *Topical issues of the Asian Paleolithic*, 153-158, Institute of Archaeology and Ethnology Press.

Zubrow, E., F. Audouze and J. G. Enloe (eds.) 2010 *The Magdalenian Household: Unraveling Domesticity*. State University of New York Press.

第2章　日本列島における晩氷期適応の地域相

森先　一貴

はじめに

　更新世の終末に起こった晩氷期気候変動は，人類社会にも大きな影響を与えたと考えられる。現在，年代測定技術の高精度化なども与って，古環境変化はより高解像度化を遂げており，同時に考古学の側でも石器技術や居住形態の変化に，より細かな時間スケールが与えられつつある。こうした研究の進展によりわかったことは，かつて構想された列島全体に等質的な段階編年が，より複雑な地域相として解体されなければならないということであろう（稲田 1993・2001, 安斎 1990・2002）。またそうした人類社会の適応的な多様性が，高解像度化を遂げる環境解析とどのような関係にあるのかということが，古くて新しい問題となっている（日本旧石器学会 2015）。

　人類活動の変化を自然環境との関係において理解しようとする作業には，時期尚早あるいは環境決定論であるとの批判が常につきまとうものである。しかし，近年頻発する激烈な自然災害や，歩みはゆるやかながらもはや誰も無視できない気候・環境の変化にさらされつつある私たちにとっては，生活を営んでいくうえで自然環境というものがいかに重要な要素であるかということが，実感を伴って理解されつつあるのではないだろうか。

　本論では，まず，人類と環境とを取り結ぶ諸関係について論じた研究を簡単に紹介する。環境決定論という批判に対しては説明が必要であるが，現在はすでにそのような議論を展開している段階ではないことも示す。そのうえで，最終氷期以降の日本列島における人類活動の地域的多様性が，晩氷期の環境変化とどのように関係しているといえるかを概観するとともに，今後，人類活動と環境との関わりという観点から追究すべき課題にも言及したい。

1　人類と環境

(1) 社会生態学的な環境の捉え方

　先に述べたように年代測定技術の向上などに伴って古環境変化に関する解像度が高まり，また考古学の側でも増加する資料に精度の高い年代値が与えられてきたことによって，環境変化と人類活動の関連を追求する視点が改めて重要視されている。

日本では人類活動と自然環境といった場合，1980年代には姶良火山の噴火とAT降灰というイベントが注目され，例えば石器文化研究会でも討論の論題に取り上げられるなどしている（白石1983，諏訪間1989）。AT降灰によって遺跡数が減少したり，石器が変化するといった言説は当時しばしば認められる（伊藤1991）。旧石器時代における人類と自然環境の関係性を追求する先駆的な諸研究である。ただし，「環境要素と考古事象の空間的分布パターン・時間的変遷パターンの類似を単純に比較・類推することは，厳に戒めなければならない」という指摘（五十嵐1996）もあるように，この当時，日本の旧石器研究に不足していたのは，気候変動・環境変化がどういうしくみで人類の活動，ひいては考古資料を変化させるのかという理論的考察であったと思われる。

　他方，世界的にみると，この時期にはオルガ・ソファーとクライブ・ギャンブルが中心となって推進するLGMプロジェクトが進められていた（Soffar and Gamble 1990）。およそ18,000 BPを中心とすると考えられたLGMについて，世界的規模で考古学的データを収集し，広域にわたる人類文化の変化と地域的多様性を，自然環境との関係を考慮しつつ比較しようとするものである。その後，さらに自然科学方面の研究を大幅に拡充したステージ3プロジェクト（van Andel and Devies 2003）などによって，考古学的諸現象と自然環境の時空間分布を整理し，現代人的行動の出現や現代人の拡散といった問題に取り組む動きがあった。

　日本と異なるのは，人類と環境との関わりという課題に対するこうした積極的な取り組みの背景に，長い理論的思索の歴史があったことであろう。グレアム・クラークの研究に代表されるように，すでに生態学的・経済学的アプローチを経験して久しいヨーロッパ圏では，人類社会は特定の生業によって環境との均衡を保っているという考え方が存在したし，文化生態学を経験したうえでシステム論を手に入れたアメリカ考古学では，カール・ブッツァーの'人類生態系'アプローチが生み出されていた（安斎1990）。人類と環境とを生態系の観点からシステム論的に把握し，両者に密接な連関を措定する理論的枠組みが，今日のような高精度年代測定の一般化と環境データの目覚ましい蓄積に先立って長らく存在していたということが，日本の取り組みとの大きな違いであろう。

　ただし，人類と環境との関係を説く諸理論の長い歴史を，ここで広く点検することは著者の力量を超えているため，本論の基本的考えを確認しておくにとどめたい。LGMプロジェクトを主導したギャンブル（Gamble1986）は，社会的・生態学的観点もふまえて次のような社会生態学的枠組みを提示している。彼は広く民族考古学的研究を検討し，獲得経済に立脚する狩猟採集社会において，環境は，資源獲得法やそれを遂行する集団規模・移動性・居住期間に関する制約因子であるとみなされる（①）一方で，社会関係は資源利用法の決定に関する規定因子である（②）とした。①が述べているのは，資源の種類や分布そのものは，それを利用しようとする集団の規模や居住形態と一定の因果的関係があり，これを一定程度規制するということである（Hayden 1981も参照）。例えば，獲得可能なエネルギー量の小さな資源が偏在する環境下では，特定地域に集中した人口配置と資源利用によっては長期の生存は望めず，小規模な集団が分散的に資源利用する方が適しているように，居住や行動の基本的側面を規制する要因とはなる。しかしながら，

資源利用道具，居住施設等といった文化要素自体の内容，あるいは文化システムにまで決定的な影響を及ぼすわけではないと考えられる。当然，文化の形成には歴史的伝統という時間軸も規定因子として深く関与している（森先2010）。②は，同じ環境は狩猟採集民によっても農耕民によっても開発可能であるから，資源利用法そのものは，環境ではなく社会関係が規定しているということを述べている。あるいは，技術水準等といった側面も深く影響しているだろう。ある環境は，特定の資源利用しか許容しないという単純な環境決定論は，こうした意味で退けられる。

むしろ，この理論的枠組みでは，気候変動・環境変化は特に獲得経済に立脚する人類活動を考察するうえでは，まず，第一に考慮され検討されねばならないものと考えられる（Morisaki et al. in print）。環境決定論を避けるために検討を後回しにするというのは，環境との因果関係を追究することへの拒否反応でしかなく，論理的ではない。筆者自身は，人類活動と環境との対応関係は，いかなるレベルでも認識されておくよう心がけるべきだと考えている。このことと，それらを因果関係として説明することとは全く別問題だからである。

(2) 資源構造と人類活動 ―技術的組織・居住形態の観点から―

a 技術的組織

では，より具体的なレベルで，人類と環境との関係はどのように考えられてきたか。これを浮き彫りにするのは，技術的組織（Binford 1979）の考え方であろう。現在広く受け入れられている技術的組織の考え方では，技術は道具素材の獲得から製作，廃棄までの一連の方式（mode）として捉えられ，環境を構成する資源構造と相関的に作り上げられた組織的性格を有するものとして，人類の環境への適応戦略と理解される。技術と資源との相関性について，ビンフォードは資源の時空間的分布に着目して，その効率的利用という観点で整理した。ビンフォードの考察以降では，例えば資源の予測性とリスクマネジメントという観点から技術の信頼性を二項的にモデル化したブリード（1986）や，資源獲得の時間ストレスと道具多様性・複雑性の関係性を理解したトレンス（1983）の研究は，現在も重要な参照枠となっている。ここで技術は，環境を巧みに克服し生存を可能とするための手段として，その経済的側面が強調された。

さらに，ビンフォードが当初から看破していたように，技術的組織の考え方では技術，活動計画，居住形態のあいだには因果的関係があり，活動計画や居住形態は，資源構造，季節性，地理的条件や社会関係などの相互的関係により規定され（Ingbar and Hoffman 1994），資源その他の諸条件によって策定された居住形態に応じて，生活道具を製作・使用する技術も練り上げられる（Nelson 1991）。このように，技術的組織の考え方では，技術自体も組織的性格をもつとともに，技術的組織というシステムも，より大きな適応システムの一部をなすと考えるので，例えば石器（道具）・石器技術（技術）についても，その適用対象である資源構造，すなわち環境から切り離して理解することはできないと考えられる。

いうまでもなく重要なことは，人類と環境を技術的組織と居住形態が媒介することにより，考古学的な追究が可能となっていることである。石器にかかわる技術的組織は，資源その他の内

的・外的要因と相関性を有することは多くの研究が明らかにしてきたところであるが，両者の関連をより具体的に理解するためには，資源利用活動・活動計画を実現するための居住形態をも媒介とする必要があり，これを把握してはじめて，資源構造に影響する気候変動・環境変化と人類活動との関連を因果的に議論できると考えられる（森先 2013・2015a）。

b 資源構造と居住形態

したがって，資源構造と居住形態，居住形態と技術的組織の関係を架橋する個別理論を参照し，環境適応論を論理的に展開しなければならない。

まず，資源構造―活動計画―居住形態―技術的組織という一連の関係性において，居住形態と資源構造との関係についてはいくつものモデルがある。例えば，ブッツァー（1982）による資源と居住形態との類型的モデルは有名だが，もっともよく知られているモデルは，フォレジャー／コレクターモデルであろう（Binford 1980）。

改めて述べておくと，フォレジャーとは居住基地（residential base）を資源地に移し，資源を利用しつくすと次の地点に移動する資源利用を行う人々を指し，頻繁な居住地移動に特色があって，一般に貯蔵は行わない。一方，コレクターとは居住地の移動頻度が低いかわりに，居住地から離れた資源地に兵站的移動（特定資源獲得のために派遣されるタスク・グループの移動）を行って資源を獲得し，居住地に持ち帰る居住形態で，貯蔵を行うのが一般的である。こうした居住形態は，資源の時間的・空間的な分布様態に対する適応として成立したとされる。すなわちフォレジャーは資源の分布が均質かつ時間的にも大きく変化しないような条件において有利であり，他方，コレクターは資源の時間的・空間的偏りがあるような環境において認められるとした。

資源構造と居住形態の関係は，最適採食理論によるパッチ選択（patch choice）モデルと食餌幅（diet breadth）モデルの観点からも議論されている（Bettinger and Baumoff 1982, Bettinger 1997）。パッチ選択モデルは，所与の環境において採食者が採食活動を最も効率化できるパッチ選択を予測するもので，パッチサイズと分布の様態に応じて，採食者のパッチ探索時間（travel time）とパッチ利用時間（foraging time）をどのように案分すれば最大の利益を得られるかについて予測するものである。食餌幅は，採食活動を探索（searching）と処理（handling）に分けた場合，資源の探索から処理までに要するコストを考慮した時に単位時間あたりのエネルギー収量を最大とする資源のセットをさす。資源自体は単位処理時間あたりのエネルギー収量によってランクづけられており，例えば高ランク資源としては大型動物などがこれにあたる。一方の低ランク資源としては，獲得してからも入念な処理作業を要する種実類がその一例となる（口蔵 2000）。

ベティンジャーら（Bettinger and Baumoff 1982）は，採食者を狩猟採集民とすると，狩猟・採集技術に大きな差異がない場合，ある環境下で食餌幅を決定するプロセスは，高ランク資源に対する相対的な消費者の数によって変動するという視点から，高ランク資源に特殊化し，パッチ間移動に多くの時間を割く戦略をとる狩猟採集民をトラベラー（Traveller），低ランク資源にまで食餌幅を広げるかわりにパッチ間移動時間を減らし，その獲得・加工方法を発達させた狩猟採集民

をプロセッサー（Processor）としてモデル化している（森先 2015b）。

両モデルは相反するものではなく，現実の異なる部分に着目したモデルといえそうである。ビンフォードのモデルが民族考古学の観点から，資源の時間的・空間的偏りに着目して居住地の移動様式と資源利用法を整理する一方，ベティンジャーのモデルは最適採食理論に基づき，資源そのもののランクづけと利用の幅（食餌幅）に着目して居住地移動頻度や資源利用法の観点から整理する。後者のモデルでは，社会的構成員の男女比と社会的再生産能力も射程に収めており，社会集団間関係や人口論を考察する際にも参考となる。

c 居住形態と道具システム

居住形態と道具システム（ここでは石器にかかわる技術的組織）の関係はどのように考えられているかをみてみたい。道具と居住地環境の関係は，まずオズワルト（1976）によって大局的に整理され，考古学への適用を視野に入れた道具—居住形態の相関性を示すモデルとしてショット（1986）が定式化した。ショットは，道具多様性（diversity）と移動頻度（mobility frequency）は負の相関関係にあること，道具の多用途性（versatility）・融通性（flexibility）は移動頻度と正の相関関係にあること，道具多様性と兵站的移動性（logistic mobility）は正の相関関係にあること，を主張する。つまり，移動頻度が高まれば道具の種類が減少する一方，道具個々の多用途性や融通性は高まるであろうという。もうひとつの兵站的移動性というのは，特定の資源を獲得するために派遣される小集団タスク・グループの移動を指しており，これを集団の居住地そのものの移動（residential mobility）と区別したことが，フォレジャー・コレクターモデル（Binford 1980）のもっとも重要な点であるともいわれる（羽生 1994，山田 2007）。兵站的移動を基本とする人々は居住地全体の移動頻度は低調で，逆も同じことがいえる。したがって，居住地移動頻度が低く兵站的移動による資源獲得を基本とする人々は，相対的に多様な生活道具を有することが理論的に予測される。このモデルは単純であるがゆえの批判も多いが，逆に単純であるために多くの事象を理解する際の参照枠となっている。

また，このほかにも一次リダクションに両面体の多用があることは，移動性の高さと関係するといわれる（Andrefsky Jr. 1991）。居住形態は，居住地点の広がりや居住痕跡の集中状況，石材の動き，また旧石器時代では期待し難いが，居住地点における遺構の組み合わせ等からも具体的に検討することができる。こうした条件が整っている場合は，上記の検討とともに詳細に分析を加えるべきである。

もちろん道具システムには，居住形態のみならず，道具の素材の分布や質も深く作用する（Andrefsky Jr. 1994, Kuhn 1994）し，対象資源そのものの性質も道具のデザインに深く関与することも忘れてはならない（Churchill 1993, Hayden et al. 1996）。

さて，ここまで確認した理論によって，道具システムを中心とした遺物・遺跡の分析により居住形態を推定し，これを資源構造と結びつけて理解する方法の一端を示した。これも，人類と環境の関わりを議論するためのごく基本的なものに過ぎない。しかし，単に考古学的現象面を環境

変化と対応づけて説明しようとするのとは異なり，技術的組織から，あるいは技術的組織とともに，先史狩猟採集民の居住形態を推定し，この両者と，環境のうち当該集団の生存に深くかかわる資源構造との因果的関係を，上記した理論に基づいて適応論的視座から説明することで，単純な環境決定論を遠ざけ，資料と理論に裏打ちされた議論を提出することができるだろう。ただし，居住形態の決定には当該集団を取り巻く社会的関係の議論も合わせて必要であるし，それには彼らの世界を成り立たせたイデオロギーという視座も忘れないようにしたい。

2 最終氷期の人類と環境

ここからは，具体的に資料を概観しながら，人類活動と晩氷期気候変動・環境変化との対応や，その因果的関係について，現状で可能と思われる範囲で論じてみたい。本書のテーマである晩氷期を中心に，その前段階から対象とした。

旧石器時代から縄文時代草創期（ca. 40,000-11,500 cal BP）の資料を含む遺跡・地点は 16,000 カ所を超えている。旧石器時代の遺跡数に限っても 10,000 カ所以上を数える（日本旧石器学会 2010）。旧石器時代遺跡のほぼすべてが後期旧石器時代に属すると考えられ，石器の型式や技術，火山灰層序，放射性炭素年代を用いた編年では，後期旧石器時代は大きく前半期と後半期に二期区分されている（佐藤 1992）。後半期への移行は，水月湖の年縞データ（Smith et al. 2013）でおよそ 30,000 年前とされた姶良火山の噴火後，MIS3/2 の移行とほぼ軌を一にしているとみられる（森先 2010）。遺跡数の多くは，後期旧石器時代でも後半期に属している。

MIS3 の中ごろに日本列島に到達した現生人類は，広い範囲で共通性の高い石器技術を保有していた。すなわち，臨機的な台形様石器と少量の石刃石器からなる単純な道具システムであり，移動性の高い居住形態を基本としていたと考えられる（佐藤 1992・1993）。これが後期旧石器時代前半期の技術的特徴である。後期旧石器時代の後半期には，姶良火山の噴火に起因する AT 火山灰の降灰が生態系を攪乱し（辻 1985・2004），動植物相を顕著に変化させたのちに，石器技術は地域的に多様化を遂げるとともに，石器組成のうえでも器種の分化が進んで内容が多様化する（第1図）。こうした道具システムの変化は，先ほどの考えに照らすと，それを残した人々の移動性の低下と兵站的移動性の高まりと理解することができるだろう。

これに同時期に起こった，台地部への遺跡集中という現象も勘案すると，道具システムの変更は移動性の高い居住形態から地域定着型で移動性の低い居住形態へシフトしたことと同時に起こっている（安蒜 1985，森先 2010）。

こうした理解を，現在までに明らかになっている古環境とあわせて考察すると，次のようになる。MIS2 の著しい寒冷・乾燥化と針葉樹林化の進行に加え，大型哺乳動物の減少（高橋 2008，岩瀬ほか 2011）という状況に遭遇した各地の人間集団が，それまでよりも森林棲中小型獣狩猟を重視し，より幅広い資源利用を志向した結果，相対的に狭い範囲への適応を志向する生活様式が，古本州島西南部を中心に成立したと理解することができる（森先 2010・2013）。古本州島東北部で

は，北方系動物群の影響を受けやすく，かつ AT 火山灰降灰前後の環境変化が同西南部ほど急激ではなかったことから，後半期に入っても石刃石器を用いた大型獣狩猟が広い範囲で比較的活発に行われたと考えられるが，OIS2 後半には次第に地域化を遂げた（森先 2013）。

一方，古北海道半島では，OIS2 を通して引き続き細石刃石器群が盛行する。黒曜石研究の成果からみても，細石刃石器群保有集団の広域移動は明らかである。こうした居住形態が継続的に発達した背景には，この地における開けた草原的景観の発達や，古本州島とは異なって更新世型の哺乳動物相がより新しい時期まで存続していたことが関係していると考えられる（Morisaki et al. 2015）。

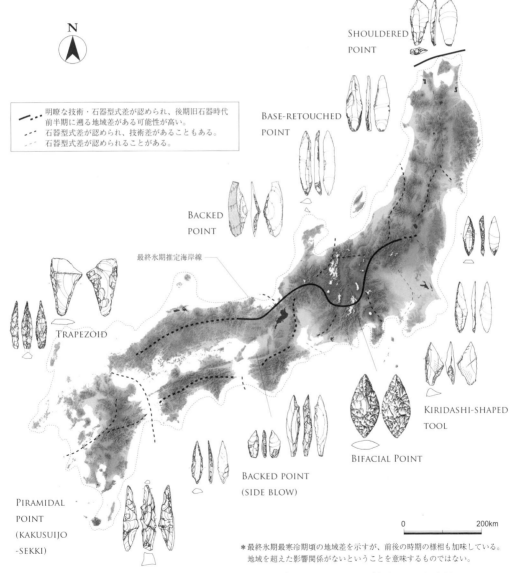

第 1 図　後期旧石器時代後半期における石器・石器技術の地域性（森先 2010 を改変）

3 晩氷期における日本列島の石器技術の多様性

(1) 旧石器時代終末

　更新世／完新世移行期には，後半期に成立した地域社会を単位とする各地独自の縄文化が進行する。現在の資料からみると，晩氷期温暖期（ベーリング／アレレード期）を遡る盛氷期（Pleniglacial）末には，古本州島東北部において，地域差をもちつつも，精巧な両面調整技術に細石刃技術が組み合わせられた複雑な石器製作・運用技術が成立し，同西南部では中小型石刃・剝片石器技術に両面調整技術を組み合わせた技術適応が図られていたと考えられる。

　特に，古本州島東北部および同西南部日本海側では，両面調整技術の発達にみられるような，管理的な石器技術の発達に特徴をもっていた。さらに，約 17,000～15,000 cal BP には，気候変動との関係も注目されてきたように，北方系細石刃生産技術である湧別技法保有集団が北海道から南下し，それまで両面調整技術を発達させていた地域に拡散して新しい石器技術をもたらした結果，いっそう地域差が顕著になったらしい。「神子柴・長者久保石器群」を特徴づける石器の過剰デザインは，多くの研究者がいうような縄文時代草創期初頭に列島を覆う一段階として成立したのではなく，こうした異文化集団間の接触と緊張関係を背景として，モザイク状に生じた社会生態学的な現象であるとみる意見（安斎 2002）もあり，詳細な年代的・型式学的検討が必要である。

　ただし現在のデータでは，この北方系細石刃石器群の南下イベントが特定の気候変動や環境変化のイベントと一致する年代的証拠は得られていない。山田哲（2006）のいう前期細石刃石器群後葉の広域移動型居住形態が，その展開に関与していた可能性も想定される。この点は今後の検討課題である。

(2) 縄文時代草創期前半

　日本列島における最古の土器の出現は，晩氷期の温暖期直前にあたる青森県大平山元遺跡と考えられる。その直後には，細石刃石器群が継続する北海道とは異なって，古本州島ではいち早く広範囲に斉一的な土器文化が成立する（工藤 2005）。北海道帯広市で発見された大正 3 遺跡では，この時期の本州型の縄文時代草創期土器群をもち，有舌尖頭器製作を行う事例が発見された。当時，北海道では細石刃石器群が卓越していたと考えられるため，大正 3 遺跡は晩氷期温暖期に起こった人間集団の移住に関連する可能性が説かれている（山原 2008）。

　さて，土器文化は，その成立期には本州から九州地方まで一定程度の共通性があるが，生活に直結した石器技術には依然として地域差が顕在化している。九州地方西北部では両面体素材の楔形細石刃石器群が継続し，それ以外の古本州島西南部では有舌尖頭器・両面調整尖頭器を伴いつつ石鏃が発達する石器群，古本州島東北部では精巧な有舌尖頭器・両面調整尖頭器と石鏃が発達

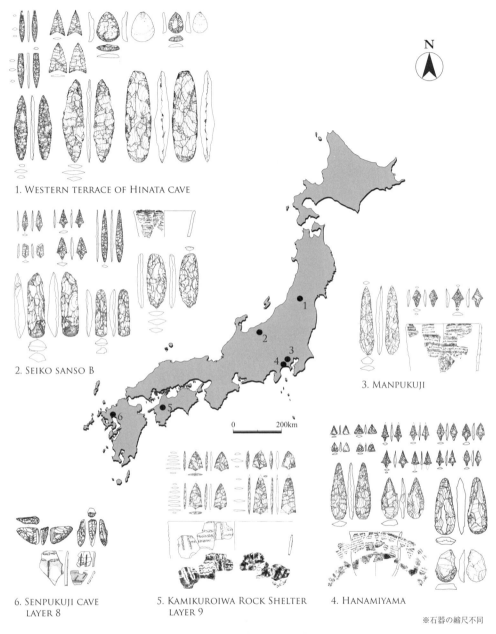

第2図　縄文時代草創期前半の地域性一例

する石器群が成立した。古本州島東北部では，その後，少なくとも縄文時代前期までは大型の両面調整尖頭器が継続的に発達する（Sato et al. 2011, Morisaki et al. in print）。

現在では放射性炭素年代測定例の蓄積により，近接した年代値をもつ遺跡を地域間で比較することができる。例えば，神奈川県万福寺遺跡，長野県星光山荘B遺跡，愛媛県上黒岩岩陰遺跡9層，長崎県泉福寺洞窟8層は，いずれも晩氷期温暖期にあたる14,500〜13,500 cal BPの年代値をもつ。山形県日向洞窟西地区と神奈川県花見山遺跡も，隆起線文土器が万福寺遺跡に近い内容

をもつためほぼ同時期だろう。文様の特徴は日向洞窟西地区，万福寺遺跡，花見山遺跡，星光山荘B遺跡が類似し，それとは異なる上黒岩洞窟と泉福寺洞窟は互いによく類似する。土器文様のスタイルだけをみると，広い範囲での共通性が確認される。

　しかし，これらの石器群についても，その地域差は大きい（岡村1997, Sato et al. 2011）（第2図）。日向洞窟西地区では両面体と尖頭器・石鏃や，スクレイパー，ドリル，石箆，石斧の製作が行われている。製作過程はきわめて入念で，しかも両面体調整過程で得られる剥片を石鏃などの小型石器の素材とする（佐川・鈴木編2006）。完成された石器の規格性も高い。花見山遺跡でも両面体素材の大型尖頭器と，特殊形態をもつ有舌尖頭器（花見山型）が多数組成されるが，大型尖頭器は日向洞窟のものより明らかに厚手で整形が粗雑である。スクレイパー・ドリルが多数伴うが，石斧は少ない。星光山荘B遺跡は，細身薄手で精巧な大型尖頭器と花見山に近い有舌尖頭器，そして多数の局部磨製石斧が特徴である。これらの遺跡とは土器文様に差異がある上黒岩岩陰遺跡では，薄手・精巧だが幅広の有舌尖頭器（柳又型）に特徴をもつ。一方，泉福寺洞窟では両面体素材の細石刃石器群が発達する。同種の細石刃石器群が発達する大陸・朝鮮半島に近接した位置にあることや石材の局所分布等が関係しているかもしれない。

　こうした例に示される石器技術の地域差は，後期旧石器時代後半期以来引き継がれてきたものとみられる。これらと居住形態との関係は把握できるだろうか。ここでは器種の多様度を詳しく検討してはいないが，最も異なるのは石器素材の供給技術であろう。日向洞窟西地区のように入念な製作過程を経る管理的な両面体消費は，各種の臨機的な器種製作を組み込んだ技術である。星光山荘B遺跡も日向洞窟西地区に近い特徴をもつ。それにひきかえ，完成品の規格性は高いものの素材供給技術に管理的側面がみられない花見山遺跡に，日向洞窟西地区と同様の行動は想定しがたい。同様のことは上黒岩岩陰遺跡にも指摘可能である。他方，両面調整尖頭器の発達しない九州地方西北部では，植刃槍が依然として採用されていた。第2図にはあげていないが，九州地方南部では両面調整技術の利用が低調で管理性も低い。概して，古本州島東北部では両面調整技術が細石刃石器群以前より発達しており，縄文時代草創期前半の石器技術も両面調整技術に特化している。他方，古本州島西南部の多くの地域ではそのような特殊化した技術構造は発達せず，各器種それぞれに対応した非特殊的で柔軟な技術を複数保持し，多様な器種を両面調整技術や磨製石器技術で作り分ける，縄文時代に一般的な石器技術が草創期前半には成立していたらしい。

　先にみた考え方では，直接的に居住形態に結びつけられないが，一次リダクションに両面調整技術の多用があるものには，移動性の高さが考えられる。つまり，これらは単なる石器技術の差ではなく，これを用いて実現される資源利用のための居住地移動にも違いがあったことを示す。技術・居住形態の地域差は，古本州島東北部と西南部で，あるいはより細かい地域単位で，資源構造やその変化様式が異なっていたことと関連していた可能性がある。つまり，古本州島西南部では温暖化の進行とともに安定した気候が成立し，植物質食料も同東北部とくらべいち早く豊富になって資源の多様化が進んだために，食餌幅の拡大と定着的な居住形態が始まり，近傍石材に

よる臨機的な素材生産と，そこからの石器の作り分けが中心となったと考えることができる。こうした動きは九州南部で最も早く起こった変化である（西田 1984，岡村 1997，森先 2015b）。一方，完新世的な環境が北漸しつつも同西南部に遅れていた古本州島東北部では，定着的な居住が遅れ，相対的に限られた資源（動物狩猟が基本）に特殊化した管理的技術が継続的に発達したと考えられる。この点は，後に居住地点の分析で補足する。

(3) 縄文時代草創期後半～早期

さて，隆起線文土器の遺跡は，列島全体に比較的多く確認することができるが，次の爪形文・多縄文土器期（草創期後半）になると，一転して数は少なくなる（Nakazawa et al. 2011）。北海道では，この時期以降土器文化の存在が，およそ 10,000 cal BP の縄文時代早期まで確認できない。草創期後半が晩氷期後半の寒冷期（ヤンガー・ドリアス期）に相当する可能性が高いことから，急激な寒冷化をしめす環境変動がこれらの現象に影響している可能性はなお検討すべき課題である。

縄文時代早期以降にもそれまでの石器技術の地域性は引き継がれているし，礫石器群の発達，水産資源の利用の強化にともなう骨角器の製作など道具システムの複雑化も進む。検出遺構の増加からみても定着的居住は一挙に進んだものとみられることから，地域環境への適応がさらに進められたのであろう。こうした変化が，完新世に入って気候変動幅が縮小し，安定した海洋性気候が列島を支配したことと深く関係することは否定できないだろう。新たに成立した縄文時代の森林資源は，地域差をもちつつもそれまでとは一転して堅果類等の植物資源が豊富になった。また，海水準の上昇によって大陸棚が海没し，浅海域の水産資源量も増大した。定着的な狩猟採集戦略の採用による採集・漁撈の本格化は，こうした生態要因の変化が重要な背景を形成していたと考えられる（西田 1984，雨宮 1993，岡村 1997，森先 2015a・b）。さらに，降水量の増加と降雨パターンの地域差の拡大が地域生態系の多様性を促進した結果，その後の地域性豊かな縄文文化の発展を促したと考えられる（佐藤 2008）。

4　居住地点の変化

(1) 旧石器時代の居住地点

これまでレビューしてきたように，日本列島に居住した人類集団は，旧石器時代以来，各地域に独自の環境に適応した，地域性豊かな石器技術・居住形態を構築してきたと考えられる。晩氷期がはじまるころの縄文時代草創期の初頭においても，この地域単位は存続し，晩氷期気候変動への対応の基本単位となっていたことがわかる。では環境変化への適応的行動が，居住形態，とりわけ居住地点の変化としてはどのように表れているのだろうか。最後にこの点を確認してみたい。

旧石器時代には居住施設そのものと考えられる例はきわめて少ない。鹿児島県水迫遺跡，神奈

川県田名向原遺跡などのように，いくつか注目される遺構は存在する。当該遺構の検出には，土層堆積条件や，埋没・埋没後の様々なプロセスなど，諸種の条件がそろっている必要があるとみられるとはいえ，現状では可能性のある候補を含めても，検出例はきわめて少ない。居住に関わる明確な施設の構築は，旧石器時代を通じてやはり非常に低調であった。

(2) 縄文時代草創期の居住地点

竪穴住居址や明確な掘り込みをもつ遺構の展開は，地域によってかなりの偏りがある。晩氷期を遡る可能性が高い住居状遺構としては，東京都前田耕地遺跡のわずかな掘り込みをもつ住居状遺構や，相模原市の勝坂遺跡の1軒の建物址が挙げられる。隆起線紋土器を伴い晩氷期温暖期に属する遺跡でも依然少なく，神奈川県の花見山遺跡や南鍛冶山遺跡で，非常に浅い掘り込みをもつ住居状遺構が挙げられるにすぎない（鈴木 2014）。こうした遺構の構築は，その場所における一定の居住期間を推測させるものであるが，この時期，視認できる活動痕跡の多くは，依然として石器集中部等であることが多い。

明確な掘り込みをもつ複数の竪穴住居からなる集落が，最も早くから確認できるのは九州南部の隆帯文土器期であろう。1990年に調査された鹿児島県掃除山遺跡，2000年代には三角山Ⅰ遺跡や鬼ヶ野遺跡など，複数の竪穴住居からなる集落の検出例が増加している（水ノ江 2009）。なかでも，2005年から2008年にかけて調査された宮崎平野南西部の清武町にある上猪ノ原遺跡第5地点では，草創期の集落としては最大級となる14軒もの竪穴住居址が検出され注目を浴びた。これらの遺構は早期・草創期の遺物包含層を除去した，霧島小林軽石（Kr-Kb：16.7 cal ka BP）を含む土層の上面で検出されている。住居内出土炭化物の放射性炭素年代測定では，11,720±40 BP～11,380±60 BPの年代値が得られているようなので（清武町教育委員会編 2009），較正年代では13,000 cal BP年代となり，晩氷期温暖期に属するだろう。

他にも，例えば前述の掃除山遺跡をはじめとして燻製に関連するともいわれる煙道付炉穴という特殊な遺構が九州南部に多数存在することや，宮崎県東黒土田遺跡などの舟形配石炉や堅果類の貯蔵穴が存在することなどに示されるように，九州南部では晩氷期温暖期において，植物質食料の利用を含め，他に先駆けた定着性の高い居住形態にすみやかに移行したことが推測できる。

一方，同時期の北部九州ではこうした遺構はほとんど認められない。いまのところ，明確な掘り込みをもつ複数の住居址からなる集落は，晩氷期寒冷期にさしかかる時期の福岡県大原D遺跡を待たねばならない。

年代値からみて晩氷期温暖期から寒冷期への移行期にあたり，押圧縄文土器を伴う静岡県大鹿窪遺跡では11軒もの竪穴住居とともに，土坑10基，ピット2基，焼土2基，配石遺構5基，集石遺構11基が配置された集落が検出されている（芝川町教育委員会 2003・2006）。住居には重複関係が認められるので集落が複数時期にわたることは確かであるものの，居住地点の固定化をよく表すものということができる。磨石・石皿等の礫石器も多く，植物質食料の利用の活発化をうかがわせる。

こうした本格的な集落の形成が，他に先駆けて温暖化の進行した太平洋沿岸で起こった可能性が指摘されている。池谷信之は静岡県葛原沢Ⅳ遺跡の調査成果に基づき，九州南部から南四国，東海地方にかけては広く隆帯文土器が展開しているとして，これらの地域に密接な関連があったことを述べ，前述の大鹿窪遺跡にも隆帯文土器が存在するとした（池谷 2003）。すでに述べたとおり，これらの地域では陥し穴等の遺構が発達する地域であり，また旧石器時代から石器・石器技術の類似性が認められる地域であることから，人々の生業・居住形態にも共通性があったと推察できる（森先 2010）。

さて，他の地域では晩氷期温暖期の終わりごろか，寒冷期の開始期ごろ，爪形文・多縄文土器期から深い掘り込みをもつ竪穴住居からなる集落が少しずつ増加する。一遺跡の建物軒数は基本的に1〜2軒と少ない（鈴木・鈴木編 2009, Morisaki et al. in print）。晩氷期寒冷期では，多縄文土器期の青森県櫛引遺跡など，規模は小さいながらも2軒の竪穴住居や土坑群からなる集落が本州最北端まで認められる。集落の分布地域が限られていた前時期から比べても，この時期には地面を掘り込む堅固な竪穴住居とその付帯施設の出現頻度が高まり，分布地域も明らかに広がりをみせるようである。

晩氷期温暖期に植生変化等を背景として，定着的居住地点の形成がいちはやく進行したのは太平洋沿岸の諸地域であったことを示唆しており，それが次第に北漸したことを，現在のデータは示唆している。そしてこうした居住地点の変化と地域差は，先述した石器技術の地域差から推定される行動戦略・居住形態の差異とも一致していることは，人類の環境変化への対応がそれまでに形づくられた適応の地域単位ごとに地域差をもって進行したことをよく示している。

ところで，山あいの洞窟・岩陰を利用した居住地点は草創期前半の隆起線文期以降，比較的広く認められる。長崎県泉福寺洞穴・福井洞窟，愛媛県上黒岩岩陰遺跡，長野県石小屋洞穴，新潟県小瀬が沢洞穴・室谷洞穴，山形県日向洞窟など，石器・土器を多く含み一定期間の居住が推測され，編年上も生業研究の面でも重要な草創期洞窟・岩陰遺跡は多い。竪穴住居からなる集落の少なさに対して洞窟・岩陰遺跡がしばしば形成されるということは，生業・居住形態が変化していく過渡的様相を反映しているだろう。例えば，狩猟・漁労活動の時期や地点の固定化による一定期間の定着的居住，温暖化に伴う生業活動範囲の垂直的展開などが関与している可能性がある。

ただし，こうした遺跡は洞窟や岩陰がある場所が，同時に生業・居住に適した場所である場合に初めて成立するため，定着化を進める過程で都合よく利用されることはあっても，常に中心的な居住基地たりうるわけではない。したがって，竪穴住居を採用することで定着的居住を推し進めていくにしたがい，洞窟・岩陰遺跡は，より機能限定的な居住地点に変化していったと考えられる（山内 2005）。

今後，洞窟遺跡と竪穴住居の展開過程について広域を対象に通時的に比較してみることは，縄文時代開始期のダイナミックな環境適応戦略の変化を理解するうえで重要な作業となるだろう。

(3) 後氷期における集落の展開

先ほども少し触れたとおり，後氷期に相当する縄文時代早期には，まとまった軒数の竪穴住居からなる集落が多くの遺跡で認められるようになる。遺跡が立地する地形も多様化し，資源利用戦略に大きな転換があったことが指摘されてきた。それまで竪穴住居を伴う集落が不明瞭であった北海道でも，例えば帯広市八千代A遺跡や，函館市中野A・B遺跡のように，突如として竪穴住居等の遺構が密集して構築される大規模な集落が出現することから，居住地点の固定化，定着的な居住と資源利用戦略の変化が列島全域で認められることとなった。この時期以後，縄文時代を特徴づける生業・居住戦略が確立していくことになる。

おわりに

以上，本章では，まず人類活動と環境との理論的関係の基本を整理し，これに基づいて，晩氷期を中心に最終氷期以降の日本列島における先史狩猟採集民の道具システムや居住形態の地域差や変化を概観し，気候変動や自然環境との因果関係を可能な範囲で議論してみた。

ここでは広域を視野に収め，これまで行われてきた研究をレビューしつつ，人類―環境史についてまとめた。今後は，解明が進む地域的環境の変化と対比させて，人類活動についても技術的組織と居住形態を基軸に復元し，両者の総合的な理解に基づく，先史時代の地域環境適応論が一層追究されるべきである。そのためには，条件の優れた遺跡を対象に，遺跡単位で人類活動と周囲の環境とのかかわりを示すデータを蓄積したうえで，地域レベルへ昇華するというように，多階層的に理解していく手続きが欠かせない。また，人類活動と環境とを統合的に理解するための理論的な検討も継続的に進めていく必要があるだろう。こうした研究の重要性はますます高まっていくばかりであり，今後，いっそう本格的に展開していくことが期待される。

引用文献

雨宮瑞生　1993「温帯森林の初期定住」『古文化談叢』30, 987-1023頁

安斎正人　1990『無文字社会の考古学』六興出版

安斎正人　2002「〈神子柴・長者久保文化〉の大陸渡来説批判―伝播系統論から形成過程論へ―」『物質文化』72, 1-20頁

安蒜政雄　1985「先土器時代における遺跡の群集的な成り立ちと遺跡群の構造」『論集　日本原史』吉川弘文館, 193-216頁

池谷信之　2003「本州島中部の様相」『季刊考古学』83, 55-58頁

五十嵐彰　1996「最寒冷期の環境と適応」『石器文化研究』5, 321-328頁

伊藤　健　1991「AT降灰前後の様相―ナイフ形石器と広域環境変化―」『石器文化研究』3, 263-270頁

稲田孝司　1993「細石刃文化と神子柴文化の接点―縄文時代初頭の集団と分業　予察―」『考古学研究』40 (2), 21-46頁

稲田孝司　2001『遊動する旧石器人』岩波書店

岩瀬　彬・橋詰　潤・出穂雅実・高橋啓一・佐藤宏之　2011「日本列島における後期更新世後半の陸生大型哺乳動物の絶滅年代」佐藤宏之編『環日本海北部地域における後期更新世の環境変動と人間の相互作用に関する総合的研究』平成18〜22年度総合地球環境学研究所研究プロジェクト5-3研究成果報告, 36-55頁

岡村道雄　1997「日本列島の南と北での縄文文化の成立」『第四紀研究』36 (5), 319-328頁

清武町教育委員会編　2009『上猪ノ原遺跡第5地区』

工藤雄一郎　2005「本州島東半部における更新世終末期の考古学的編年と環境史との時間的対応関係」『第四紀研究』44 (1), 51-64頁

口蔵幸雄　2000「最適採食戦略—食物獲得の行動生態学」『国立民族学博物館研究報告』24 (4), 767-872頁

佐川正敏・鈴木雅編　2006『日向洞窟遺跡西地区出土石器群の研究』東北学院大学佐川ゼミナール・高畠町教育委員会・山形県立うきたむ風土記の丘考古資料館

佐藤宏之　1992『日本旧石器文化の構造と進化』柏書房

佐藤宏之　1993「細石刃石器群の行動論分析のための視点」『細石刃文化研究の新たなる展開II—細石刃文化研究の諸問題—』佐久考古学会・八ヶ岳旧石器研究グループ, 299-307頁

佐藤宏之　2008「序論　縄文化の構造変動—更新世から完新世へ—」佐藤宏之編『縄文化の構造変動』六一書房, 1-12頁

芝川町教育委員会　2003『大鹿窪遺跡・窪B遺跡（遺構編）』

芝川町教育委員会　2006『大鹿窪遺跡・窪B遺跡（遺物編）』

鈴木克彦・鈴木保彦編　2009『縄文集落の多様性I：集落の変遷と地域性』雄山閣

鈴木保彦　2014「晩氷期から後氷期における気候変動と縄文集落の盛衰」『縄文時代』25, 1-28頁

白石浩之　1983「考古学と火山灰層序—特に関東地方を中心とした旧石器時代の層位的出土例と石器群の様相—」『第四紀研究』22 (3), 185-198頁

諏訪間順　1989「ATの影響はあったのかどうか」『石器文化研究』1, 46-50頁

高橋啓一　2008「後期更新世の環日本海地域における大型哺乳動物相の変遷」佐藤宏之編『環日本海北部地域の後期更新世における人類生態系の構造変動』総合地球環境学研究所・研究プロジェクト「日本列島における人間—自然相互関係の歴史的・文化的検討」サハリン・沿海州班, 68-79頁

辻誠一郎　1985「火山活動と古環境」『岩波講座日本考古学2　人間と環境』岩波書店, 289-317頁

辻誠一郎　2004「地球時代の環境史」『歴史研究の最前線 vol.2　環境史研究の課題』総研大日本歴史研究専攻・国立歴史民俗博物館, 40-70頁

西田正規　1984「定住革命」『季刊人類学』15 (1), 3-27頁

日本旧石器学会　2010『日本列島の旧石器時代遺跡』

日本旧石器学会　2015『日本旧石器学会第13回研究発表・シンポジウム予稿集　更新世末の東北日本における環境変動と人類活動』

羽生淳子　1994「狩猟・採集民の生業・集落と民族誌—生態学的アプローチに基づいた民族誌モデルを中心として—」『考古学研究』41 (1), 73-93頁

水ノ江和同　2009「九州地方の縄文集落と「縄文文化」」『集落の変遷と地域性』雄山閣, 259-293頁

森先一貴　2010『旧石器社会の構造的変化と地域適応』六一書房

森先一貫　2013「東北地方後期旧石器社会の技術構造と居住形態」『旧石器研究』9，75-97頁

森先一貫　2015a「晩氷期変動と生活構造の変化」『季刊考古学』132，51-54頁

森先一貫　2015b「更新世末の九州地方における先史狩猟採集民の居住形態」『第四紀研究』54 (5)，257-270頁

山内利秋　2005「洞穴／岩陰遺跡と縄文時代の狩猟活動」佐藤宏之編『食糧獲得社会の考古学』同成社，124-141頁

山田　哲　2006『北海道における細石刃石器群の研究』六一書房

山田　哲　2007「遺跡間変異と居住形態」佐藤宏之編『ゼミナール旧石器考古学』同成社，110-122頁

山原敏朗　2008「更新世末期の北海道と完新世初頭の北海道東部」佐藤宏之編『縄文化の構造変動』六一書房，35-52頁

Andrefsky, Jr., W. 1991 Inferring trends in prehistoric settlement behavior from lithic production technology in southern Plains. *North American Archaeology*, 12, 129-144.

Andrefsky, Jr., W. 1994 Raw-material availability and the organization of technology. *American Antiquity*, 59 (1), 21-34.

Bettinger, R. L. 1997 Holocene hunter-gatherers. In Feinman, G. M. and Douglas Price, T. (eds.) *Archaeology at the Millennium; A Sourcebook*, 137-195. New York: Kluwer Academic/Plenum Publishers.

Bettinger, R. L. and Baumoff, M. A. 1982 The Numic spread: Great Basin cultures in competition. *American Antiquity*, 47 (3), 485-503.

Binford, L. R. 1979 Organization and formation processes: looking at curated technologies. *Journal of Anthropological Research*, 35 (3), 255-273.

Binford, L. R. 1980 Willow smoke and dog's tails: hunter-gatherer settlement systems and archaeological site formation. *American Antiquity*, 45 (1), 4-20.

Binford, L. R. 1990 Mobility, housing, and environment: a comparative study. *Journal of Anthropological Research*, 46 (2), 119-152.

Bleed, P. 1986 The optimal design of hunting weapons: maintainability or reliability. *American Antiquity*, 51 (4), 737-747.

Butzer, K. W. 1982 *Archaeology as Human Ecology: Method and Theory for a Contextual Approach*. New York: Cambridge University Press.

Churchill, S. E. 1993 Weapon technology, prey size selection, and hunting methods in modern hunter-gatherers: implication for hunting in the Palaeolithic and Mesolithic. In G. I. Peterson, H. M. Bricker, and P. Mellars (eds.) *Hunting and Animal Exploitation in the Later Palaeolithic and Mesolithic of Eurasia*, 11-24. Arlington: American Anthropological Association.

Gamble, C. 1986 *The Palaeolithic Settlement of Europe*. Cambridge: Cambridge University Press.

Hayden, B. 1981 Subsistence and ecological adaptations of modern hunter/gatherers. In R. S. Harding and G. Teleki (eds.) *Omnivorous Primate: Gathering and Hunting in Human Evolution*, 344-422. New York: Columbia University Press.

Hayden, B., N. Franco., and J. Spafford. 1996 Evaluating lithic strategies and design criteria. In G. E. Odell (ed.) *Stone Tools: theoretical insights into human prehistory*, 9-50. New York: Plenum Press.

Ingbar, E. and E., Hofman J. L. 1994 Folsom fluting Fallacies. In P. J. Carr (ed.) *The Organization of North American Prehistoric Chipped Stone Tool Technologies*, 98-110. Michigan: Ann Arbor.

Kuhn, S. 1994 A formal approach to the design and assembly of mobile toolkits. *American Antiquity*, 59 (3): 426-442.

Morisaki, K., Izuho, M., Terry, K, and Sato, H. 2015 Lithics and climate: technological responses to landscape change in Upper Palaeolithic northern Japan. *Antiquity*, 89 (345), 554-572.

Morisaki, K., Izuho, M., and Sato, H. (In print) Human adaptive responses to environmental change during the Pleistocene-Holocene transition in the Japanese Archipelago. In E. Robinson and F. Sellet (eds.) *Studies in Human Ecology and Adaptation*. Springer.

Nakazawa, Y., Iwase, A., Akai, F., and Izuho, M., 2011 Human responses to the Younger Dryas in Japan. *Quaternary International*, 242 (2), 416-433.

Nelson, M. C. 1991 The study of technological organization. *Archaeological Method and Theory*, 3: 57-100.

Oswalt, W. 1976 *An Anthropological Analysis of Food-Getting Technology*. New York: Wiley and Sons. (オズワルト, W. H. (加藤晋平・禿仁志訳) 1983『食糧獲得の技術誌』法政大学出版局)

Sato, H., Izuho, M., and Morisaki, K. 2011 Human cultures and environmental changes in the Pleistocene-Holocene transition in the Japanese Archipelago. *Quaternary International*, 237, 93-102.

Shott, M. 1986 Technological organization and settlement mobility: An ethnographic examination. *Journal of Anthropological Research*, 42 (1), 15-51.

Smith, V. C., Staff, R. A., Blockley, S. P. E., Bronk Ramsey, C., Nakagawa, T., Mark, D. F., Takemura, K., Danhara, and T., Suigetsu 2006 Profect Members 2013 Identification and correlation of visible tephras in the Lake Suigetsu SG06 sedimentary archive, Japan: chronostratigraphic markers for synchronizing of east Asian/west Pacific palaeoclimatic records across the last 150 ka. *Quaternary Science Reviews*, 67, 121-137.

Soffar, O., and Gamble, C. (eds.) 1990 *The World at 18,000 bp*. London: Unwin Hyman.

Torrence, R. 1983 Time budgeting and hunter-gatherer technology. In G. Bailey (ed.) *Hunter-gatherer economy in prehistory: A European perspective*, 11-22. Cambridge: Cambridge University Press.

van Andel, T. and W. Davies (eds.) 2003 *Neanderthals and modern humans in the European landscape during the last glaciation: archaeological results of the Stage 3 Project*. Cambridge: McDonald Institute for Archaeological Research.

II

吉井沢遺跡の研究

第3章　北海道における晩氷期人類の居住生活
―吉井沢遺跡の事例から―

夏木　大吾

はじめに

　晩氷期の頃，現在の本州・四国・九州を含む地域では，すでに土器の利用が開始されていたが，北海道では土器を伴う遺跡が少なく，道具を石器に強く依存した社会が広く継続していた。江別市の大麻1遺跡（北海道埋蔵文化財センター1980）や帯広市大正3遺跡（北沢・山原編2006），富良野市東麓郷遺跡（杉浦編1987）は，この時期の土器を保有する数少ない遺跡である。当該期における大部分の物質文化は，土器がみられず，旧石器時代以来の細石刃技術や，多様な両面調整石器，舟底形石器に特徴づけられる。とはいえ，それより前の時期に比べ，大きな考古学的変化を遂げていることは確かである。

　北海道における晩氷期人類の社会を知るうえで重要なてがかりは，石器群の様相が場所によって大きく異なることである。そのような変異は，「常呂パターン」モデル（加藤1970，加藤・桑原1969）によって，高い移動性をもつ狩猟採集民の居住形態のなかで理解され，地点的な行動の違いとして捉えられてきた。近年，山田哲（2006）は「常呂パターン」モデルの有効性を再確認し，北海道における細石刃石器群の編年を整備したうえで，居住・移動システムの時間的変化の概要モデルを提示した。山田によれば，晩氷期の居住・移動システムは，中心的居住地点の移動距離が小さくて頻度が低く（低い居住地移動性），中心的居住地点からの派生的な移動の頻度が高くて（高い兵站的移動性）石器群が遺跡ごとに複雑な様相を呈すように，変異が大きいとされる。遺跡内・間での石器構成の変動は，移行期に起こりうる生業の変化・多様化と解釈されている（白石1993）。ただし，この説明は更新世／完新世移行期における考古学的変化として一般的である。したがって，この地域固有の考古学的現象の背景を解明するためには，当該地域集団のより具体的な居住行動や生活行動戦略について理解を深める必要がある。そのためには，地点的に様相の異なる石器群の一つ一つは，どのような行動によって形成されたのかを考えなければならない。

　しかし，残念なことに，北海道における旧石器時代終末期遺跡の多くが深度耕作による包含層の攪拌や寒冷気候による擾乱を受けるため，遺物の詳細な出土情報に基づく遺跡の構造分析は長らく困難な状況にあった。この問題を解決するため，近年，比較的保存の良好な北見市吉井沢遺跡の調査が佐藤宏之によって主導された。この調査では，慎重な遺物包含層の掘り下げと情報の記録，自然改変作用の評価に必要なデータの収集，その他にも多角的な分析が試みられている

（佐藤・山田編 2014）。

　本稿では，晩氷期人類のどのような居住行動や生活行動戦略の結果として上述した考古学的特徴が現れることになったのか，吉井沢遺跡における空間的な人間行動を考察することで，具体的にアプローチしてみたい。次節では，遺跡の空間分析をするうえで注意すべき点と，分析結果を人間行動に結びつけるうえで着目すべき点を確認しておきたい。

1　空間的な人間行動へのアプローチ法

(1) 自然・文化形成過程

　一般に，遺跡は様々な歪みや喪失を経て我々の眼前に現れることが経験的に理解されてきた。日本の旧石器時代遺跡では住居や貯蔵施設などの遺構に乏しく，長い年月を経た喪失の結果として有機質遺物の残存は広く期待できない。それゆえ，旧石器時代の研究では，普遍的に確認可能な石器の出土状況に基づき，遺物・遺跡の形成過程を検討し，当時の人間活動にアプローチしていく方法が有効である。遺跡において石器は空間的まとまり（＝石器集中）を成していることが多く，この石器集中は活動を読み取る基本単位となる（佐藤 2003）。

　遺跡の形成過程について，文化・自然的な形成・変形過程の理論を体系化した考古学者はシファーである（Schiffer 1972・1987）。彼の理論をやや単純化すると，文化的な形成過程は①遺物・遺構が文化システムの構成要素として機能していた段階と，②それらの放棄後に異なる文化システムにより以前の行動痕跡が改変される段階とに分けられる。自然形成過程は③それら構成要素が文化システムを離脱した後に物理的，生物的な変形を受ける段階である。遺跡内空間分析の工程としては，③→②→①の順番で分析していくことになる。ただし，吉井沢遺跡の場合は単一型式の石器群で構成されるため，異なる文化システムによる改変を考慮する必要がない。石器集中が埋没後に被った変形をより正確に把握できるか否かで，行動パターンの読み取りの正否は大きく左右される。したがって，自然形成過程の検討は遺跡内空間分析に必要な手続きである。形成過程上の改変や上書きを完全に分解し，当時の活動を完全に復元することは不可能であるが，分析の限界を認識しつつ，より信頼性の高い空間的パターンを抽出することはできる。

(2) 活動の原位置性

　遺跡形成をめぐる行動連鎖の終点を示す「放棄」とはシファーのいう結果的廃棄 de facto refuse のことで，遺跡の文化的な形成が途絶した段階の姿を現す。この「放棄」には「遺棄」と「廃棄」という行為が含まれている。ここでいう「遺棄」とは，道具が製作・使用された場に，道具や製作・加工の残滓が残される現象を指す。「廃棄」はそれらが別の場所に意図的に棄てられることである。日本の旧石器時代の研究では遺棄と廃棄を区別する重要性が幾度か言及されており，石器集中の遺棄的状況を仮定した遺跡の構造分析に対し，それを廃棄的状況と判断する立

場の研究者から批判がなされてきた（岡村1978・1979，田村2012，春成1976）。だが，石器の廃棄についての解釈モデルは，参考となる民族考古学的な事例に乏しく，一般化できないというのが現状である。旧石器時代の住居と推測される空間においても，石器が多量に残される例もあれば，少ない例もある。遺棄・廃棄空間をめぐる誤解は，不衛生なものや有効利用できないもの（食物残滓など）を対象として構築された廃棄モデルや，定着性の高い社会の事例をそのまま当てはめることによっても生じている。また，当時の人々がどのように考えていたか（エミック），我々がどのように機能的な判断をするか（エティック）という問題もあろう。石器の場合，さらなる打ち割りや再加工を経て，利用される可能性をもっているため，石器集中を単純に遺棄か廃棄かと判断することは合理的でない。とはいえ，活動の原位置性に言及するために，遺棄的な状況に言及する必要があることは確かである。

そこで，考古学における解釈の基礎を研究する民族考古学や実験研究を参照し，微細遺物と炉に注目したい。微細遺物の利点は，敷物などの上で石器を製作しない限り全ての微細遺物を回収し別の場所に移動させることは難しいため，微細遺物の存在が石器製作作業や石器の補修，延いては使用の場所を示すということにある（阿部1982，阿子島1985，佐藤1986）。小さな遺物がより活動の原位置を示すという論理は，ヌナミウト＝エスキモーのマスクサイトより構築された着座モデル seating model[1]（Binford 1978・1983）や，アリャワラのキャンプサイトの研究（O'connel 1987）によって知られる。また微細遺物の属性やその集中との対応関係によって，大きい遺物に基づいた場の活動内容を検証できる。

ビンフォード（Binford 1983）は遺跡における人間の諸行動と遺物形成の関係を論じるなかで，光や熱が場における人の配置や活動の重要な変数として機能したことに注目した。炉は，調理や暖をとるといった実用的な役割の他にも，社会的な関係を形成・維持するために利用され，その周辺は人が長い時間を過ごす場である。火は屋内だけでなく屋外作業でも利用されるため，遺跡内の様々な活動を炉に基づいて追求する方法は有効である。吉井沢遺跡では明確な炉址はないが，被熱した石器が数多く認められている。北海道の旧石器時代研究において，被熱した石器の存在は早くから注目され（加藤1970，加藤・畑・鶴丸1970，門脇1970），炉の推定に有効であることが示されている。

中沢の一連の研究（2008・2013）では，被熱石器を用いて文化形成過程にアプローチする方法が具体的に提示されており，居住期間の長期化や反復的居住により炉周辺の遺棄・廃棄物が蓄積すると，異なる場所に不要物が廃棄される行動が現れることが論証されている。山田（2003）は炉を中心とする遺物形成には，屋内と屋外空間に関連するパターンが存在する可能性を指摘している。彼らの研究を踏まえると，炉周辺の諸活動を解釈するうえでは，そうした掃除行動や場の性格についても注意しなければならないだろう。

次節以降，まず吉井沢遺跡の概要について簡単に触れ（2 吉井沢遺跡の概要），二つ目にファブリック解析という手法を用いて遺跡が被った埋没後過程の影響を明らかにし（3 自然形成過程—ファブリック解析），三つ目に石器集中を単位とした活動内容の特徴とその相互関係を確認する（4

石器集中にみる行動論的特徴）。さらに，活動空間の原位置性や組織性を知るうえで重要な被熱石器と微細遺物の空間分析を行い（5 見えない炉とドロップ・ゾーン），最後に各石器集中を形成した人間行動をより具体的に説明したい（6 炉周辺の活動と場の性格）。

2 吉井沢遺跡の概要

吉井沢遺跡は，北海道北東部オホーツク地域の北見市に所在し，この地域最大の河川としてオホーツク海にそそぐ常呂川の支流無加川の南岸の段丘上に立地する（第1図）。忍路子型細石刃石器群出土地点付近の標高は169～174 m で，無加川との比高は10 m，距離は100 m ほどである。この遺跡は，1966年に北見郷土研究会を主体，大場利夫を発掘担当者として調査されている（大場ほか 1983，北見郷土研究会編 1966）。この調査で発掘された「B 地区」の出土資料は，忍路子型細石刃石器群の代表的な遺跡の一つとして知られ，北海道の後期旧石器時代終末期に位置づけられる。1980年代以降，道内における忍路子型細石刃石器群の事例は少しずつ増えてきているが，北海道の東部では質的・量的にまとまった例が少ないため，この地域の晩氷期人類の活動を知るうえで，「B 地区」出土資料は重要である。

2006～2013年度の調査では，全22,265点の遺物が得られている。全遺物の95% である 21,217点の出土位置，石器集中部では98.2% の出土位置が計測・記録されている。点取りされた遺物の87%（18,556点）が 2×2 cm 未満の細片であることからも明らかなように，精密な発掘調査が行われている。2008年度以降の発掘では，埋没後過程の影響を評価するために，デジタル・クリノメーターによって石器の方位と傾斜が記録されている。

基本層序（第2図）は，I層：黒褐色土（腐葉や根が多く入り込む表土），II層：暗褐色土，III層：褐色土，IV層：褐色～赤褐色砂礫，V層：灰白色～褐色粘土・シルト・砂の互層である。遺物はI層からIII層下部まで出土しているが，主な出土層準はII層下部からIII層上部まで，層厚 0.2～0.3 m の範囲にある。

第3図はブーヴィットや出穂ら（2014）によって提示された吉井沢遺跡周辺の地形学図である。かつて調査された「B 地区」や今回調査地点は，無加川と吉井沢川に浸食・形成された第4段丘 T_4 上に位置する。第2段丘 T_2 では縄文時代中期の遺物が見つかっているため，第3段丘 T_3 は完新世初頭に形成され，第4段丘居住時に吉井沢川が流れていた可能性がある。遺跡の北西には急峻な尾根があり，調査地点は尾根方向から南～南東方向に緩く傾斜する地形（地形傾斜角は約5度）に

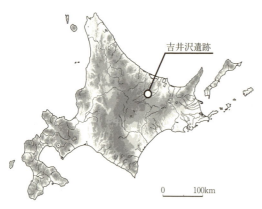

第1図 吉井沢遺跡の位置

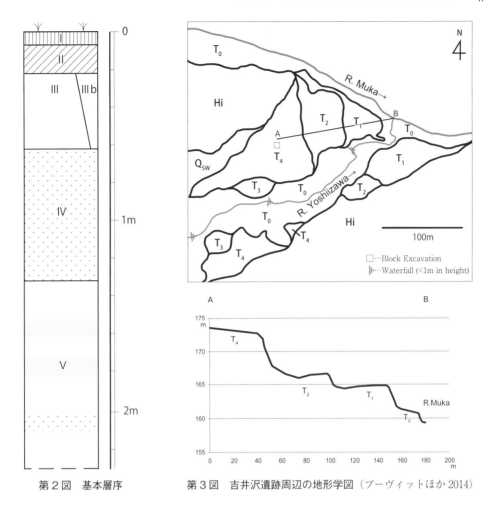

第2図　基本層序　　第3図　吉井沢遺跡周辺の地形学図（ブーヴィットほか2014）

位置する。そのため、日当たりは良く、北風を避けるために適した立地にある。

　明確な遺構は検出されなかったが、4ヵ所の石器集中が確認されている（第4章第2図）。これらの石器集中はブロック1、ブロック2A、ブロック2B、ブロック3と呼称される。個々の石器の形態や技術的特徴から4ヵ所の石器集中全てが忍路子型細石刃石器群と考えられる。石器群に関連する年代は今回の調査で得られていないが、山田（2006）の編年に従い、晩氷期の13,000〜11,000^{14}CyrsBPの時期に位置づけることが妥当である。

3　自然形成過程 —ファブリック解析—

　この遺跡の自然形成過程にアプローチするための手法としては、ファブリック解析がある。ファブリック解析は、遺物が被った自然形成過程の影響を直接的に知ることのできる分析手法であるため、空間分析の前処理としてきわめて有効な手段として近年注目を集めている。そもそもファブリック（英語：fabric, 独語：Gefüge）とは、地質体の構造形態を構成要素によって把握する

ために導入された概念であり（植村 2000），ファブリック解析は構造地質や堆積学などの地質科学の分析方法を考古遺物に応用したものである。考古学的なファブリック解析では，地質科学と同様に，遺物群を堆積物とみなし，その軸・面の方位や傾斜の構成を検討することで，埋没後の二次的な遺物配置のパターンを知ることができる。考古学の世界では，地考古学 Geoarchaeology を唱導したブッツァー（Butzer 1982）の研究において石器の向き・傾斜と自然形成との関連が注目されていたが，1990 年代中頃からヨーロッパを中心に石器の構造的配置の研究が本格化してきた（Bertran and Tixier 1995, Dibble et al. 1997, Enloe 2006, Lenoble and Bertran 2004 ほか）。日本人の研究でも，金取遺跡などの産状計測（菊池・中村 2004）を先駆けとして，近年，より本格的なファブリック解析を遺跡調査に組み込む事例が増えてきている（出穂ほか 2009，傳田 2015，傳田・佐野 2012，野口・林 2007）。

ファブリックの実験研究によれば，遺物の最大長が 2 cm 以上（Kjaer and Krüger 1998），長幅比が 1.6：1 の資料において有意な影響が認められており（Drake 1974），この条件を満たした資料がサンプルとして好ましい（傳田・佐野 2012）。したがって，この条件に合致した 562 点を分析のサンプルとした。基本的には各石器集中と層位を分析の単位とし，局地的な改変の影響をみるためにいくつかの範囲を区切ってサンプル群を構成した場所もある。

ファブリック解析では，サンプル群ごとの石器の方向・傾斜を二次元・三次元的に解析することによって，ファブリックの構造を明示し得る。ファブリックのパターンには，ルノーブルらの研究（Lenoble and Bertran 2004）を参照し，以下のようなものが挙げられる。

① 等方構造 Isotopic：サンプル群の傾斜の向きがランダムに分布する。土壌擾乱や融凍擾乱の影響を被った可能性がある。
② 面構造 Planar：サンプル群が面をなして，水平方向がランダムに配置する。ファブリック構造として，自然の影響を受けていないと解釈されるが，何らかの擾乱による再配置の結果としてこの構造に至る可能性もある。
③ 線構造 Linear：サンプル群が特定方位に集中する。つまり定向配列[2]が認められる。斜面に平行あるいは直交して分布する場合がある。斜面における重力性の移動，地表水の影響を受けた可能性がある。
④ 覆瓦構造 Imbrication：サンプル群内のそれぞれのサンプルが重なり，面的に同一方向を向く。河川堆積やそれに類する運搬によって運ばれたと考えられる。

ここではローズダイアグラム（第 4 図）と三次元解析の結果をグラフ化したベン図（第 5 図）を示し，その結果を踏まえ，各石器集中が被った埋没後過程の影響について，次に述べる。

ブロック 1 は南側に遺物集中の希薄な範囲があり，この III 層では埋没後過程の小規模な流路の侵食によって部分的に石器が大きく移動した可能性が高い。流路の影響範囲を調べると，第 6 図の枠内に含まれる遺物において顕著な定向配列が認められた。また，この範囲にある軟質な石材（凝灰岩など）でできた遺物の表面には，水流による移動の結果として形成された擦痕や磨耗も観察されている。一方で，北側の遺物集中では有意な定向配列は認められない。したがって，

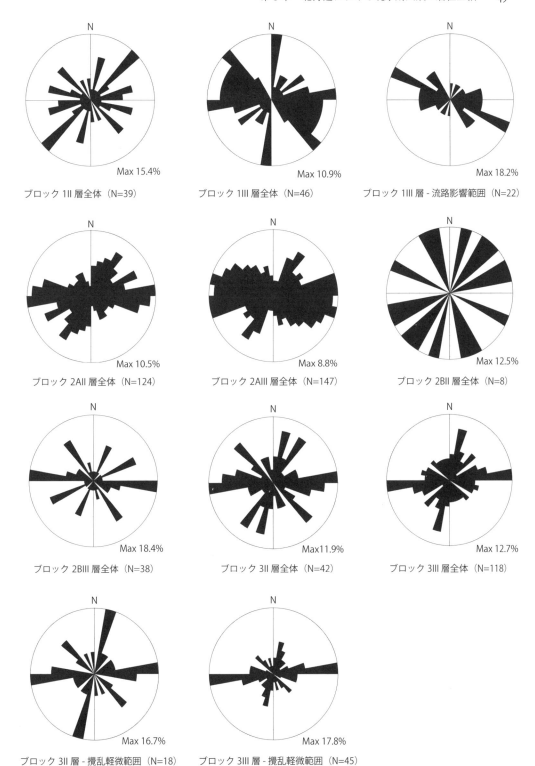

第4図　石器長軸方向（双方向）のローズダイアグラム

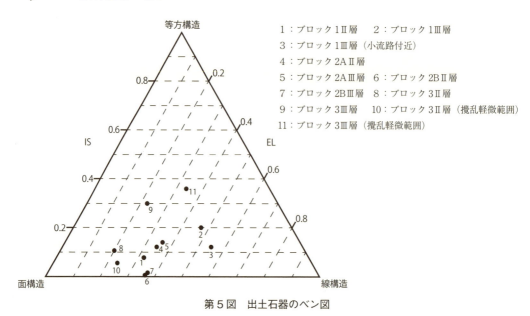

第5図　出土石器のベン図

小規模流路の痕跡がある位置に存在した遺物が，より南～南東方向に移動したと考えられる。

　遺跡全体において重力性攪乱による斜面傾斜に沿った遺物の移動があった可能性はある。だが，分析結果からは，ブロック2Aにおいてのみ地形傾斜に沿う有意な定向配列が確認された。この範囲では，遺物の集中域が東西に伸び，また分布密度も低く，東西に離れた資料が接合する例が多い。このことから，ソリフラクション等の重力性攪乱があったと推測されており（佐藤・山田編 2014），ファブリックの分析結果もこの指摘に合致する。定向配列はⅡ層とⅢ層の両方で確認されていることから，長い期間の継続的な重力性攪乱の影響があったと推測される。

　ブロック2Bでは，ファブリックの結果をみる限りでは斜面傾斜に沿った定向配列は認められない。しかし，分析サンプルが少なく，かつブロック2Aに隣接するため，同様に重力性攪乱を被った可能性は残されている[3]。

　ブロック3の遺物配置は，倒木痕跡によって，大きく乱されている部分がある。また，発掘区の北側ではⅡ層とⅢ層が混じる堆積土があり，その部分では遺物の分布密度が低いことが注意される。それ以外（第6図のブロック3「攪乱軽微範囲」）に遺物が大きく動いた証拠はない。

　全体として，層位のⅡ層に含まれる遺物群よりも，Ⅲ層にある遺物群のほうがより等方構造の強度が高い傾向が認められた。等方構造の高い強度からは，鉛直方向（重力方向）の石器の移動があったと想定される。この石器の垂直移動は融凍攪乱に関係すると考えられる。Ⅱ層の遺物群は相対的に面構造に近いことになるが，プライマリーな遺物支持層はⅢ層であるため，保存が良好というわけではない。モンゴルのハンザット1遺跡（出穂ほか 2009）でも同様なパターンが確認されているが，どのような過程を経て面構造に近づくのかは今のところ明らかではない。とはいえ，Ⅱ層とⅢ層の平面分布に顕著な違いは認められないので，遺物配置の厳密な復元を求めない限り，空間分析の障害とはならない。

第3章　北海道における晩氷期人類の居住生活　51

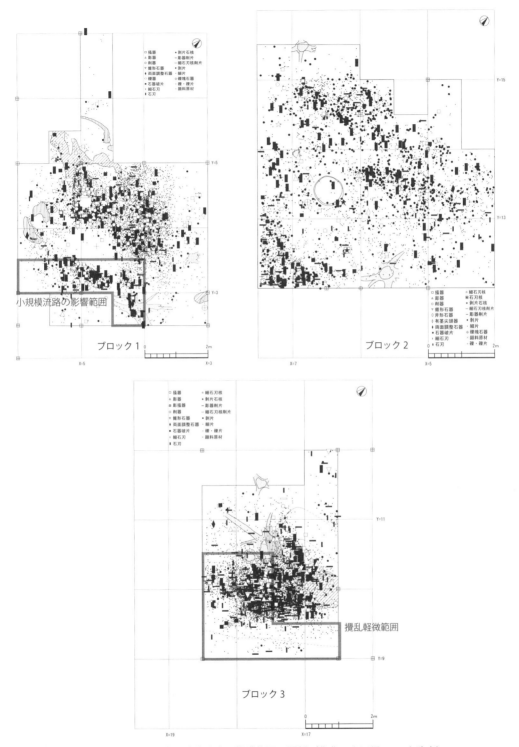

第6図　各石器集中の遺物分布と攪乱範囲の関係（佐藤・山田編 2014 を改変）

第1表　ブロック1の遺物組成

	黒曜石	頁岩	その他	合計
掻器	129(1.5)	1(1.4)	—	130(1.5)
彫器	6(0.1)	6(8.2)	—	12(0.1)
削器	32(0.4)	—	—	32(0.4)
錐形石器	1(<0.1)	1(1.4)	—	2(<0.1)
礫器	—	—	1(2.6)	1(<0.1)
両面調整石器	6(0.1)	—	—	6(0.1)
石器破片	36(0.4)	1(1.4)	—	37(0.4)
細石刃	54(0.6)	—	—	54(1.3)
石刃	109(1.3)	4(5.5)	—	113(1.3)
剥片石核	1(<0.1)	—	—	1(<0.1)
細石刃核削片	2(<0.1)	—	—	2(<0.1)
彫器削片	29(0.3)	11(15.1)	—	40(0.5)
剥片	313(3.6)	13(17.8)	21(55.3)	347(3.9)
細片	7973(91.7)	36(49.3)	7(18.4)	8016(91.1)
顔料原材	—	—	1(2.6)	1(<0.1)
礫塊石器	—	—	2(5.3)	2(<0.1)
礫・礫片	—	—	6(15.8)	6(0.1)
合計	8691(100)	73(100)	38(100)	8802(100)

（　）内の数値は，それぞれの列の合計を100としたときの割合。

第2表　ブロック2Aの遺物組成

	黒曜石	頁岩	その他	合計
掻器	31(0.9)	—	—	31(0.8)
彫器	7(0.2)	—	—	7(0.2)
削器	4(0.1)	—	—	4(0.1)
錐形石器	3(0.1)	—	—	3(0.1)
斧形石器	—	—	1(14.3)	1(<0.1)
有茎尖頭器	1(<0.1)	—	—	1(<0.1)
両面調整石器	2(0.1)	—	—	2(0.1)
石器破片	6(0.2)	—	—	6(0.2)
細石刃	12(0.3)	—	—	12(0.3)
石刃	59(1.7)	24(6.5)	—	83(2.1)
細石刃核	1(<0.1)	—	—	1(<0.1)
石刃核	—	1(0.3)	—	1(<0.1)
剥片石核	—	1(0.3)	—	1(<0.1)
細石刃核削片	1(<0.1)	—	—	1(<0.1)
彫器削片	18(0.5)	8(2.2)	—	26(0.7)
剥片	587(16.8)	188(51.2)	3(42.9)	778(20.1)
細片	2767(79.1)	145(39.5)	1(14.3)	2913(75.2)
礫塊石器	—	—	1(14.3)	1(<0.1)
礫・礫片	—	—	1(14.3)	1(<0.1)
合計	3499(100)	367(100)	7(100)	3873(100)

（　）内の数値は，それぞれの列の合計を100としたときの割合。

第3表　ブロック2Bの遺物組成

	黒曜石	頁岩	その他	合計
掻器	11(1.0)	—	—	11(1.0)
彫器	2(0.2)	1(1.7)	—	3(0.3)
削器	1(0.1)	—	—	1(0.1)
両面調整石器	1(0.1)	—	—	1(0.1)
石器破片	7(0.7)	—	—	7(0.6)
細石刃	7(0.7)	—	—	7(0.6)
石刃	14(1.3)	3(5.1)	—	17(1.5)
彫器削片	13(1.2)	8(13.6)	—	21(1.8)
剥片	116(10.8)	15(25.4)	4(22.2)	135(11.7)
細片	900(84.0)	32(54.2)	3(16.7)	935(81.4)
顔料原材	—	—	7(38.9)	7(0.6)
礫塊石器	—	—	1(5.6)	1(0.1)
礫・礫片	—	—	3(16.7)	3(0.3)
合計	1072(100)	59(100)	18(100)	1149(100)

（　）内の数値は，それぞれの列の合計を100としたときの割合。

第4表　ブロック3の遺物組成

	黒曜石	頁岩	その他	合計
掻器	49(0.7)	—	—	49(0.6)
彫器	25(0.3)	5(2.1)	—	30(0.4)
削器	4(0.1)	1(0.4)	—	5(0.1)
彫掻器	2(<0.1)	—	—	2(<0.1)
錐形石器	4(0.1)	3(1.2)	—	7(0.1)
両面調整石器	5(0.1)	1(0.4)	—	6(0.1)
石器破片	28(0.4)	—	—	28(0.4)
細石刃	139(1.9)	1(0.4)	—	140(1.8)
石刃	62(0.8)	10(4.1)	—	72(0.9)
細石刃核	7(0.1)	—	—	7(0.1)
石刃核	—	1(0.4)	—	1(<0.1)
細石刃核削片	27(0.4)	—	—	27(0.3)
彫器削片	123(1.6)	59(24.4)	—	182(2.3)
剥片	134(1.8)	38(15.7)	18(32.1)	190(2.4)
細片	6867(91.9)	123(50.8)	—	6990(89.9)
顔料原材	—	—	26(46.4)	26(0.3)
礫塊石器	—	—	2(3.6)	2(<0.1)
礫・礫片	—	—	10(17.9)	10(0.1)
合計	7476(100)	242(100)	56(100)	7774(100)

（　）内の数値は，それぞれの列の合計を100としたときの割合。

まとめると，①ブロック 2A では重力性擾乱による遺物の東方向への再配置を考慮したうえで空間的パターンを認識する必要がある。②ブロック 2B でも斜面傾斜に合わせて遺物が再配置された可能性を考慮しておいたほうが良い。③ブロック 1 とブロック 3 ではいくつかの局地的な擾乱が確認されたが，その範囲を考慮したうえで空間分析ができる。④遺跡全体の III 層で確認される等方構造に関連する強度の高さは主に遺物の鉛直方向の移動に関連するものであり，同時期の石器群であることが明らかな本石器群の空間分析に影響はない。また，それぞれの石器集中は相互の空間的な関係が乱されていないため，それぞれの石器集中を空間的な行動の痕跡として評価することができる。

4　石器集中にみる行動論的特徴

それぞれの石器集中は器種の構成，石材の利用において特徴を有する。第 1～4 表には石器集中ごとの遺物組成を示している。ブロック 1 は，黒曜石製の掻器，削器の多さに特徴づけられる。それに伴い，黒曜石の細片が多くなる。細片は 2 cm×2 cm 未満の大きさをもつ剝片である。髙倉（2000）によると，石器における二次加工剝離の大きさは，2 cm×2 cm 未満のものが多いことがわかっている。今回の調査地点でも，2 cm×2 cm 以上の大きさになると，石器の調整剝片が少ないことが確認されている。黒曜石の細片の比率が高いため，黒曜石製石器の二次加工が多く行われ，使用・維持するような行動が活発であったと考えられる。

ブロック 2A は，他の石器集中に比べて剝片の比率が高く，細片の比率が低いことに特徴をもつ。また，石材構成に占める頁岩の比率も 9.5％ と相対的に高い（ブロック 1 では 0.8％，ブロック 2B では 5.1％，ブロック 3 では 3.1％）。剝片は石器素材の生産にともなって多く生じる。忍路子型細石刃石器群では，石刃生産と両面調整石器の加工が石器生産の中心であるため，それらの生産・加工が顕著な場所である。

ブロック 2B は，発掘途中であり，未だ資料数が少ない。比率を見る限り，特に目立つ石器はない。

ブロック 3 は，細石刃と彫器に関連する遺物が多いことに特徴づけられる。細片の比率が高く，ブロック 1 と同様に，石器の使用・維持に関係する活動が活発であったことを示す。頁岩製彫器が多いことに伴い，頁岩の細片が多くなっている。また，多くの顔料を伴う。剝片の数が少なく，この活動範囲では石刃や両面調整石器の製作が低調であったようだが，頁岩製彫器の多用に関連して頁岩を用いた石刃生産はある程度行われている。

遺跡内では，石器の接合資料や同一個体と考えられる資料が複数みつかっており，石器集中間の作業的な結びつきを知ることができる。それらに基づくと，ブロック 1 とブロック 3，ブロック 2A とブロック 2B はそれぞれ相互に関係のある石器集中であり，関係のある石器集中は居住期間中に機能的な補完性をもって成立していたと推測できる。

5 見えない炉とドロップ・ゾーン

(1) 見えない炉の推定

本遺跡では明確な炉址はないが，被熱石器の分布から「不可視的な炉」（中沢 2008）として，その存在を示すことができる。石器集中ごとの被熱石器リスト（第5表）に示すように，被熱石器には多数のトゥールも含まれているが，やはり最も多い遺物は細片である。最も被熱石器の比率が高い石器集中はブロック 2B の 14.4% であり，他の石器集中では 2.0〜2.6% とそれほど高くない。被熱石器の多くは黒曜石であるが，この理由は黒曜石が多用されることに加え，被熱による物理的変化が肉眼的に捉えやすいということも理由の一つである。しかし，そのような石材構成の比率を考慮しても，ブロック 2B では，明らかに被熱した石器が多く，顕著に火を受けるような活動が生じていたことは間違いない。

被熱石器の集中が炉からの受熱によって形成されたのであれば，被熱した大きな遺物と小さな遺物の分布的な違いは自然的・文化的な改変を示している可能性がある（中沢 2008）。したがって，空間的サイズソーティングがそのような形成過程上の改変として合理的に説明されるべきか否かを検討する必要が生じてくる。第7図には，被熱した細片とそれ以外の遺物をカーネル密度分布[4]によって示している。分布の説明をするうえで，以下より便宜的に図（第7〜11図）の上側を北とみなし，東西南北の言葉を使用する。

ブロック1では，X=4 ラインと X=5 ライン上に被熱石器の集中がある。被熱した大きな遺物に対し，被熱細片は傾斜のやや低い方（南側）に分布する傾向がみえるが，これはファブリック解析でもみたように小規模な流路の影響を受けている。この影響を勘案しても，X=4 ラインと X=5 ラインの上に，約2mの間隔をもつ2ヵ所の炉が存在したと考えられる。

ブロック 2A では前述した重力性擾乱の影響によって意味のある被熱石器集中を見出し難い。

ブロック 2B では，細片とそれ以外の遺物両方において，被熱石器が良く集中していることがうかがえる。被熱細片とそれ以外の被熱石器では，その高密度域の中心が少し異なり，隣接するような分布を示す。大きな被熱石器のほとんどは剝片で，その多くが両面調整石器を加工したときに生じたものである。このサイズソーティングは，斜面の傾斜とは関連せず，埋没後

第5表 被熱石器の構成

被熱石器	BL1	BL2A	BL2B	BL3	合計
掻器	18		2		20
彫器	1			4	5
削器	3	1		3	7
両面調整石器				1	1
石器破片	3	1		3	7
細石刃	2			1	3
石刃	9	4	4	10	27
細石刃核削片			2		2
彫器削片	3		1	2	6
剝片	30	15	30	15	90
細片	114	76	127	110	427
礫塊石器	1				1
礫・礫片	1			1	2
合計	185	97	164	152	598

第3章　北海道における晩氷期人類の居住生活

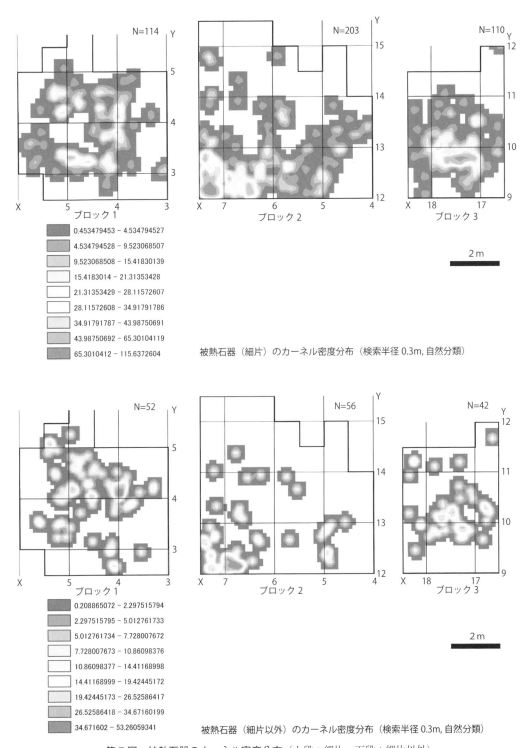

被熱石器（細片）のカーネル密度分布（検索半径0.3m, 自然分類）

被熱石器（細片以外）のカーネル密度分布（検索半径0.3m, 自然分類）

第7図　被熱石器のカーネル密度分布（上段：細片，下段：細片以外）

過程の影響を受けた結果とは考えられないが，炉内の遺物を掻き出す程度の清掃か，作業の空間差を反映している可能性はある。ここでは，小さな遺物が遺棄的状況を示すという理論を踏まえ，被熱細片の集中を炉の痕跡と捉える[5]。

ブロック3では，Y=10ラインをおおよその境として，北側と南側に隣接するような2ヵ所の炉を推定することができる。2ヵ所の炉は距離的に近接しすぎているため，同時に併設された炉ではないだろう。

まとめると，ブロック1では東側と西側の2ヵ所の炉，ブロック2Bでは1ヵ所の炉，ブロック3では2ヵ所の炉を推定できる。

(2) ドロップ・ゾーン

本石器群の遺物の大部分は細片が占めている。この細片は石器の製作・使用・維持に伴う調整剥片，石刃生産の際に生じる微細な剥片や砕片によって構成される。こうした細片は徹底した掃除が行われない限り，活動の場に遺棄されることになり，ドロップ・ゾーンを形成する。

第8図には細片のカーネル密度分布と推定される炉を重ねて示した。ブロック2Aを除き，全

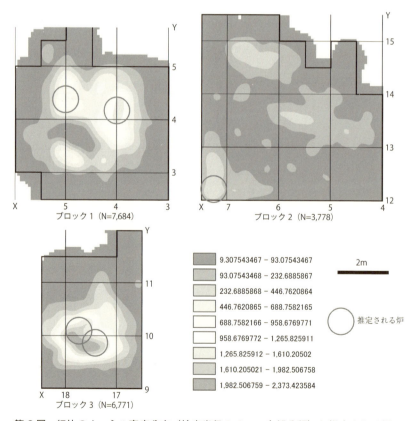

第8図　細片のカーネル密度分布（検索半径0.3m，自然分類）と推定される炉の位置

ての炉は細片の高密度分布域が示すドロップ・ゾーンと重複する。ブロック3ではドロップ・ゾーンが推定された炉よりも西側に偏る傾向がみえるが，それはカーネル密度分布が北東側に認められた倒木痕跡や樹根の影響を反映しているためである。したがって，ブロック2Aを除く全ての石器集中において，炉の周辺で石器の製作・使用・維持が生じたと考えられる。

6 炉周辺の活動と場の性格

(1) 石器集中内の空間的組織

ブロック1 ブロック1の二つの炉の中間に区分線を引き，X＝4ラインを東側，X＝5ラインを西側として，それぞれの炉周辺の活動範囲ではどのような活動が現れているか概観する（第9図）。この二つの活動範囲では，東側よりも西側においてより多様な石器が含まれており，西側の方でより多様な活動が生起している。この石器集中を特徴づけている掻器，削器，石刃に注目すると，西側では石刃と削器の数がより多く高密度に集中し，東側では掻器がより多く高密度に集中する。また彫器利用に関して，東側で黒曜石製彫器の削片が多く，西側にのみ頁岩製彫器の削片がある。使用痕分析（岩瀬2014）を参照すると，この2ヵ所の活動範囲では動物解体処理から皮革加工などの動物利用における工程的な違いが空間的に生じていたと考えられる。

これらの二つの活動範囲は，石器の接合関係や作業の補完性を考慮すると，全くの同時でなくとも，ほぼ同時に機能した活動空間であった可能性が高い。ブロック1とブロック3の間にも複数の接合資料が存在し，ブロック1の西側の活動範囲と関係している。相互の活動範囲における作業の構成から，ブロック1西側とブロック3は，皮革加工と骨・角・牙の加工，細石刃の生産において強い関係性があり，作業の工程的な分担が空間的に生じていたことを指摘できる。

ブロック2A・2B 第10図に示したようにブロック2Aには2ヵ所の主なドロップ・ゾーンがあり，その範囲はおおむね剝片の集中域に重複している。このことから，この活動範囲では，多量の剝片を生じるような石刃生産や両面調整石器の加工に伴う2ヵ所の作業場所があったと考えられる。

ブロック2Aと2Bは同じ調査区内の石器集中を遺物の希薄な範囲に基づき線引きしているが，主要なトゥールはこの遺物の希薄な範囲に多く分布している。これら主要な石器はドロップ・ゾーンからやや離れて，ブロック2Bを取り囲むように存在しているため，炉の周辺で石器を用いた作業が行われた可能性が高い。また被熱石器に両面調整石器の調整剝片が多く含まれるため，両面調節石器の加工が炉の周辺で行われたと考えられる。しかし，作業内容においてこれといった特徴はない。

ブロック3 ブロック3は最も遺物の分布密度が高く，多くの器種から推測されるように多様

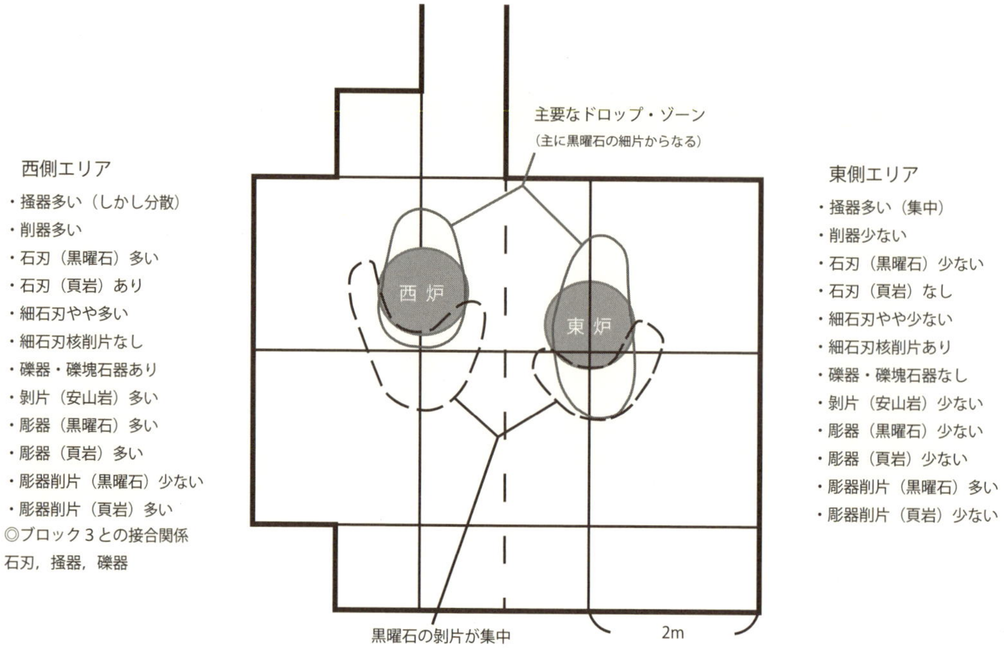

58　II　吉井沢遺跡の研究

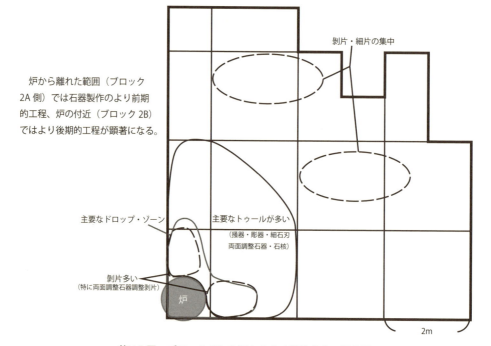

第9図　ブロック1の二つの炉に伴う遺物分布の概念図

第10図　ブロック2Bの炉をめぐる遺物分布の概念図

第3章　北海道における晩氷期人類の居住生活　　59

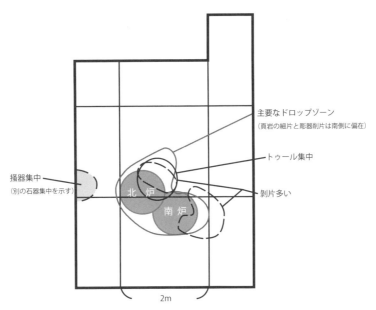

第11図　ブロック3の炉周辺における遺物分布の概念図

第12図　ブロック3における砂礫層の平面分布

な活動が生起する（第11図）。北側の推定される炉の範囲には被熱したトゥールが多く含まれ，顔料の集中，一部の細石刃と細石刃核二次削片の集中に関連している。被熱細片の量を考えると，南側が良く利用された炉であり，北側は顔料の処理や細石刃生産を伴う作業に利用された可能性が高い。

　ブロック3の多くの遺物は南側の炉との関係において合理的に分布を説明することができる。活動の主体を成す彫器や掻器の使用・維持行動は，ドロップ・ゾーン内の南側（17-9区側）で多く生じ，特に頁岩製彫器の使用・維持行動は，ドロップ・ゾーンの南側に限定される。また，主要な石器は南側の炉の北隣（17-10区側）で管理されている。細石刃生産は南側炉の辺りでも行われているが，両面調整石器の調整剝片と細石刃核一次削片の分布を考慮すると，細石刃核は炉からわずかに離れて製作されていたようである。細石刃剝離後の細石刃核は再び炉から離れた範囲に配置されている。安山岩や凝灰岩製の剝片の分布から，石斧や礫器などの重作業用石器 heavy duty tool の加工も炉から離れて行われたと考えられる。

　ブロック3の西側には掻器とその調整剝片の集中している。ブロック3調査区の西隣にはさらに別の石器集中＝活動範囲が広がっているだろう。

　ブロック3調査区の南側では，遺物集中と同一レベルで砂礫が堆積し，その砂礫の手前で分布が途切れる（第12図）。この痕跡は，遺物形成時に同時存在した流路の痕跡と考えられる。この場所では調査区の南側に本来存在した水場（流路）が誘引となって，多様な活動，特に骨・角・牙の加工が頻繁に起こったと考えられる。細石刃生産が顕著なことを考慮すると，その場で骨製の植刃槍が製作された可能性が高い。

(2) 場の性格

　それぞれの石器集中における被熱石器の数や密度，被熱の程度には違いがある。場における火の管理について解釈を試みると，ブロック1とブロック2A，ブロック3の炉は作業に際して継起的かつ短時間的に利用され，一方でブロック2Bの炉は継続的に長時間利用されたと考えられる。ブロック1・2A・3は作業の性質（危険性，不衛生）を考慮して屋外空間であった可能性が高い。多くの民族誌資料を検討したマレイ（Murray 1980），それを整理・進展させた西秋（1994）のモデルに従っても，これらの石器集中では道具の使用場所と放棄場所が一致するか隣接するため非閉鎖的な空間（屋外）であったことが補強される。ブロック2Bの活動範囲は，炉の管理性や遺物配置からテント等の屋内空間に重複するか近接していた可能性が考えられる。ただし，ブロック2Bの既発掘範囲は25〜50％程度と推測されるので，今後の調査で全体像が明らかになることを期待する。

おわりに

　吉井沢遺跡では，全ての石器集中において，炉を中心として多岐にわたる活動が生起していた

ことが示された。それぞれの石器集中は人間活動の痕跡であるが，そのような活動空間は遺跡内においても単独の範囲で完結せず，石器集中間の距離や機能的特徴においても多様な空間的活動が組織されることで居住集団の生活が成立していた。また，遺跡の回帰的利用に伴い屋外の作業場が機能的に維持された（夏木 2015）。それゆえ，吉井沢遺跡は季節的居住のような短い期間の居住の反復によって形成され，地域の中心的な居住地点であったと評価される。忍路子型細石刃石器群が用いられていた時期と同じ頃の本州以西では，土器利用の安定化が進み，縄文時代の生業や居住の定着性を高めていく。一方で，北海道では居住地の移動性が低下し，細区画化された資源利用戦略を高めていくという点（山田 2006）において本州以西と同じ居住形態の方向性が見出せるが，晩氷期においても未だ移動性の高い生業戦略と居住形態が採用されていた。

註

1) ヌナミウト・エスキモーが営むキャンプ生活の観察に基づいて，炉の周りで人々が座って食事や作業をする際に生じる廃棄物の空間的なパターンを単純にモデル化したもの。例えば，炉を中心に人が座り，トナカイの骨を砕き，得られた骨髄を食していたとする。その場合，砕かれた小さな骨片は食事をする人の周りに集積する。これはドロップ・ゾーン drop zone と呼ばれる。一方，大きな骨は邪魔になるので，座る人から離れた場所に投げ捨てられる。この投げ捨てられた残滓の集積はトス・ゾーン toss zone と呼ばれる。ビンフォードは，石器製作の際に生じる小さな剝片類も食物残滓と同様にドロップ・ゾーンを成すと仮定し，実際の遺跡における人間活動と遺物の形成について考察している。
2) 構成要素がある方向に卓越的な配列を示すこと。本稿では，Curray（1956）が提示した Vector Method に基づいて，統計的に優意な定向配列があるか否かを判断している。
3) 2015 年度に行われた発掘調査の結果，ブロック 2B の範囲も重力性擾乱の影響を受けて，遺物群がわずかに南東方向に移動したと考えられる。
4) カーネル密度推定という統計学的手法を応用して，有限のサンプルとなる点から全体の分布状況を推定する方法の一つである。犯罪や災害発生の面的な把握や予測，コンビニ等店舗の適した立地の検討にも応用されている。ここでは，遺物の分布を密度化して，分布の集中を統一的な基準で線引きし，視認し易くするためにカーネル密度分布を利用した。分析に際しては，地理情報システム GIS ソフト（ESRI 社 Arc Map ver. 10）を用いた。カーネル密度分布の考古学的応用について，詳しくは小杉（2011）の解説を参照されたい。
5) 最近の調査の結果，被熱石器の集中（見えない炉）と細片の集中（ドロップ・ゾーン）は，南東方向にもわずかに広がることがわかっている。

引用文献

阿子島香 1985「石器の平面分布における静態と動態―実験的研究―」『東北大学考古学研究報告』1，37-62 頁
阿部祥人 1982「先土器時代の微細遺物―特に小石片検出の意義について―」『史学』52（2），73-82 頁
出穂雅実・B. ツォグトバータル・山岡拓也・林 和広・A. エンフトゥル 2009「モンゴル東部・ハンザット 1 旧石器遺跡の第 1 次調査報告」『日本モンゴル学会紀要』39，63-76 頁
岩瀬 彬 2014「吉井沢遺跡出土の忍路子型細石刃核を伴う石器群の使用痕分析（1）」佐藤宏之・山田

哲編『黒曜石の流通と消費からみた環日本海北部地域における更新世人類社会の形成と変容（III）―吉井沢遺跡の研究―』東京大学常呂実習施設研究報告第 13 集，東京大学大学院人文社会系研究科附属北海文化研究常呂実習施設，254-282 頁

植村　武　2000『構造地質学要論―地質体の変形―』愛智出版

大場利夫・近堂祐弘・久保勝範・宮　宏明　1983「吉井沢遺跡発掘調査報告」『北見郷土博物館紀要』13，1-37 頁

岡村道雄　1978「長野県飯田市石子原遺跡の再検討」『中部高地の考古学』9-25 頁

岡村道雄　1979「旧石器時代の基礎的な理解について―廃棄と遺棄―」『考古学ジャーナル』167，ニューサイエンス社，10-12 頁

加藤晋平　1970「先土器時代の歴史性と地域性」『郷土史研究と考古学』朝倉書店，58-92 頁

加藤晋平・桑原　護　1969『中本遺跡　北海道先土器遺跡の発掘報告』

加藤晋平・畑　宏明・鶴丸俊明　1970「エンド・スクレイパーについて―北海道常呂郡端野町吉田遺跡の例―」『考古学雑誌』55（3），44-74 頁

門脇志伸　1970「黒曜石の熱変化」『ところ川』1，3-4 頁

菊池強一・中村由克　2004「岩手県金取遺跡（第 1 次）出土石器の産状の特徴と磨耗度研究の意義」『日本考古学協会第 70 回総会　研究発表要旨』19-23 頁，日本考古学協会

北沢　実・山原敏朗編　2006『帯広・大正遺跡群 2』帯広市埋蔵文化財調査報告第 27 冊，北海道帯広市教育委員会

北見郷土研究会編　1966『北見市西相内吉井沢遺跡調査概要』

小杉　康　2011「第 4 章　空間を読む」『はじめて学ぶ考古学』有斐閣，75-99 頁

佐藤宏之　1986「石器製作空間の実験考古学的研究（I）―遺跡空間の機能・構造探求へのアプローチ―」『東京都埋蔵文化財センター研究論集』IV，東京都埋蔵文化財センター，1-48 頁

佐藤宏之　2003「石器遺物集中部の分析から人間行動を復元するために」『旧石器人たちの活動をさぐる―日本と韓国の旧石器研究から―講演会・シンポジウム予稿集』大阪市学芸員等協同研究「朝鮮半島総合学術調査団」・旧石器シンポジウム実行委員会，347-359 頁

佐藤宏之・山田　哲編　2014『黒曜石の流通と消費からみた環日本海北部地域における更新世人類社会の形成と変容（III）―吉井沢遺跡の研究―』東京大学常呂実習施設研究報告第 13 集，東京大学大学院人文社会系研究科附属北海文化研究常呂実習施設

白石典之　1993「北海道における細石刃石器群の展開」『物質文化』56，1-22 頁

杉浦重信編　1987『東麓郷 1・2』富良野市文化財調査報告第 3 輯，北海道富良野市教育委員会

髙倉　純　2000「北海道北見市吉井沢遺跡 B 地点出土細石刃石器群の再検討―忍路子型細石刃核を組成する石器群の石器製作工程と石器製作作業の復元―」『北海道旧石器文化研究』5，1-34 頁

田村　隆　2012「ゴミ問題の発生」『物質文化』92，1-37 頁

傳田惠隆　2015「山形県寒河江市高瀬山遺跡における石器空間分布の攪乱要因」『第四紀研究』54（4），173-183 頁

傳田惠隆・佐野勝宏　2012「高倉山遺跡出土資料のファブリック解析」『旧石器考古学』76，69-82 頁

中沢祐一　2008「北海道勇払郡厚真町上幌内モイ遺跡旧石器地点における居住史」『論集忍路子』II，63-81 頁

中沢祐一　2013「廃棄物形成からみた居住活動の組織化―北海道川西 C 遺跡 En-a 降下軽石層下位の居住

面について―」『旧石器研究』9, 61-74 頁

夏木大吾　2015『北海道北見市吉井沢遺跡の形成過程と空間的組織に関する考古学的研究』平成 26 年度東京大学大学院人文社会系研究科学位（博士）請求論文

西秋良宏　1994「旧石器時代における遺棄・廃棄行動と民族誌モデル」『先史考古学論集』83-97 頁

野口　淳・林　和広　2007「下原・富士見町遺跡における遺跡形成過程の研究（2）―礫群の構築・使用・廃棄過程復元のためのファブリック解析・第 1 報―」『明治大学校地内遺跡調査団　年報』4, 明治大学校地内遺跡調査団, 37-42 頁

春成秀爾　1976「先土器・縄文時代の画期について（1）」『考古学研究』22（4）, 68-92 頁

北海道埋蔵文化財センター　1980『大麻 1 遺跡・西野幌 1 遺跡・西野幌 3 遺跡・東野幌 1 遺跡』（財）北海道埋蔵文化財センター

ブーヴィット, I.・出穂雅実・國木田大・夏木大吾・山田　哲・佐藤宏之　2014「吉井沢遺跡における地考古学的調査研究」佐藤宏之・山田　哲編『黒曜石の流通と消費からみた環日本海北部地域における更新世人類社会の形成と変容（III）―吉井沢遺跡の研究―』東京大学常呂実習施設研究報告第 13 集, 東京大学大学院人文社会系研究科附属北海文化研究常呂実習施設, 195-201 頁

山田　哲　2003「炉址周辺における遺物分布の検討―北海道地域の事例より―」『旧石器人たちの活動をさぐる―日本と韓国の旧石器研究から―講演会・シンポジウム予稿集』大阪市学芸員等協同研究「朝鮮半島総合学術調査団」・旧石器シンポジウム実行委員会, 137-148 頁

山田　哲　2006『北海道における細石刃石器群の研究』六一書房

Bertran, P. and Tixier, J. P. 1995 Fabric Analysis: Application to Paleolithic sites, *Journal of Archaeological Science*, 22, 521-535.

Binford, L. R. 1978 Dimensional analysis of behavior and site structure: learning from an Eskimo hunting stand. *American Antiquity*, 43, 330-361.

Binford, L. R. 1983 *In Pursuit of the Past*. University of California Press.

Butzer, K. W. 1982 *Archaeology as human ecology*. Cambridge University Press.

Curray, J. R. 1956 The Analysis of two-dimentional orientation data, *Journal of Geology*, 64, 117-134.

Dibble, H. L., Chase, P. G., MacPherron, S. P., Tuffreau, A. 1997 Testing the reality of a "Living floor" with archaeological data, *American Antiquity*, 64, 629-651.

Drake, L. D. 1974 Till fabric control by clast shape. *Geological Society of America*, 85（2）, 247-250.

Enloe, J. G. 2006 Geological processes and site structure: Assessing integrity at a Late Paleolithic open-air site in Northern France, *Geoarchaeology*, 21, 523-540.

Kjaer, K. H. and Krüger, J. 1998 Does clast size influence fabric strength? *Journal of Sedimentary Research*, 68, 746-749.

Lenoble, A. and Bertran, P. 2004 Fabric of Palaeolithic levels: methods and implication for site formation processes, *Journal of Archaeological Science*, 31, 457-469.

Murray, P. 1980 Discard location: the ethnographic data. *American Antiquity*, 45, 490-502.

O'Connel, J. F. 1987 Alyawara site structure and its archaeological implication. *American Antiquity*, 52, 74-108.

Schiffer, M. B. 1972 Archaeological context and systemic context. *American Antiquity*, 37, 156-165.

Schiffer, M. B. 1987 *Formation Processes of the Archaeological Record*. University of New Mexico Press

第4章　晩氷期における石材資源の開発と石器の生産・供給の様相
―吉井沢遺跡出土資料からの考察―

山田　哲

はじめに

　吉井沢遺跡出土石器群は，1966年の発掘調査（大場ほか1983）とその後の整理・検討（髙倉2000）により，忍路子型細石刃石器群（忍路子型細石刃核およびそれに関連する細石刃製作技術が顕著な石器群）の北海道北東部における代表的な資料の一つとなっており，2006年から2013年にかけて新たに実施された調査では質と量の両面で前調査を上回る資料を追加することができた（佐藤・山田編2014）。そうしたなかで，594点にのぼる黒曜石製遺物に対する理化学的産地分析の成果が提示されている（ファーガソン2014，和田ほか2014）が，それが吉井沢遺跡出土石器群のなかでどのような意味をもち，さらには北海道の当該期石器群を理解するうえでどのような展望につながるのかを考古学的に論じることはできていなかった。本稿でこれを果たすとともに，当該期における地域資源の開発および石器の生産・供給システムの様相について考察してみたい。従来忍路子型細石刃石器群に関する黒曜石産地分析は蓄積が遅れており，近年に至ってデータが増加しつつある状況なので，吉井沢遺跡資料を基礎とした詳細な分析・検討は有益であろう。なお，吉井沢遺跡における黒曜石製遺物の初期的な石質分類や産地分析試料の抽出・測定等は尾田識好の努力によるところが大きい。

1　吉井沢遺跡の概要

　忍路子型細石刃石器群は，良好な放射性炭素年代データに乏しいが，考古学的には北海道における後期細石刃石器群に属し，おおむね晩氷期の年代（13,000〜10,000 ^{14}CyrsBP）を想定するのが妥当であり（山田2006），特にその前半（13,000〜11,000 ^{14}CyrsBP）に入る可能性が高いと思われる。彫器・掻器等の石刃製石器や特殊化した細石刃製作技術といった細石刃石器群に伝統的な石器と技術を維持しながらも，有茎尖頭器や斧形石器等の新相の石器が加わり，遺跡および石器集中部ごとに石器組成の著しい変異性が現れるとともに，石材産地外に数千〜数万点の出土石器点数をもつかなり大規模な遺跡および石器集中部が頻繁に形成されるのが特徴である。そして，こうした特徴をよく表している典型的な遺跡の一つが吉井沢遺跡である（第1図）。

　吉井沢遺跡[1)]における2006〜2013年調査（佐藤・山田編2014）では，主に地表下0.2〜0.4mの

66　II　吉井沢遺跡の研究

1：吉井沢，2：北上台地，3：豊岡7，4：川東16，5：水口，6：居辺17，7：大空，8：香川，9：嵐山2，10：旧白滝15，11：キウス5，12：オサツ16
第1図　吉井沢遺跡および関連遺跡の位置

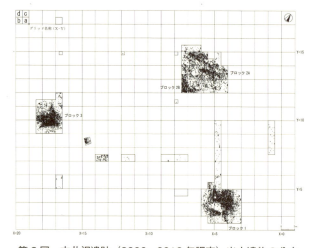

第2図　吉井沢遺跡（2006～2013年調査）出土遺物の分布

暗褐色土層（II層）下部から褐色土層（III層：いわゆるローム層）上部にかけて，3～4ヵ所の集中部（ブロック1・2A・2B・3）を中心として22,265点の遺物が出土した（第2図）。これらは全て石器類（石製遺物）であり，石器石材の95.9％が黒曜石で，頁岩等のその他の石材は少数である。現時点で確認されているブロック間の接合関係はわずかであり，また各ブロックにみられる石器組成は異なるが，各種石器の技術や形態のスタイルはほぼ同様で一般的な忍路子型細石刃石器群のそれとみなしてよい。他に1966年発掘調査資料として1,157点の石器類が知られており（大場ほか1983，髙倉2000），当時の発掘区の正確な位置を把握するには至っていないものの，その組成はブロック3の内容に比較的近い。

こうしたなかで，他のブロックより先（2011年）に発掘調査が終了したブロック1出土の黒曜

石製遺物について，理化学的産地分析が実施された。ブロック1の出土遺物は8,802点で，98.7％（8,691点）が黒曜石製である（第1表）。長さ・幅が2cmに満たない細片が91.1％（8,016点）を占め，それより大きな剝片（347点）も主に小形の調整剝片からなる。主体となるトゥールは130点におよぶ掻器で，他に石刃113点，細石刃54点，削器32点，彫器12点等が出土している。掻器が非常に多く，石刃や削器としたものにも掻器の基部や破片が含まれている可能性がある。

本稿では，この吉井沢遺跡ブロック1出土黒曜石製遺物の分析に基づいて，石材資源の開発と石器の生産・供給の様相を論じる。より総合的な検討のためには，頁岩をはじめとする非黒曜石石材の動向にも留意しなければならない（出穂1997参照）が，当該地域における研究の現状では，まずは石器群の大部分を占める主要石材である黒曜石に注目し，大枠を整理するのが妥当であろう。また，吉井沢遺跡の他のブロックでも基本的にはブロック1と類似の石質の黒曜石が用いられており，同様の産地構成となる可能性が高いが，理化学的産地分析に基づいた検証が今後の課題である。

第1表　吉井沢遺跡ブロック1の組成（点数）

	黒曜石	頁岩	安山岩	その他	計
掻器	129	1			130
彫器	6	6			12
削器	32				32
錐形石器	1	1			2
礫器			1		1
両面調整石器	6				6
石器破片	36	1			37
細石刃	54				54
石刃	109	4			113
剝片石核	1				1
細石刃核削片	2				2
彫器削片	29	11			40
剝片	313	13	20	1	347
細片	7973	36	5	2	8016
顔料原材				1	1
礫塊石器			2		2
礫・礫片				6	6
計	8691	73	28	10	8802

2　黒曜石産地分析に基づく検討

ファーガソン（2014）による蛍光X線分析（XRF）では，吉井沢遺跡出土黒曜石製遺物のうち572点を試料とし，若干の不確実性を伴いながらも，置戸所山産493点，留辺蘂産46点，十勝三股産31点，白滝産2点（赤石山1点，あじさいの滝1点）との産地推定結果が得られている[2]。そのうち，置戸所山産1点と十勝三股産1点を除く570点を吉井沢遺跡ブロック1に帰属する遺物とすることができる。また，吉井沢遺跡出土資料の整理では，作業を効率的に進めるために，一定のサイズ（基本的に長さまたは幅が2cm以上）を有する遺物を対象として石質分類が試みられた。この分類は，接合作業の目安となる大まかなものであり，同じ石質に複数の母岩を含むことも想定しているが，産地をある程度反映している可能性が高い。以下に，この石質分類（OB-1～9）に照らしながら，各産地の黒曜石の運用状況を整理する。

a　OB-1

OB-1a　灰色の直線状の流理構造が顕著で透明度のやや低い石質である。31点のうち21点が置戸所山産，1点が留辺蘂産と推定されたが，接合関係を考慮に入れると28点が置戸所山産と

なり，それらには岩屑・角礫面が背面にわずかに（1割未満）残るものが1点のみ含まれる。置戸所山産の石器類には石刃製搔器（16点）および石刃（2点）が多く，これらの剝離面接合資料が2例確認されている。剝片（8点）には，石刃核の打面や作業面に関わると思われる調整剝片を含む。留辺蘂産とされたのは小形石刃製の削器であるが，彫器の基部の可能性が高いだろう（第5図3）。

OB-1b　灰色のうねるような流理構造が顕著で透明度のやや低い石質である。33点のうち22点が置戸所山産と推定され，接合関係を考慮に入れると30点が置戸所山産ということになる。それらに観察される自然面は全て岩屑・角礫面で，背面にやや（1割以上5割未満）残るものが7点，わずかに（1割未満）残るものが3点である。また，石刃（11点）および石刃製搔器（7点）が多く，両面調整石器（2点）も含まれる。

b　OB-2

OB-2a　灰色の直線状の流理構造が入るがあまり目立たない石質である。64点のうち46点が置戸所山産と推定され，接合関係を考慮に入れると63点が置戸所山産ということになる。そのうち自然面が観察されるのは，岩屑・角礫面が背面にわずかに（1割未満）残る1点のみである。これらの置戸所山産石器類には石刃製を主とする搔器（18点）および石刃（14点）が多く，その剝離面接合資料（第3図1）が3例確認されている。剝片（24点）には石刃核や両面調整石器に関わると思われる調整剝片を含み，石核1点を伴う。

OB-2b　灰色のうねるような流理構造が入るがあまり目立たない石質である。85点のうち58点が置戸所山産，3点が十勝三股産と推定され，接合関係を考慮に入れると置戸所山産は76点となる。置戸所山産では，岩屑・角礫面が背面にやや（1割以上5割未満）残るもの2点だけでなく，円礫・亜円礫面がやや（1割以上5割未満）残るもの1点とわずかに（1割未満）残るもの2点が含まれる。これらの置戸所山産石器類には石刃製を主とする搔器（17点）および石刃（12点）が多く，その剝離面接合資料が1例確認されている。剝片（31点）には石刃核や両面調整石器に関わると思われる調整剝片を含む。十勝三股産の石器類は，幅3cmを超える大形の石刃（第4図1）1点，幅2cm以下の小形の石刃1点，小形の剝片1点からなる。

c　OB-3

OB-3a　ほぼ漆黒だが光を透過すると晶子による線状・層状の流理構造が顕著な石質である。24点のうち18点が置戸所山産，4点が十勝三股産と推定され，接合関係を考慮に入れると置戸所山産は19点となる。十勝三股産に円礫・亜円礫面が背面にわずかに（1割未満）残るものが1点含まれる。置戸所山産の石器類には，石刃製搔器（3点）および石刃（3点）が多く，その剝離面接合資料が1例確認されている。剝片（11点）には両面調整石器に関わると思われる調整剝片を含む。十勝三股産の石器類は，搔器（第4図2・3）2点，中形（幅2〜3cm）の石刃（第4図4）1点，縦長剝片（第4図5）1点からなる。

OB-3b ほぼ漆黒で流理構造があまりはっきりせず，晶子が霧状・雲状・網状をなす石質である。55点のうち27点が置戸所山産，9点が十勝三股産，1点が白滝赤石山産と推定され，接合関係を考慮に入れると置戸所山産は38点，十勝三股産は15点となる。置戸所山産では，岩屑・角礫面が背面にわずかに（1割未満）残るもの，亜角礫面が大きく（5割以上9割未満）残るもの，円礫・亜円礫面がわずかに残るものが各1点，十勝三股産では，岩屑・角礫面がやや（1割以上5割未満）残るものが1点含まれる。置戸所山産の石器類には，石刃製を主とする掻器（8点）および石刃（5点）が多く，それらの剝離面接合資料（第3図2）が1例確認されている。剝片（17点）には石刃核や両面調整石器に関わると思われる調整剝片を含み，両面調整石器3点も出土している。十勝三股産の石器類は，掻器3点，幅2cm以下の小形の石刃（第4図7・8）5点，小形の剝片7点からなり，剝片のうち5点は厚身の円形掻器の二次加工で生じた調整剝片による剝離面接合資料（第4図6）を構成する。白滝赤石山産の1点は両面調整石器による可能性の高い小形の調整剝片（第6図2）である。

d　OB-4

OB-4a 基本的に透明度が高いが晶子や微晶による線状・板状の流理構造が顕著な石質である。166点のうち129点が置戸所山産，1点が十勝三股産と推定され，接合関係を考慮に入れると置戸所山産は156点，十勝三股産は2点となる。置戸所山産では，岩屑・角礫面がやや（1割以上5割未満）残るもの2点とわずかに（1割未満）残るもの1点，亜角礫面がやや残るもの1点が含まれる。置戸所山産の石器類には，石刃（28点）および石刃製掻器（22点）が多く，それらの剝離面接合資料（第3図3）が2例確認されている。剝片（97点）には石刃核の打面や作業面に関わると思われる調整剝片を多く含む。十勝三股産とされたのは，幅2cm以下の小形の石刃（第4図9）2点（1個体）のみである。

OB-4b OB-4aに類似した透明度の高い石質であるが，流理構造があまりはっきりせず，晶子が霧状をなす。40点のうち35点が置戸所山産と推定され，接合関係を考慮に入れると置戸所山産は39点となる。置戸所山産では，岩屑・角礫面が背面の大部分（9割以上）を被るもの，大きく（5割以上9割未満）残るもの，わずかに（1割未満）残るもの各1点の他，亜角礫面がやや（1割以上5割未満）残るもの1点と円礫・亜円礫面がわずかに残るもの1点も含まれる。置戸所山産の石器類には，石刃（6点）および石刃製掻器（4点）が多い。剝片（26点）には石刃核に関わると思われる調整剝片を含む。

e　OB-5

黒色と暗灰色が激しくうねる独特の流理構造を示す石質で，透明度は基本的に低いものの部分的にやや高い。15点のうち9点が十勝三股産，2点が置戸所山産と推定され，接合関係を考慮に入れると十勝三股産は13点となる。いずれにも自然面の残存するものはない。十勝三股産の石器類には，石刃製掻器（第4図10〜14）（9点）および石刃（第4図15）（2点）が多く，他に削器

（第4図16）（1点）と石器破片（第4図17）（1点）からなる。調整剝片の類を含まないが，搔器2個体（3点）の剝離面接合資料（第4図10）が1例確認されている。置戸所山産とされた2点も搔器である。

f OB-6

表面が風化し明黄色をおびた灰色に黒色のかすんで不明瞭な流理構造が入る石質で，斑晶が目立ち，透明度が低く光沢も鈍い。51点のうち45点が留辺蘂産と推定され，接合関係を考慮に入れると留辺蘂産は50点となる。これらに観察される自然面は全て円礫・亜円礫面で，大部分（9割以上）を被うもの2点，やや（1割以上5割未満）残るもの7点，わずかに（1割未満）残るもの5点が含まれる。留辺蘂産の石器類は，剝片素材の搔器（第5図1）1点と粗い両面調整石器1点の他は剝片48点である。これらの剝片は基本的に両面調整石器の調整剝片と考えられ，両面調整石器と剝片の剝離面接合資料（第5図2）1例が確認されている。この石質の資料は全て同一母岩によるものである可能性が高い。

g OB-7

黒色に赤褐色の線状・網状の構造が入る石質で，透明度は低い。4点のうち2点が置戸所山産と推定され，接合関係を考慮に入れると全て置戸所山産ということになる。2点に節理面が観察されるが，外皮となる自然面は残存しない。これらは，幅5cmを超える非常に大形の石刃を素材とする搔器1個体（3点）と剝片のかけら（砕片）1点からなる。

h OB-8

やや明るい黒色に灰白色のかすんだ線状の流理構造が入る石質で，淡黄褐色の斑晶を含み透明度はやや低い。13点のうち12点が置戸所山産と推定され，接合関係を考慮に入れると全て置戸所山産ということになる。岩屑・角礫面が背面に大きく（5割以上9割未満）残るものとやや（1割以上5割未満）残るもの各1点，円礫・亜円礫面がわずかに（1割未満）残るもの2点が含まれる。石刃製搔器（5点）が目立つ。

i OB-9

灰色の線状の流理構造が顕著な石質であるが，風化により表面が淡黄褐色をおび透明度が低い（被熱している可能性がある）。7点のうち6点が置戸所山産と推定され，自然面の残存するものはない。石刃製搔器（3点）が目立つ。

j まとめ（第2表）

以上の各石質の蛍光X線分析試料451点を集計すると，置戸所山産378点（83.8%），留辺蘂産46点（10.2%），十勝三股産26点（5.8%），白滝赤石山産1点（0.2%）である。これらと接合

関係を有する遺物を含めた 563 点では，置戸所山産 474 点（84.2%），留辺蘂産 51 点（9.1%），十勝三股産 37 点（6.6%），白滝赤石山産 1 点（0.2%）となり，黒曜石石質別資料総数 588 点の 95.7% に達する。

この他に，石質分類の対象としなかった黒曜石製の小形石器類 103 点（細石刃 52 点，細石刃核削片 2 点，彫器削片 29 点，石刃破片 3 点，石器破片 16 点，剝片 1 点）では，100 点が置戸所山産，2 点が十勝三股産，1 点が白滝あじさいの滝産と推定された。十勝三股産は石器破片 2 点，白滝あじさいの滝産は細石刃（第 6 図 1）1 点である。吉井沢遺跡ブロック 1 の黒曜石製遺物では，細石刃は 54 点，細石刃核削片は 2 点，彫器削片は 29 点，石刃破片は 33 点（うち 26 点は石質分類の対象），石器破片は 36 点（うち 16 点は石質分類の対象）であるから，こうした小形石器類の大部分も産地推定の対象となったといえる。前述の 563 点にこれらを加えた 666 点では，置戸所山産 574 点（86.2%），留辺蘂産 51 点（7.7%），十勝三股産 39 点（5.9%），白滝産 2 点 0.3%（赤石山産 1 点，あじさいの滝産 1 点）となる。

また，顕著な被熱痕跡を有し石質分類の対象としなかった黒曜石製遺物（OB-T）21 点のうち 14 点が置戸所山産，2 点が十勝三股産と推定され，接合関係を考慮に入れると置戸所山産は 18 点となる。これらを加えた 686 点（細片以外の黒曜石製遺物 721 点の 95.1% を占める）でも，置戸所山産 592 点（86.3%），留辺蘂産 51 点（7.4%），十勝三股産 41 点（6.0%），白滝産 2 点（0.3%）で，産地構成はあまり変わらない。

さらに，吉井沢遺跡ブロック 1 では，22 点の試料を対象として EPMA 分析が実施され（和田ほか 2014），置戸所山産 16 点（所山 A 7 点と所山 B 9 点），留辺蘂岩山ノ沢産 3 点，十勝三股産 3 点と推定された。これらの試料は，石質分類の対象としなかった細片の類から少数を抽出したものであり，それだけでは全体の状況をどの程度反映しているのかが定かでないところがある。しかし，留辺蘂岩山ノ沢産とされた 3 点は OB-6 の石質に相当し，十勝三股産とされた 3 点では 2 点が OB-5，1 点が OB-3b に相当する。石質別資料の蛍光 X 線分析結果では，OB-6 は 100% 留辺蘂産であるし，OB-5 と OB-3b は相対的に高い比率（86.7% と 27.8%）で十勝三股産を含むから，EPMA 分析の結果もこれに矛盾しないといえよう。置戸所山産 16 点の中には，OB-1a, 2a, 2b, 3a, 3b, 4a, 4b, 7, 9 に相当すると思われる石質のものがそれぞれ 2 点，1 点，1 点，2 点，1 点，5 点，1 点，1 点，2 点ずつ含まれるが，これらは蛍光 X 線分析でも置戸所山産が高い比率で推定されている石質である。透明度の高い石質である OB-4a・b の 6 点が全て所山 B（北所山）とされていることも興味深い。白滝産がほとんどないことも含めて，吉井沢遺跡ブロック 1 における蛍光 X 線分析の結果と EPMA 分析の結果は整合的である。

以下では，蛍光 X 線分析に関連して石質別資料や小形石器類等の 686 点から把握された産地の構成が吉井沢遺跡ブロック 1 に遺存した黒曜石製遺物全体の産地構成をよく反映しているとみなして論を進める。

72　Ⅱ　吉井沢遺跡の研究

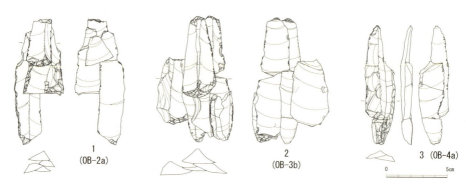

第3図　吉井沢遺跡ブロック1における置戸所山産黒曜石製遺物の接合資料

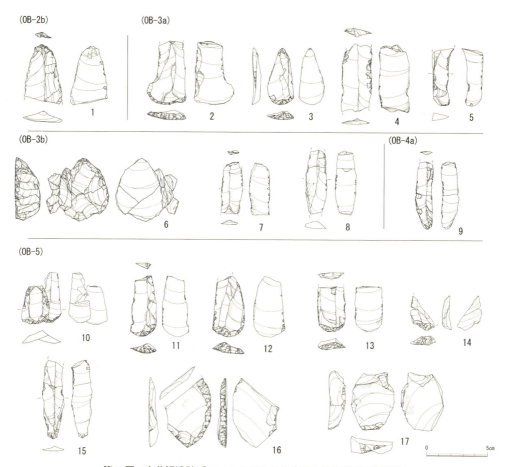

第4図　吉井沢遺跡ブロック1における十勝三股産黒曜石製遺物

第4章 晩氷期における石材資源の開発と石器の生産・供給の様相

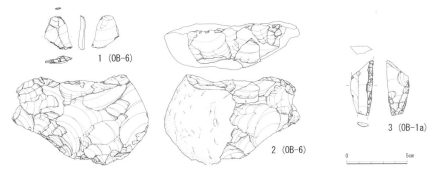

第5図 吉井沢遺跡ブロック1における留辺蘂産黒曜石製遺物

第2表 蛍光X線分析関連資料の産地構成

石質	総数	蛍光X線分析試料									蛍光X線分析試料＋関連接合資料								
		計	置戸所山産		留辺蘂産		十勝三股産		白滝産		計	置戸所山産		留辺蘂産		十勝三股産		白滝産	
		点数	点数	%	点数	%	点数	%	点数	%	点数	点数	%	点数	%	点数	%	点数	%
OB-1a	31	22	21	95.5%	1	4.5%		0.0%		0.0%	29	28	96.6%	1	3.4%		0.0%		0.0%
OB-1b	33	22	22	100.0%		0.0%		0.0%		0.0%	30	30	100.0%		0.0%		0.0%		0.0%
OB-2a	64	46	46	100.0%		0.0%		0.0%		0.0%	63	63	100.0%		0.0%		0.0%		0.0%
OB-2b	85	61	58	95.1%		0.0%	3	4.9%		0.0%	79	76	96.2%		0.0%	3	3.8%		0.0%
OB-3a	24	22	18	81.8%		0.0%	4	18.2%		0.0%	23	19	82.6%		0.0%	4	17.4%		0.0%
OB-3b	55	37	27	73.0%		0.0%	9	24.3%	1	2.7%	54	38	70.4%		0.0%	15	27.8%	1	1.9%
OB-4a	166	130	129	99.2%		0.0%	1	0.8%		0.0%	158	156	98.7%		0.0%	2	1.3%		0.0%
OB-4b	40	35	35	100.0%		0.0%		0.0%		0.0%	39	39	100.0%		0.0%		0.0%		0.0%
OB-5	15	11	2	18.2%		0.0%	9	81.8%		0.0%	15	2	13.3%		0.0%	13	86.7%		0.0%
OB-6	51	45		0.0%	45	100.0%		0.0%		0.0%	50		0.0%	50	100.0%		0.0%		0.0%
OB-7	4	2	2	100.0%		0.0%		0.0%		0.0%	4	4	100.0%		0.0%		0.0%		0.0%
OB-8	13	12	12	100.0%		0.0%		0.0%		0.0%	13	13	100.0%		0.0%		0.0%		0.0%
OB-9	7	6	6	100.0%		0.0%		0.0%		0.0%	6	6	100.0%		0.0%		0.0%		0.0%
小計	588	451	378	83.8%	46	10.2%	26	5.8%	1	0.2%	563	474	84.2%	51	9.1%	37	6.6%	1	0.2%
小形石器類	112	103	100	97.1%		0.0%	2	1.9%	1	1.0%	103	100	97.1%		0.0%	2	1.9%	1	1.0%
計	700	554	478	86.3%	46	8.3%	28	5.1%	2	0.4%	666	574	86.2%	51	7.7%	39	5.9%	2	0.3%
OB-T	21	16	14	87.5%		0.0%	2	12.5%		0.0%	20	18	90.0%		0.0%	2	10.0%		0.0%
総計	721	570	492	86.3%	46	8.1%	30	5.3%	2	0.4%	686	592	86.3%	51	7.4%	41	6.0%	2	0.3%

3 各産地黒曜石による生産・供給システム

前節で整理した黒曜石製遺物の産地構成に基づいて，吉井沢遺跡ブロック1において各産地の黒曜石および石器がどのように生産・供給されたのかを考察する。

(1) 置戸所山産黒曜石

置戸所山産黒曜石は，蛍光X線分析に関連する資料686点の86.3%（592点）を占め，黒曜石製遺物の主体をなす。また，観察される自然面（第3表）の大半が岩屑・角礫面もしくは亜角礫面であることから，原石材の多くは黒曜石岩体付近の一次産地で採取されたと考えられる。OB-5とOB-6以外の石質別資料では含まれる遺物の大部分が置戸所山産と推定され，特に

第 3 表　蛍光 X 線分析関連資料の産地別自然面構成

	総数	自然面総計		岩屑・角礫面					亜角礫面			円礫・亜円礫面			
		点数	%	計	A	B	C	D	計	B	C	計	A	C	D
置戸所山	592	39	6.6%	28	1	2	13	12	3	1	2	8		1	7
留辺蘂	51	14	27.5%	0					0			14	2	7	5
十勝三股	41	3	7.3%	2	1		1		0			1			1
白滝	2	0	0.0%	0					0			0			

背面（石刃・剝片素材）もしくは全面における自然面の残存範囲　A：9 割以上，B：5 割以上 9 割未満，C：1 割以上 5 割未満，D：1 割未満

　OB-1a，2a，2b，3a，3b，4a，4b では石刃・石刃製石器の剝離面接合や石刃核もしくは両面調整石器に関わると思われる調整剝片が認められることから，本地点で行われた石器製作作業の中核をなすのは，置戸所山の岩屑・角礫に由来する石刃製石器や両面調整石器の製作といえる。ただし，調整剝片は主に小形剝片・細片状をなすことと確認される自然面が少ないことを考慮すると，かなり調整の進んだ石刃核や両面調整石器が搬入されて用いられたと推測される。石刃核については，打面や作業面への細かな調整を伴いながら石刃を剝離し，二次加工を施すことで搔器等の石刃製石器を製作したのであろう。当該期には，各種調整を駆使する高度な製作技術による石刃核が石材産地付近から相当数搬出され，生業活動の場（石器使用の場）の近くでも随時石刃剝離を展開するのが一般的な傾向である（山田 2013）。両面調整石器については，細石刃や細石刃核削片の石質分類は困難であるもののそれらのほとんどが置戸所山産と推定されているため，細石刃核素材が含まれる可能性が高い。

　円礫・亜円礫面が残る遺物を含む石質は OB-2b，3b，4b，8 であるが，わずかな残存であるため，実態については不明確である（亜角礫面の一部を含む可能性もある）。しかしながら，こうした自然面をもつ遺物として OB-2b には石刃，OB-3b には両面調整石器があることを考慮すると，岩屑・角礫と同様に，置戸所山から常呂川に供給された転礫でも石刃製石器や両面調整石器の製作が若干ながら行われていたと考えられる。

　吉井沢遺跡からの直線距離で，置戸所山は南西約 18 km，常呂川は最短で南約 8 km に位置するので，置戸所山産の岩屑・角礫や転礫は，吉井沢遺跡からおおむね 8～20 km の範囲で採取されたと想定するのが妥当であろう。

(2) 留辺蘂産黒曜石

　留辺蘂産黒曜石は，蛍光 X 線分析に関連する資料 686 点の 7.4％（51 点）を占め，そのほとんどが石質 OB-6 に属する。自然面の残存する遺物が多く（第 3 表），径 15 cm 程度の亜円礫を原石材とすることが推測される。粗い両面調整石器からの調整剝離と，その際に生じたと思われる剝片への二次加工によるトゥールの製作が行われているが，トゥールの数は少ない（第 4 表）。

　岩屑・角礫を産出する一次産地は北見市留辺蘂地区と遠軽町丸瀬布地区の分水嶺付近に位置し，吉井沢遺跡から西へ 30 km ほどの距離にあるが，その転礫はケショマップ川を通じて無加川，さらには常呂川へと流れ出ている（藁科 2015）。これらの流域に分布する留辺蘂産黒曜石転礫の

第4章　晩氷期における石材資源の開発と石器の生産・供給の様相　75

第4表　蛍光X線分析関連資料の産地別石器組成

	総数	製品／剝片	製品（トゥール）類									剝片・石核類				
			計	石刃	細石刃	搔器	削器	彫器	錐形器	両面調整石器	石器破片	計	剝片	彫器削片	細石刃核削片	石核
置戸所山	592	1.2	322	89	51	113	28	6	1	5	29	270	238	29	2	1
留辺蘂	51	0.1	3			1	1			1		48	48			
十勝三股	41	2.7	30	12		14	1				3	11	11			
白滝	2	1.0	1		1							1	1			

サイズと形状について十分に把握できているわけではないものの，現状では吉井沢遺跡近辺の無加川で上記サイズの転礫を採集することは難しいので，より上流（西）側15〜30 kmの範囲を原石材の採取地として想定しておきたい。

(3) 十勝三股産黒曜石

十勝三股産黒曜石は，蛍光X線分析に関連する資料686点の6.0%（41点）を占める。OB-2b，3a，3b，4a，5の石質別資料に含まれ，特にOB-3bとOB-5で相対的に高い比率（27.8%と86.7%）となる。自然面は少数ながら岩屑・角礫面と円礫・亜円礫面が認められる（第3表）。吉井沢遺跡から，十勝三股の一次産地へは南西約50 km，十勝三股周辺から供給された転礫が分布する音更川で石器原石材として利用可能なサイズはおおむね十勝川との合流点近くまで得られたとすると南南西約100 kmの距離があるので，十勝三股産黒曜石は吉井沢遺跡からおよそ50〜100 kmの範囲で採取されたと想定される。

吉井沢遺跡ブロック1で出土した十勝三股産黒曜石製遺物の大部分は製品（トゥール）であり，それ以外の剝片は稀である（第4表）。剝片も少なくとも半数近くが搔器の二次加工による調整剝片として接合する（OB-3b：第4図6）。こうしたことから本地点で行われた石器製作作業の痕跡は乏しいが，OB-5とそれ以外の石質では様相が異なる。OB-5以外の石質では多くの石器の表面に磨耗が認められ[3]，ある程度長い経歴をもった製品が搬入されたことがわかる。これに対して，OB-5の石器の表面は比較的新鮮であり，また搔器2個体（3点）の剝離面接合資料（第4図10）が1例確認されていることから，ブロック1の近辺で素材生産が行われた可能性がある。

(4) 白滝産黒曜石

白滝産黒曜石は，蛍光X線分析に関連する資料686点の0.3%（2点）にすぎない。うち白滝赤石山産と白滝あじさいの滝産が各1点とされ，ともに自然面は残存しない（第3・4表）。前者は石質OB-3bに含まれる小形の調整剝片（第6図2）で幅2.5〜3.0 cmの両面調整石器から剝離された可能性が高く，こうした両面調整石器の搬入とわずかな調整を示唆する。後者は細石刃（第6図1）であり，1点のみの出土なので，本地点で剝離さ

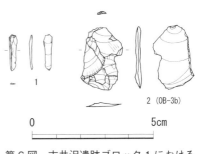

第6図　吉井沢遺跡ブロック1における白滝産黒曜石製遺物

れたというよりも搬入されたものであろう。

　吉井沢遺跡から，白滝赤石山・あじさいの滝は北西およそ 48 km，そこから流れ出た転礫が分布する湧別川は最短で北北西約 30 km に位置する。上記の資料に自然面は残存しないが，白滝産黒曜石は吉井沢遺跡から 30～50 km の範囲で採取されたと想定するのが妥当であろう。

(5) 各産地黒曜石による石器の生産と供給（第 7 図）

　遺跡に遺存する石器群がどのような生産と供給のシステムによってもたらされたのかを解明することは，当該期の生態・社会・経済の理解へとつながる石器時代研究の主要な課題の一つといえる。このシステムは，原石材（資源）の産地から石器（製品）の使用の場へいたる運搬・生産（石器製作作業）の配置と交換による流通によって成り立つが，前者を検討するための方法論が考古学的におおむね普及しているのに対し，後者を検討するための一般的で確実な方法論は管見のかぎり知りえない。すなわち，いくつかの議論（Meltzer 1989, Morrow and Jefferies 1989 ほか）はあるものの，ある遺跡のある石器について，何をもって他集団からの交換品の証拠とするのかは必ずしも定まっていないのが現状であろう。本稿でもそのような問題を内包しているが，吉井沢遺跡ブロック 1 をめぐる黒曜石製石器の生産と供給について，以下のように解釈を試みる。

　まず，吉井沢遺跡から最も近距離（8～20 km）にあり，黒曜石製遺物の主体（蛍光 X 線分析関連資料の 86.3%）をなす置戸所山産黒曜石，とりわけ一次産地の岩屑・角礫は，主要な石器の生産を支える基礎的な石材資源であり，当該集団によって採取されたとするのが妥当であろう。本地点では，こうした石材資源によって，石刃核，石刃製石器，両面調整石器等の細かな調整剥離の他に，石刃や細石刃の剥離も行われていた。常呂川付近に分布する転礫もこれらの石器の生産を補足する原石材として用いられた可能性が高い。置戸所山産と同程度かやや離れた距離（15～30 km）に分布する留辺蘂産黒曜石は，黒曜石製遺物の一部（蛍光 X 線分析関連資料の 7.4%）を占める程度であるが，後述する十勝三股産や白滝産の黒曜石よりも素材生産に近い段階からの石器製作作業が明瞭であり[4]，自然面の残存するものを含む不用な調整剥片が多く生じている。置戸所山産黒曜石と比較してサイズや質に劣る留辺蘂産黒曜石は，吉井沢遺跡のような産地外遺跡における石器群構成石材の主体となることはなく，補足的な石器石材として当該集団によって採取されていたと思われる。吉井沢遺跡から 50～100 km の距離にある十勝三股産黒曜石と 30～50 km の距離にある白滝産黒曜石は，黒曜石製遺物の一部（蛍光 X 線分析関連資料の 6.0%）あるいはごく一部（同 0.3%）を占めるのみで，本地点で行われた石器製作作業の痕跡に乏しい。十勝三股産黒曜石については，直接採取と交換のいずれによるのか[5]判断が難しいが，その 20 分の 1 (0.3/6.0) の比率しかない白滝産黒曜石と比べれば，いずれにしても当該集団が十勝地域に赴いて獲得したものである可能性が高い[6]。それは，狩猟のような生業活動に伴うものであったかもしれないし，婚姻儀礼のような社会的活動に伴うものであったかもしれない。対照的に，当該集団が湧別川流域以北の地に赴いて採取や交換によって白滝産黒曜石を獲得した可能性はより低いだろう。すなわち，常呂川流域あるいはその近辺を訪れた湧別川流域以北の集団との交換による

第 4 章　晩氷期における石材資源の開発と石器の生産・供給の様相　77

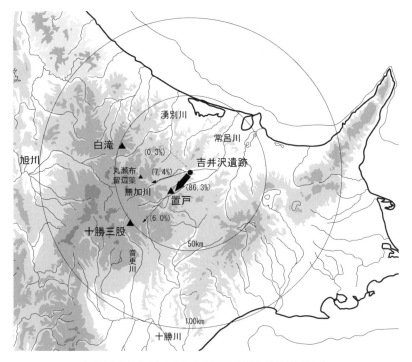

矢印の太さはおおむね各産地の黒曜石製遺物点数に比例する。
第 7 図　吉井沢遺跡ブロック 1 における黒曜石製遺物の供給産地

のではないだろうか。

　これら各産地の黒曜石製遺物は，例えば白滝→十勝→置戸・留辺蘂というような当該集団の広域にわたる居住地移動に伴う直接的な石材採取の来歴を示しているとする見方もあるかもしれないが，とりわけ旧石器時代における居住地移動か兵站的移動かあるいは直接採取か交換かという石材獲得をめぐる解釈は単純な解決法のない難しい問題であり，石器群を様々な観点から検討して判断するしかない。晩氷期に年代づけられる忍路子型細石刃石器群では，それ以前の石器群と比較して，移動性と群性の強い草原的な中・大型草食動物群を主要食料資源とするような高頻度・長距離の居住地移動を伴う遊動生活は想定しづらいことや，石器群の地点間における顕著な変異性や石材産地外遺跡における規模の増大が相対的に狭い地域での資源開発を示唆していること（山田 2006・2007）からみて，上記のような広い地域への居住地移動に基づいて多くの産地の黒曜石を直接に採取してまわるような生活は想定が難しいと考える。

　吉井沢遺跡ブロック 1 の石器群を遺した人々は，相対的に縮小した資源開発圏のなかで，近在で質的にも量的にも優れた石材資源（置戸所山産黒曜石）によって主要な石器の生産を支え，さらにそれ以外の原石材（留辺蘂産黒曜石や十勝三股産黒曜石？）の採取も主に兵站的移動と結びついた生業・生活の様々な場面に埋め込むことで石材資源の調達を効率化し，地域の環境に適応していたと考えられる。また同時に，十勝地域や道北地域の集団が主体的な石材資源としていた十勝三股産黒曜石や白滝産黒曜石による石器は，吉井沢遺跡の人々にとっては，使用上の要請というよ

りも，その互酬的な交換がもたらす社会関係上の有効性から求められるという性格が強かったとみなすのが妥当であろう。したがって，このような交換が想定されうる石器の内容の検討は，当時の社会における集団関係や価値観へのアプローチを可能にするかもしれない。

4 忍路子型細石刃石器群の黒曜石産地構成と流通

当該期は遺跡・石器集中部ごとの石器群の変異性が大きく（山田 2006・2007），忍路子型細石刃核による細石刃製作の痕跡の有無だけでは石器群の共時性は判断できないが，ここでは便宜的に忍路子型細石刃核の出土した遺跡における黒曜石産地分析の事例を対象として考察を加える。

(1) 各地域の状況

現在，吉井沢遺跡ブロック 1 を除いて 259 試料の推定事例（第 1 図，第 5・6 表：分析結果が産地不明の試料は含まない）を把握しているが，それぞれ遺跡出土資料全体に対するごく部分的な分析であったり分析対象となった石器の組成が不明であったりするため，厳密な比較検討は難しい。しかしながら，地域ごとに大まかな状況を整理し，予備的な考察を行うことは可能であろう。なお，今回対象となった遺跡は，結果的に，いずれも主要な石器石材として黒曜石を用いる地域のものである。

オホーツク南部地域の常呂川・網走川流域では，置戸産黒曜石がほとんど（95.8%）を占め，吉井沢遺跡ブロック 1 と同じく，この石材によって主要な石器の生産が支えられていたことがわかる（第 5 表）。置戸産にわずかに置戸山系の黒曜石が含まれるものの，それ以外に留辺蘂産，十勝産，白滝産が少数含まれ赤井川産がみられない状況は吉井沢遺跡ブロック 1 と近似している。各産地の石器組成はほぼ不明である（第 6 表）が，忍路子型細石刃核 1 点が白滝産とされていることは，吉井沢遺跡ブロック 1 において白滝産と推定されたのが細石刃と両面調整石器からの小形調整剥片であったことに調和的である。また，十勝産として，吉井沢遺跡ブロック 1 では未確認の細石刃が，吉井沢遺跡 B 地区（1966 年調査）資料に含まれることは注意される。

十勝地域では，やはり十勝産（基本的に三股系）が大多数（90.2%）を占め，この地域の石器生産の主体となっていたことは明らかである（第 5 表）。置戸産，白滝産，赤井川産が少数含まれるが，全て細石刃核であることは興味深い（第 6 表）。

道北およびオホーツク北部地域においては，最も近在の主要黒曜石産地である白滝産（78.4%）が主体的に用いられ，上川盆地の嵐山 2 遺跡ではより近くに位置する旭川近文台産，湧別川流域の旧白滝 15 遺跡 C 区では同じ流域内に位置する丸瀬布産[7]が 10% 前後を占める（第 5 表）。嵐山 2 遺跡で近文台産とされたのは掻器 2 点と舟底形石器 1 点であり石器製作作業で生じた調整剥片の有無は定かでない（剥片は分析対象となっていない）が，吉井沢遺跡における留辺蘂産黒曜石のように，補足的な石器石材として利用されていた可能性が高いと思われる。他に置戸産と十勝または赤井川産が少数含まれ，前者は細石刃核 1 点と削器 1 点，後者は細石刃核 1 点である（第 6

第4章　晩氷期における石材資源の開発と石器の生産・供給の様相

第5表　忍路子型細石刃石器群の産地構成

| 地域 | 遺跡 | 総数 | 分析試料 ||||||||||| 分析法 | 文献 | 備考 |
| | | | 計 | 置戸産 || 十勝産 || 白滝産 || 赤井川産 || その他 || | | |
			点数	点数	%	点数	%	点数	%	点数	%	点数	%			
オホーツク南部（常呂川・網走川流域）	吉井沢遺跡B地区	1,157	8	7	87.5%	1	12.5%		0.0%		0.0%		0.0%	蛍光X線分析	藁科・東村1984	
	北上台地遺跡B地点	不明	21	21	100.0%		0.0%		0.0%		0.0%		0.0%	蛍光X線分析	藁科・東村1984	B'地点を含む。
	北上台地遺跡C地点	不明	3	2	66.7%		0.0%	1	33.3%		0.0%		0.0%	蛍光X線分析	藁科・東村1984	
	豊岡7遺跡	不明	86	83	96.5%	2	2.3%		0.0%		0.0%	1	1.2%	蛍光X線分析	金成・杉原2007	その他は留辺蘂・丸瀬布産。置戸産の2点は置戸山系。
	川東16遺跡	<32,889	1	1	100.0%		0.0%		0.0%		0.0%		0.0%	蛍光X線分析	太田他編2010	
	水口遺跡	1	1	1	100.0%		0.0%		0.0%		0.0%		0.0%	蛍光X線分析	大塚他2013	畑・田原 (1975) の石器群（約3,853点）に伴う可能性高い。
	計	>1,157	120	115	95.8%	3	2.5%	1	0.8%	0	0.0%	1	0.8%			
十勝	居辺17遺跡	29,549	12		0.0%	12	100.0%		0.0%		0.0%		0.0%	蛍光X線分析・EPMA分析他	大矢編2001	
	大空遺跡スポット4	3,377	5	1	20.0%	2	40.0%	1	20.0%	1	20.0%		0.0%	蛍光X線分析	東村・藁科1995	
	香川遺跡	3,090	24	1	4.2%	23	95.8%		0.0%		0.0%		0.0%	蛍光X線分析	中山編2012	
	計	36,016	41	2	4.9%	37	90.2%	1	2.4%	1	2.4%	0	0.0%			
道北・オホーツク北部（上川盆地・湧別川流域）	嵐山2遺跡	1,753	31	2	6.5%	0.5	1.6%	25	80.6%	0.5	1.6%	3	9.7%	蛍光X線分析	西田編1987	その他は近文台産。
	旧白滝15遺跡C区	<10,079	6	1	16.7%		0.0%	4	66.7%		0.0%	1	16.7%	蛍光X線分析	直江編2012	その他は留辺蘂・丸瀬布産。
	計	<11,832	37	3	8.1%	0.5	1.4%	29	78.4%	0.5	1.4%	4	10.8%			
石狩低地帯南部	キウス5遺跡SB-1〜3	26,972	41		0.0%		0.0%		0.0%	41	100.0%		0.0%	蛍光X線分析	末光編2013	
	キウス5遺跡C地区	553	14		0.0%		0.0%		0.0%	14	100.0%		0.0%	蛍光X線分析	熊谷・鎌田編1998, 鎌田編1999	末光編2013資料と接合。
	オサツ16遺跡B地区ブロック1	32,266	6		0.0%		0.0%		0.0%	6	100.0%		0.0%	蛍光X線分析	大島編1997	
	計	59,791	61	0	0.0%	0	0.0%	0	0.0%	61	100.0%	0	0.0%			

分析結果が産地不明の試料は除く。基本的に，置戸産は所山系，十勝産は三股系。

表）。旧白滝15遺跡C区で丸瀬布産とされたのは細石刃核に接合する調整剥片1点であるが，素材剥片からこの細石刃核へ至る調整の過程を示す複数の接合資料が得られており，やはりこの地域における補足的な石器石材として利用されていた可能性が高いだろう。他に置戸産とされた1点は，有茎尖頭器である（第6表）。この地域では，試料数が少なく確かではないが，オホーツク南部地域（常呂川・網走川流域）における白滝産黒曜石製遺物（1%未満）と比較すると，置戸産黒曜石製遺物（8.1%）がやや目立つように思われる。

石狩低地帯南部地域では，今のところ分析試料全て（100.0%）が赤井川産と推定されている（第5・6表）。おそらく分析事例の増加とともに他産地の黒曜石も確認されるだろうが，それでも白滝産や十勝産等の黒曜石の搬入が顕著であった前期後葉細石刃石器群（山田2006，佐藤・役重2013）との相違は際立っている。遺跡から直線距離で140〜180km離れた白滝産，十勝産，置戸産の供給が薄れ，最も近在（約70km）の主要産地である赤井川産がきわめて高率となる黒曜石産地構成は，当該期の集団による直接的な資源開発圏が縮小したことをよく示している。

(2) 展　望 —集団関係と価値観へのアプローチ—

前項に検討した各地域では，置戸，十勝，白滝，赤井川の主要黒曜石産地のうち，最も近くに

第6表 忍路子型細石刃石器群の産地別石器組成

地域	遺跡	産地	計(点数)	細石刃	掻器	削器	彫器	錐形石器	両面調整石器	舟底形石器	細石刃核	石刃核	剥片	不明	備考
オホーツク南部(常呂川・網走川流域)	吉井沢遺跡B地区	置戸	7		1							1		5	
		十勝	1	1											
	北上台地遺跡B地点	置戸	21											21	
	北上台地遺跡C地点	置戸	2		1						1				
		白滝	1								1				
	豊岡7遺跡	置戸	83											83	
		留辺蘂・丸瀬布	1											1	
		十勝	2											2	
	川東16遺跡	置戸	1								1				
	水口遺跡	置戸	1								1				細石刃核は有茎尖頭器を素材とする。
十勝	居辺17遺跡	十勝	12								12				
	大空遺跡スポット4	十勝	2								2				
		白滝	1								1				
		置戸	1								1				
		赤井川	1								1				
	香川遺跡	十勝	23		3	2	4		4		10				
		置戸	1								1				
道北・オホーツク北部(上川盆地・湧別川流域)	嵐山2遺跡	白滝	25		10	5	2		4		4				
		近文台	3		2				1						
		置戸	2		1						1				
		十勝or赤井川	1								1				
	旧白滝15遺跡C区	白滝	4						1				3		
		置戸	1						1						
		留辺蘂・丸瀬布	1										1		剥片は細石刃核と接合。
石狩低地帯南部	キウス5遺跡SB-1～3	赤井川	41		26	1	1	2	1		9		1		
	キウス5遺跡C地区	赤井川	14	1	4								9		
	オサツ16遺跡B地区ブロック1	赤井川	6										6		
計(点数)			259	2	47	9	7	2	11	1	34	2	32	112	

両面調整石器は尖頭器および有茎尖頭器を含む。

存在する1ヵ所の黒曜石に大きく依存して石器群が生産・供給されている。他に質や量で劣るものの生業・生活の様々な場面に採取活動を埋め込むことのできる近辺の黒曜石(常呂川・網走川流域および湧別川流域における留辺蘂・丸瀬布産や上川盆地における旭川近文台産)も運用されており,その規模は小さい(黒曜石製遺物点数の10%前後)が,それぞれの地域で石器製作作業の痕跡が比較的明瞭なようである。

各地域において,これら以外の産地の黒曜石製遺物は少数で,主に製品が搬入され石器製作作業の痕跡に乏しいという吉井沢遺跡ブロック1と同様の状況にあるように思われる。吉井沢遺跡ブロック1の解釈に従えば,それらは集団間の互酬的な交換によってもたらされた可能性を想定しうる。現状では分析事例に限界があるため困難であるが,交換を想定しうる石器類のデータが蓄積すれば,先述のように,その検討は当時の社会における集団関係や価値観へのアプローチを可能にするだろう。例えば,十勝や道北・オホーツク北部における遠隔地産黒曜石製遺物は,分析された試料自体が少ないものの,ほとんどが細石刃核である。忍路子型細石刃核は,それぞれの地域で主体的に用いられている産地の黒曜石で製作することが可能であり遠隔地の石材に頼る必要性は低いことから,こうした傾向は,細石刃核,あるいはその素材や有茎尖頭器を含む両面調整石器への社会的な価値観を反映しているのかもしれない。また,オホーツク南部の常呂川・

網走川流域では，吉井沢遺跡ブロック1にみられるように，赤井川産黒曜石を欠き，赤井川産黒曜石を用いる石狩低地帯南部の集団との直接的な結びつきが弱かったことがうかがわれる。隣接する十勝（十勝産黒曜石）や道北・オホーツク北部（白滝産黒曜石）との結びつきがあるが，前者の黒曜石製遺物が多く後者が少ないようである。もし，これが一般的な傾向であり，なおかつ十勝や道北・オホーツク北部における置戸産黒曜石製遺物のある程度正確な組成（種類と数量）が把握されれば，地域集団間の社会的関係について論じることの展望が開けそうである。なぜならば，交換によって得られた遠隔地産黒曜石製石器類の数量の彼我の差は，交換の場とその背後にある集団間の非対称な関係を反映している可能性をもつからである（註6)参照)。

石材資源の開発と石器の生産・供給の様相に関する研究は，とりわけ旧石器時代から縄文時代へと人々の生態・社会・経済が大きく変動したであろう晩氷期において，興味深い課題である。

おわりに

今回の分析・検討は，その対象が吉井沢遺跡の非黒曜石製遺物やブロック1以外の遺物に及んでいないという限界をもつ。石器群のなかで黒曜石とはやや異なる機能（例えば鈍く丈夫な刃部を備えた彫器等）を担う必需品であった非黒曜石（主に頁岩）製の遺物にも当該集団の資源開発圏のなかで直接採取されたものと他地域の集団との交換によって獲得されたものの両者があること，他ブロックの黒曜石製遺物も産地に関してはブロック1に近い傾向にあることを予測しているが，これらについては今後の具体的かつ詳細な分析が必要であろう。

本稿の執筆に際し，佐藤宏之先生にはその機会と様々な御助力をいただいた。また，出穂雅実氏には黒曜石産地分析について，岩瀬彬氏には石器使用痕分析について，夏木大吾氏には吉井沢遺跡出土資料全般および石器実測図について，舟木太郎氏には文献の収集について，中村雄紀氏には草稿について貴重な御教示や御提供をいただいた。記して感謝申し上げたい。

註
1) 吉井沢遺跡の位置等については第3章参照。
2) ファーガソン（2014）の本文では置戸所山産は492点，十勝三股産は32点と記述されているが，同表17の分析結果を集計すると置戸所山産は493点，十勝三股産は31点となる。
3) 岩瀬彬氏から使用痕分析の観察の所見をいただいた。
4) なお，ブロック1では粗い両面調整石器からの調整剝離とその際に生じたと思われる剝片を素材とするトゥールの製作が行われているが，ブロック2Aでは，同様の石質（OB-6）の亜円礫を用いた石刃核の成形と石刃剝離，その際に生じた大形剝片を素材とする両面調整石器の製作が行われている（佐藤・山田編2014では未確認であった接合資料が増加している）。
5) 本稿では，石材および石器の獲得について，単純に，当該集団の手による「直接採取」と他集団からの「交換」に二分して記述している。いわゆる「埋め込み戦略」（田村1992）は，自給自足的な狩猟採

集民の基本的な経済戦略としてきわめて重要であるが，直接採取や交換と同次元のモデルとして扱うと混乱が生じやすいように思われる。本稿で想定する狩猟採集民による直接採取は，それが居住地移動に伴うものか兵站的移動に伴うものかに関わらず埋め込み戦略の傾向が強いだろうし，交換も埋め込み戦略的傾向を帯びる可能性がある。一方，社会の分業・専業化（例えば仮に石器製作専業者の出現）が進行した場合に，埋め込み戦略によらない直接採取や交換が顕著になっていくものと考えられる。

6) 市場メカニズムが働かない未開社会でも，交換における価値（レート）は産地からの距離に応じてコストと稀少性の作用で変動する可能性がある（サーリンズ 1984 参照）。例えば，実際に黒曜石製石器どうしが直接的に交換されるかは別としてレートを比較すると，交換の場が十勝地域であった場合，相対的に少数の置戸産黒曜石製石器と多数の十勝産黒曜石製石器が交換され，交換の場が常呂川・網走川流域であった場合，相対的に多数の置戸産黒曜石製石器と少数の十勝産黒曜石製石器が交換される蓋然性が高くなる。

7) 北見市留辺蘂地区と遠軽町丸瀬布地区の境界にあたる分水嶺付近を一次産地とする黒曜石（向井 2005，豊原 2009）は，南側ではケショマップ川・無加川から常呂川へ，北側では武利川から湧別川へと流れ出ている。これらの黒曜石は，化学組成が同じ場合でも，本文では便宜的に常呂川・網走川流域の遺跡に関する記述では「留辺蘂産」，湧別川流域の遺跡に関する記述では「丸瀬布産」としている。

引用文献

出穂雅実　1997「常呂川流域における石器石材の基礎研究」『北海道旧石器文化研究』第 2 号，1-14 頁

大島秀俊編　1997『千歳市　オサツ 16 遺跡（2）』北海道文化財保護協会

太田敏量・菅野友世・佐々木覚編　2010『蘭国橋遺跡・川東 16 遺跡』北見市教育委員会

大塚宜明・金成太郎・鶴丸俊明　2013「常呂川流域採集の細石刃核の検討—細石刃石器群研究の視点—」『考古学集刊』第 9 号，75-89 頁

大場利夫・近堂祐弘・久保勝範・宮　宏明　1983「吉井沢遺跡発掘調査報告」『北見郷土博物館紀要』第 13 集，1-37 頁

大矢義明編　2001『上士幌町　居辺 17 遺跡』上士幌町教育委員会

金成太郎・杉原重夫　2007「元町 2 遺跡・みどり 1 遺跡・豊岡 7 遺跡出土黒曜石製遺物の産地推定」『美幌博物館研究報告』第 14 号，1-20 頁

鎌田　望編　1999『千歳市　キウス 5 遺跡（7）・キウス 7 遺跡（6）』北海道埋蔵文化財センター

熊谷仁志・鎌田　望編　1998『千歳市　キウス 5 遺跡（6）B 地区・C 地区』北海道埋蔵文化財センター

サーリンズ，マーシャル（山内昶訳）　1984「第六章　交換価値と未開交易の外交術」『石器時代の経済学』286-330 頁，法政大学出版局

佐藤宏之・役重みゆき　2013「北海道の後期旧石器時代における黒曜石産地の開発と黒曜石の流通」『旧石器研究』第 9 号，1-25 頁

佐藤宏之・山田　哲編　2014『黒曜石の流通と消費からみた環日本海北部地域における更新世人類社会の形成と変容（III）—吉井沢遺跡の研究—』東京大学大学院人文社会系研究科附属北海文化研究常呂実習施設

末光正卓編　2013『千歳市　キウス 5 遺跡（10）』北海道埋蔵文化財センター

髙倉　純　2000「北海道北見市吉井沢遺跡 B 地点出土細石刃石器群の再検討」『北海道旧石器文化研究』第 5 号，1-34 頁

田村　隆　1992「石材についての諸問題―特に関東地方の石材採取戦略について―」『考古学ジャーナル』No. 345, 2-7頁

東村武信・藁科哲男　1995「帯広市宮本遺跡他出土の黒曜石製遺物の原材産地分析」『帯広・宮本遺跡2』65-74頁, 帯広市教育委員会

豊原熙司　2009『クマと黒曜石』北海道出版企画センター

直江康雄編　2012『白滝遺跡群XII』北海道埋蔵文化財センター

中山昭大編　2012『更別村　香川遺跡』北海道埋蔵文化財センター

西田　茂編　1987『鷹栖町　嵐山2遺跡』北海道埋蔵文化財センター

畑　宏明・田原良信　1975「水口遺跡」『日本の旧石器文化2　遺跡と遺物〈上〉』42-56頁, 雄山閣

ファーガソン, ジェフリーR.（髙鹿哲大訳）　2014「吉井沢遺跡出土572点の黒曜石製遺物の蛍光X線分析」『黒曜石の流通と消費からみた環日本海北部地域における更新世人類社会の形成と変容（III）―吉井沢遺跡の研究―』219-238頁, 東京大学大学院人文社会系研究科附属北海文化研究常呂実習施設

向井正幸　2005「紋別地域, 留辺蘂地域, 豊浦地域から産出する黒曜石ガラスの化学組成」『旭川市博物館研究報告』第11号, 9-20頁

山田　哲　2006『北海道における細石刃石器群の研究』六一書房

山田　哲　2007「遺跡間変異と居住形態」『ゼミナール旧石器考古学』110-122頁, 同成社

山田　哲　2013「石材資源調達の経済学―石器インダストリーの空間配置と技術に関する考察―」『考古学研究』第60巻第3号, 56-76頁

和田恵治・長部伸城・山田　哲・尾田識好　2014「吉井沢遺跡から出土した黒曜石石器の原産地推定：EPMAによる黒曜石ガラスの化学組成」『黒曜石の流通と消費からみた環日本海北部地域における更新世人類社会の形成と変容（III）―吉井沢遺跡の研究―』239-243頁, 東京大学大学院人文社会系研究科附属北海文化研究常呂実習施設

藁科哲男　2015「旧白滝3遺跡出土黒曜石製石器の原材産地分析」『白滝遺跡群XIV』第1分冊67-96頁, 北海道埋蔵文化財センター

藁科哲男・東村武信　1984「北見市内における遺跡出土の黒曜石遺物の石材産地分析」『北見郷土博物館紀要』第14集, 1-13頁

Meltzer, D. J. 1989 Was stone exchanged among eastern north American Paleoindians? *Eastern Paleoindian Lithic Resorce Use*, 11-39. Westernview Press.

Morrow, C. A. and R. W. Jefferies 1989 Trade or embedded procurement?: a test case from southern Illinois. *Time, Energy and Stone Tools*, 27-33. Cambridge University Press.

第5章　晩氷期の北海道における石器使用と地点間変異
―吉井沢遺跡の忍路子型細石刃核を伴う石器群を対象とした石器使用痕分析―

岩　瀬　　　彬

はじめに

　石器使用痕分析は，使用によって石器表面に生じる物理的・化学的変化の痕跡を観察し，痕跡の分布や形態的特徴をもとに，石器の使用部位やその使用方法，そして被加工物の種類などを推定する分析法である。石器石材の種類や使用方法，被加工物とその乾燥状態，そして作業量などを変えつつ実施した多量の実験に基づいて，各条件で生じる使用痕のパターンを把握し，それを遺物にみられる痕跡と対比することで，石器が用いられた作業の内容を推定する（御堂島 2005，山田 2007，Keeley 1980，Vaghan 1985a ほか）。主に折れや破損，微小剥離痕，線状痕，摩耗，そして使用痕光沢面などの痕跡に注目し，さまざまな石器の機能や用途の推定がこれまで試みられてきた。石器は，少なくともその一部は使用することを前提に作られたと考えられるため，その機能や用途を理解することは，研究者が分類する石器のカテゴリー（器種など）やそれらが様々な組成で遺跡から出土することの意味を考察するうえで大きく貢献できるはずである。

　北海道では過去 50 年以上におよぶ考古学的調査によって膨大な量の後期旧石器時代の石器群が発見され，このなかでも特に細石刃技術に関連する石器群は 300 弱の遺跡・地点で確認されている（日本旧石器学会編 2010）。巨視的にみると大陸を跨ぐような広大な地理的分布を示す細石刃石器群の中で，北海道の細石刃石器群は，その豊富な石材資源環境を背景とした多様性をみせる点に特徴づけられる（出穂 2008，寺崎 2006，山田 2006 ほか）。これまで当該地域の細石刃石器群を対象とした使用痕分析はほとんど試みられてこなかったが，2000 年代後半以降になって急速に蓄積されつつある（岩瀬 2014，岩瀬・高瀬 2012，梶原 1982，鹿又 2004，2013a・b・c・2015，高瀬 2008，藪下 2012・2013 ほか）。これらの試みによって細石刃石器群に伴う各種石器の機能が徐々に明らかになる一方で，分析対象となった資料は，北海道で確認される多様な細石刃石器群のごく一部であり，また一部の器種に偏る傾向がある。そのため例えば各器種の機能とその異同といった基本的な問題に加えて，遺跡ごとの石器使用の差異や，時期的変遷または地域的変異などの論点について，十分なデータに基づいて議論することはまだ難しいようにみえる（岩瀬 2015）。北海道の細石刃石器群にみられる石器使用の全体像を把握するためには，今後とも個々の石器の機能や用途に関する基礎的な研究が重要になってくるのであろう。

　こうしたなか，すでに指摘されているように，北海道北見市吉井沢遺跡では比較的近接した範

囲に複数の石器集中（ブロック）が確認され，かつ各ブロックにおける器種組成がそれぞれ個性的で，地点を違えつつ異なる作業が行われていた可能性が想定されている（山田 2014：285 頁）。吉井沢遺跡を対象とした使用痕分析によって，個々の石器の機能や用途を明らかにするとともに，ブロック間における石器使用の差異を明らかにすることは，北海道の細石刃石器群研究に，少なからず貢献できる事例分析になると考える。

そこで本稿では吉井沢遺跡から出土した忍路子型細石刃核を伴う石器群を対象とした使用痕分析を実施し，次の二つの論点：(1) 各器種の使用部位や使用方法，被加工物の特徴，および (2) 吉井沢遺跡のブロック間にみられる石器使用の相対的な差異，を検討する。

1 分析の方法と対象

(1) 遺跡概要

ここでは吉井沢遺跡[1]において 2006 年から 2013 年にかけて東京大学が実施した発掘調査資料を分析対象とする（佐藤・山田編 2014）。発掘総面積は 123 m^2 で，表採資料と発掘資料をあわせて合計 22,265 点の遺物が得られている。発掘資料のうち 21,598 点は三つあるいは四つの石器集中（ブロック 1，2A，2B，3）を形成する（第 1 表）。このうちブロック 2B を除く三つのブロックについて，石器集中の発掘がおおむね終了したと考えられる。出土した細石刃核は小形で細長い形態を示し，忍路子型細石刃核 2 類（山田 2006）に分類される。その他の定形的な石器をみると，細石刃や石刃，掻器，彫器，削器，錐形石器，両面調整石器，有茎尖頭器，そして斧形石器を含む。これは忍路子型細石刃核 2 類を伴う石器群にみられる器種組成（山田 2006）と一致する。なおブロック 1 に近接して採取された 2 点の炭化物から 17,460±70 ^{14}CBP（TKa-14438）と 15,040±60 ^{14}CBP（TKa-14440）の年代値が得られているものの，忍路子型細石刃核を伴う石器群に想定される年代と 2,000〜4,000 ^{14}CBP もの開きがあり，これらの年代値を積極的に採用することは難しいとされる（佐藤・山田編 2014）。吉井沢遺跡の忍路子型細石刃核を伴う石器群の年代を示す有意な測定結果は得られていないが，ここでは山田（2006）の想定する年代を踏まえ，およそ 12,000 ^{14}CBP の晩氷期の頃に残された可能性を想定しておきたい。

発掘報告書（佐藤・山田編 2014）に指摘されているように，ブロックの間で石器製作作業の内容や器種組成に差異が認められる（山田 2014：283-285 頁）。ブロック 1 やブロック 3 では 2 cm 未満の細片が総点数の 91% を占め，小形で薄身の調整剝片が多いとされる。これは二次加工によって生じたものだけでなく，ある程度消費の進んだ石刃核への調整剝片を含んでいる可能性が指摘される。一方でブロック 2A では 2 cm 以上の剝片の割合が相対的に高いことから，ブロック 1 やブロック 3 に比べてより早い消費段階の石核や石刃核，両面調整石器の調整とそれらからの石刃，剝片剝離が遂行されていた可能性を示している。また各ブロックの器種組成をみると，ブロック 1 では掻器や削器の比率が相対的に高く，ブロック 2A では石刃が高頻度に認められ，そ

第 5 章　晩氷期の北海道における石器使用と地点間変異

第 1 表　吉井沢遺跡の出土石器・分析資料・使用痕のある資料

BL		細石刃	細石刃核	細石刃核削片	有茎尖頭器	両面調整石器	掻器	彫器	彫器削片	彫掻器	削器	錐形石器	石刃	剥片/細片	石刃核/石核	斧形石器	その他	計
1	出土	54		2		6	130	12	40		32	2	113	8363	1		47	8802
	分析	20		1			33	5	19		7		10	2			1	98
	使用痕						8	3	4		2		2					19
	検出(%)	0.0		0.0			24.2	60.0	21.1		28.6		20.0	0.0			0.0	19.4
2A	出土	12	1	1	1	2	31	7	26		4	3	87	3687	2	1	8	3873
	分析	11		1	1	2	25	5	25		2	2	24	16		1	1	116
	使用痕						12	4	4				2					22
	検出(%)	0.0		0.0	0.0	0.0	48.0	80.0	16.0		0.0	0.0	8.3	0.0		0.0	0.0	19.0
2B	出土	7				1	11	3	21		1		17	1070			18	1149
	分析	7					10	2	18		1		1	3			2	44
	使用痕						1	2	1									4
	検出(%)	0.0				0.0	10.0	100	5.6		0.0		0.0				0.0	9.1
3	出土	140	7	27		6	48	30	182	2	6	7	72	7180	1		66	7774
	分析	40	6			4	46	28	171	2	6	5	33	4			11	356
	使用痕	1				1	17	11	38	2		1	7					78
	検出(%)	2.5	0.0			25.0	37.0	39.3	22.2	100.0	0.0	20.0	21.2	0.0			0.0	21.9
計	出土	213	8	30	1	15	220	52	269	2	43	12	289	20300	4	1	139	21598
	分析	78	6	2	1	6	114	40	233	2	16	7	68	25		1	15	614
	使用痕	1				1	38	20	47	2	2	1	11					123
	検出(%)	1.3	0.0	0.0	0.0	16.7	33.3	50	20.2	100.0	12.5	14.3	16.2	0.0		0.0	0.0	20.0

その他：石器破片，礫器，礫塊石器，顔料原材，礫，礫片を含む

の他に斧形石器や有茎尖頭器を伴う点に特徴づけられる。ブロック 3 では彫器や彫器削片，細石刃，細石刃核，そして細石刃核削片の出現頻度が他のブロックよりも高い（第 1 表）。こうしたブロック間での変異に基づいて，地点を違えた作業内容の差と，そうした差を生み出す石器の分化が生じていたことが予測されている（山田 2014）。

(2) 分析対象

ここでは岩瀬（2014）において報告したブロック 1 を中心とした使用痕分析に加えて，その後に実施したブロック 2A，2B，そして 3 を対象とした分析に基づいて検討する[2]。使用痕分析の対象とした石器は，細石刃や細石刃核，有茎尖頭器，掻器，彫器，彫器削片，削器，錐形石器，石刃，剥片，両面調整石器，そして斧形石器などを含む合計 614 点である（第 1 表）。これは全資料の 2.8％ を占めるのみであるが，剥片や細片などを除いた主要な石器 1265 点（細石刃，細石刃核，細石刃核削片，有茎尖頭器，両面調整石器，掻器，彫器，彫器削片，彫掻器，削器，錐形石器，石器破片，石刃，斧形石器）のうち 46.5％（588 点）を分析対象としたことになる。なお分析対象として抽出した資料の石材構成をみると，黒曜石が全体の 84.0％（516 点）を，頁岩が 15.8％（97 点）を，凝灰岩が 0.2％（1 点）を占める。

(3) 分析方法

a　使用部位・使用方法・被加工物の推定

使用痕を観察するにあたって，ここでは高倍率法（Keeley 1980）による分析を行った。使用方法の推定（第 1 図）や，使用痕光沢面の分類と被加工物の推定は，梶原・阿子島（1981）による頁岩および御堂島（1986）による黒曜石の実験と，筆者自身による実験結果を参照する。観察機器

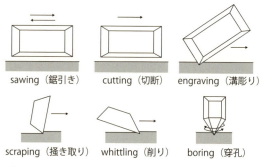

第1図 石器の使用方法 (御堂島1986：図1を改変)

には Olympus の落射照明型金属顕微鏡 (BXFM-S) を用いて 50 倍から 500 倍で観察し，写真撮影には Olympus の顕微鏡用デジタルカメラ (DP-21) を使用した。また観察に先立ち，エタノールを染み込ませた脱脂綿を用いて資料表面に付着した油脂を除去した。

b ブロック間の比較分析

忍路子型細石刃核を伴う石器群の遺跡間・地点間変異をめぐる事例分析として，吉井沢遺跡で確認された複数のブロックの間にみられる石器使用の相対的な差異を検討する。ここでは使用方法や被加工物の差が統計的に有意であるのかを検定する（岩瀬2015）。ここで扱う使用方法や被加工物の各カテゴリーは，旧石器時代の作業や道具資源（または食料）として当時の生活のなかで一般的に想定可能な平凡なものである。仮に石器の形態と機能の間に強い結びつきがなく，またそれぞれの占拠地において石器を用いた各作業の頻度に偏りがなく，使用した石器や刃部再生剥片などをその場に廃棄し，それらの結果として各石器集中が形成されたと仮定すると，理論的には各ブロックにおいて，それぞれの作業を示す痕跡は等しく観察されると予測できる（帰無仮説）。そこで各作業を示す痕跡の観測値と理論的な期待値の間に差異があるのか χ^2 検定を行う。

2 分析結果

(1) 使用部位・使用方法・被加工物の推定

使用痕分析の結果，123 点の石器に何かしらの使用を示唆する痕跡を確認することができた（第1表）。分析資料全体の使用痕の検出率は 20.0% で，ブロック 2B を除いた各ブロックの検出率も 20% 前後となる。ブロック 1，2A，3 の間で検出率に若干の差があるものの，統計的に有意な差は認められない（$\chi^2(2,570)=0.4257$, $p=.8083$）。

これら痕跡の認められた石器の中には，使用方法および被加工物を推定する際の根拠となる痕跡が明瞭に観察可能な資料だけでなく，使用方法の推定は可能だが被加工物の推定が困難な資料も含まれる。また痕跡が微弱なため複数の作業が可能性として残される資料や，そもそも使用痕ではない可能性が指摘できる痕跡も認められた。ここでは使用方法および被加工物の推定が可能な相対的に信頼可能な痕跡に基づいて，各器種の特徴をまとめる（第2表）。

a 細石刃

細石刃のうち 78 点を観察したものの，その縁辺に使用に伴って形成されたと推定可能な摩耗

第5章　晩氷期の北海道における石器使用と地点間変異

第2表　石器の使用部位・使用方法・被加工物

	端部 PR	掻器刃部 SC/WH 皮革	彫刀面縁辺（腹面側）SC/WH 角骨牙	彫刀面縁辺（腹面側）SC/WH 硬質	彫刀面縁辺（腹面側）SC/WH 皮革	彫刀面打面 SC/WH 皮革	錐器先端 CAR 角骨牙	側縁（二次加工のある縁辺／素材縁辺）C/S 角骨牙	側縁 C/S 中程度	側縁 C/S 皮革	SC/WH 皮革
細石刃	1										
掻器		7						1	1	10	
彫器-obs				1	3	1					
彫器-sha			1		3						
彫器削片-obs					2						
彫器削片-sha			24		1						
彫掻器										1	1
削器											1
錐形石器							1				
石刃									1	3	
両面調整石器	1										

C/S：切断・鋸引き，SC/WH：掻き取り・削り，PR：刺突，CAR：線刻
obs：黒曜石，sha：頁岩

や線状痕，使用痕光沢面などの微視的な痕跡を認めることはほとんどできなかった。これは痕跡が形成されないほど軽度な作業に使用されたか，または切断や鋸引き，掻き取りなどの作業に用いられる機会が少なかったことを示している。ただし1点の細石刃の腹面側中央部に，長軸に対して直交方向に走る線状痕が認められた（第2図2）。線状痕は腹面側からみて右側縁から左側縁にかけて帯状に分布する。仮に細石刃が骨角製の植刃器などに装着された状態で使用された場合，一側縁の端から他側縁の端まで使用痕が形成されるとは想定し難い。あるいは手で保持しながらの使用（例えば削りなど）も可能性として想定できるが，忍路子型細石刃核から生産される細石刃は概してきわめて小形のため，保持による使用は如何にも難しいと思われる。以上を踏まえると，こうした分布は，この痕跡が使用に伴って形成された可能性についてどちらかといえば否定的で，むしろ着柄を含むその他の要因で形成された可能性を指摘しておきたい。

この他に1点（第2図1）の側縁に，折れ面から生じる彫器状の副次的な剝離痕（衝撃剝離痕）が認められた。剝離痕は最大で4mmほどの微小な痕跡である。細石刃が剝離される際に偶発的に発生した可能性や，踏み付けによって生じた可能性などを排除することは難しいが，細石刃や小石刃を側縁に埋め込んだ鹿角製尖頭器を用いた実験によれば，刺突によってこうした微細な衝撃剝離痕が生じることが指摘されている（Yaroshevich et al. 2010, Pétillon et al. 2011 ほか）。

b 掻器

掻器の末端部（掻器刃部）に，直交方向の線状痕や顕著な摩耗，微細な凹み（ピット），そして明るく滑らかで丸みをもつ使用痕光沢面を観察できる（第2図3から5，写真1・2）。これは乾燥させた動物の皮の内面に付着する脂や肉などを掻き取る，または削り取る作業によって形成される痕跡によく類似している。掻器刃部は主に皮革（乾燥皮）の掻き取りや削りの作業に用いられたようである（第2表）。使用痕は掻器刃部を直角に近い角度で立てた時の縁辺にのみ観察される場合もあれば，掻器刃部の腹面側に広範囲に広がることもある。こうした痕跡の分布の違いは，作

90　II　吉井沢遺跡の研究

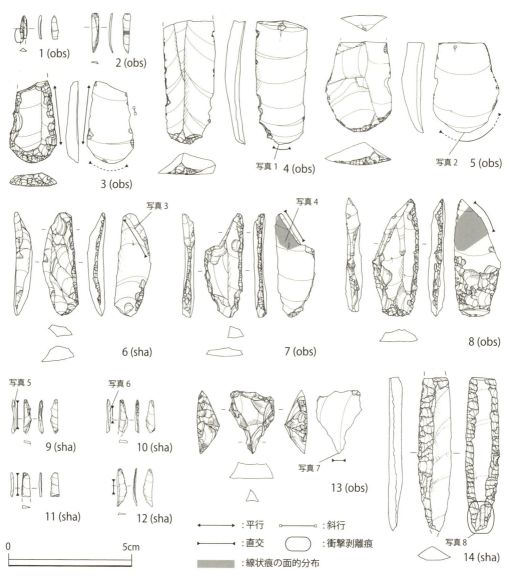

第2図　吉井沢遺跡出土石器の使用痕（佐藤・山田編 2014 を改変）

業時の搔器の「寝かせ具合」や，使用者から見た搔器の運動方向（引き寄せる動作：搔き取り，または押し出す動作：削り）（第1図），着柄方法，作業姿勢，皮革の固定方法，板の有無などに関わると推定できる（高瀬 2008）。吉井沢遺跡の搔器は，皮なめしの工程に応じていくつかの作業条件で使用されていたのかもしれない。

　また搔器刃部だけでなく，側縁にも使用痕がしばしば観察され（第2図3，第2表），皮革などの切断・鋸引きの作業に用いられたことを示している。岩瀬（2014：278頁）において指摘したように，皮革（乾燥皮や生皮，なめし皮）の加工を示す使用痕光沢面と類似する痕跡は動物の解体作業によっても生じることがある。搔器の側縁が皮革の切断・鋸引きに専ら使用されたというより

第5章　晩氷期の北海道における石器使用と地点間変異　91

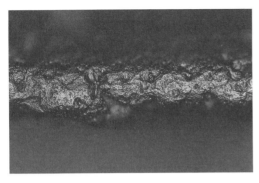

写真1　(200倍)　乾燥皮の搔き取り

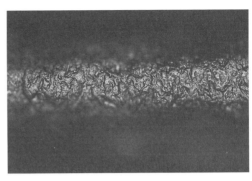

写真2　(200倍)　乾燥皮の搔き取り

写真3　(200倍)　乾燥皮の搔き取り

写真4　(100倍)　乾燥皮の削り

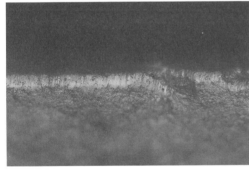

写真5　(200倍)　角・骨・牙の搔き取り

写真6　(200倍)　角・骨・牙の搔き取り

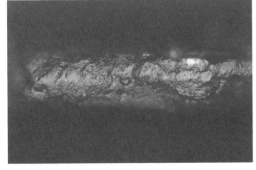

写真7　(250倍)　角・骨・牙の線刻

写真8　衝撃剝離痕

も，皮の切断を含む解体作業に用いられた可能性を指摘しておきたい。また側縁の使用痕と掻器刃部への二次加工の切り合い関係をみると，側縁が掻器刃部への二次加工に先立って使用されていたことを示し，その逆を示す確実な痕跡は今のところ得られていない。掻器へ加工される前に，素材となる石刃（あるいは削器）の段階で使用されていた可能性を示唆している。

c　彫器・彫器削片

彫器や彫器削片をみると，その彫刀面縁辺（腹面側）に2種類の痕跡を認めることができる。一つは皮革の掻き取りや削りを示す痕跡で（第2図6から8，写真3・4），もう一方は，直交方向の鋭い線状痕と，石器表面の凸部に広がる平坦で明るい使用痕光沢面となる（第2図9から12，写真5・6）。後者に類似する痕跡は，水を加えながら角・骨・牙などの硬質な物を加工する際に特徴的に生じるため，一部の彫器は角・骨・牙の掻き取りや削りの作業に使用されたと推定できる。

また皮革加工を示す痕跡は黒曜石製の彫器・彫器削片を中心に頁岩製の彫器・彫器削片にも観察される。これに対して角・骨・牙の掻き取りを示す痕跡は頁岩製の資料に高頻度に観察されるものの，今のところ黒曜石製の資料に明確な痕跡は観察されない（第2表）。これに加えて，黒曜石製彫器の彫刀面周辺の腹面側をみると，線状痕が広い範囲に形成されているが（第2図7・8），頁岩製の彫器においては，使用痕の分布は彫刀面縁辺にほぼ限定され，腹面側にほとんど広がらない（第2図9から12）。前者は被加工物と腹面が広く接触する削り（whittling）のような使用方法によって形成され，後者は被加工物と彫刀面縁辺が強く接触する掻き取り（scraping）のような使用方法によって形成されたと推測できる（第1図）。さらに居辺17遺跡などをはじめ，忍路子型細石刃核を伴う石器群にみられる黒曜石製と頁岩製の彫器の間で，彫刀面縁辺の角度（刃角）が大きく異なることが指摘されている（山原2001）。吉井沢遺跡においても使用痕のある黒曜石製と頁岩製の彫器・彫器削片の刃角を比較すると，後者が有意に鈍角であることがわかる（Welchのt検定, $p=.0000$）。使用方法や被加工物，刃角の相違をまとめると，刃角が鋭く，彫刀面が背面側に傾く傾向のある黒曜石製彫器と，彫刀面が腹面側に傾く鈍角な刃部をもつ頁岩製彫器は，作業（皮革加工と角・骨・牙加工）に応じて使い分けられていた可能性を指摘できる。

なお黒曜石製の彫器や彫器削片に観察される皮革の削りを示す痕跡をみると，線状痕の分布の境界はかなり明瞭で，おおむね帯状を呈し，しばしば反対側の側縁にまで達する（第2図7・8）。皮革加工のなかでも，ある程度幅の決まった紐状の皮をなめす作業に用いられていた可能性を指摘できる（岩瀬2014，鹿又2015）。

また角・骨・牙の加工と，掻き取りや削りの作業が結びつくことは，単に硬質な動物質資源が加工されたことを意味するだけでなく，角・骨・牙資源を整形，細工し，特定の形状を作り出す作業の存在を示す（山田2008，岩瀬2015）。これは，有茎尖頭器や両面加工尖頭器が伴うようになる忍路子型細石刃核を伴う石器群においても，どのような形状かは不明なものの，骨角器が製作され続けていたことを示している。仮に細石刃に観察された副次的な剝離痕が刺突によって形成されたのであれば，製作されていた骨角器の一部が刺突具であったこと，またきわめて小さな細

石刃であっても骨角器に植刃されていた可能性を示唆している。

　d　錐形石器

　錐形石器の先端部（錐器先端）をみると，直交方向の鋭い線状痕と平坦で明るい使用痕光沢面が観察される（第2図13，写真7）。この痕跡は先端部方向からおおよそ垂直に観察したときの，ごく狭い範囲にのみ観察される。角・骨・牙を対象物とした細かい作業，例えば線刻などの作業を示すと考えられる。溝彫りの作業も可能性の一つとして想定できるが，使用痕は先端部の側縁側に広がらないため，例えば細石刃などを埋め込むような比較的深い溝を彫っていた可能性は低く，むしろ浅い溝（線）を彫っていた可能性を指摘できる。彫器によって製作した骨角器に何かしらの装飾を施していたのか，あるいは極小の細石刃を埋め込むためには浅い溝で充分であったのかもしれない。

　なおこの錐形石器は忍路子型細石刃核を伴う石器群にしばしば認められる錐器先端を複数もつ錐形石器とは異なり，先端部を1ヵ所だけもつ欠損した搔器を再加工した資料である。ここでは多頭の錐形石器を含む合計7点の錐形石器を観察したものの，その他の資料に明確な痕跡を確認することはできなかった。第2図13に想定される使用方法が，当該石器群に伴う錐形石器の一般的な使用方法であったのかは現状では不明である。例えば細石刃核そのものの出土はないものの，石刃や搔器の技術形態学的特徴から，忍路子型細石刃核を伴う石器群との関連が想定される帯広市別府1遺跡では，実体顕微鏡によって錐形石器の先端部に摩耗や光沢が観察され，回転方向の作業に用いられた可能性が指摘されている（笹島2001：37頁）。今後，高倍率法による分析事例の蓄積が望まれる。

　e　彫搔器・削器・石刃

　彫搔器や削器，石刃は，その側縁が皮革の切断・鋸引きや搔き取り・削りの作業に使用されたことを指摘できる（第2表）。すでに指摘したように，皮革（乾燥皮や生皮，なめし皮）の加工を示す使用痕光沢面と類似する痕跡は，解体作業によっても生じることがある。彫搔器や削器，石刃の側縁が皮革の切断・鋸引きなどに専門的に使用されたというよりも，皮の加工を含む解体作業に用いられた可能性を指摘できる。また搔器や削器，石刃などの使用部位や使用方法，被加工物が相互に部分的に類似することは（第2表），石刃の使用とリダクション，それを素材とした搔器，さらに彫器（彫搔器）への転用を暗示しているのかもしれない。

　f　両面調整石器

　両面調整石器の縁辺を中心に観察した結果，使用に伴って形成された可能性のある摩耗や線状痕，使用痕光沢面などの微視的な痕跡を認めることはできなかった。微視的な痕跡が形成されないほど軽度な作業にごく短時間に使用されたか，または切断や鋸引き，搔き取り，削りといった縁辺を繰り返し使用する作業に用いられる機会がきわめて少なかったことを示している。

第3表 ブロック別の石器の使用方法

	PR	C/S	SC/WH	CAR	計
ブロック1		11	12		23
ブロック2A		8	18		26
ブロック2B			4		4
ブロック3	2	21	66	1	90
計	2	40	100	1	143

C/S：切断・鋸引き，SC/WH：掻き取り・削り，PR：刺突，CAR：線刻

第4表 ブロック別の石器の被加工物

	刺突	角骨牙	皮革	硬質	中程度	計
ブロック1		2	10		1	13
ブロック2A		2	8	1		11
ブロック2B			1			1
ブロック3	2	23	13		1	39
計	2	27	32	1	2	64

ただし1点の両面調整石器の端部をみると，新しい欠損（ガジリ）によって剥離開始部を失っているものの，両側縁の二次加工を切る縦溝状の剥離痕が認められる（第2図14，写真8）。長さは最大で13 mmにおよぶ剥離痕は，この石器が刺突具として使用された可能性を示している（佐野ほか2012，佐野・大場2014，御堂島1991・1996ほか）。なおこの石器は背面側の右半分が素材形状に影響されて薄くなっており，細石刃核の素材には適さない可能性が指摘されている（山田・中村2014：124頁）。

g　その他

この他，細石刃核や細石刃核削片，有茎尖頭器，斧形石器などの観察を試みたものの，明確な使用痕を確認することはできなかった。痕跡が形成されないほど軽度な作業に使用されたか，または使用される機会がきわめて少なかったと指摘できる。なお凝灰岩製の斧形石器の風化はその他の資料に比べて進行しており，石器表面の保存状態があまり良好ではない。そもそも風化によって使用に伴う痕跡を消失しているのかもしれない。

(2) ブロック間の比較分析

以上の分析結果に基づきながら，ブロック間における石器使用に統計的に有意な差が認められるのか探索的な検討を試みる。すでに指摘されているように，吉井沢遺跡の各ブロックにおける各種石器の出土状況はそれぞれ個性的で，地点を違えた作業内容の変動があった可能性が指摘されている。ブロック間における石器使用の差異を明らかにすることは，各遺跡から得られる様々な組成（石器の種類と量）を示す石器群の変異性が形成される背景や機構を考察するための，基礎的な分析の一つになると考える。

まずVaughan（1985b）が考案した個別使用部位（Independent Use Zone：IUZ）に基づいて，使用痕分析の結果をブロック別に整理すると第3表および第4表となる。表をみると明らかなように，四つのブロックのうちブロック2Bは使用方法や被加工物の推定可能な資料が相対的に少なく，また報告書によれば石器集中全体の調査が終了していない可能性がある。そこで以下の分析ではブロック2Bを除いた三つのブロックを検討対象とする。

また(1)使用方法と(2)被加工物に分けて石器使用の差異を検討するが，ここではサンプルサイズが確保されている二つの使用方法のカテゴリー：切断・鋸引きと掻き取り・削り，および

二つの被加工物のカテゴリー：角・骨・牙と皮革，をそれぞれ検討する。

a 石器の使用方法

ブロック1，2A，3の各種石器には合計で136ヵ所のIUZに切断・鋸引きや掻き取り・削りの作業を示す痕跡が認められる（第3表）。このうち切断・鋸引きを示す痕跡は40ヵ所を，掻き取り・削りの作業を示す痕跡は96ヵ所を占める。ブロックと使用方法の関係を整理すると第5表となる。またブロックの間でそれぞれの使用方法を示す痕跡が等しく観察された場合の期待値と，実際の観測値についてχ^2検定を行った結果，痕跡の偏りは10%水準でやや有意な傾向を示している（$\chi^2(2)=4.945, p=.0844$）。そこでどのセルがこの有意性に貢献しているのか検討するために，残差分析（Haberman 1973）を行った。分析の結果は，ブロック1において切断・鋸引きの作業を示す痕跡が5%水準で有意に多く，掻き取り・削りの作業を示す痕跡が5%水準で有意に少ないこと（$p=.0335$），そしてブロック3において切断・鋸引きの作業を示す痕跡が10%水準で有意に少なく，掻き取り・削りの作業を示す痕跡が10%水準で有意に多い傾向を示している（$p=.0721$）。ブロック2Aにおいては期待値と観測値の間にほとんど差が認められない（第5表）。

第5表 ブロックと使用方法の関連

使用方法		ブロック 1	2A	3
C/S	観測値	11	8	21
	期待値	6.8	7.6	25.6
	調整済み残差	2.13***	0.17*	-1.80**
SC/WH	観測値	12	18	66
	期待値	16.2	18.4	61.4
	調整済み残差	-2.13***	-0.17*	1.80**
計		23	26	87

χ^2 ($df=2, N=136$) $=4.945, p=.0844$
*: $p=.8659$, **: $p=.0721$, ***: $p=.0335$
C/S：切断・鋸引き，SC/WH：掻き取り・削り

第6表 ブロックと被加工物の関連

被加工物		ブロック 1	2A	3
角骨牙	観測値	2	2	23
	期待値	5.6	4.7	16.8
	調整済み残差	-2.33**	-1.85*	3.39***
皮革	観測値	10	8	13
	期待値	6.4	5.3	19.2
	調整済み残差	2.33**	1.85*	-3.39***
計		12	10	36

χ^2 ($df=2, N=58$) $=11.490, p=.0032$
*: $p=.0643$, **: $p=.0198$, ***: $p=.0007$

b 石器の被加工物

使用方法に関する検討と同様に，ブロック1，2A，3の各種石器に合計で58ヵ所のIUZに角・骨・牙や皮革の加工を示す痕跡が認められる（第4表）。このうち角・骨・牙の加工を示す痕跡は27ヵ所を，皮革の加工を示す痕跡は31ヵ所を占める。ブロックと被加工物の関係を整理すると第6表となる。またブロックの間でそれぞれの被加工物の加工を示す痕跡が等しく観察された場合の期待値と，実際の観測値についてχ^2検定を行った結果，1%水準で有意な差が認められる（$\chi^2(2)=11.490, p=.0032$）。これは各被加工物の加工を示す痕跡は，三つのブロックに等しく分布せず偏りがあること，そしてブロックと被加工物の間に連関が認められることを示している。ただしこのままではブロックと痕跡の間に，どのような差が存在するのか必ずしも明示的で

はないため，ここでも残差分析を行った。分析の結果は，ブロック1において角・骨・牙の加工を示す痕跡が5%水準で有意に少なく，皮革の加工を示す痕跡が5%水準で有意に多いこと（$p=.0198$），そしてブロック3において角・骨・牙の加工を示す痕跡が1%水準で有意に多く，皮革の加工を示す痕跡が1%水準で有意に少ないことを示している（$p=.0007$）。またブロック2Aにおいては，角・骨・牙の加工を示す痕跡が10%水準で有意に少なく，皮革の加工を示す痕跡が10%水準で有意に多い傾向を示す（$p=.0643$）（第6表）。

3 考察

(1) ブロック間に想定される石器使用の差異

　以上の分析結果をまとめると，ブロック1は切断・鋸引きの作業を示す痕跡や皮革の加工を示す痕跡をもつ石器が相対的に多数残され，ブロック3は掻き取り・削りの作業を示す痕跡や角・骨・牙の加工を示す痕跡をもつ石器が相対的に多数残されている点に特徴づけられる。またブロック2Aは皮革の加工を示す痕跡をもつ石器がやや多いものの，ブロック1とブロック3の中間的な特徴を示している（第5・6表）。

　第5・6表では使用方法と被加工物を分けて検討を試みたが，改めて各ブロックにおける各器種の使用方法と被加工物を結びつけて集計すると第7表となる。仮にそれぞれの石器が，各地点における石器使用行動を反映しているのであれば，ブロック1は動物の解体を含む皮革の切断・鋸引きや，掻き取り・削りといった皮革加工が相対的に高頻度に分布する点に特徴づけられる。器種別にみると，皮革の切断・鋸引きを示す痕跡は掻器や石刃と結びつき，皮革の掻き取り・削りの作業を示す痕跡は掻器だけでなく，彫器や削器とも結びつく。各種石器を用いながら，あるいは使用とリダクション，転用を経ながら動物の解体や皮革の切り分け，皮なめしといった皮革加工に関わる作業が中心的に行われていたと推定できる。なおここでは掻器の刃部再生剝片について観察を行っていないが，これらの分析が進むことで，ブロック1における皮革の集中的な加工がより明瞭になるかもしれない。

　一方でブロック3では，角・骨・牙の加工を示す痕跡が高頻度に観察されるとともに，それは掻き取り・削りの作業だけでなく，切断・鋸引きや線刻といった複数の作業と結びつく（第7表）。また器種別にみると，角・骨・牙の掻き取り・削りや切断・鋸引きを示す痕跡は彫器に，線刻を示す痕跡は錐形石器に認められている。これは複数の種類の石器を用いながら，角・骨・牙を切り分け，様々な形状に加工し，さらに場合によっては何かしらの装飾を施すような作業が行われた可能性を示している。これに加えて彫器削片にこれらの痕跡が多数観察されることは，角・骨・牙の加工と刃部再生を繰り返し行っていたことを示すとともに，そうした廃物の集中は角・骨・牙の集中的な加工を強く示唆する。ブロック3における細石刃や細石刃核の多出とも相関し（第1表），さらに興味深いことに，資料数はきわめて少ないが衝撃剝離痕と思しき痕跡が認めら

第 7 表　石器を用いた作業とブロック

	PR	皮革		角骨牙			硬質	中程度	計
		C/S	SC/WH	C/S	SC/WH	CAR	SC/WH	C/S	
ブロック 1（Total）		5	5		2			1	13
掻器		4	2						6
彫器			2		1				3
彫器削片					1				1
削器			1						1
石刃		1						1	2
ブロック 2A（Total）		4	4		2		1		11
掻器		3	1						4
彫器			2				1		3
彫器削片			1		2				3
石刃		1							1
ブロック 2B（Total）			1						1
彫器			1						1
ブロック 3（Total）	2	5	8	1	21	1		1	39
細石刃	1								1
掻器		3	4					1	8
彫器			2	1					3
彫器削片			2		21				23
彫掻器		1							1
錐形石器						1			1
石刃		1							1
両面調整石器	1								1
計	2	14	18	1	25	1	1	2	64

C/S：切断・鋸引き，SC/WH：掻き取り・削り，PR：刺突，CAR：線刻

れる細石刃はブロック 3 から出土している。こうした結果は，ブロック 3 周辺において骨角器の製作や装飾，メンテナンスと，細石刃の着脱が集中的に行われていたことを予想させる。

　ブロック 2A は，ブロック 1 とブロック 3 の中間的な特徴を示すものの，これらの特徴は使用痕の観察された石器（特に掻器や彫器，彫器削片）に基づいている。すでに指摘されているように，ブロック 2A では比較的大形の剝片が出土し，また石刃の比率が相対的に高いことから，石刃核や両面調整石器から石器の素材となる石刃や剝片の剝離がある程度遂行されていた可能性が想定できる（山田 2014：285 頁）。石刃の使用痕検出率をみると，ブロック 2A（8.3％）がブロック 1（20.0％）やブロック 3（21.2％）より低い値を示すことも（第 1 表），このブロックの石刃が使用と強く結びつかないことを示している。ブロック 2A は石器使用だけでなく，素材準備などの作業に力点の置かれた居住のエピソードを反映していると考えられる。また細石刃の点数がきわめて少ない一方で，有茎尖頭器や斧形石器が唯一認められる点も，その他のブロックとは異なる作業との結びつきを示唆している（第 1 表）。特に斧形石器については石器表面の保存状態が悪く，使用痕を観察することはできなかったものの，後期旧石器時代前半期や縄文時代草創期の斧形石器を対象とした 22 例の使用痕分析の結果をみると（岩瀬 2015），そのうちの 2 例に木の加工を示す痕跡が確認されている（傳田 2009，堤 2006）。こうした分析結果を踏まえると，忍路子型細石刃核

に伴う斧形石器もまた木の加工に用いられていたのかもしれない。

なお報告書によれば，相互に 15 m から 20 m ほど離れて分布するブロック 1，2A，3 の間で，石器の頻繁な接合関係は得られていない（佐藤・山田編 2014）。これは三つのブロックが同時期に形成された可能性を積極的には支持しない。仮に三つのブロックが，同時期あるいはきわめて近接した時間幅のなかで形成された関係にあると仮定すると，地点ごとに認められる石器使用の差異は，一定の面積をもつ占拠地の中で，集団が空間を使い分けながら異なる作業（動物の解体と皮革加工，骨角器の加工，石器の素材準備など）を集中的に行っていた可能性を示している。これに対して三つのブロックの形成が時間的に近接せず，異なる時期に形成された場合，地点間での石器使用の差異は，石器製作技術を共有する集団が反復的に占拠する過程で，その時々の食料資源や道具資源の保有と消費，獲得の状況に応じて，主な作業を違えていた可能性を示している。

(2) 石器使用の地点間変異とその含意

山田（2006）は，北海道の細石刃石器群を対象に，石器の多様性や器種組成に示される石器群の変異性について分析し，多様な石器群を形成した居住・移動システムを考察している。分析の結果は，忍路子型細石刃核を伴う石器群を含む後期細石刃石器群では石器の多様性が相対的に大きく，石器群の変異性も大きい。一方で前期細石刃石器群では石器の多様性が相対的に小さく，石器群の変異性も小さいことを示している。この結果に基づいて，後期は相対的に低い居住地移動性と高い兵站的移動性に特徴づけられる居住・移動システムを基盤とし，これに対して前期は相対的に高い居住地移動性と低い兵站的移動性に特徴付けられる居住・移動システムを基盤としていた可能性が予測されている。

そもそも兵站的移動（logistical mobility）とは種々の特定の作業（特に食料資源の獲得）を目的とするもので，移動先であるそれぞれの地点では，目的とする作業とそれに関わる作業，あるいはその途中に埋め込まれた作業が中心的に行われる（Binford 1980, Kelly 1983, Shott 1986 ほか）。一方で，こうした移動の起点および終点となる拠点的な居住地ではより多様な作業が展開することになる。その結果，兵站的移動に伴う一時的な占拠地や拠点的な居住地などの各地点の間で行われる作業の変異性は，相対的に大きなものになると予測できる。

残念ながら前期細石刃石器群について石器使用の遺跡間・地点間変異を議論できるほど各種石器の使用痕分析が蓄積されていないため，前期と後期の比較分析は今後の研究に委ねざるを得ないが，ここでの分析によって明らかになった忍路子型細石刃核を伴う石器群のブロック間にみられる石器使用の差異は，当該石器群を残した集団の兵站的移動性の相対的な高さと，それに伴う各地点における作業の変異性の相対的な大きさを反映している可能性をひとまず指摘できる。なお，このようにしてみると，前期細石刃石器群における石器使用の地点間変異は，変異性の相対的な小ささに特徴づけられる可能性が予測される。

4 結論

　ここでは北海道北見市吉井沢遺跡における忍路子型細石刃核を伴う石器群を対象に使用痕分析を実施し，各種石器の使用部位や使用方法，被加工物の特徴を指摘した。また遺跡で確認された四つのブロックのうち，三つのブロックにみられる石器使用の相対的な差異を検討し，それぞれ主要な作業の内容が異なる三つの占拠地の様相を提示した。主な分析の結果を以下に列挙する。

(1) 細石刃に刺突具としての使用を示唆する痕跡や，着柄など使用以外の要因によって形成された可能性のある痕跡が認められる。

(2) 掻器の掻器刃部に皮革の掻き取りや削りの作業を示す痕跡が，そして側縁に動物の解体を含む皮革の切断や鋸引きの作業を示す痕跡が観察される。

(3) 彫器や彫器削片の彫刀面縁辺に，皮革と角・骨・牙の掻き取りや削りの作業を示す痕跡が観察できる。黒曜石製と頁岩製の彫器は作業に応じて使い分けられていたと推定され，前者は皮革加工に，後者は角・骨・牙の加工と強く結びついていた可能性がある。

(4) 錐形石器の先端部は，角・骨・牙の線刻などの繊細な作業に用いられたと推定できる。

(5) 削器や石刃は，その側縁が専ら使用され，皮革の切断や鋸引き，掻き取り，削りといった作業に用いられていたようである。

(6) 両面調整石器の中で少なくとも薄身で細長い形態を示すものについては，刺突具として使用された可能性を指摘できる。

(7) ブロック1では，掻器や彫器，削器，石刃など各種石器を用いながら動物の解体や，皮革の切断と皮なめしといった皮革加工が中心的に行われていたと推定できる。

(8) ブロック3では，彫器や錐形石器を使用した骨角器の製作や装飾，メンテナンスと，細石刃の着脱が集中的に行われていた可能性を指摘できる。

(9) ブロック2Aは，ブロック1と3の中間的な石器使用の特徴を示すとともに，石器使用だけでなく，石器の素材となる石刃や剝片の準備などの作業に力点が置かれていたと考えられる。

おわりに

　忍路子型細石刃核を伴う石器群が残されたと推定される晩氷期の北海道における気候や植生，動物相をみると，特に動物相についてその詳細はまだ十分に明らかにされていないものの，終末期における著しい寒の戻り（新ドリアス期）を除いて全体的に温暖化傾向が認められ，森林の拡大や落葉広葉樹の増加，草原性で移動性が相対的に高い中・大型動物（マンモス動物群）の減少や絶滅，そして森林性で移動性が相対的に低い中・小型のシカ属の増加などの大まかな傾向が想定される（五十嵐1993，高橋2007，山田2006，Igarashi 2008，Iwase et al. 2012ほか）。吉井沢遺跡にみられるブロック間の石器使用の変異性は，こうした後氷期的な様相が強まった晩氷期の資源環境へ

の適応行動の一つの側面を反映していると考えられる。

また忍路子型細石刃核を伴う石器群などの後期細石刃石器群では，有茎尖頭器や両面加工尖頭器，舟底形石器，そして斧形石器といったそれ以前の細石刃石器群になかった石器がしばしば伴う。誤解を恐れずにいえば，こうした石器を新たに保有することの意味は，大局的には晩氷期の環境への技術適応という観点から説明することができるだろう。北海道の細石刃石器群を対象とした使用痕分析の結果を大まかにみると，掻器や彫器といった通時的に認められる石器の機能は，多少の変異はあっても大きく変化することはないと予測できる（鹿又 2004・2013a・b・c・2015，高瀬 2008，藪下 2012・2013 ほか）。晩氷期の北海道における技術適応の特徴とその含意を考察するためには，これら通時的に認められる基本的な道具だけでなく，新たな食料資源や道具資源の開発を示唆する石器の機能を理解することが重要になると考える。ここではこれらの石器について使用によって生じた明確な痕跡を確認することはできなかった。今後，他の遺跡資料を対象として事例分析を蓄積していく必要があるだろう。

吉井沢遺跡から出土した多量の石器を対象に使用痕分析を実施するにあたり，山田哲氏や熊木俊朗氏，夏木大吾氏には幾度となく格別のご高配を賜った。末筆ながら記して感謝申し上げる。

註
1) 吉井沢遺跡の位置等については第3章参照。
2) 各ブロックにおける使用痕分析の基礎的な報告は，別稿を準備する予定である。

引用文献
五十嵐八枝子　1993「花粉分析からみた北海道の環境変遷史」東正剛・阿部永・辻井達一編『生態学からみた北海道』3-21 頁，北海道大学図書刊行会

出穂雅実　2008「特集にあたって」『論集忍路子 II』1-2 頁，忍路子研究会

岩瀬　彬　2014「吉井沢遺跡出土の忍路子型細石刃核を伴う石器群の使用痕分析 (1)」佐藤宏之・山田哲編『黒曜石の流通と消費からみた環日本海北部地域における更新世人類社会の形成と変容（III）：吉井沢遺跡の研究』平成 21～25 年度日本学術振興会研究費補助金基盤研究（A）研究成果報告書，東京大学常呂実習施設研究報告第 13 集，254-282 頁

岩瀬　彬　2015「日本列島後期旧石器時代における石器使用の変異性：使用痕分析の集成と検討」『論集忍路子 IV』47-101 頁，忍路子研究会

岩瀬　彬・高瀬克範　2012「石器の使用痕分析」佐藤宏之編『黒曜石の流通と消費からみた環日本海北部地域における更新世人類社会の形成と変容（I）』平成 21～25 年度日本学術振興会研究費補助金基盤研究（A）研究成果報告書，東京大学常呂実習施設研究報告第 10 集，152-158 頁

梶原　洋　1982「石器の使用痕」芹沢長介編『モサンル』11-15 頁，東北大学文学部考古学研究室考古学資料集第 4 冊

梶原　洋・阿子島香　1981「頁岩製石器の実験使用痕研究：ポリッシュを中心とした機能推定の試み」『考古学雑誌』67 (1)，1-36 頁

鹿又喜隆　2004「細石刃の装着法と使用法：荒屋遺跡・タチカルシュナイ第V遺跡C地点出土資料の分析から」『考古学雑誌』88 (4), 1-27 頁

鹿又喜隆　2013a「北海道・本州における細石刃石器群の石器使用行動の共通性とその含意：北海道暁遺跡第1地点における石器機能研究を中心に」『日本考古学』35, 27-44 頁

鹿又喜隆　2013b「北海道における初期細石刃石器群の機能研究：千歳市柏台1遺跡出土石器の使用痕分析」『旧石器研究』9, 27-41 頁，日本旧石器学会

鹿又喜隆　2013c「北海道細石刃石器群のキャンプサイトにおける骨角加工の実態：オルイカ2遺跡の事例から」『文化』, 77 (1・2), 26-41 頁，東北大学文学会

鹿又喜隆　2015「細石刃の消滅に伴う彫刻刀形石器の機能変化：北海道帯広市の旧石器時代遺跡群の比較分析から」『旧石器考古学』80, 51-65 頁

笹島香織　2001「別府1遺跡の石器群について」『帯広・別府1遺跡』帯広市埋蔵文化財調査報告第21冊, 35-38 頁，帯広市教育委員会

佐藤宏之・山田　哲編　2014『黒曜石の流通と消費からみた環日本海北部地域における更新世人類社会の形成と変容 (III)：吉井沢遺跡の研究』平成21〜25年度日本学術振興会研究費補助金基盤研究 (A) 研究成果報告書，東京大学常呂実習施設研究報告第13集, 313 頁

佐野勝宏・傳田惠隆・大場正善　2012「狩猟法同定のための投射実験研究 (1)」『旧石器研究』8, 45-63 頁，日本旧石器学会

佐野勝宏・大場正善　2014「狩猟法同定のための投射実験研究 (2)：背付き尖頭器」『旧石器研究』10, 129-149 頁，日本旧石器学会

高瀬克範　2008「北海道勇払郡厚真町上幌内モイ遺跡旧石器地点出土石器の使用痕分析」『論集忍路子II』49-61 頁，忍路子研究会

高橋啓一　2007「日本列島の鮮新―更新世における陸生哺乳動物相の形成過程」『旧石器研究』3, 5-13 頁

堤　隆　2006「後期旧石器時代初頭の石斧の機能を考える：日向林B遺跡の石器使用痕分析から」『長野県考古学会誌』118, 1-12 頁

寺崎康史　2006「北海道の地域編年」安斎正人・佐藤宏之編『旧石器時代の地域編年的研究』275-314 頁，同成社

傳田惠隆　2009「福島県笹山原No. 16遺跡出土石器の使用痕分析」『第23回東北日本の旧石器文化を語る会予稿集』38-45 頁

日本旧石器学会編　2010『日本列島の旧石器時代遺跡：日本旧石器（先土器・岩宿）時代遺跡のデータベース』377 頁，日本旧石器学会

御堂島正　1986「黒曜石製石器の使用痕：ポリッシュに関する実験的研究」『神奈川考古』20, 87-104 頁

御堂島正　1991「石鏃と有舌尖頭器の衝撃剥離」『古代』92, 79-97 頁

御堂島正　1996「ナイフ形石器の刺突実験」『神奈川考古』32, 77-96 頁

御堂島正　2005『石器使用痕の研究』381 頁，同成社

藪下詩乃　2012「彫器の刃部再生：美利河1遺跡A地点I石器群の事例から」『石器使用痕研究会会報』12, VII-IX 頁

藪下詩乃　2013「美利河1遺跡I石器群出土彫器・彫器削片の微小光沢面バラエティ」『石器使用痕研究会会報』13, VII-VIII 頁

山田　哲　2006『北海道における細石刃石器群の研究』244 頁，六一書房

山田　哲　2014「調査成果の概要」佐藤宏之・山田哲編『黒曜石の流通と消費からみた環日本海北部地域における更新世人類社会の形成と変容（III）：吉井沢遺跡の研究』平成 21～25 年度日本学術振興会研究費補助金基盤研究（A）研究成果報告書，東京大学常呂実習施設研究報告第 13 集，283-286 頁

山田　哲・中村雄紀　2014「D．ブロック 3　1．出土遺物」佐藤宏之・山田哲編『黒曜石の流通と消費からみた環日本海北部地域における更新世人類社会の形成と変容（III）：吉井沢遺跡の研究』平成 21～25 年度日本学術振興会研究費補助金基盤研究（A）研究成果報告書，東京大学常呂実習施設研究報告第 13 集，123-139 頁

山田しょう　2007「石器の機能」佐藤宏之編『ゼミナール旧石器考古学』32-49 頁，同成社

山田しょう　2008「石器の機能から見た旧石器時代の生活」『旧石器研究』4, 143-154 頁，日本旧石器学会

山原敏朗　2001「彫器について」『上士幌町居辺 17 遺跡』104-108 頁，北海道上士幌町教育委員会

Binford, L. R. 1980 Willow smoke and dogs' tails: hunter-gatherer settlement systems and archaeological site formation. *American Antiquity* 45, 4-20.

Haberman, S. J. 1973 The analysis of residuals in cross-classified tables. *Biometrics* 29, 205-220.

Igarashi, Y. 2008 Climate and Vegetation Changes since 40,000 Years BP in Hokkaido and Sakhalin. In: Sato, H. (ed.), *Human Ecosystem Changes in the Northern Circum Japan Sea Area (NCJSA) in Late Pleistocene*, 27-41, Research Institute for Humanity and Nature, Kyoto.

Iwase, A., Hashizume, J., Izuho, M., Takahashi, K. and Sato, H. 2012 Timing of megafaunal extinction in the late Late Pleistocene on the Japanese Islands. *Quaternary International* 255, 114-124.

Keeley, L. H. 1980 *Experimental Determination of Stone Tool Uses: A Microwear Analysis*. 212p, The University of Chicago Press.

Kelly, L. R. 1983 Hunter-gatherer mobility strategies. *Journal of Anthropological Research* 39 (3), 277-306

Pétillon, J., Bignon, O., Bodu, P., Cattelain, P., Debout, G., Langlais, M., Laroulandie, V., Plisson, H. and Valentin, B. 2011 Hard core and cutting edge: experimental manufacuture and use of Magdalenian composite projectile tips. *Journal of Archaeological Science* 38, 1266-1283.

Shott, M. 1986 Technological organization and settlement mobility: an ethnographic examination. *Journal of Anthropological Research* 42 (1), 15-51.

Vaughan, P. C. 1985a *Use-Wear Analysis of Flaked Stone Tools*. 204p. The University of Arizona Press. Tucson.

Vaughan, P. C. 1985b The burin-blow technique: creator or eliminator? *Journal of Field Archaeology* 12, 488-496.

Yaroshevich, A., Kaufman, D., Nuzhnyy, D., Bar-Yosef, O. and Weinstein-Evron, M. 2010 Design and performance of microlithic implemented projectiles during the Middle and the Late Epipaleolithic of the Levant: experimental and archaeological evidence. *Journal of Archaeological Scienc* 37, 368-388.

北海道の晩氷期適応

第6章　小形舟底形石器石器群からみた居住形態

尾田　識好

はじめに

　北海道の晩氷期には，細石刃石器群（白滝型，広郷型，紅葉山型，忍路子型1類・2類）や，有舌尖頭器を含む両面加工尖頭器石器群，そして小形舟底形石器石器群（1類・2類）が関連する（山田 2006，佐藤ほか 2011）。人類史の画期である更新世から完新世への移行について，北海道ではこれらの石器群を担った狩猟採集民の技術的・文化的・社会的な適応行動と，その関係性を明らかにすることが鍵となる。

　本稿では，小形舟底形石器石器群（1類・2類）に焦点をあてる。この石器群は晩氷期から後氷期初頭まで存続し，その間に系統的に変化したとみなすことができることから，北海道の更新世／完新世移行期における人類集団の地域適応プロセスを追跡することができる有益な分析対象といえる。リダクション・シーケンス分析と石器組成分析を通じて，当該石器群集団の居住形態を再構築し，その地域適応の様相を考察する。

1　小形舟底形石器石器群の概要

　舟底形石器は，平坦面（甲板面）と稜上（底縁）から急角度の深い調整剝離によって縦断面三角形の舟底状に整形された石器である。その端部から細石刃もしくは細石刃状の剝片（微細石刃）を剝離した小形舟底形石器は，およそ幅1.6 cm以下，高さ2 cm以下で，細長い形状を呈するものを指し，相対的に幅広（1類）と，幅狭（2類）に分けられる（山田 2006）。小形舟底形石器石器群は，北東部を中心に北海道のほぼ全域に分布する（第1図）。

　良好な放射性炭素年代データに乏しいが，小形舟底形石器1類石器群は$13,000^{14}$C yr BP前後の年代が，同2類石器群は$13,000^{14}$C yr BP以降だが，$11,000 \sim 10,000^{14}$C yr BPに顕在化した可能性が想定されている（山田 2006，直江 2014）[1]。

　小形舟底形石器石器群（1類・2類）は，石刃生産技術，両面調整体技術，および舟底形石器製作技術を基盤とする。彫器，掻器，削器等の石刃製石器や，左右非対称形と縁辺に樋状剝離面を作出した両面調整体，刃部方向からの縦長の剝離痕が顕著な石斧，平行剝離を施した小形舟底形石器等，特徴的なトゥールが共通してみられる。

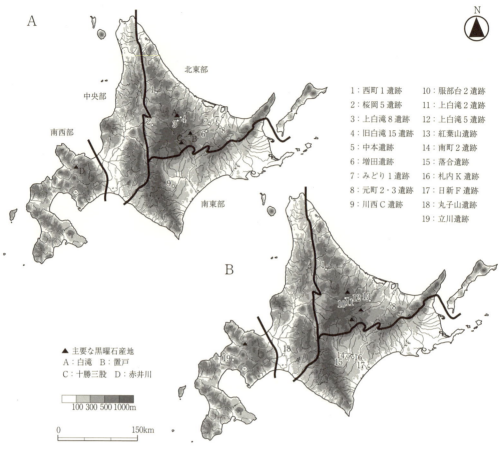

第1図　本稿で対象とする小形舟底形石器石器群の位置
A 小形舟底形石器1類石器群　B 小形舟底形石器2類石器群

　ここでは，小形舟底形石器1類石器群と同2類石器群に時期差を認め，技術的・型式的によく類似していることから，前者から後者へ系統的に変化したと考える。上述の年代から，小形舟底形石器石器群は，晩氷期から後氷期初頭にかけて存続したと想定される。

2　分析の方法と対象

　本稿ではリダクション・シーケンス分析を通じた石器製作作業工程と，石器組成分析による石器を道具として用いた作業から導き出される遺跡間の機能的な関係を，狩猟採集民の移動と居住のパターンを反映した居住形態と呼称し，その変化を資源・社会的な環境と組み合わせ，彼らの地域適応を考察する。
　まず，リダクション・シーケンス分析の基礎となる小形舟底形石器石器群の石器生産システムについて，近年の遠軽町白滝遺跡群（鈴木2002・2007，直江編2012）や十勝地域における調査研究（山原編1999・2002，髙倉2003）と，資料を実見して得られた知見をもとに再構築した。まとめる

と，次のようになる（第2図）。

①小形舟底形石器石器群は，石刃生産技術，両面体調整技術，および舟底形石器製作技術を基盤とする。

②小形舟底形石器1類石器群の石刃生産技術には，原石に丁寧な調整を施して石核を作り出し，石刃剝離に際して入念な打面調整と打面部縁辺を激しく擦る頭部調整を施すもの（精製石刃技術）と，原石にあまり調整を施さず，その形状を生かして石核とし，単剝離打面から主に頭部調整を施しながら石刃剝離を行うもの（粗製石刃技術）がある。前者で剝離された大形石刃（幅3cm以上）[2]からは，主にホロ

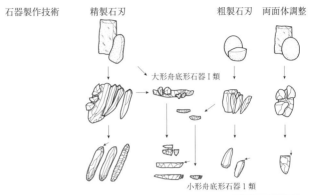

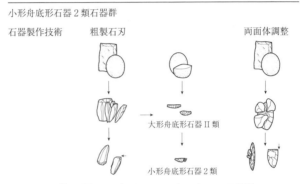

第2図　リダクション・シーケンスの概略

カ型彫器，背面を広く覆う平坦加工が施された削器，長狭形の大形舟底形石器（I類）[3]が，後者の中小形石刃（幅3cm未満）からは主に彫器，搔器，削器，幅広形の大形舟底形石器（II類）が製作される。

③小形舟底形石器2類石器群には，大形石刃は散見される程度で，同1類石器群とほぼ同じ粗製石刃技術による中小形石刃剝離とトゥール製作が主体となる。転礫・分割礫から舟底形石器の素材も供給される。

④小形舟底形石器2類石器群には，両面体調整技術によって精巧な加工を施した大形・薄手の両面加工石器が伴う。これには，長狭な形態や，左右が非対称な形態をもつものがしばしば含まれる。また，縁辺に樋状剝離面を作出した両面調整体が小形舟底形石器石器群に共通してみられる。

石器生産の進行段階を確認しておく。石刃生産のリダクション・シーケンスは，上述した②の通りである。両面調整体は，素材表面の凹凸が粗い調整剝離により除去され，器体を薄く整える平坦剝離や縁辺部への平坦・急角度剝離によって整形される。舟底形石器については，礫や石刃・剝片の平坦面（主剝離面）から側面への調整剝離によって舟底形に整えられ，端部で微細石刃剝離が行われる。

石器組成分析については，石器を道具として用いた活動の内容を定量的に評価するために，宮

下・野田（2003）や森先（2013）を参照し，Simpsonの多様度指数（D）を各遺跡の石器集中部ごとに算出する。

分析対象は，石器群の組成をある程度正確に把握することのできる良好な一括資料が得られている遺跡や石器集中部とする。小形舟底形石器1類石器群では7遺跡・8地点，同2類石器群では11遺跡14地点である。

3 小形舟底形石器1類石器群

(1) 北見山地中部の遺跡（白滝遺跡群）

旧白滝15遺跡C区西部（主にSb-40・41）では，白滝産黒曜石（遺跡から直線距離で0.3～7km）[4]による精製石刃生産と舟底形石器製作が主体的に行われている。精製石刃は，黒曜石の岩屑・角礫を素材とした石刃核から剥離され，ホロカ型彫器や削器に加工されている（第3図1～3・9）。一部の石刃とトゥールが搬出されているが，多くの石刃が遺跡に遺されてもいる。また，ほとんどの石刃核が遺存している（石刃核を大形舟底形石器に転用している2個体を除く，4個体中3個体）[5]。黒曜石転礫から粗製石刃が生産され，主に二次加工石刃として利用されている（第3図4・5・8）。石刃・トゥールとともに，多くの石刃核が遺跡外へ持ち出されている（4個体中3個体）。大形舟底形石器（主にI類）も製作されているが，ほとんどが製作途上の折損品で，完形品の多くは遺跡外へ持ち出されている（第3図6・7）。トゥールは56点みられ，器種多様度は0.7000前後以上と高い（第5図）。

旧白滝15遺跡C区東部（Sb-34～36）では，白滝産と思われる黒曜石転礫から粗製石刃生産が行われ，主に削器に加工されている（第3図10～12・15）。ほとんどの石刃核が遺跡外へ持ち出されている（4個体中3個体）。上白滝8遺跡でも黒曜石転礫から粗製石刃が生産されている一方，接合資料に含まれない石刃核が7点あることから，石刃核の状態でも遺跡に持ち込まれたと考えられる（第3図17・18・23）。また，これらの遺跡では，主に転礫・分割礫から大形舟底形石器（主にII類）が製作されている（第3図14・16・25・26）。小形舟底形石器もみられ，上白滝8遺跡のものは十勝三股産（42km）と産地同定されている（第3図13・21・22）。器種多様度は，両面加工尖頭器や削器が中心となる集中部では0.6000未満と低いが，舟底形石器を含む集中部は0.6000以上と高い（第5図）。

(2) 北見山地中部北端・北見盆地・オホーツク海沿岸平野の遺跡

下川町西町1遺跡D～I-24～32グリッドでは，遺跡近傍に産出するチャート転礫を用いた粗製石刃生産と，舟底形石器製作が主体となる。チャート製の粗製石刃から主に彫器，掻器，削器が製作されている（第3図28・30・32・40・41）。また，主に石刃・縦長剥片から舟底形石器も製作されており，端部で微細石刃剥離が施されているものが多く含まれる（第3図34～39）。大形舟

第6章 小形舟底形石器石器群からみた居住形態

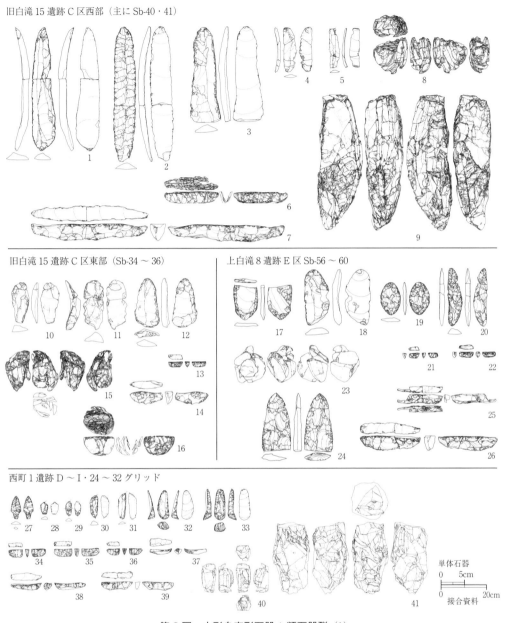

第3図 小形舟底形石器1類石器群（1）

底形石器II類には，甲板面側縁が不規則な鋸歯状をなし，その凹部に微小剥離痕が観察されるものもあるが，そうした鋸歯縁や突端部を除去する細かな調整により縁辺が整えられている。一方，黒曜石と頁岩では石刃核や打面再生・調整剥片といった石刃製作に関わる資料に乏しいことから，遺跡では主にトゥール製作が行われたと推測される。黒曜石ではトゥールの数量に比して多くの小型剥片（2cm未満）が残されていることから，石器の多くが遺跡外へ搬出されたと考えられる。また，頁岩では石刃の点数のわりにトゥールが多いことから，使用と再加工が頻繁に行

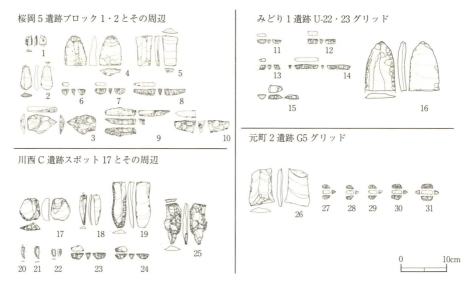

第4図 小形舟底形石器1類石器群 (2)

われた可能性がある（第3図29・31・33）。黒曜石の産地は不明だが，もっとも近い主要産地は白滝で，遺跡から直線距離で 60km 程である。トゥールは 43 点みられ，器種多様度は 0.7000 以上と高い（第5図）。

旭川市桜岡5遺跡ブロック1・2とその周辺では，主に黒曜石と頁岩を用いた精製・粗製石刃とトゥール，舟底形石器が出土している。黒曜石には白滝産（53km）を含む。石刃同士の剥離面接合や打面再生・調整剥片が認められるが，数は少ない。遺跡では主にトゥール製作が行われたと考えられる。黒曜石の両面調整体に岩屑・角礫面が残置している（第4図3）。稜線の一部が摩耗し，器体に傷が目立つ。黒曜石の大形舟底形石器Ⅰ類（第4図9）の甲板面全体には，器体長軸方向に数条の線状痕が観察され，これを上書きして不規則な方向に傷が入っている。稜線も著しく磨耗している。また，端部から甲板面側縁に削片剥離により樋状剥離面が作出され，縁辺が磨耗している。この舟底形石器は，別の遺跡で製作・使用された後に搬出され，当遺跡において再加工されたと考えられる。また，頁岩の大形舟底形石器Ⅰ類（第4図10）は，調整剥離面と関係なく折れており，明瞭な打点が観察されることから，折断された可能性がある。縁辺は鋸歯状をなし，その凹部に微小な剥離痕が観察される。平行剥離が施された小形舟底形石器も認められる（第4図6～8）。トゥールの数は7点と少ないが，舟底形石器（特に大形Ⅰ類）にさまざまな加工が施される等，器種多様度は 0.6000 以上を示す（第5図）。

美幌町みどり1遺跡でも精製・粗製石刃からのトゥール製作が主体となる。トゥールの点数は 13 点と少なく，種類も乏しいことから器種多様度は 0.5000 と低い（第5図）。しかし，技術形態的に多様な舟底形石器が伴う。黒曜石製の大形舟底形石器の甲板面全体には，器体長軸方向に数条の線状痕が観察される（第4図15）。そして，甲板面側縁に削片剥離による樋状剥離面が作出されている。小形舟底形石器には非常に長狭で，器体に平行剥離を含む精緻な調整が施されたも

のが目立つ（第4図11〜14）。黒曜石の産地は不明だが，もっとも近い置戸から44km，白滝から75kmである。

美幌町元町2遺跡G5グリッドの主なトゥールは，黒曜石の舟底形石器と，頁岩の精製石刃である。すべての舟底形石器の端部で微細石刃剥離が行われている（第4図27〜31）。

(3) 十勝平野中部・南部地域の遺跡

帯広市川西C遺跡スポット17とその周辺では，主に黒曜石の精製・粗製石刃とトゥール，両面調整石器，舟底形石器が出土している。黒曜石には，赤井川産（195km）と十勝三股産（音更川，5km）が含まれている。石刃生産の痕跡は乏しく，遺跡では主に

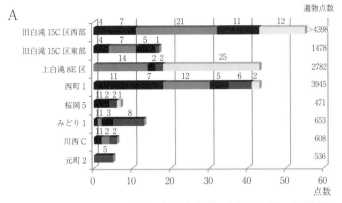

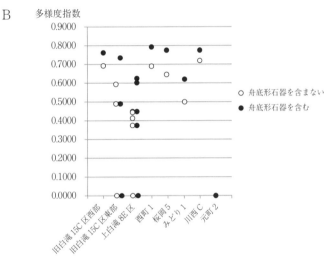

第5図　小形舟底形石器1類石器群の石器組成
A 器種別点数　B 器種多様度

掻器と削器の刃部形成（第4図17〜19）や両面調整体の縁辺での削片剥離（第4図25），舟底形石器の端部での微細石刃剥離（第4図20〜24）が行われている。トゥールの点数は6点と少ないが，器種多様度は0.7000以上と高い（第5図）。

(4) まとめ

小形舟底形石器1類石器群の分析結果は，次のようにまとめられる。

①北東部において，精製石刃は一次分布域で調達された黒曜石の岩屑・角礫を用いて，黒曜石産地近傍で集中的に生産・搬出され，石刃・トゥールとして運用される。

②粗製石刃生産は，副次分布域で調達された転礫を用いて行われる傾向にある。主に石刃核として遺跡外へ持ち出され，移動先で随時石刃が剥離される。また，近在の石材が補給され，粗製石刃生産とトゥール製作が行われる。

③大形舟底形石器I類は，精製石刃とともにまとめて製作・搬出され，主に黒曜石産地から離れ

たところでさまざまな形態に加工される。大形舟底形石器Ⅱ類は，粗製石刃生産が主体的に行われる遺跡において，石刃やその剥離過程で生じる剥片を素材として製作される。そこでは，大形Ⅱ類に形態とサイズが類似した小形舟底形石器1類がしばしばみられる。

④両面調整体は，主に黒曜石産地の近傍で製作された可能性が高い。

⑤黒曜石産地近傍の遺跡では，トゥールの数が多いものの，器種多様度は低い傾向にある。

⑥黒曜石産地から離れた遺跡のうち，粗製石刃生産に基づく石器製作作業が活発に行われている遺跡ではトゥールの数が多く，器種多様度も高い。素材石刃・トゥールからの石器製作が主体となる遺跡では，トゥールの数が少なく，器種多様度も低い傾向にある。

4 小形舟底形石器2類石器群

(1) 北見山地中部の遺跡（白滝遺跡群）

当該石器群における石材と石器生産の関係をみるうえで，黒曜石の石質が重要と予想される（鈴木2007）。ここでは，黒曜石を赤褐色（北埋文の石質分類では「黒曜石3」・「黒曜石4」・「黒曜石5」）と，黒色（同じく「黒曜石1」・「黒曜石2」）に分けて各遺跡のリダクション・シーケンスを検討する。

上白滝5遺跡Sb-6～11，上白滝2遺跡Sb-11～13では，白滝産の赤褐色黒曜石を用いた石器製作作業の痕跡が顕著である。遺跡では岩屑・角礫や転礫から粗製石刃が生産され，主に彫器，掻器，削器に加工されている（第6図2～5・10・11・13～16・19～22・26）。器種多様度は0.6000前後以上と高い（第8図）。ほとんどの石刃核が遺存していることから（上白滝5遺跡では15個体中12個体，上白滝2遺跡では14個体すべて），主に石刃やトゥールの状態で遺跡外へ搬出されたと考えられる。両面調整体は，岩屑・角礫もしくは両面調整体として遺跡に持ち込まれ，粗い両面調整体の状態で遺跡外へ持ち出されている（第6図9・25）。接合資料に含まれない両面調整体には整形されたものが多い（第6図1・18）。また，主に原石や厚手剥片から多くの舟底形石器が製作されている（第6図6・7・17・23・24）。舟底形石器には多段階表面変化が認められるものがある（第6図6）。鈴木（2002）は，白滝遺跡群から粗い両面調整体や「舟底形石器Ⅱ類」（本稿でいう大形舟底形石器Ⅱ類）が携行され，別の遺跡で整形された後に，白滝に持ち帰られてさらに加工されたと考えた。

服部台2遺跡Sb-34～37，Sb-47～52では，黒色黒曜石による石器製作作業が主体的に行われている。白滝産と思われる転礫から粗製石刃が生産され，主に彫器，掻器，削器に加工されている（第6図28～31・34・35～37・39）。器種多様度は，低い集中部もあるがおおむね0.6000以上である（第8図）。Sb-47～52では多くの石刃核が遺存していることから（6個体中4個体），主に石刃やトゥールとして遺跡外へ搬出されたと考えられる。分割礫や厚手剥片を素材としてある程度まとまった数の大形舟底形石器Ⅱ類も製作・搬出されている（第6図32・33・38）。

第6章 小形舟底形石器石器群からみた居住形態　113

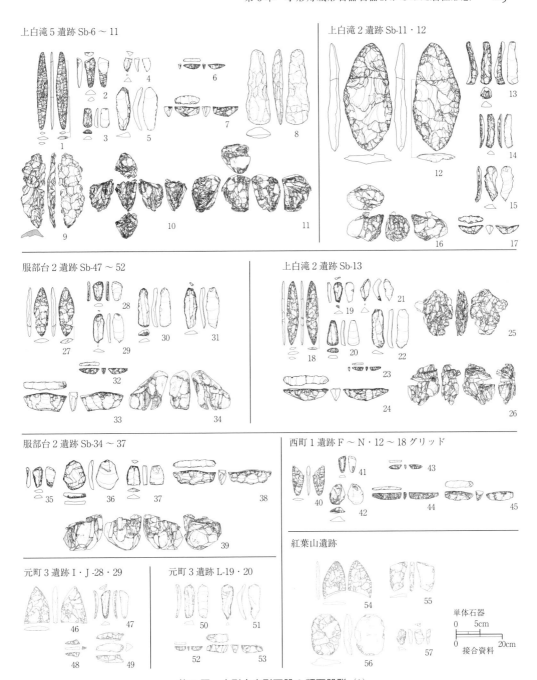

第6図　小形舟底形石器2類石器群（1）

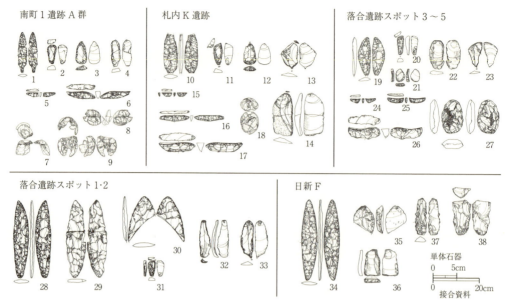

第7図 小形舟底形石器2類石器群（2）

(2) 北見山地中部北端・北見盆地・オホーツク海沿岸平野の遺跡

　この地域では，赤褐色黒曜石を主体的に用いて石器製作作業が行われている。

　下川町西町1遺跡F～N-12～18グリッド，美幌町元町3遺跡I・J-28・29グリッド，同L-19・20グリッドでは，彫器，掻器，削器，両面調整体，舟底形石器（大形II類，小形2類）に赤褐色黒曜石が多用されている（第6図40～53）。石刃核や打面再生・調整剝片といった石刃生産に関わる資料が確認されないことから，遺跡では主にトゥール製作が行われたと考えられる。トゥールの点数は26～33点と比較的少ないが，器種多様度は0.6000前後以上と高く，やや低い元町3遺跡でも舟底形石器を加えると0.7000前後以上となる（第8図）。

　北見市紅葉山遺跡では赤褐色黒曜石による両面調整体が主体となる。岩屑・角礫面が残る石器があり，白滝赤石山産と産地同定されているものを含む。一次分布域（43km）で調達された岩屑・角礫から作出された両面調整体が持ち込まれ，遺跡では主に整形，加工されている。両面・片面調整体には，薄手で左右が非対称な形態のもの（第6図54），縁辺で削片剝離が行われているもの（第6図55），主に片面の大部分に平坦剝離が施されたものがある（第6図56・57）。トゥールの点数は6点と少ないが，器種多様度は0.6667と高い（第8図）。

(3) 十勝平野中部・南部地域の遺跡

　帯広市南町1遺跡A群では，十勝三股産と推定される黒色黒曜石を用いた石器製作作業の痕跡が顕著である。副次分布域（音更川，4km）で調達された転礫から石刃生産が行われ，彫器をはじめとして掻器，削器，石錐が製作されている（第7図2～4・7）。舟底形石器は石刃やその剝

離過程で生じた剝片が素材にされることもあるが、それとは別に転礫から両極剝離によって剝取された分割礫や厚手剝片からも製作される（山原編1999・2002，高倉2003）（第7図5・6・8・9）。舟底形石器のほとんどが製作途上の折損品だが、多くは大形II類とみられる。端部で微細石刃剝離が行われているものはほとんど確認されない。トゥールの点数は193点と非常に多く、器種多様度は0.6271と高い（第8図）。

幕別町札内K遺跡でも、十勝三股産と推定される黒色黒曜石の転礫（音更川、3km）を用いて石器製作作業が行われている（第7図10〜18）。粗製石刃から主に彫器、掻器、削器が製作されている。また、大形舟底形石器II類も製作され、端部から微細石刃剝離が行われている。トゥールの点数は32点で、器種多様度は0.6919と高い（第8図）。

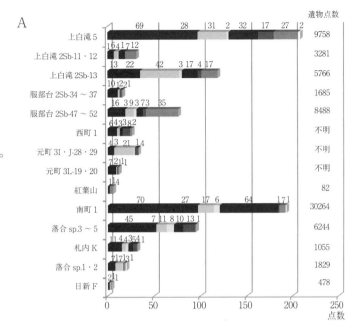

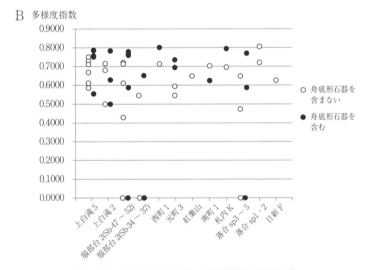

第8図　小形舟底形石器2類石器群の石器組成
A 器種別点数　B 器種多様度

帯広市落合遺跡スポット3〜5では、粗製石刃生産の痕跡に乏しく、素材石刃からのトゥール製作が主体となる（第7図19〜23）。彫器を中心に、掻器、削器、石錐等がみられる。舟底形石器についても器体の整形と端部での微細石刃剝離が中心となる（第7図24〜26）。トゥールの点数は94点と多く、器種多様度は彫器が卓越するためやや低いが、舟底形石器を含めると0.6000前後以上となる（第8図）。

同スポット1・2では、十勝平野の他の遺跡と異なり、白滝赤石山産と推定される赤褐色黒曜

石を用いた両面調整体製作が主体となる。多くの石器に岩屑・角礫面が観察されるが，サイズの大きな剥片の全面に残るものはほとんどない。一次分布域（115 km）で調達された岩屑・角礫から作出された粗い両面調整体として遺跡に搬入され，遺跡では主に整形，加工されたと考えられる。両面調整体には長狭な形態（第7図28）や，左右が非対称な形態をもつもの（第7図30），縁辺での削片剥離による樋状剥離面を有するもの（第7図29）があり，技術形態的に多様である。トゥールの点数は20点と少ないが，器種多様度は0.7000以上と高い（第8図）。

幕別町日新F遺跡では，黒色黒曜石による両面調整体製作が主体となる。両面調整体にわずかに岩屑・角礫面が残る。もっとも近い十勝三股の一次分布域は，遺跡から70 kmである。遺跡では，長狭で左右がやや非対称となる形態に整形されている（第7図34）。その他に，転礫を用いた剥片生産とトゥール製作も行われている（第7図35～38）。トゥールの点数は4点と少ないが，器種多様度は0.6256と高い（第8図）。

(4) まとめ

小形舟底形石器2類石器群の分析結果は，以下の通りである。
① 北東部では黒曜石産地，南東部（十勝平野中部・南部地域）では副次分布域の近傍において，粗製石刃生産に基づく石器製作作業の顕著な痕跡が認められる。主に石刃・トゥールとして遺跡外へ搬出されている。
② ①の遺跡では，粗製石刃やその剥離過程で生じる剥片，礫・分割礫から大形舟底形石器Ⅱ類が多数製作されている。また，大形Ⅱ類に形態とサイズが類似した小形舟底形石器2類もしばしばみられる。主に大形舟底形石器Ⅱ類の状態で遺跡外へ持ち出されている。
③ 両面調整体は，黒曜石産地近傍で大まかな形に仕上げて遺跡外へ搬出され，移動先で整形，加工される。
④ 白滝遺跡群にみられる舟底形石器の一部に多段階表面変化が観察される。これは，遺跡から舟底形石器が搬出され，遺跡に再び持ち込まれて加工されたことを示す。
⑤ 黒曜石産地（一次・副次）近傍の遺跡では，トゥールの数の違いはあるが，器種多様度は相対的に高い。
⑥ 素材石刃・トゥール，両面調整体からの石器製作が主体となる遺跡においても，器種多様度は上述の遺跡と同じく高い傾向にある。

5 居住形態

(1) 小形舟底形石器1類石器群

白滝遺跡群では，主に白滝産黒曜石によって精製・粗製石刃生産に関わる一連のリダクションが行われている。旧白滝15遺跡C区西部を除くと，トゥールの数・種類はあまり多くなく，素

材石刃やトゥール，石刃核，大形舟底形石器（特にⅠ類）の遺跡外への搬出が顕著である。白滝黒曜石産地近傍では，生業活動も行われたと想定されるが，それよりも石器の製作・搬出に重点が置かれていたと考えられる。

　白滝や置戸といった主要な黒曜石産地から離れた西町1遺跡では，黒曜石や頁岩を用いた粗製石刃生産やトゥール製作が行われる一方，近在のチャートが補給され，粗製石刃生産に基づく石器製作作業が活発に行われている。石材ごとに石器製作と運用のタイミングを違えて，粗製石刃生産に関わるリダクションが行われているのが特徴である。トゥールの数・種類は豊富である。舟底形石器も多くみられ，そのうち大形Ⅱ類の甲板面側縁は不規則な鋸歯状だが，この鋸歯縁や突端部を除去するように加工が施されていることから，技術上は刃部形成というよりも形態形成である。遺跡には大形Ⅱ類に形態とサイズが類似した小形舟底形石器1類がみられる。おそらく，大形Ⅱ類のほとんどが小形舟底形石器（微細石刃剥離）を目的として製作された，機能限定的な石器と考えられる。このように，近在の石材が主体的に利用され，一定の作業に応じた機能限定的な石器を含むさまざまなトゥールが多量に製作・使用されるという特徴は，ここが生業活動・居住生活の拠点的な場であったことを示唆する（Binford 1980, Shott 1986, 山田哲 2006, 佐藤 2007）。

　北見盆地の北見市中本遺跡（加藤・桑原1969）や訓子府町増田遺跡D地点（鶴丸1975）は，黒曜石製の精製石刃を素材とした彫器や削器が豊富で，黒曜石や頁岩を用いた粗製石刃生産とトゥール製作の痕跡が顕著であることから，西町1遺跡と同様の様相を示す。北東部には，こうした拠点的な遺跡が点々と遺された可能性がある。

　これらの他に，桜岡5遺跡やみどり1遺跡，元町2遺跡のように，素材石刃やトゥールからの石器製作作業が小規模に行われている遺跡がある。トゥールの数・種類は少ない。しかし，大形舟底形石器（特にⅠ類）にさまざまな加工が施されるのが特徴である。甲板面側縁への樋状剥離面の作出や，鋸歯縁の形成，端部での微細石刃剥離は，大形舟底形石器Ⅰ類が「彫器」，「削器」，小形舟底形石器等の道具として利用された可能性を示す。したがって，大形舟底形石器Ⅰ類は，場の必要に応じてさまざまトゥールとして利用される「運搬形態」（鶴丸1985, 佐藤2004）と解釈される。このように，ある程度限られた数・種類のトゥールの製作と使用を主体とし，かつ必要に応じて舟底形石器がさまざまな道具として適宜利用されるという特徴は，これらが兵站的な活動によって遺されたことを示唆する。

　以上から，小形舟底形石器1類石器群を担った人々は，黒曜石産地近傍を主に石器の製作・搬出の場として利用し，そこから離れたところに拠点的な場を設け，一定の範囲を周回的に移動しながら，拠点の周辺に小規模な作業を行う兵站的な場を展開するという居住形態をとっていたと考えられる。

(2) 小形舟底形石器2類石器群

　白滝遺跡群では，粗製石刃生産と舟底形石器，両面調整体を含むトゥール製作の痕跡が顕著で

ある。大形舟底形石器II類は，甲板面側縁の鋸歯縁や突端部を除去するよう調整されていることから，技術上は形態形成といえる。大型II類に別の機能が備わっていた可能性は否定できないものの（佐久間 2000），遺跡では大形II類に小形2類の舟底形石器がしばしば伴い，両者の形態とサイズは連続的である。したがって，ほとんどの大形II類が小形舟底形石器（微細石刃剝離）を目的として製作されたと考えられる。遺跡外へは，主に石刃や大形舟底形石器II類，粗い両面調整体を含むトゥールとして搬出されている。

リダクション・シーケンス上の差異が遺跡間に認められるが，その内容は複雑で，類型化は難しい（鈴木 2007）。そこには，舟底形石器の多段階表面変化や両面調整体のリダクションに示されるように，同じ場所への回帰的な移動が反映されていると考えられる（鈴木 2002）。白滝黒曜石産地の近傍は，生業活動や移動生活において繰り返し利用された拠点としての様相が色濃い。

北見山地中部・南部，北見盆地，オホーツク海沿岸地域には，白滝遺跡群にみられるような大規模な遺跡は確認されない。遺跡では，石刃や舟底形石器，両面調整体を含むトゥールの製作が小規模に行われている。主に赤褐色黒曜石が利用され，近在の石材はほとんど補給されない。赤褐色黒曜石を白滝産と仮定するなら，これらは白滝黒曜石産地近傍の拠点から展開した，短期的な活動痕跡と考えられる。器種多様度は白滝遺跡群と大きく変わらないことから，規模は小さいものの遺跡では一定の作業が行われたと想定される。

以上から，北東部の人々は，白滝黒曜石産地の近傍から赤褐色黒曜石による素材石刃やトゥールを携行して放射状に移動し，それぞれの場所ではほぼ同じ種類のトゥールを用いて短期的な活動を行い，再び白滝黒曜石産地近傍へ回帰する居住形態をとっていたと考えられる。これは，居住地移動の頻度が低下し，兵站的な移動性が高まった居住形態の一つであることから（Binford 1982），人々は地域の資源を集約的に開発していたと想定される。

南東部の各遺跡では，音更川・十勝川やその周辺で採取可能な十勝三股黒曜石の転礫を用いた石器製作作業が行われている。粗製石刃生産と大形舟底形石器II類を含むトゥール製作が顕著な南町1遺跡と，素材石刃からのトゥール製作や，大形舟底形石器II類の整形と端部での微細石刃剝離が主体となる落合遺跡スポット3〜5との間に，リダクション・シーケンス上の差異が認められる（山原編 1999・2002，髙倉 2003）。ただし，落合遺跡では黒曜石転礫からの石器製作も小規模ながら行われている。両者の器種多様度は大きく違わない。札内K遺跡も同様である。人々は大規模な南町1遺跡を拠点に石材を適宜補給しながら周辺の資源を開発していたと考えられる。

その一方，落合遺跡スポット1・2では，白滝産黒曜石による両面調整体が主体となる。白滝黒曜石産地からは直線距離で115 km離れているが，石材のほとんどを占める赤褐色黒曜石を交換によって入手したとは考え難い。後述するように，赤褐色黒曜石の利用の中心が北東部であることから，落合遺跡スポット1・2は北東部から南東部への人々の「地域間移動」（髙倉 2003）を反映している可能性がある。北東部を主な生業域としていた人々が，この時期に南東部でも積極的に資源を開発していたことを示唆している。

6 小形舟底形石器石器群集団の地域適応

　前節で述べた居住形態は，小形舟底形石器石器群集団の石器の生産と使用に関わる遺跡間の機能的な関係にすぎず，ここに反映されている彼らの適応行動を読み取るには，他の要素も組み合わせなければならない（佐藤1997）。ここでは，小形舟底形石器石器群が存続した晩氷期から後氷期初頭の資源環境と社会的な環境の観点から居住形態の変化を考察する。

(1) 晩氷期から後氷期初頭の環境

　晩氷期の北東部は寒暖の激しい気候状況であったことが，花粉分析によって指摘されている（五十嵐ほか2012）。亜間氷期にはグイマツ，ハイマツが減少し，エゾマツ／アカエゾマツ，トドマツを主体とする亜寒帯針葉樹林が拡大したことから，比較的温暖・湿潤であったと推定されている。それに対して，亜氷期にはエゾマツ／アカエゾマツが減少し，グイマツ・ハイマツを主体とする針葉樹林が優勢となり，寒冷・乾燥な気候であったと考えられている。

　南東部（十勝平野中部・南部地域）ではグイマツ，ハイマツが混じったダケカンバ林を主体とし，コナラ属，ニレ属，クルミ属がみられる。北東部に比べて相対的に森林的傾向が強く，より温暖・湿潤であったと推測されている（Igarashi et al. 2011）。また，北東部ほど寒暖の激しい気候状況にはなかったようである。

　後氷期初頭になると，北東部では標高の高い白滝地域においてもエゾマツ／アカエゾマツを主体とし，コナラ属等を含む森林が成立したと推測されている（岡ほか2011）。また，この時期には森林が立地条件に応じて大きく異なっていたことが指摘されている（小野・五十嵐1991）。比較的大きな河川流域の平野（氾濫原）にはカバノキ，クルミ（オニグルミ），ハンノキ等からなる広葉樹林が成立し，台地や段丘にはアカエゾマツ／エゾマツとトドマツからなる針葉樹林が優勢であったと推測されている。特に，この時期の広葉樹林は，カバノキ・クルミ林が完新世においてもっとも繁栄した特異なものであったと考えられている。

　動物相については，晩氷期になると，最終氷期最盛期の草原的な開けた景観に生息していたマンモス動物群を構成する大型哺乳動物は，減少もしくは北海道から姿を消していたと想定され，ヒグマ，エゾシカを代表とする中小型動物群が主体であったと推測されている（高橋2007，岩瀬ほか2010）。

　さらに，地形条件に応じて植物・動物資源の分布や量が異なっていたと考えられる。北東部は山地，丘陵，盆地，および山間の凹地帯といったさまざまな地形から構成されていることから（小疇ほか2003），植生や動物群の時間的・空間的変動性が増大した晩氷期には，地形単位ごとに多様な食料資源が存在したと想定される。一方，十勝平野中部・南部地域は広範囲にわたって緩やかな台地が卓越し，単一の地形単位が広がっていることから（小疇ほか前掲），食料資源もそれに応じて単純であった可能性がある。

III 北海道の晩氷期適応

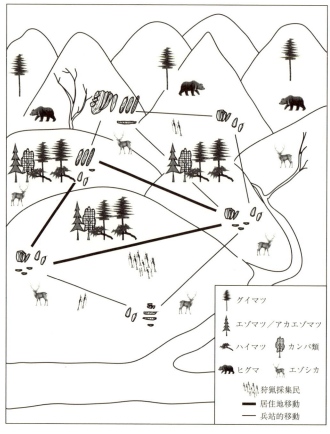

第9図　小形舟底形石器1類石器群集団の居住形態の模式図
（北東部を想定して作成）

（2）地域適応プロセス

こうした資源環境を踏まえ，小形舟底形石器石器群集団の居住形態をモデル化したのが第9・10図である。

小形舟底形石器1類石器群を担った北東部の狩猟採集民は，晩氷期の激しい気候変動とそれに伴う植生や動物群の時間的・空間的変動の著しい増大により，資源分布の予測性が低下したであろうから，リスクを減らすために対象とする食料資源を拡大する必要があったと考えられる。北東部は山地，丘陵，盆地，および山間の凹地帯といったさまざまな地形から構成され，相対的に狭い範囲に複数の生態系が交錯し，周囲の生態系を網羅的に利用することができる場が多かったと想定されることから，資源の多角的開発を進めることが可能な地域であったと想定される。資源の動向に関する情報を把握・管理するには，主要黒曜石産地（白滝・置戸）と居住地との頻繁な往還は不利となる。北見山地中部西縁に産するチャートは石器生産のコントロールが難しいが，人々は舟底形石器の形態形成の容易さ（Bleed 2008）を生かしてこのチャートを積極的に利用することで，白滝や置戸から離れた地域の資源を効果的に開発することができたと考えられる。チャートはその形質のためか，他の後期細石刃石器群では積極的に利用されていない。チャートの利用は，石材資源利用とその周辺の食料資源獲得における他の集団との競合を避けることになり，彼らの新たなニッチ（生態的地位）を確立することにつながったであろう。一方，単一の地形単位が広がる十勝平野中部・南部地域は，特定資源の獲得には有利だが，多角的な資源開発には不利で，環境の激変期である晩氷期にはその傾向がいっそう高まったと想定される。舟底形石器は，トゥールの素材剥片を供給しそれ自体を石核としても利用可能な両面調整体に比べて多用途性と融通性が低いことから，人々はこの地域の資源を効果的に開発することが難しく，その利用も一時的なものとなったのではないだろうか。

小形舟底形石器2類石器群集団は，北東部の広い範囲に成立した森林環境を背景に，居住地か

ら放射状に展開する居住形態を確立し、この地域のさまざまな地形に生息・生育する多様な動物・植物資源をいっそう効果的に獲得することができるようになったと考えられる。また、この時期には、十勝平野中部・南部地域においても台地や平野ごとに多様な植生が広がり、それに応じて生態系も多様化したと想定される。こうした多様かつ豊富な食料資源に加えて、舟底形石器の製作に適した黒曜石転礫が広い範囲で採取可能であったことから、人々はこの地域を積極的に資源開発することが可能になったと考えられる。

小形舟底形石器2類石器群は年代的に晩氷期終末のヤンガー・ドリアス期から後氷期初頭に関連する可能性がある。花粉分析によって北海道にヤンガー・ドリアス期があったことが指摘されてはいるものの、本州と同じく、その植生への影響はそれほど大きくなかった可能性

第10図 小形舟底形石器2類石器群集団の居住形態の模式図
（北東部（下半部）と南東部（上半部）を想定して作成）

がある（Takahara et al. 2010）。小形舟底形石器石器群集団は、晩氷期を生き抜くなかで地域資源に関する知識を蓄積し、それに基づく予測性の向上を背景とした居住形態をとることで、ヤンガー・ドリアス期を乗り越え後氷期初頭まで生存した可能性がある。

ところで、小形舟底形石器2類石器群では赤褐色黒曜石が多用されることがよく知られている（鈴木2007）。ただし、地域ごとにみると、北東部の遺跡では顕著だが、南東部では両面調整体を主体とする遺跡に多くみられるものの、その他では散見される程度である（第1表、第11図）。赤褐色黒曜石の利用について、嗜好性の概念によって説明されることがあるが、前述したように、小形舟底形石器2類石器群集団が北東部と南東部を地域間移動していたと考えるならば、南東部でも赤褐色黒曜石が多用されるはずである。黒色黒曜石からもさまざまなトゥールが製作されて

第1表 小形舟底形石器2類石器群における黒曜石石質別の組成

遺跡	石器集中部	石質	PO	BU	ES	SS	DR	BF	SBT	BT	CO	合計
上白滝5	Sb-6	黒色		3	1	2				8	2	16
		赤褐色	1	5	5	9		1	6	8	4	39
	Sb-7	黒色		2						6	7	15
		赤褐色		1	1			2		4	3	11
	Sb-8	黒色		16		3	1		2	2	1	25
		赤褐色	4	8	4	3			7	10	2	38
	Sb-9	黒色		5	2							7
		赤褐色	4	4	5	3				7	2	25
	Sb-10	黒色		1	1							2
		赤褐色	5	1	1	1		1		1	1	11
	Sb-11	黒色	2	8	5	5				10	2	32
		赤褐色	6	3	5	3			2	11	3	31
上白滝2	Sb-11	黒色										
		赤褐色									2	2
	Sb-12	黒色	1		2	1				3	2	9
		赤褐色	4		4	2				17	13	40
	Sb-13	黒色	3	5	17	19				7	14	65
		赤褐色	11	5	3	22	1	2	3	30	21	98
服部台2	Sb-47	黒色										
		赤褐色								1		1
	Sb-48	黒色	1			1						2
		赤褐色	2	1					1	2	2	8
	Sb-49	黒色	2	2		4		2		1	6	17
		赤褐色	5	1		3	1		2		1	13
	Sb-50	黒色	3	7	1	1	2			2		16
		赤褐色	2		1							3
	Sb-51	黒色		3				15			1	19
		赤褐色	2	1				1		5	2	11
	Sb-52	黒色			1							1
		赤褐色										
	Sb-34	黒色									1	1
		赤褐色										
	Sb-35	黒色		2								2
		赤褐色										
	Sb-36	黒色		7	1	2					2	12
		赤褐色	1							2		3
	Sb-37	黒色		1								1
		赤褐色										
西町1	F〜N・12〜17	黒色	2	1	1						4	8
		赤褐色	3	5	3	2			3	8		24
元町3	I・J-28・29	黒色	2			1					3	6
		赤褐色			3				3			6
	L-19・20	黒色	2								2	4
		赤褐色			1	1		1	1	2		6
紅葉山	—	黒色		1								1
		赤褐色	1		1			3				5
南町1A群	—	黒色	3	63	26	17	5	2	1	80	20	217
		赤褐色		7	1		1			7		16
札内K	—	黒色		10	4	4	3		3	3	5	32
		赤褐色	1							1		2
落合	Sp-1	黒色	1		1							2
		赤褐色	2	2		2	1	2				9
	Sp-2	黒色				2						2
		赤褐色	1									1
	Sp-3	黒色	1	27	5	11	7		28	14	6	99
		赤褐色		2				1		1	1	5
	Sp-4	黒色							3			3
		赤褐色										
	Sp-5	黒色		5	7				6		2	20
		赤褐色										
日新F	—	黒色	1		2	1						4
		赤褐色										

PO：両面加工尖頭器，BU：彫器，ES：掻器，SS：削器，DR：石錐，BF：両面調整体
SBT：小形舟底形石器，BT：大形舟底形石器，CO：石核

いることから，黒曜石の質が石器製作やトゥールの機能に関わっていたとは考え難い。これについて，社会的環境の側面から考察してみたい。

　前述した小形舟底形石器1類石器群から同2類石器群への居住形態の変化とともに，黒曜石産

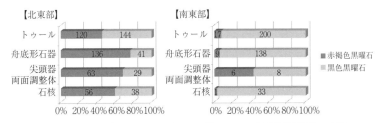

第 11 図　小形舟底形石器 2 類石器群における黒曜石石質別の点数

地近傍の利用方法も変化している。小形舟底形石器 1 類石器群では，白滝黒曜石産地近傍は石器の製作・搬出の場としての性格が強く，短期的な利用に限られていたが，小形舟底形石器 2 類石器群においては，生業活動・居住生活の拠点が形成され，周辺の資源が積極的に開発された。しかしながら，当該集団がこの白滝黒曜石産地を占有していたわけではない。他の後期細石刃石器群集団も折り重なるように利用し，彼らと同じく，生業活動の場に利用していた集団もいたであろう[6]。小形舟底形石器 1 類石器群において北東部を生業域としていた集団は，同 2 類石器群において白滝黒曜石産地を拠点とする地域の固定化を進めた。しかし，そこには他の集団も同時存在し，石材資源と食料資源を共有していた。こうした状況から，小形舟底形石器石器群集団がその存在表明として表出したのが，赤褐色黒曜石の利用だったのではないだろうか。環日本海北部地域の広域的な黒曜石ネットワーク（佐藤・出穂編 2014, Ono et al. eds. 2014）の核の一つであった白滝を生業活動の中心とするためには，強固なアイデンティティを示す必要があったと想定される。さらに，石材の赤褐色は白滝黒曜石産地に拠点を構えた小形舟底形石器 2 類石器群集団の象徴性をも帯びた可能性がある。忍路子型細石刃石器群に小形舟底形石器 2 類が共伴し，しかも蘭越町立川遺跡第 I 地点では白滝産と想定される赤褐色黒曜石（藤田 2007）が，千歳市丸子山遺跡上層では赤色の頁岩がそれぞれ用いられているのは，両者の双方向的な関係を物語るだけではなく，小形舟底形石器 2 類とその石材の象徴性（安斎 2008）を示唆する。

　晩氷期から後氷期初頭において，地域ごとの資源に応じた集団の分節化とある程度の固定化が進行するなかで，小形舟底形石器石器群集団はアイデンティティを強化するとともに（Sacket 1982），集団間の互恵的な交換網に象徴的な遺物を流通させることで，生業経済上のリスクを分散・低減していたと考えられる（Wiessner 1982）。これは，晩氷期終末から後氷期初頭における気候変動と資源環境の変化に対する人々の社会的な適応行動を反映していよう。

　小形舟底形石器石器群集団は，ヤンガー・ドリアス期を含む晩氷期の激しく変動する環境に対して技術的・文化的・社会的に適応し，後氷期初頭まで生存した。彼らは，晩氷期から後氷期初頭において石器生産システムを大きく変更することなく，地域環境に適応したと考えられる。これは，晩氷期から後氷期初頭における地域固有の石器生産システムおよびスタイルの構築を通じた晩氷期狩猟採集民の地域適応プロセスを表している。

おわりに

　本稿では，北海道の後期細石刃石器群のうち，技術的・型式的に系統関係にあると考えられる小形舟底形石器石器群（1類・2類）を分析の俎上に上げ，両石器群間に共通性と差異性を見出し，それぞれを行動的にモデル化したうえで，晩氷期から後氷期初頭における狩猟採集民の地域適応プロセスを提示した。しかし，小形舟底形石器石器群はサハリンや沿海州，韓国，中国北部などにも認められる。今後は環日本海地域という広い視座から北海道の小形舟底形石器石器群を捉えるとともに，他の後期細石刃石器群と比較分析し，北海道におけるその技術的・行動的な位置をいっそう追究していきたい。

　本稿の執筆に際し，佐藤宏之先生に懇切丁寧にご指導いただき，発表の機会を与えていただいた。また，出穂雅実先生に分析の視点と方法について，多くのご教示をいただいた。関連資料の見学に際して，北沢　実・小林　敬・坂本尚史・鈴木宏行・瀬下直人・直江康雄・松村愉文・山原敏朗の諸氏に多大なご厚意をいただいた。記して感謝申し上げたい。

註

1) 遠軽町旧白滝3遺跡の調査研究により，小形舟底形石器2類石器群の年代がより古くなる可能性が示されたが（坂本・直江編 2015），今後の地考古学的分析を踏まえたデータの蓄積を待って再検討する必要がある（出穂・林 2015）。ここでは，研究者間でおおむね見解が一致している年代観を採用する。
2) 精製石刃技術により，長さ10 cm以上，幅3 cm以上の大形石刃が剝離される。突出した打点部をもち，その付近に擦痕が観察されるのが特徴である。しかし，打点部付近はトゥール製作の際に取り除かれることが多いことから，こうした特徴を残す資料は精製石刃生産が行われている遺跡以外ではあまり観察することができない。以下では，幅3 cm以上の大形石刃が精製石刃技術により生産された可能性が高いことを前提に議論する。
3) 現在の研究では，舟底形石器には端部に縞状剝離痕（微細石刃剝離痕）をもたない「舟底形石器」と，それを有する「小形舟底形石器」の両者が含まれており，用語体系と遺物の分類階層とが一致しないため，議論が混乱するおそれがある。本稿では前者を「大形舟底形石器」，後者を「小形舟底形石器」と呼称し，両者を包括する場合は「舟底形石器」の名称を用いる。
4) 黒曜石の産地については，産地同定分析と肉眼観察に基づいている。石材の分布は，一次分布範囲（域）と副次分布範囲（域）に大別する（出穂 1997，出穂ほか 2008）。また，遺跡から出土した遺物の自然面の状態（岩屑面・転礫面）については，出穂（1997）を参照した。
5) 報告書掲載資料を対象とする。以下の分析についても同様である。
6) 後期細石刃石器群期では，白滝型，広郷型，紅葉山型等で白滝産黒曜石を主体的に利用している遺跡が認められる（佐藤・役重 2013）。また，山田哲（2011・2013）は，忍路子型細石刃石器群の空間分布と技術分析を通じて，白滝黒曜石産地では忍路子型細石刃核とその製作痕跡が乏しく，石材産地から離れたところに細石刃製作を伴う大規模な遺跡が展開するのに対して，石材産地付近では有舌尖頭器石器

群にみられるような，忍路子型による細石刃をあまり伴わない石器群によって生業活動が行われたと考えた。小形舟底形石器2類石器群と忍路子型・有舌尖頭器石器群は，それぞれ固有の石器技術・生産システムによっておおむね地域を違えて資源開発を行っていることから，私は両石器群を担った集団がそれぞれ異なっていたと考えている。

引用・参考文献

荒生健志編　1986『元町2遺跡』美幌町教育委員会

荒生健志編　1991『みどり1遺跡』美幌町教育委員会

荒生健志・小林　敬編　1988『元町3遺跡』美幌町教育委員会

安斎正人　2008「色の考古学」『季刊東北学』第14号，116-127頁

五十嵐八重子・成瀬敏朗・矢田貝真一・壇原　徹　2012「北部北海道の剣淵盆地におけるMIS7以降の植生と気候の変遷史―特にMIS6／5eとMIS2／1について」『第四紀研究』第51巻第3号，175-191頁

出穂雅実　1997「常呂川流域における石器石材の基礎研究」『北海道旧石器文化研究』第2号，1-14頁

出穂雅実・林　和広　2015「旧白滝3遺跡の堆積物粒度分析及び土壌化学性分析結果報告」『白滝遺跡群XIV』第1分冊，106-115頁，北海道埋蔵文化財センター

出穂雅実・廣瀬　亘・佐藤宏之　2008「北海道における考古学的黒曜石研究の現状と課題」『旧石器研究』第4号，107-122頁

今井真司編　1999『西町1遺跡』下川町教育委員会

岩瀬　彬・橋詰　潤・出穂雅実　2010「日本列島の後期更新世後半における陸生哺乳動物相研究の現状と課題」『論集忍路子』III，89-121頁，忍路子研究会

岡　孝雄・加藤孝幸・米島真由子・飯田友章・五十嵐八枝子・熊谷　誠　2011「遠軽町白滝における後期旧石器時代（最終氷期最寒冷期）の環境復元」『日本地球惑星科学連合2011年大会予稿集』日本地球惑星科学連合

尾田識好　2009「北見市紅葉山遺跡出土石器群の再整理・再検討」『日本列島北部の更新世／完新世移行期における居住形態と文化形成に関する研究』139-221頁，東京大学大学院人文社会系研究科付属北海文化研究常呂実習施設

小野有五・五十嵐八重子　1991『北海道の自然史―氷期の森林を旅する―』北海道大学図書刊行会

加藤晋平・桑原　護　1969『中本遺跡』永立出版

北沢　実編　2000『帯広・川西C遺跡2』帯広市教育委員会

小疇　尚・野上通男・小野有五・平川一臣　2003『日本の地形2: 北海道』東京大学出版会

坂本尚史編　2015『白滝遺跡群XIV』北海道埋蔵文化財センター

佐久間光平　2000「北海道の細石刃石器群における「ホロカ技法」の問題」『一所懸命』121-135頁，佐藤広史君を偲ぶ会

笹島香織・大矢義明編　2008『札内K遺跡III』幕別町教育委員会

佐藤宏之　1997「日本旧石器時代研究と居住形態論―関東地方後期旧石器時代前半期から後半期への移行を中心として―」『住の考古学』2-12頁，同成社

佐藤宏之　2004「石器の形態と機能」『千葉県の歴史―資料編考古4（遺跡・遺構・遺物）―』126-141頁，千葉県史料研究財団

佐藤宏之　2007「縄文時代の狩猟・漁撈技術」『なりわい―食料生産の技術』3-16頁，同成社

佐藤宏之・役重みゆき　2013「北海道の後期旧石器時代における黒曜石産地の開発と黒曜石の流通」『旧石器研究』第9号，1-25頁

佐藤宏之・山田　哲・出穂雅実　2011「旧石器時代の狩猟と動物資源」『日本列島の三万五千年─人と自然の環境史2　野と原の環境史』51-72頁，文一総合出版

佐藤宏之・出穂雅実編　2014『黒曜石の流通と消費からみた環日本海北部地域における更新世人類社会の形成と変容（II）』東京大学大学院人文社会系研究科付属北海文化研究常呂実習施設

鈴木宏行　2002「上白滝5遺跡について」『白滝遺跡群III』348-375頁，北海道埋蔵文化財センター

鈴木宏行　2007「原産地遺跡における遺跡間変異研究─北海道遠軽町白滝遺跡群出土の小型舟底形石器石器群を対象として─」『考古学談叢』109-129頁，須藤隆先生退任記念論文集刊行会

髙倉　純　2003「北海道の更新世末における石材消費形態からみた遺跡間変異の検討─北海道東部，十勝平野の石器群を対象とした予察─」『日本の細石刃文化II─細石刃文化研究の諸問題─』132-151頁，八ヶ岳旧石器研究グループ

高橋啓一　2007「日本列島の鮮新・更新世における陸生哺乳動物相の形成過程」『旧石器研究』第3号，5-14頁

鶴丸俊明　1975「増田遺跡」『日本の旧石器文化2　遺跡と遺物〈上〉』30-41頁，雄山閣

鶴丸俊明　1985「黒曜石供給の一形態とその技術」『考古学ジャーナル』No. 244, 18-23頁

友田哲弘・岩橋由久・大倉千加子・箕浦剛編　2001『桜岡5遺跡』旭川市教育委員会

直江康雄　2014「北海道における旧石器時代から縄文時代草創期に相当する石器群の年代と編年」『旧石器研究』第10号，23-40頁

直江康雄編　2012『白滝遺跡群XII』北海道埋蔵文化財センター

直江康雄・鈴木宏行編　2007『白滝遺跡群VII』北海道埋蔵文化財センター

長沼　孝・鈴木宏行・直江康雄・越田雅司編　2001『白滝遺跡群II』北海道埋蔵文化財センター

長沼　孝・鈴木宏行・直江康雄編　2002『白滝遺跡群III』北海道埋蔵文化財センター

長沼　孝・鈴木宏行・直江康雄編　2004『白滝遺跡群IV』北海道埋蔵文化財センター

藤田征生　2007「小形舟底形石器の研究」『國學院大學考古学資料館紀要』第23輯, 21-32頁

宮下　直・野田隆史　2003『群集生態学』東京大学出版会

森内幸雄編　1999『日新F遺跡』幕別町教育委員会

森先一貴　2013「東北地方後期旧石器社会の技術構造と居住形態」『旧石器研究』第9号，75-97頁

山田　哲　2006『北海道における細石刃石器群の研究』六一書房

山田　哲　2011「産地遺跡形成の経済学─フィールド・プロセッシング・モデルによる考察─」『旧石器研究』第7号，75-92頁

山田　哲　2013「石材資源調達の経済学」『考古学研究』第60巻第3号，56-75頁

山原敏朗編　1999『帯広・落合遺跡2』帯広市教育委員会

山原敏朗編　2002『帯広・落合遺跡3』帯広市教育委員会

Binford, L. R. 1980 Willow-smoke and dog's tails: hunter-gatherer settlement systems and archaeological site formation. *American Antiquity* 45, 4-20.

Binford, L. R. 1982 The archaeology of place. *Journal of Anthropological Archaeology* 1, 5-31.

Bleed, P. 2008 Microblades and microevolution: expanding evolutionary archeology with very small stone tools.『芹沢長介先生追悼　考古・民族・歴史学論集』77-90頁，芹沢長介先生追悼論文集刊行会

Igarashi, Y., Yamamoto, M., and Ikehara, K. 2011 Climate and vegetation in Hokkaido, northern Japan, since the LGM: Polloen records from core GH02-1030 off Tokachi in the northwestern Pacific. *Journal of Asian Earth Sciences* 40, 1102-1110.

Ono, A, Glascock, M. D., Kuzmin, Y. V., and Suda, Y. (eds.) 2014 *Methodological issues for Charactersation and Provenance Studies of Obsidian in Northeast Asia*. BAR International Series 2620.

Sackett, J. R. 1982 Approach to style in lithic archaeology. *Journal of Anthropological Archaeology* 1, 59-112.

Shott, M. J. 1986 Technological organization and settlement mobility: an ethnographic examination. *Journal of Anthropological Research* 42, 15-51.

Takahara, H., Igarashi, Y., Hayashi, R., Kumon, F., Liew, Ping-Mei, Yamamoto, M., Kawai, S., Oba, T., and Irino, T. 2010 Millennial-scale variability in vegetation records from the East Asian Island: Taiwan, Japan and Sakhalin. *Quaternary Science Reviews* 29, 2900-2917.

Wiessner, P. 1982 Beyond willow smoke and dog's tails: a comment on Binford's analysis of hunter-gatherer settlement system. *American Antiquity* 47 (1), 171-178.

第7章　黒曜石の体系的産地分析からわかってきた古サハリン―北海道―千島半島の後期旧石器時代における狩猟採集民行動の変化

出穂　雅実・ジェフリー　ファーガソン

はじめに

　太平洋西縁の日本列島北部に位置する北海道には，置戸，白滝，および十勝三股などの大規模かつ良質な黒曜石産地（一次分布範囲）が存在することがよく知られている。今日，小規模あるいは副次分布範囲を含めると，北海道には合計21ヵ所の地質学的黒曜石産地が知られている（出穂ほか 2008，向井 2010）。北海道とサハリンの後期旧石器時代遺跡からは多数の黒曜石石器が出土することから，当時の古サハリン―北海道―千島半島（古SHK半島）における狩猟採集民は，黒曜石を道具製作のための重要な資源として利用していたことが明らかである。

　黒曜石の利用は，当該地域の後期旧石器時代の最も古い段階である，後期旧石器時代前半期の台形様石器を主体とする石器群からすでに始まっていることを確認できる。千歳市祝梅三角山遺跡（千歳市教育委員会 1974）や帯広市若葉の森遺跡（帯広市教育委員会 2004）の台形様石器石器群は，詳細な年代は明らかではないものの，約3万年前よりも古くなることが確実であり（出穂・赤井 2005, 出穂ほか 2013），本州の共通する石器群の特徴から約3.5万年前後に位置づけられる可能性が高い（佐藤 2003, Izuho and Takahashi 2005, 佐藤ほか 2011 ほか）。後期旧石器時代前半期に始まる黒曜石の利用は，後期旧石器時代後半期においても，さらに北海道では後続する縄文時代，続縄文時代，オホーツク文化期，擦文時代，およびアイヌ文化期，サハリンではこれらに並行する各期で確認されている。つまり，古SHK半島における黒曜石の利用は約3.5万年間の歴史があるということになる。

　一方で，いくつかの別の観点による石器研究（山田 2006, Izuho and Takahashi 2005, 尾田・役重 2011 ほか）や黒曜石産地分析結果に基づく研究（木村 1995, 佐藤・役重 2014 ほか）によれば，黒曜石の利用パターンは時期によって大きく変化したことがすでに指摘されている。これらの説明や仮説は事実なのか。また，事実だとすれば，どの産地の黒曜石をどのような行動パターンのなかで具体的に利用していたのだろうか。本論のような体系的で検証可能な考古学的黒曜石研究によって，別の角度から説明されていくことが重要だ。

　本章では，古SHK半島における黒曜石利用の長い歴史のうち，後期旧石器時代における黒曜石の利用が地域・時期によってどのように変化するのか，そしてその変化はどのような行動パターンの変化を示すのか，私たちが最近着手した体系的な考古学的黒曜石研究の成果に基づいて検

討してみたい。

　以下ではまず，体系的な考古学的黒曜石研究（Shackley (ed.) 1998, Shackley 2005, 出穂ほか 2008）を，黒曜石の物理的・地質学的形成に関わる領域，黒曜石産地の化学的同定と地質学的推定に関わる領域，人間による黒曜石利用の考古学的復元に関わる領域に区分して順に論ずる。岩石としての黒曜石の生成理由，化学分析による黒曜石産地の判別，そして黒曜石利用形態の復元は，それぞれ非常に難しい研究対象である。しかしながら後者は前者の研究成果を前提とすること，そして議論の確かさが依拠し合うという領域間の関係をもつことから，それらの有機的な連関と段階的な説明が体系的考古学的黒曜石研究の実践にとって本質的に重要である。出穂ほか（2008）で述べたことと重複する部分もあるが，新たな知見を加えて再度提示しておく。

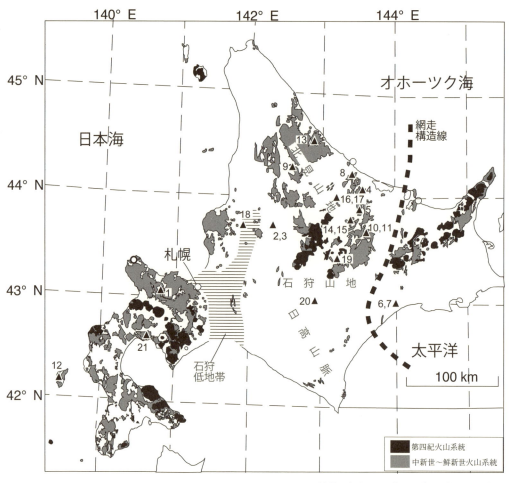

第1図　北海道の火山岩分布と黒曜石産地（Izuho and Sato 2007, 廣瀬 1999a・b に加筆）

1 北海道の地質学的セッティングと黒曜石産地

北海道の火山岩分布と黒曜石産地を第1図および第1表に示す。北海道の第三紀〜第四紀火山岩類は，北緯43〜45°の道東北部と北緯41〜43°の南西部に高い集中を示す。北海道の黒曜石産地は合計21ヵ所確認されている。サハリンからは黒曜石産地が確認されていない。河床の副次分布範囲を除き，黒曜石産地は火山岩類の分布とおおむね一致すること，また道東北部にやや多く分布することを指摘できる。

北海道において黒曜石が多産する理由とそれらを化学組成に基づいて判別することが可能となる根拠は，第一に，沈み込み帯のテクトニックセッティングに求めることができる。北海道は海洋プレートである太平洋プレート，大陸プレートである北アメリカ（オホーツク）プレート，およびユーラシア（アムール）プレートの境界に位置している。太平洋プレートは北海道東方の千島海溝と南方の日本海溝で沈み込んでおり，千島弧および東北日本弧という二つの連続する島弧―海溝系沈み込み帯を形成している。これら両島弧―海溝系は少なくとも白亜紀〜古第三紀初頭には形成され，特に中新世以降火山活動が活発化したとみなされている（廣瀬・中川1999ほか）。これ以降，北海道の火山活動の時間的変遷は，活動様式，化学組成，および火山の分布などに基づき，3時期に区分される。すなわち，前期中新世〜中期中新世（〜12 Ma：第1期），後期中新世〜第四紀前期（12〜1 Ma：第2期），および第四紀前期〜現在（1 Ma〜：第3期）である。黒曜石は第1期と第2期に主に形成され，第3期には奥尻を除き形成されていない。特に白滝，置戸，十勝三股，および赤井川などの大規模な産地は第2期に形成された（出穂ほか2008，最近の年代の追加は和田・佐野2011，廣瀬2014）。つまり，21ヵ所の黒曜石産地は3期

第1表 北海道における黒曜石産地，産地種別およびその地理座標

	産地名	産地種別	地理座標*	
			緯度（北緯）	経度（東経）
1	赤井川	一次産地	43.0388	140.8155
2	旭川東鷹栖	二次産地	43.8342	142.3924
3	旭川春光台	二次産地	43.8111	142.3601
4	遠軽	一次産地	44.0650	143.4725
5	生田原	一次産地	43.9698	143.4923
6	釧路久著呂川	二次産地	43.3644	144.3111
7	釧路舌辛	一次産地	43.1353	144.1402
8	紋別	一次産地（露頭）	44.1689	143.3781
9	名寄	二次産地	44.2781	142.5403
10	置戸置戸山	一次産地	43.6969	143.5403
11	置戸所山	一次産地	43.6850	143.5115
12	奥尻	一次産地（露頭）	42.1989	139.4592
13	雄武	一次産地	44.5950	142.8818
14	留辺蘂1（岩山）	一次産地	43.7607	143.3373
15	留辺蘂2（通子沢）	一次産地（露頭）	43.7560	143.3106
16	白滝赤石山	一次産地（露頭）	43.9333	143.1333
17	白滝十勝石沢	一次産地（露頭）	43.9000	143.1666
18	滝川	二次産地	43.6006	141.8475
19	十勝三股	一次産地	43.4981	143.2026
20	十勝然別	二次産地	43.0801	142.9910
21	豊浦	二次産地	42.6045	140.6698

＊座標値は10進法で示した。

の火山活動変遷史のなかで捉えることができ，黒曜石が形成された火山の活動様式，マグマ化学組成，および周辺地質の相異から，黒曜石の化学組成，特に痕跡元素の組成から産地を特徴づけることを可能にするのである（出穂ほか 2008，廣瀬 2014）。

そのうえで黒曜石産地は，黒曜石が形成され地表に分布した一次分布範囲と，それが流水等によって運搬され河床や段丘礫層などに移動した副次分布範囲に区分することができる（出穂 1997，Shackley 1998）。例えば白滝と置戸は，上流域に一次分布範囲をもつ黒曜石がそれぞれ湧別川と常呂川によって運搬され，河口域（約 70 km と約 100 km 下流）まで転礫として採集できる（赤松ほか 1996，出穂ほか 2008）。これらは黒曜石岩石の表面の状態（岩屑面・転礫面）によって分類することができる。北海道の黒曜石産地のうち 13 産地で一次分布範囲の存在が確認され，それ以外の 8 産地では副次分布範囲のみが確認されている（第 1 表）。

2 化学組成分析による北海道の黒曜石産地判別

(1) 放射化分析法と蛍光 X 線分析法による黒曜石産地の判別

化学組成による黒曜石産地の判別は，主要元素ではなく痕跡元素および希土類元素を指標として判別することができる。黒曜石は流紋岩マグマが特殊な条件下で生成される岩石であり，主要元素組成は流紋岩と同じである。先に述べたテクトニックセッティング，火山活動様式，マグマ化学組成，およびマグマに接触する周辺地質の相異が微量（痕跡）元素や希土類元素の相異として現れる。このことを利用して，私たちの研究グループは，北海道の既知の黒曜石産地のうち網走を除く 21 産地において，ミズーリ大学実験原子炉施設の設備を用い，放射化分析法および蛍光 X 線分析法による測定を実施した（Ferguson et al. 2014）。

今日，岩石の化学組成を測定する方法は多数あるが，その中で放射化分析法は，痕跡・希土類元素を最も正確に測定することができる方法である。分析試料のサイズは小さくてよいが，測定コストが高いこと，測定チューブに入れるために試料を破壊しなければならない場合があること，また長時間照射と呼ばれる分析では試料が強く放射化するために測定後の試料には触れることができなくなるという欠点がある。これらのことから，放射化分析によって黒曜石遺物を分析するのが最も確度が高いものの，実際には小数の試料を選択して分析することとなる（Glascock et al. 1998，Ferguson et al. 2014）。

一方，蛍光 X 線分析法（ここでは本研究で用いている EDXRF）は放射化分析法よりも精度・確度が低く，測定可能な元素も少ない。したがって，蛍光 X 線分析法の測定能力と化学組成による黒曜石産地同定へ適用する際の限界を把握していなければ，測定機器の精度による測定値のバラツキが本来の黒曜石産地間の組成の相異を越えてしまうなど，大きな判定間違いを起こしかねない。ただしその点をよく踏まえ，また化学組成が知られている標準試料の測定・公表・必要な補正を行った装置であれば，多くの黒曜石原産地の同定に十分な精度・確度で分析できることがわ

かっている（Ferguson 2012 ほか）。

　また，蛍光X線分析装置は多数の試料を短時間・非破壊で分析することが近年可能となったため，大量の考古資料の分析に適している。私たちの研究グループは，実験室から持ち運びが容易な Bruker 社製ハンドヘルド蛍光X線装置 Tracer III-V+を利用している。ハンドヘルド型は，博物館や埋蔵文化財センターでの試料分析に携行できるという利点がある。なお，ハンドヘルド（携帯用）という名前から，本機が実験室据え置き型に比べて精度が低い装置であると連想するかもしれないが，それは誤りである。この装置は 40 kV のロジウムベースのX線管と熱電冷却シリコン検出器を採用しており，実験室据え置き型の大型装置と感度の遜色はない。また，この機器と他の機器との比較のために，ICP-MS 法，WDXRF 法，および放射化分析（NAA）法によって測定されたデータをもつ，世界的によく知られた黒曜石試料 40 点を測定し補正を行った（Glascock and Ferguson 2012）。

　理想的には，放射化分析とハンドヘルド蛍光X線分析の二つの測定方法の長所を併せ持つ機器が開発されることが望ましいが，少なくとも現在は不可能である。そこで私たちは，大量の石器資料の分析を短時間かつ非破壊で分析可能な蛍光X線分析法によって，蛍光X線分析法でも確実に分析することができる産地の同定をまず行い（第1ステップ），蛍光X線分析法単独では判別できない産地について放射化分析法による産地判別を行う（第2ステップ），という2段階の分析を行うこととした。この方法は分析の高い信頼性を確保しつつ，低コストで，研究時間を短縮し，また試料の破壊を最小限にとどめるという長所をもつ，現状で取り得る最善の組み合わせ分析法といえる（Ferguson et al. 2014）。

（2）北海道の黒曜石産地判別

　最も精度の高い分析法である放射化分析法によって，北海道の 21 産地の黒曜石を明瞭に判別できるかどうかは，この地域の考古学的黒曜石研究が成功するかどうかの鍵となる。放射化分析法で 28 元素を測定した結果，Sb と Rb の二変量散布図で 10 産地を，Fe と Mn で 8 産地を，そして Co と Cs で 3 産地をそれぞれ分離し，北海道の産地をすべて明確に判別できることが分かった（Ferguson et al. 2014）（第2図 a）。

　一方，蛍光X線分析法では，放射化分析法よりも精度が低くなるためにより多くのステップを踏む必要がある。結果，Rb と Sr の二変量散布図で 5 産地を，Sr と Zr で 4 産地を，そして Fe と Sr の二変量分布図で残りの産地をグループ A と B に区分し，それらについてさらにいくつかの二変量分布図を作成すると 8 原産地を順に判別することができた（第2図 b）。

　しかし，十勝三股，紋別，赤井川，釧路舌辛の 4 産地は多くの元素で分布の重複が認められ，蛍光X線法では明瞭に分離できないことがわかった。これらの産地を区分するためには，二つの選択肢がある。一つは，より測定能力の高い ICP-MS 法や放射化分析法を用いた補足的な分析の実施である。もう一つは，化学組成分析ではなく，肉眼観察による補足的な判定である。後者については，産地に分布する黒曜石のサイズと特徴的な石質を根拠とするものである。十勝三股

134　III　北海道の晩氷期適応

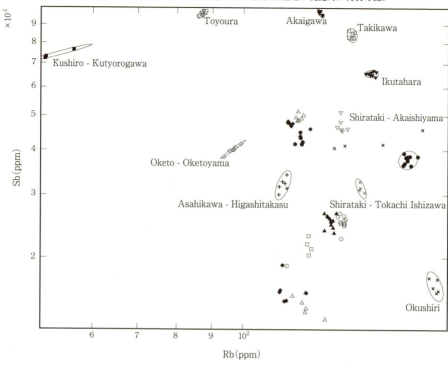

a) 放射化分析法による、SbとRbの二変量散布図。合計10産地が視覚的に判別可能。

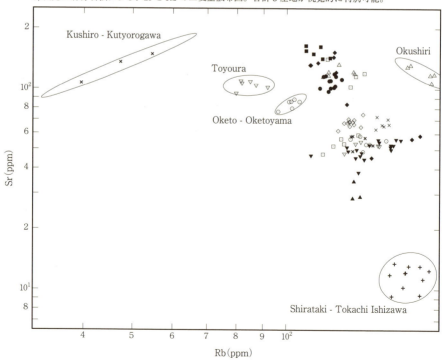

b) 蛍光X線分析法による、SrとRbの二変量散布図。合計5産地が視覚的に判別可能。

第2図　化学組成による北海道黒曜石産地の判別（Ferguson et al. 2014に加筆）

第7章　黒曜石の体系的産地分析からわかってきた古SHK半島の後期旧石器時代における狩猟採集民行動の変化　135

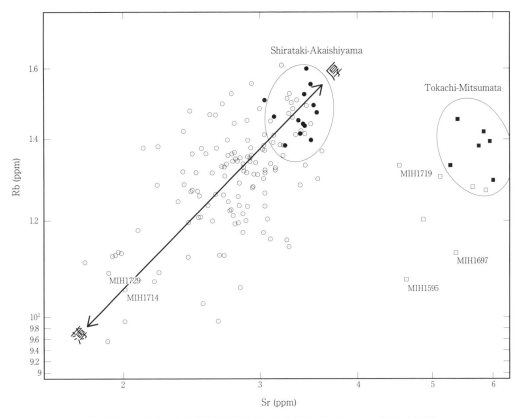

第3図　サイズによる系統的な測定値のちらばり（Izuho et al. 2015 に加筆）

は 10 cm を越える大形のサイズの黒曜石を多産し，石質は非常に高いことが多い。一方で，赤井川は 10 cm を超えるサイズの黒曜石を豊富に産出するものの斑晶が大量に析出するなど石質が非常に悪いことが多く（寺崎 2005，赤井 2009），紋別と釧路舌辛は数 cm サイズの転礫しか採取できない（澤 1978，向井 2010）。このようなサイズや石質の違いを利用して，全ての事例ではないが，4 産地を条件付きで判定することが可能な場合がある。例えば，十勝平野北部に位置する嶋木遺跡では，直径 10 cm を越える石質の良好な黒曜石転礫を多用する数千点の石器資料が出土している。これらの資料の大半は，遺跡近傍の音更川と居辺川で拾える黒曜石のサイズ・石質と酷似することから，赤井川，紋別，釧路舌辛とは考えがたいであろう。

(3) 遺物サイズによる分析値の系統的な偏り

産地ごとの化学組成自体がもつ難しさとは別に，蛍光 X 線分析法を実施する際に大きな問題となるのが，遺物のサイズである。サイズ（とりわけ厚さ）が小さい試料の測定は，ビームの測定深度を確保出来ないために確度が低下する。そのため，例えばアメリカの多くの分析ラボでは，薄い黒曜石試料の分析は原則行わない（例えば厚さ 5 mm 以上などに限る）。

しかし，北海道の後期旧石器時代遺跡は細石刃を多産し，その産地を知ることは非常に重要な

ので，薄い試料を妥当に取り扱う必要がある。第3図に試料の厚さが大きく変化する資料体の分析例（帯広市南町2遺跡上層，札滑型細石刃核を伴う細石刃石器群）を示した（Izuho et al. 2015）。この資料体には，細石刃核やツールなどの厚い資料とともに多数の細石刃を含んでいる。信頼区間を示す楕円の相関線に沿って，系統的に測定結果が分布していることが見て取れる。厚さの厚い試料は信頼区間の楕円の中またはその近隣に，薄い試料は楕円から離れて分布している。信頼区間内の試料とその外の試料に多数の接合関係がある。このことから，数量的な保証がある時は，95%信頼区間の楕円に分析値が入らなくとも十分妥当に判別を行うことができる場合がある。この点が，筆者らが原産地の同定に主成分分析やマハラノビス距離を用いず，二変量散布図を用いた視覚的な判定を行う理由である。なお厚さがおおむね1mm以下の試料については，分析を最初から行っていない。したがって遺跡で行われた刃部再生剝片の同定などについては，バイアスのかかったデータになっていることに注意されたい。

3　北海道とサハリンの後期旧石器時代における黒曜石の利用

今回測定した黒曜石試料は，合計21遺跡（同一遺跡の別層準を含む）の出土資料である（第4図，第2表）。北海道南西部が6遺跡・層準（石狩低地帯南部5，黒松内低地帯南部1），北海道南東部（十勝平野）が10遺跡・層準，北海道東北部（常呂川流域）が2遺跡，およびサハリン南部が3遺跡で，合計約3,400点の分析を行った。この分析点数は2015年5月の段階での集計であり，現在はさらに増えている。この中には，計測可能なサイズの黒曜石をほぼ全点測定終了した遺跡と，ツールのみを測定した遺跡がある。ほぼ全点測定を実施した資料体は遺跡に持ち込まれた黒曜石の産地構成全体を，またツールのみを測定した遺跡の分析結果は，持ち込まれた黒曜石全体の産地構成ではなく，遺跡に放棄されたツールの産地組成のみを示すことに注意されたい。

狩猟採集民の行動パターンの時間的変化を見出すという目的で，それぞれの地域毎に，遺跡を3時期：最終氷期最盛期（LGM）以前（4遺跡），最終氷期最盛期（8遺跡），および最終氷期最盛期以後（14遺跡）に区分した。LGM以前とLGMの両者が存在する北海道東北部の雄勝嘉藤2遺跡は時期の区分をせずに一括して提示し，両時期の事例として検討した。それ以外の複数の産出層準を持つ遺跡はそれぞれ区分して示した。

提示したデータには，放射化分析による最終的な判別が終わっていない産地が含まれている。そのような産地については可能性のある産地を併記した。黒曜石の採集地点は，石器の表面の状態の分析から，一次分布範囲と分かる場合はプライマリー（P），副次分布範囲の場合はセカンダリー（S）と表示した。

黒曜石産地は，判別された産地名を遺跡からの距離に基づき，超遠距離（＞100 km），遠距離（100〜10 km），および近距離（＜10 km）に区分して表示した。また，分析結果は総分析点数に占める百分率で，◎：20％以上，○：20〜10％，△：10％未満と表示している。狩猟採集民の石器石材の運搬量は石材の出土点数よりもサイズ・重量とより直接的に相関すると想定されるが，

第 7 章　黒曜石の体系的産地分析からわかってきた古 SHK 半島の後期旧石器時代における狩猟採集民行動の変化　　137

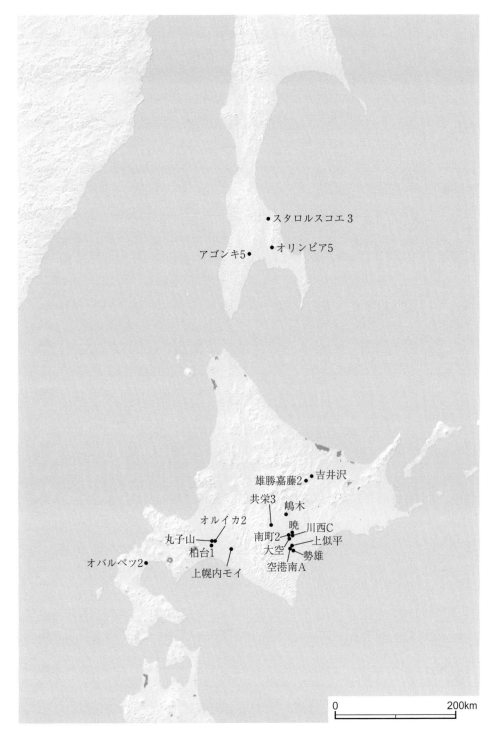

第 4 図　本章で分析した後期旧石器時代遺跡の位置

第2表 本章で黒曜石分析を実施した北海道およびサハリンの後期旧石器時代遺跡とその結果

北海道南西部

時期区分	遺跡	石器群類型	黒曜石産地			分析点数	文献
			超遠距離 (>100 km)	遠距離 (100〜10 km)	近距離 (<10 km)		
LGM以後	上幌内モイ	札滑細石刃石器群	十勝三股 (P:◎)	—	—	177	厚真町教委 (2006)
	丸子山上層	札滑細石刃石器群他	白滝あじさいの滝 (P:△), 白滝赤石山 (P:△), 十勝十勝石沢 (P:△), 十勝三股 (P:△)	赤井川? (P:◎)	—	64	千歳市教委 (1994) 赤井 (2005)
	オルイカ2	札滑細石刃石器群	白滝あじさいの滝 (P:△), 白滝赤石山 (P:◎), 十勝三股? (P:△) or 赤井川 (P:△)	赤井川? (P:△)	—	87	北海道埋文 (2003)
LGM	柏台1LC11	剝片石器群	置戸所山 (P:◎), 白滝赤石山 (P:△)	赤井川 (P:◎)	—	166	北海道埋文 (1999)
	丸子山下層	剝片石器群	置戸置戸山 (P:△), 置戸置戸山 or 十勝然別 (P or S:△), 白滝あじさいの滝 (P:△), 白滝赤石山 (P:△)	赤井川 (P:◎)	—	136	千歳市教委 (1994) 中沢 (2000)
	オバルベツ2	蘭越細石刃石器群	—	赤井川 (P:◎), 豊浦 (S:△)	—	54	長万部町教委 (2002)

北海道南東部

時期区分	遺跡	石器群類型	黒曜石産地			分析点数	文献
			超遠距離 (>100 km)	遠距離 (100〜10 km)	近距離 (<10 km)		
LGM以後	暁	札滑・峠下細石刃石器群	白滝あじさいの滝 (P:◎), 白滝赤石山 (P:◎)	置戸所山 (P:◎)	十勝三股 (S:◯)	148	帯広市教委 (1985)
	南町2上層	札滑細石刃石器群	白滝赤石山 (P:◎)	—	十勝三股 (S:△)	138	帯広市教委 (1995)
	大空	忍路子細石刃石器群	白滝あじさいの滝 (P:△), 白滝赤石山 (P:△)	置戸所山 (P:◯)	十勝三股 (S:△)	23	帯広市教委 (1993)
LGM	川西C	石刃石器群	—	置戸所山 (P:◎), 十勝三股 (P:◎)	—	209	帯広市教委 (1998)
	空港南A	蘭越細石刃石器群	白滝あじさいの滝 (P:◯), 白滝赤石山 (P:◎), 置戸所山 (P:△)	十勝三股 (P,S:◯)	—	36	後藤・富川 (1983)
	南町2下層	剝片石器群	白滝赤石山 (P:△)	留辺蘂 (P:△), 置戸所山 (P:△)	十勝三股 (S:◎), 十勝然別 (S:△)	329	帯広市教委 (1995)
	嶋木 (2010-2013)	剝片石器群	—	白滝あじさいの滝 (P:△), 白滝赤石山 (P:△), 留辺蘂 (P:△), 置戸所山 (P:△)	十勝然別 (S:△), 十勝三股 (S:◯)	144	Buvit et al. (2014)
LGM以前	上似平下層	台形様・石刃石器群	置戸所山 (P:△)	十勝三股 (S:◯), 十勝然別 (S:◎)	—	22	帯広市教委 (1987)
	共栄3	台形様石器群		十勝三股 (S:◯)	—	10	北海道埋文 (1991)
	勢雄	台形様石器群		十勝三股 (S:◯)	—	6	更別村教委 (1977)

北海道東北部

時期区分	遺跡	石器群類型	黒曜石産地			分析点数	文献
			超遠距離 (>100 km)	遠距離 (100〜10 km)	近距離 (<10 km)		
LGM以後	吉井沢	忍路子細石刃石器群	—	十勝三股 (S:△), 白滝赤石山 (P:△), 白滝あじさいの滝 (P:△), 留辺蘂 (P:△), 置戸所山 (P:△)	置戸所山 (P:◎, S:◯)	572	佐藤 (2014)
LGM/LGM以前	雄勝嘉藤2	蘭越細石刃石器群・剝片石器群・台形様石器群	—	十勝然別 (S:△), 白滝赤石山 (P:△), 十勝三股 (P:△), 生田原 (P:△), 留辺蘂 (P:△), 置戸所山 (P:◎), 置戸置戸山 (P:◎)	置戸所山 (S:◯), 置戸置戸山 (S:◯)	154	出穂 (2012)

サハリン南部

時期区分	遺跡	石器群類型	黒曜石産地			分析点数	文献
			超遠距離 (>100 km)	遠距離 (100〜10 km)	近距離 (<10 km)		
LGM以後	アゴンキ5	広郷細石刃石器群	白滝赤石山 (P:◎), 白滝あじさいの滝 (P:◯), 留辺蘂 (P:△), 不明 (北海道外?, △)	—	—	557	Vasilevski (2006)
	オリンピア5	広郷細石刃石器群	白滝赤石山 (P:◎), 白滝あじさいの滝 (P:△), 置戸所山 (P:◯)	—	—	398	Vasilevski (2008)
	スタロルスコエ3	札滑細石刃石器群	白滝赤石山 (P:◯), 白滝あじさいの滝 (P:◯)	—	—	14	Vasilevski (2008)

今回は予察的に点数のみに基づき分析した。この分析には，白滝遺跡群や置戸所山周辺の遺跡群など，1遺跡から数万点に上る石器資料が検出される，いわゆる原産地遺跡を含めていない。これらの遺跡はその産地の黒曜石で作った石器が大半であることが疑いなく，膨大な数量によって他の遺跡の統計的傾向がみえなくなってしまうからである。

北海道で発掘調査が実施された遺跡の総数からみるとほんの一握りのデータではあるが，北海道の黒曜石産地の利用に大まかな傾向をみることができる。もちろんこの傾向は黒曜石のみの傾向であって，"硬質頁岩"，安山岩，チャートおよびメノウといった黒曜石以外の石器石材の検討をしていないことに注意されたい。このような総合的な石器石材の検討は将来の課題である。

分析の結果，利用された黒曜石産地は合計11ヵ所であった（第2表）。これらの黒曜石産地のうち，十勝三股，置戸所山，白滝赤石山および赤井川の四つの産地が多用され，4産地の合計点数は全体の88%に達する。次に，置戸置戸山，留辺蘂，および白滝あじさいの滝が少量ではあるが用いられ，それらの合計は約10%である。残りの4産地：十勝然別，生田原，白滝十勝石沢，および豊浦は，全体の1%程度である。以上から，サンプリングされた遺跡が石狩低地帯と十勝平野に大きく偏っているとはいえ，よく利用される黒曜石産地とそうでない黒曜石産地があることが明瞭で，この利用の傾向はこれまで考古学者が抱いてきた推測とよく調和する。

産地までの直線距離が最大となる事例は，サハリン南部ではいずれの産地も直線距離で300kmを越え大きな違いはないものの，スタロルスコエ3遺跡で利用された白滝赤石山およびあじさいの滝の約360kmである。北海道内では石狩低地帯南部の柏台1遺跡と丸子山遺跡であり，置戸及び白滝産地との距離が170kmに達する。

遺跡から産地までの距離と組み合わせが時期によってどのように変化しているかを地域別にみてみると，さらにいくつかの傾向があることをより具体的に指摘できる。

(1) 北海道南西部

LGMの石器群は，いずれも遠距離の産地である赤井川を主に利用している。これは近距離に黒曜石産地が存在しないことが主な理由と考えられる。ただし，産地組成全体の構成は遺跡と産地の距離のみで説明できない。黒松内低地帯のオバルベツ2遺跡は最近隣の小規模産地である豊浦（遺跡から26 km）を利用しているが，石狩低地帯南部の遺跡では豊浦を利用せず（85 km），置戸，白滝，十勝といった超遠距離の主要産地を利用している。

LGM以後になると，札滑型細石刃核を伴う細石刃石器群では，超遠距離に区分される白滝もしくは十勝三股の黒曜石を多用する。丸子山上層は札滑型細石刃核と忍路子型細石刃核を伴う細石刃石器群が混在しているが，赤井川の黒曜石の数量が優勢である。

以上のように，北海道南西部では，最近隣の主要産地である赤井川を主に利用するLGMから，超遠距離の主要産地である白滝や十勝三股の黒曜石を圧倒的に用いるLGM以後へと明瞭な変化を指摘できる。

(2) 北海道南東部

LGM 以前の石器群は，遠距離産地だが遺跡から最近隣の産地である十勝三股もしくは十勝然別の副次分布範囲（約 25 km）から採集した転礫を主に用いる。上似平下層では，超遠距離（置戸所山）を少量組成する。

LGM は，剝片石器群，石刃石器群，および細石刃石器群の遺跡で黒曜石の利用構成がそれぞれ全く異なる。剝片石器群は，近距離に区分される十勝三股もしくは十勝然別の副次分布範囲から採集した転礫を主に用い，白滝，留辺蘂，置戸といった超遠距離〜遠距離の黒曜石産地を複数組成するという特徴をもつ。一方で，石刃石器群の川西 C 遺跡では，置戸所山と十勝三股の大形の岩屑を主に利用する。蘭越型細石刃核を伴う細石刃石器群の空港南 A 遺跡では，十勝三股（一次分布範囲か副次分布範囲かは不明）と白滝赤石山から主に構成される。

LGM 以後は，札滑型細石刃核を伴う細石刃石器群と忍路子型細石刃核を伴う細石刃石器群で異なる傾向を示す。札滑型細石刃核を伴う細石刃石器群では，白滝赤石山や置戸所山といった超遠距離〜遠距離の主要産地の岩屑を主に利用し，これに近距離の黒曜石転礫（十勝三股）が加わる。一方で忍路子型細石刃核を伴う細石刃石器群の大空遺跡は近距離の黒曜石転礫（十勝三股）が主に利用され，遠距離の置戸所山および超遠距離の白滝赤石山とあじさいの滝が続く。

以上のように，北海道南東部では，近距離石材と遠距離・超遠距離石材の構成から，単一の最近隣石材が圧倒的に優勢する LGM 以前，複数の産地を利用しつつも近距離の転礫優勢の石器群と超遠距離・遠距離の岩屑優勢の石器群の両者が存在する LGM，そして利用する産地が減ると同時に石器群によって特化するようにみえる LGM 以後へと変化していることが指摘できる。

(3) 北海道東北部

LGM 以前および LGM の雄勝嘉藤 2 遺跡は，近距離と遠距離の 7 産地の黒曜石を利用している。LGM 以後の吉井沢遺跡では，近距離の置戸所山の岩屑と転礫を主に用い，それに白滝や十勝三股などの遠距離黒曜石が少量用いられる。サンプルサイズの問題から明瞭な傾向は指摘しがたいが，複数の黒曜石産地を一定の割合で使う LGM 以前・LGM から，近距離の転礫を主に用いつつも遠距離の黒曜石を少量用いる LGM 以後へと変化している可能性を指摘できる。

(4) サハリン南部

いずれも LGM 以後の石器群である。アゴンキ 5 は LGM の可能性も指摘されている（Vasilevski 2006）。いずれにしろ傾向は LGM 以後の遺跡と同じで，全て 300 km を越える超遠距離の産地を利用している。興味深いことに，アゴンキ 5 遺跡では留辺蘂が 2 点みつかっている。サハリンでは白滝や置戸が主要な産地として用いられることに注意が払われていて（Kuzmin and Popov 2000），これまであまり予想されていなかった産地である。

さらに特記事項として，北海道とは考えにくい Zr 値が突出して高い試料が 1 点確認された。

器種は細石刃である。日本列島のものより Zr 値が非常に高い黒曜石産地として，中国・北朝鮮国境の白頭山（Jia et al 2010）とロシア・カムチャッカ州の KAM02（産地の詳細位置不明, Grebenikov et al. 2014）などがあるが，これらの産地を含めた同定は今後実施する予定である。

4 古 SHK 半島の黒曜石利用の時間的変化とその要因に関する予察

以上の結果から，北海道とサハリンの黒曜石の利用には次のような変化を認めることができる。LGM 以前においては，最近隣の黒曜石産地が利用される傾向が強い。そこに，遠距離もしくは超遠距離の黒曜石がごくわずかに入る。LGM においては，最近隣の黒曜石産地が主に利用される傾向を示す一方で，遠距離もしくは超遠距離の黒曜石産地を一定程度の割合で多角的に利用する傾向が出てくる。LGM 以後では，それ以前の時期と同様に最近隣の黒曜石産地を主に利用する遺跡がある一方で，遠距離もしくは超遠距離産地を主要な黒曜石石材として利用する遺跡が認められるようになる。

まだ確実な説明を行うには時期尚早であることを十分承知のうえで，今回の予察的な研究で得た，通時的な黒曜石産地の利用の構成と量の変化の証拠を，狩猟採集民の行動パターンの変化として，少なくとも石狩低地帯と十勝平野では，以下のように説明する事はできないだろうか。

(1) LGM 以前の狩猟採集民による黒曜石の調達（おそらく生業行動を含む）は居住地周辺（最近隣の産地）で行われる。遺跡の規模やツールのカテゴリー・二次加工強度からは一地点での長期の居住は行わずに平野内（もしくは異なる黒曜石分布範囲への移動を行わない）で居住地移動を繰り返す可能性が高い。集団の一部構成員による兵站的な活動もしくは別領域の集団との交換によって，遠距離もしくは超遠距離の黒曜石を得ている。

(2) LGM の狩猟採集民は季節的な移動居住を複数回繰り返し，それぞれの遺跡の近距離の黒曜石産地から石材を補給する，または，集団の一部構成員の特化した行動（黒曜石の調達を埋め込んだ狩猟行動など）によって黒曜石石材を補給する。

(3) LGM 以後の狩猟採集民は，黒曜石の利用からみた行動パターンが石器群によって大きく変化する。札滑型細石刃核を伴う細石刃石器群では，一つもしくは二つの黒曜石産地への補給を埋め込んだ，中地形単位をまたぐような長距離，頻繁な居住地移動と，付随する兵站的な生業活動を行う。忍路子型細石刃核を伴う細石刃石器群では，河川単位など比較的小さな範囲での居住地移動と，一地点でより長期に居住するベースキャンプを設定し兵站的な生業活動を行う。それぞれの地点で最近隣の黒曜石を主に調達する。

地域もしくは遺跡単位での具体的な行動パターンの復元を行った研究はまだ少ないが，LGM 以前については尾田・役重（2011）および Morisaki et al.（2015）の説明と，LGM については Izuho（2013）の説明と，そして LGM 以後については山田（2006）の特に細石刃石器群前期後葉から後期への居住移動行動の変化の模式的理解と大枠で整合的である。

加えて，個別の遺跡でみられた結果にも興味深い点がいくつかあるために触れておく。北海道

南西部のLGMのオバルベツ2遺跡（蘭越型細石刃核を伴う細石刃石器群）は，石器リダクションの大半が"硬質頁岩"であり，黒曜石はツールとその刃部再生剝片など少数からなる。この黒曜石は，先に指摘したLGM期の例と同様に赤井川と豊浦という最近隣（しかし遠距離）の黒曜石産地2ヵ所が利用されていた。同じLGM期の柏台1遺跡や丸子山遺跡下層では，豊浦が赤井川の次に近い産地であるにもかかわらずそれを用いず，白滝，置戸，あるいは十勝三股といった主要な産地の黒曜石を用いている。まだ断定できないが，このような産地の組み合わせの相異は，別の移動パターンをもつ異なる集団もしくは構成員の行動を示しているのかもしれない。

　黒曜石の産地・距離構成の相異から，異なる集団による異なる移動パターンの存在を推測することは，他の事例を加えて比較するとより明瞭となる。例えば，十勝平野のLGM以後の遺跡である暁遺跡と南町2遺跡上層は，ほぼ同一の時期が想定されまた近接した位置にあって石材環境もほぼ同一と仮定できる。両遺跡とも超遠距離の白滝赤石山を主に利用し，かつ近距離の十勝三股の転礫を利用するという点で一致しているが，暁遺跡では置戸所山の黒曜石を用いた峠下型細石刃核が多数出土するという違いがある。このような基本的な石材構成が類似しつつも小規模な遺跡で石材構成が単純になる事例は，別の移動パターンをもつ異なる集団というよりも集団の一連の移動パターンの中での兵站的な活動の存在を示す可能性がある。また，南町2遺跡はLGMとLGM以後の石器群が層位的に検出されており，これも石器石材環境を同一と仮定できるが，黒曜石の利用は近距離～超遠距離の多角的構成（LGM）から超遠距離（白滝赤石山）の圧倒的利用へと時間的に変化する（Izuho et al. 2015）。このような同一遺跡における黒曜石産地の組み合わせと量の変化は，異なる時期の異なる移動パターンを示している可能性が高い。以上のような複数の条件設定による比較を行うことで，黒曜石の利用の実態とそれが埋め込まれた行動パターンが浮き彫りになってくるであろう。

おわりに

　本章では，古SHK半島の後期旧石器時代における狩猟採集民の黒曜石利用と行動パターンを明らかにする目的で適用した，体系的な考古学的黒曜石研究の枠組みについてまず述べた。そして，黒曜石産地同定研究の現時点での成果と，多くの飛躍や問題点を含んでいることは承知のうえで，そこから予想される行動パターンについても述べた。私たちが新たに開始した研究プロジェクトはまだその端緒についたばかりであるが，分析例を今後さらに増やし，石器分析，遺跡景観分析，および古生態学的データとの比較など様々な角度から検討することで，北海道の狩猟採集民の移動パターンを具体的に復元してゆけるものと期待している。

　首都大学東京大学院の廣松滉一氏には，図表の作成でご協力をいただいた。

引用文献

赤井文人　2005「千歳市丸子山遺跡恵庭aテフラ上位石器群の再検討」『論集忍路子』I，103-123頁

赤井文人　2009「後期旧石器時代北海道西部における黒曜石の利用」『黒曜石が開く人類社会の交流予稿集』32-41頁，「黒曜石の流通と消費からみた環日本海北部地域における更新世人類社会の形成と変容」グループ

赤松守雄・本吉春雄・右代啓視　1996「オホーツク海底上で採集される黒曜石礫とその意義」『北海道開拓記念館紀要』第 24 号，9-16 頁

厚真町教育委員会　2006『上幌内モイ遺跡（1）』

出穂雅実　1997「常呂川流域における石器石材の基礎研究」『北海道旧石器文化研究』2 号，1-14 頁

出穂雅実編　2012「III. 北海道常呂郡置戸町雄勝嘉藤 2 遺跡—北海道における後期旧石器時代成立過程の研究—」『東京大学常呂実習施設研究報告第 10 集　黒曜石の流通と消費からみた環日本海北部地域における更新世人類社会の形成と変容（I）』27-177 頁

出穂雅実・赤井文人　2005「北海道の旧石器編年—遺跡形成過程論とジオアーケオロジーの適用—」『旧石器研究』第 1 号，39-55 頁

出穂雅実・國木田大・尾田識好・山原敏郎・北沢　実　2013「北海道十勝平野の後期旧石器時代遺跡の地質編年：新たな AMS 放射性炭素年代の追加とその意義」『旧石器研究』第 9 号，137-148 頁

出穂雅実・廣瀬　亘・佐藤宏之　2008「北海道における考古学的黒曜石研究の現状と課題」『旧石器研究』第 4 号，107-122 頁

長万部町教育委員会　2002『オバルベツ 2 遺跡（2）』

尾田識好・役重みゆき　2011「V: A-4 北海道における台形様石器石器群の石器製作・運用技術と行動的背景」『東京大学常呂実習施設研究報告第 8 集　環日本海北部地域における後期更新世の環境変動と人間の相互作用に関する総合的研究』121-136 頁，東京大学大学院人文社会系研究科付属北海文化研究常呂実習施設

帯広市教育委員会　1985『帯広・暁遺跡』

帯広市教育委員会　1987『帯広・上似平遺跡 2』

帯広市教育委員会　1993『帯広・大空遺跡』

帯広市教育委員会　1995『帯広・南町遺跡』

帯広市教育委員会　1998『帯広・川西 C 遺跡』

帯広市教育委員会　2004『帯広・若葉の森遺跡』

木村英明　1995「黒曜石・ヒト・技術」『北海道考古学』第 31 輯，3-63 頁

後藤聡明・富川俊治　1983『北海道帯広空港南 A 遺跡発掘調査報告書』北海道十勝支庁

佐藤宏之　2003 北海道の後期旧石器時代前半期の様相—細石刃文化期以前の石器群—『古代文化』第 55 巻第 4 号，3-16 頁

佐藤宏之・役重みゆき　2014「III-A: 北海道の後期旧石器時代における黒曜石産地の開発と黒曜石の流通」『東京大学常呂実習施設研究報告第 13 集　黒曜石の流通と消費からみた環日本海北部地域における更新世人類社会の形成と変容（II）』123-156 頁，東京大学大学院人文社会系研究科付属北海文化研究常呂実習施設

佐藤宏之・山田　哲・出穂雅実　2011「旧石器時代の狩猟と動物資源」湯本貴和編『野と原の環境史』51-71 頁，文一総合出版

佐藤宏之・山田　哲編　2014『東京大学常呂実習施設研究報告第 13 集　黒曜石の流通と消費からみた環日本海北部地域における更新世人類社会の形成と変容（III）—吉井沢遺跡の研究—』東京大学大学院

人文社会系研究科付属常呂実習施設

更別村教育委員会　1977『勢雄遺跡』

澤　四朗編　1978『釧路市東釧路第3遺跡発掘報告』釧路市立郷土博物館

千歳市教育委員会　1974『祝梅三角山地点　北海道千歳市祝梅における旧石器時代遺跡の発掘調査』

千歳市教育委員会　1994『丸子山遺跡における考古学的調査』

寺崎康史　2005「北海道赤井川産黒曜石の産状と旧石器時代におけるその利用」『考古学ジャーナル』第525号，8-11頁

中沢祐一　2000「千歳市丸子山遺跡恵庭a下層石器群における小型剥片の剥離過程」『北海道旧石器文化研究』第5号，35-42頁

廣瀬　亘　2014「II-A: 北海道における黒曜石岩体生成の地質学的背景」『東京大学常呂実習施設研究報告第13集　黒曜石の流通と消費からみた環日本海北部地域における更新世人類社会の形成と変容（II）』12-23頁，東京大学大学院人文社会系研究科付属北海文化研究常呂実習施設

廣瀬　亘・中川光弘　1999「北海道中央部〜東部の新第三紀火山活動：火山学的データおよび全岩化学組成からみた島弧火山活動の成立と変遷」『地質学雑誌』第105巻，247-265頁

北海道埋蔵文化財センター　1991『清水町上清水2遺跡・共栄3遺跡・東松沢2遺跡　芽室町北明1遺跡』

北海道埋蔵文化財センター　1999『千歳市柏台1遺跡』

北海道埋蔵文化財センター　2003『千歳市オルイカ2遺跡』

向井正幸　2010「北海道から産出する黒曜石ガラスの化学組成」『旭川市博物科学館研究報告』第2号，1-33頁

山田　哲　2006『北海道における細石刃石器群の研究』六一書房

和田恵治・佐野恭平　2011「白滝黒曜石の化学組成と微細組織―原産地推定のための地質・岩石資料―」『旧石器研究』第7号，57-74頁

Buvit, I., Izuho, M., Terry, K., Shitaoka, Y., Soda, T., and Kunikita, D. 2014 Late Pleistocene geology and Paleolithic archaeology of the Shimaki site, Hokkaido, Japan. *Geoarcheology* 31, 1-17.

Ferguson, J. R 2012 X-ray Fluorescence of Obsidian: Approaches to Calibration and the Analysis of Small Samples. In Shugar, A. N. and Mass, J. L. (eds.) *Handheld XRF for Art and Archaeology*, 401-422. Leuven University press.

Ferguson, J. R., Glascock, M. D., Izuho, M., Mukai, M., Wada, K., and Sato, H. 2014 Multi-method characterization of obsidian source compositional groups on Hokkaido Island (Japan). In Ono, A., Suda, Y. and Glascock, M. D. (eds.) *Methodological Issues of Obsidian Provenance Studies and the Standardization of Geologic Obsidian*. B. A. R. International Series, Oxford

Glascock, M. D., G. E. Braswell, and R. H. Cobean. 1998 A Systematic Approach to Obsidian Source Characterization. In *Archaeological Obsidian Studies: Method and Theory*, edited by M. S. Shackley, 15-65. New York & London, Plenum Press.

Glascock, M. D., and J. R. Ferguson. 2012 Report on the Analysis of Obsidian Source Samples by Multiple Analytical Methods. Report on file at the University of Missouri Research Reactor, Archaeometry Laboratory, Columbia, MO.

Grebennikov, A. V., Popov, V. K., and Kuzmin, Y. V. 2014 Geochemistry of Volcanic Glasses and the Search

Strategy for Unknown Obsidian Sources on Kamchatka Peninsula (Russian Far East). A. Ono, M. D. Glascock, Y. V. Kuzmin, and Y. Suda (eds.) *Methodological Issues for Characterization and Provenance Studies of Obsidian in Northeast Asia*, 95-108. BAR International Series 2620, Oxford.

Izuho, M. 2013 Human Technological and Behavioral Adaptation to Landscape Changes around the Last Glacial Maximum in Japan: A Focus on Hokkaido. K. E. Graf, C. V. Ketron, and M. R. Waters (eds.), *Paleoamerican Odyssey*, 45-64, Texas A & M University Press.

Izuho, M., and Takahashi, K. 2005 Correlation of Paleolithic Industries and Paleoenvironmental Change in Hokkaido (Japan). *Current Research in Pleistocene* 22, 19-21.

Izuho, M., Ferguson, J., Oda, N., Nakazawa, Y., Akai, F., and Yamahara, T. 2015 Temporal Changes in the Obsidian Procurement and Reduction Strategy at the Upper Paleolithic Site of Minamimachi-2, Hokkaido (Japan): An approach by XRF. In: Sandra SÁZELOVÁ, Martin NOVÁK and Alena MIZEROVÁ (eds.). *Forgotten times and spaces: New perspectives in paleoanthropological, paleoetnological and archeological studies.* 258-290. Muni Press.

Jia, P. W., Doelman, T., Chen, C., Zhao, H., Lin, S., Torrence, R., and Glascock, M. D. 2010 Moving Sources: A Preliminary Study of Volcanic Glass Artifact Distribution in Northeast China using PXRF. *Journal of Archaeological Science* 37, 1670-1677.

Kuzmin, Y. V., and Popov, V. K. (eds.) 2000 Volcanic glasses of the Russian Far East: geological and archaeological aspects. Geological Institute, Far Eastern Branch of the Russian Academy of Science.

Morisaki, K., Izuho, M., Terry, K., and Sato, H. 2015 Lithic and climate: technological responses to landscape change in Upper Palaeolithic northern Japan. *Antiquity* 89 (345), 554-572.

Shackley, S. M. (ed.) 1998 *Archaeological Obsidian Studies -Method and Theory-*. Advances in Archaeological and Museum Science, Volume 3, Plenum Press, New York and London.

Shackley, S. M. 1998 Intrasource Chemical Variability and Secondary Depositional Processes: Lessons from the American Southwest. *Archaeological Obsidian Studies -Method and Theory-*. Advances in Archaeolgical and museum Science, Volume 3, 83-102. Plenum Press, New York and London.

Shackley, S. M. 2005 *Obsidian-Geology and Archaeology in the North American Southwest.* The University of Arizona Press, Arizona.

Vasilevski, A. A. 2006 The Upper Palaeolithic of Sakhalin Island. *Archaeology of the Russian Far East: Essays in Stone Age Prehistory*, 75-100. BAR International Series 1540, Oxford.

Vasilevski, A. A. 2008 *The Stone Age of Sakhalin Island*. Yuzhno-Sakhalinsk.

第8章　広郷石器群にみられる学習行動と文化伝達

髙倉　純

はじめに

　広郷型細石刃核とは，北海道の後期旧石器時代後葉に認められる細石刃核型式である。長径がときに 30 cm を超す大形の原石からもたらされた石刃核で剝離された石刃を素材とし，その側縁部で定形的な細石刃が連続的に剝離されているものである（鶴丸 1979・1985）。広郷型細石刃核とその関連資料（第1図）は，北海道外では，サハリン南部，ロシア沿海地方南部，中国東北地方東部，韓半島中部で確認されている（鶴丸ほか 2000，佐藤 2002，ワシリエフスキー 2006，趙ほか 2014 ほか）。現状からは，それらは，サハリン北部やアムール河下流域といった広大な未発見地域をその間に含むが，北海道東部（とおそらくは白頭山周辺地域）に密な分布を示す一方で，それ以外の環日本海北部域の諸地域には散在的に分布しているものと理解してよかろう。

　北海道の広郷型細石刃核には，石刃を素材とする彫器や搔器，削器，揉錐器の他に，両面調整石器や有茎尖頭器，石斧，小形の舟底形石器が伴うこともある。器種の組み合わせとその技術形態学的諸特徴には，石器群間で多くの共通点を見出していくことができる。そのため，道内の広郷型細石刃核を伴う石器群に関しては，一つの技術複合（techno-complex）として「広郷石器群」を措定し，編年・年代的位置づけを考察していくことが妥当とみなされている（山原 1998 ほか）。以下の本稿でも，広郷石器群の呼称を使用して議論を進めていくこととする。

　道内の広郷石器群の編年・年代的位置づけに関しては，石刃剝離技術や組成する器種が示す技術形態学的諸特徴の類似をもとに，忍路子型細石刃核や有茎尖頭器，舟底形石器を伴う石器群と同時期か，もしくは近接する時期に存在することが想定されてきた一方で，それらとは段階差を想定する意見もある（千葉 1985，山原 1998，寺崎 2006，山田 2006 ほか）。北見市中本遺跡の広郷石器群が伴う炉址で得られた放射性炭素年代測定値の較正年代は 15,000〜14,000 年前というものであり（Nakazawa et al. 2005），晩氷期[1]に帰属することを示している。ただし近年では，日東遺跡（長沼・佐藤編 2000）等で得られている較正年代をもとに，最終氷期最寒冷期の後半段階のうちの 21,000〜19,000 年前に広郷石器群は出現し，「客体的なあり方」を示しつつ，その後，晩氷期まで存続していたとする指摘もある（直江 2014）。旧白滝3遺跡（坂本編 2015）の広郷石器群で得られている放射性炭素年代測定値もこの想定を支持するものであるが，そうした評価については，遺跡形成過程の問題を含め，なお今後もデータの検証が必要といえそうである。

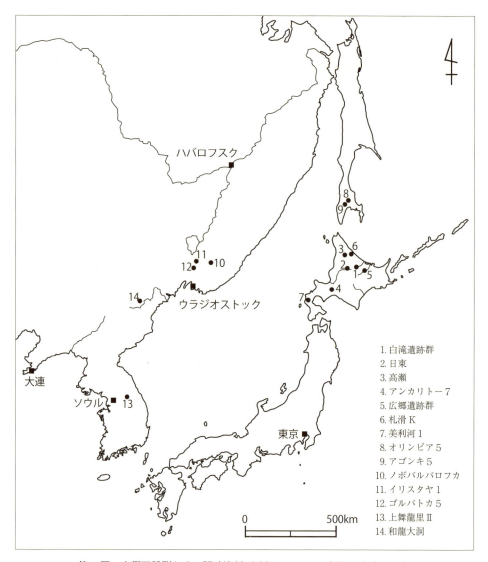

第1図 広郷石器群とその関連資料が確認されている主要な遺跡の分布

　広郷型細石刃核に関しては，長らく技法・型式設定の妥当性や分布，編年・年代的位置づけ等の問題を中心にして議論がなされてきたが，近年では，石材利用行動からみた行動戦略の特異性にも注目がむけられている。佐藤宏之（2002）は，広郷石器群では，良質で大形の原石が採集できる石器石材原産地と結びついた，「石核変形戦略」に特殊化する行動戦略が採用されていた，と指摘している。この指摘は，広郷石器群における石材消費のあり方だけでなく，環日本海北部域に広範囲に分布する広郷型細石刃核とその関連資料の成立の背景を考察していくうえでも重要な論点と考えられる。
　さて，本稿では，前述した広郷石器群にかかわる研究の現状をふまえつつ，その石器製作技術の伝承と習得にかかわる学習行動と文化伝達の問題に迫っていきたいと考える。こうした観点は，

生態学的な行動戦略の説明とは別に，技術複合として把握されるマクロな考古学的現象の成立過程を説明するうえで，重要な視座を提供しえるのではないかとみられる。筆者は，すでに広郷石器群が検出されている上白滝2遺跡Sb-9石器群（長沼・鈴木編2001）の石刃剝離にかかわる接合資料を取り上げ，そこで執り行われていた技術の学習行動に関して議論を提示したことがある（Takakura 2013）。本稿では，広郷石器群がみられる複数遺跡での石材消費形態に関する検討をふまえ，文化伝達にかかわる学習行動が，どのような行動のコンテクストのなかで執り行われていたのかを示し，それが結果的に広郷型石器群にかかわる考古学的現象の形成にどのようにつながっているのかを検討していきたい。

1 石器製作技術の学習行動と文化伝達

必要となる知識（宣言的記憶）やノウハウ（手続き記憶）が複雑化した石器製作技術（用語法については Pelegrin 1990 を参照）の習得には，熟練者による明示的・非明示的な教示，実演，監督，初心者による熟練者の作業の観察，一定の練習（試行錯誤），非熟練者と熟練者がともに参加する共同作業の成立等が重要な意味をもつことは，石器製作技術の学習にかかわる民族誌（Stout 2002）や現代において実施されている数多くの石器製作の体験結果が教えるところである。後期旧石器時代の石器群にみられる石器製作技術，とりわけ石刃剝離技術や細石刃剝離技術を行使していた割り手の技量レヴェルは，上述のような学習行動にもとづいた事前の習熟過程なしに，初心者がすぐさま到達・実現できる水準にはなかったと仮定してよかろう（髙倉 2015a）。

減算的製作過程をふむ打製石器製作の場合，初心者による練習の産物を含め，剝離作業の産物としての石器資料は，モノとしていずれかの形で残されることになる。それが我々にとって把握可能な考古学的コンテクストに取り込まれると，初心者が技量を習熟させていく過程を考古資料から把握できる可能性も生じる。遺跡で確認できる石器資料には，熟練者だけでなく，技量の習熟の途上にあった割り手の剝離作業の産物も含まれていた可能性があることを前提に，その形態的なバリエーションの検討を行っていく必要があろう。

石器群を構成するそれぞれの資料をもたらした割り手の技量レヴェルが判別できれば，遺跡でのシステミック・コンテクストの解像度や統合性次第では，技量レヴェルの異なる割り手の作業空間を特定することにも途が開かれる。技量レヴェルの異なる割り手が，どのような空間的な位置関係のもとで，どのような剝離作業を行っているのかがわかれば，教示や実演，監督，練習など，石器製作技術の伝承・習得にかかわる学習行動を具体的に議論できるだけの情報が得られることにつながろう。

こうした学習行動の具体的な復元を目的に掲げた分析は，1980年代以降，主にヨーロッパや日本の後期旧石器時代遺跡を対象として進められてきた（Bodu et al. 1990, Pigeot 1990, Karlin et al. 1993, Grimm 2000, 高橋 2001・2014, 光石 2002, 阿部 2003, Audouze and Cattin 2011, Takakura 2013 ほか）。これらの研究は，個別・具体的な行動の把握にとどまらず，その意義はマクロな文化形成

（O'Brien et al. 2014, Eren et al. 2015）あるいは文化進化（Aoki 2013, Nakahashi 2015）をめぐる議論との関係からも注目されている。

学習行動に関するこのような研究では，割り手の剝離作業にかかわる一連の過程を逐一分析できる石器接合資料が，その推進に大きな役割をはたしてきた。接合資料では，割り手が作業全体の計画をどのように見通しながら原材料の選択や石核原形の作出を行っていたのか，剝離にかかわる各作業はどのように連鎖・組織化されていたのか，また剝離をもたらしたそれぞれの動作の的確性や得られた産物の定形性，さらには作業の進行過程で現出するさまざまな事態（例えば剝離事故）にどのように対処していたのか，を読み取っていくことができるからである。これらの項目に差異が見出せれば，考古資料において割り手の技量レヴェルを判定するのに有効な基準が得られることになろう。

石器製作技術の学習行動をめぐる研究は，上述のような遺跡で執り行われていた学習にかかわる行動の痕跡を個別・具体的に抽出するだけにとどまらず，今後は，そうした学習行動がどのような行動のコンテクストのもとで遂行されていたのかを明らかにしていく必要がある。旧石器時代の狩猟採集集団が一定の景観内を遊動する過程のなかで，どのような地点で，どのような機会に，どのような人たち（石器の割り手）が相互関係・接触・交渉を行い，そこで石器製作技術にかかわる知識やノウハウをどのように伝達していたのかが明らかにできれば，集団内・間での文化伝達の問題に対してより具体的にアプローチでき，それを糸口としてさまざまな考古学的現象の説明が可能となろう（Tostevin 2012, Eren et al. 2015 ほか）。ただし，このような問題設定からの議論は，欧米でも日本でもまだほとんど着手がなされてはおらず，方法論的な整備を含めて，今後に多くの課題が積み残されている。

1990 年代から大規模に実施されてきた，財団法人北海道埋蔵文化財センターや旧白滝村教育委員会による北海道遠軽町白滝遺跡群での発掘調査は，膨大な量の石器接合資料をもたらしてきたが，それらは石器製作技術や石材消費形態に関する復元的研究に大きな意味をもつだけでなく，上述のような石器製作技術の伝承と習得にかかわる学習行動を議論するのにも重要な資料体になりうるものと考えられる[2]。そこで筆者は，白滝遺跡群のなかでも上白滝 2 遺跡，服部台 2 遺跡や上白滝 8 遺跡から得られた石器接合資料を検討の対象として取り上げ，学習行動にかかわる問題を議論してきた（Takakura 2013）。とくに上白滝 2 遺跡では広郷石器群にかかわる接合資料を検討の対象とした。次節では，そこで示した議論をあらためて整理していくことにしたい。

2　上白滝 2 遺跡 Sb-9 でみられた学習行動

(1) 石器群の概要

上白滝 2 遺跡は，北海道紋別郡遠軽町に所在し，湧別川沿いの段丘面に立地する。1996・1997 年に実施された本遺跡の発掘調査では 432,429 点の遺物が回収され，このうち 50,085 点は出土

第 8 章　広郷石器群にみられる学習行動と文化伝達　151

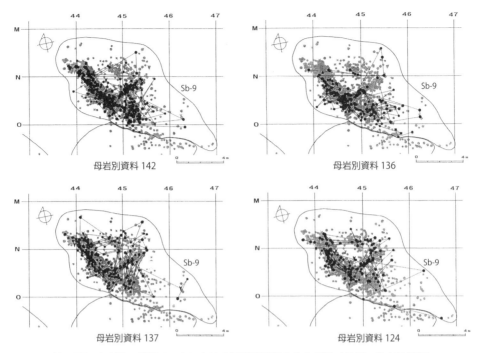

第 2 図　上白滝 2 遺跡 Sb-9 における母岩別資料の分布状況（長沼・鈴木編 2001）

位置を記録して取り上げられている。遺跡内では 15 の石器遺物集中部が区分されている（長沼・鈴木編 2001）。そのうち Sb-9・10 は，発掘調査から整理作業の過程で，分布上同じまとまりを示すと当初は理解されていたが，接合関係の検討と分布のより詳細な検討を経て，両者は分離された。本稿ではこの Sb-9 という集中部から検出された石器群を分析の対象に取り上げることとする。

この Sb-9 の出土石器群（以下，本石器群）は，報告書によれば，彫器 3 点，掻器 15 点，削器 12 点，二次加工ある剝片 65 点，細石刃 69 点，細石刃核 12 点，石刃 279 点，縦長剝片 198 点，削片 4 点，剝片 1,142 点，計 1,799 点からなる。1 点の頁岩製が認められる他は，すべて黒曜石製である。検出された細石刃核は広郷型であり，広郷型細石刃核から剝離されたと考えられる細石刃，広郷型細石刃核の素材の製作工程にかかわる石刃や剝片等が検出されている。本石器群には，技術型式学的な観点からみて，広郷型以外の細石刃核型式やその製作にかかわる剝離物，またそれらに伴うと考えられる二次加工石器は検出されていない。筆者は，本石器群の 21 点の細石刃に関してフラクチャー・ウィングの分析を実施したが，いずれもが押圧剝離法によって剝離されていたと同定された（髙倉 2015b）。

本石器群では 11 の母岩で接合関係の確認がなされているが，このうち大形の黒曜石原石から石刃剝離の作業が確認されているのは 4 母岩に限られる（母岩別資料 142・接合資料 No. 798，母岩別資料 136・接合資料 No. 753，母岩別資料 137・接合資料 No. 927，母岩別資料 124・接合資料 No. 797）。それらでは多数の石刃や剝片が接合している（接合資料 No. 798 は 422 点，No. 753 は 195 点，No. 927 は

152　III　北海道の晩氷期適応

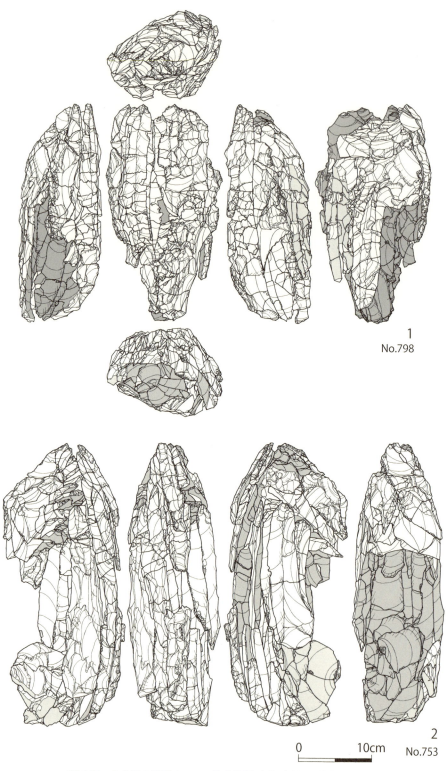

第3図　上白滝2遺跡 Sb-9 の接合資料（1）（長沼・鈴木編 2001）

第8章　広郷石器群にみられる学習行動と文化伝達　153

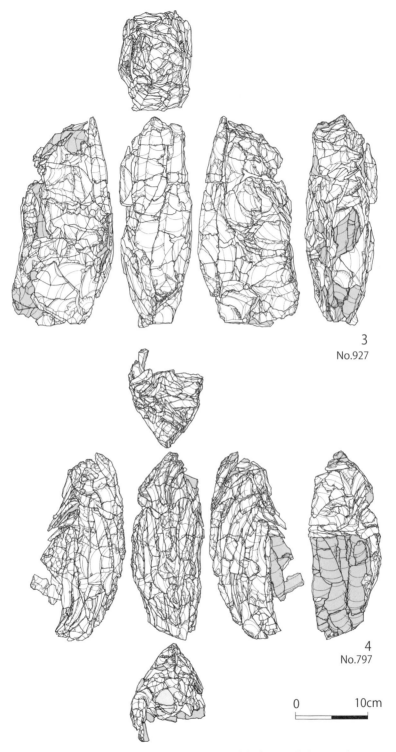

第4図　上白滝2遺跡 Sb-9 の接合資料（2）（長沼・鈴木編 2001）

278点，No. 797 は 217 点が接合）。接合資料を構成している剝離物の分布は Sb-9 のなかにおさまっており（第2図），相互に分布は重複しているといってよい。両面調整石器にかかわる母岩（No. 126）は，総点数83点から構成され，幅10 cm 程度の状態で搬入されたものが一回り小さくなるまで剝離がなされた後，搬出されていることを示している。他の母岩では，細石刃剝離作業が中心的に行われている（No. 128・143・130・144・140・141）。総点数は多いものでも32点，少ないもので3点から構成されている。石刃や二次加工石器には，単体で搬入されているものがある。多量の剝離物から読み取りうる長大な剝離作業の連鎖からみて，先にあげた5母岩（No. 798・753・927・797・126）で執行されていた剝離作業は，本石器群を残すにいたった活動のなかでも重要な位置をしめるものであったといえよう。その他の母岩での作業量との差は歴然としている。

上述した遺跡内での石器遺物集中部の空間的分離，集中部内におさまる接合関係の分布，出土している石器群の技術型式学的諸特徴を勘案すると，多少の埋没後移動は想定できるけれども，本石器群は考古学的に一括性の高い資料群とみなせる。本石器群は，接合資料で認められる剝離作業の段階のまとまりを勘案すると，一定の時空間のなかで執行された剝離作業の結果を反映しているものであることは間違いない。細かな剝片も多量に出土していることを考慮し，この場で行われていた剝離作業が反映されているものとの前提で，以下の議論を進めていくこととする。

(2) 石刃剝離工程

報告書での記載にもとづくならば，四つの母岩（接合資料 No. 798・753・927・797）での接合資料（第3・4図）からは，以下のような剝離工程をたどって石刃が剝離されている。

残されている自然面からは，いずれも岩屑・角礫を原材としていたことがわかる。想定される原材の長さは，No. 798・753 で 30 cm 以上，No. 927・797 でも 25 cm を超しており，大形で縦長の原石が利用されていた。報告書でも指摘されているように（長沼・鈴木編 2001），この4母岩で展開されていた剝離作業の諸特徴は，相互に多くの共通点を有しており，結果的に同じような形状の石刃が剝離されている。なお報告書では剝離作業の過程に関して，段階が設定され，記載がなされている。ここでいう段階とは，同一の打面や作業面を利用して連続的になされていた剝離作業の痕跡をまとめたものであり，剝離作業の進展上の有意な単位を反映しているものと理解できる。以下では，この段階設定の記載にもとづきながら，石刃剝離の工程をみていくことにしたい。

石刃核は，平坦な裏面と左右両側面の3面が出来上がった状態で，本遺跡に持ち込まれている。なかには，稜付石刃が剝離された後の段階で遺跡に持ち込まれているものもある（No. 927）。裏面は左右の両側面からの平坦な連続的剝離によって，左右の両側面は正面の稜もしくは裏面からの剝離によって整形されている。正面には左右の両側面へむけた横位方向の調整によって作出された直線的な稜が用意されており，最初に稜付石刃が剝離され，さらにそれによって形成された稜線が後の石刃剝離を誘導することとなっている。石刃核の横断面形は，おおよそ三角形となっている。石刃剝離の進行により，それが五角形や台形に変化していく。正面に位置する稜線の側

面形は，やや弓なり状になる。石刃核の下端部には自然面が残され，平坦な形となっているものもある。石刃剝離作業の当初の段階では，正面の石刃剝離作業面の幅が狭かったために，剝離される石刃も細身で，横断面三角形のものが多い。左右に打点をずらしながらの石刃剝離が何度か繰り返されることで作業面の幅も広くなり，幅広で横断面台形の石刃が剝離されるようになる。

　打面には周囲からの剝離によって調整がなされている。石刃剝離がなされた後には打面調整や再生もなされており，それによって石刃剝離作業が何段階かに画され，結果的に，石刃核の作業面高は縮小している。ただし，石刃剝離作業面の側面形はやや弓なり状になるため，石刃剝離が石刃核の下端にまで及んでいないものもあり（No. 927・797），そうした母岩では剝離される石刃の長さが打面の更新に伴って短くはなっていない，という傾向が認められる。

　石刃剝離作業面と打面が接する部分には，細かな剝離による頭部調整に加えて，敲打による潰しや磨った痕跡が，作業面と打面の交点を中心とした稜線上に特徴的に認められる。それらにより，作業面と打面が接する部分は正面からみると山形になるように整形されている。石刃剝離を目的とする加撃は，この山形の突出部をねらってなされている。剝離されている石刃のサイズは，およそ最大長が150～300 mmで，最大幅が20～70 mm，打面幅は3～15 mm，打面厚は2～4 mmである。資料での打面厚の値のばらつきは小さい。石刃の裏面における剝離開始部の付近にはリップが特徴的に認められるものが多く，打瘤の発達は弱い。打面から続く石刃上部縁は「なで肩」を呈する傾向にある。

　石刃剝離作業の進行に応じて，石刃核の下部には修復が時になされている。裏面から，あるいは左右の側面から調整がなされることで，側面や正面の石刃剝離作業面の修復が試みられている。左右の両側面へむけた横位方向の調整が石刃核の下部に施され，ふたたび稜線が作出された後，あらためて稜付石刃が剝離されているものもある。こうした修復作業は，大きな剝離事故に伴ってなされているものではないが，石刃剝離作業を継続させようとするために，製作者が石刃核の下半部をどのような形状に維持しようとしていたのかを示すものとして重要である。結果的に，石刃剝離作業はその後も続いていることから，こうした修復は「成功」したのであろう。

　接合資料 No. 798では石刃剝離が大きく3回，No. 753では2回，No. 927では4回の単位に分かれて実施されている。石刃剝離作業が行われている段階と段階の間には，打面や側面への調整，稜調整などの石核調整がなされており，石刃核の形態が大きく変形したのち石刃剝離が再開されている。接合資料 No. 797で実施されている石刃剝離作業は，途中で大きな断絶はなく，1回の単位で作業が進められている。

（3）石刃剝離作業と学習行動

　この4母岩で執り行われていた石刃剝離作業に関しては，以下の特徴が指摘できるとともに，そこからいくつかの推定を導くことが可能である。

　第1に，各種の調整技術を駆使しながら，制御された動作で長大かつ定形的な石刃が連続的に剝離されているとともに，石刃核の作業面や側面に対する修復作業も，その後，石刃剝離作業が

再開されていることからもうかがえるように，的確に実施されている。よって，これらの母岩を使って石刃剥離作業を実施していた割り手の技量は相対的に高いレヴェルにあり，熟練者の域に達していたと推定できる。母岩間では技量のレヴェル差を見出しがたい。また，一つの接合資料のなかで，剥離をもたらした割り手の技量レヴェルに顕著な変化は認められなかった[3]。したがって，剥離作業の進行過程で割り手の交替は生じていなかったとみられる。

　第2に，石刃核の原形が遺跡に持ち込まれ，剥離作業が開始されて以降，ほぼ同じ空間のなかで石刃剥離と石核調整にかかわる剥離作業が継続的に実施されていたと想定される。白滝遺跡群の接合資料では，しばしば剥離作業の進行段階にあわせて，その産物が場を異にして検出されていることがあり（直江編 2007 ほか），そうした事例は剥離作業の場の移動を示している可能性が高いが，Sb-9から確認された母岩では，そうした傾向は認められなかった。まとまった剥離作業が一つの場で集中的に実施されていたことになる。

　第3に，接合資料 No. 753 で最初の段階に剥離されている数点の石刃が遺跡外に搬出されている以外は，これらの母岩から剥離された石刃のほとんどは Sb-9 に残されており，遺跡外に搬出されていない（長沼・鈴木編 2001）。白滝遺跡群の場合，原産地遺跡群という性格から，二次加工石器の素材やトゥールそのものとして将来的に利用可能な石刃が剥離されると，遺跡外に搬出されることになる事例が多く認められる（直江編 2007, Takakura 2013 ほか）が，それとは対照的である。もちろん，白滝遺跡群に残され，発見された石刃のすべてについて，単純化された解釈を適用することは慎まなければならないが，本石器群で認められる特異な状況は，遊動過程のなかで遺跡外において将来的に使用することを見込んで，これらの石刃が剥離されていたのではない可能性を示唆するものといえよう。

　第4に，接合資料 No. 798 から剥離されている石刃では細石刃核が1点，No. 753 と No. 927 ではそれぞれ掻器が1点作り出されているが，それ以外の石刃は，二次加工が施されて定形的なトゥールにはなっていない。剥離されている石刃の点数と比較すると，二次加工が施されてトゥールの素材に利用されているものの比率は明らかに低い。使用痕分析により使用痕跡の有無を検証する必要はあるものの，道具としての石刃もしくは二次加工石器の素材としての石刃を製作するのとは異なった作業が遂行されていた可能性がここからは示唆されよう。

　第5に，いずれの母岩でも，最終的な石刃核は遺跡外に搬出されている。遺跡外に搬出し，石刃剥離作業の継続が意図されていたとみられる。したがって，Sb-9 で執り行われていた石刃剥離作業は，その後の作業の継続が困難もしくは不可能となるような失敗によって終了したのではないことになる。

　以上の特徴をふまえ，前稿（Takakura 2013）では，本石器群で集中的に大形の石刃剥離が進められていた4母岩では，将来的に使用することを前提として石刃が剥離されていたのではなく，熟練者が技量レヴェルの相対的に低い割り手を対象に，自らが有する知識やノウハウを開示するため，石刃剥離作業を「実演」（デモンストレーション）することを目的に，石刃剥離作業が執行されていたのではないかという推定を示した。実演としての石刃剥離作業という解釈は，フラン

スの後期旧石器時代，マドレーヌ文化の遺跡であるパンスヴァンからの出土資料を対象とした分析でも指摘されており（Bodu et al. 1990），このような教育目的でもたらされた資料は「アカデミック・コア」とも呼ばれている（Johansen and Stapert 2008）。それと同様の状況が上白滝2遺跡の接合資料においても読み取れるのではないかと考えたのである。

　広郷石器群でみられる長大な石刃を連続的に剥離していく剥離技術が，程度の問題は別として，複雑な知識とノウハウの蓄積によった，難度の高い技量に支えられて実現しているものと推定することは，大枠では妥当なものとして了解されよう。その実現を可能とした石器製作に関する知識やノウハウを，技量レヴェルの相対的に低い割り手がどのように習得できたのかを考えるとき，熟練者による剥離作業を観察することは必須であったに違いない。言い換えれば，熟練者からの教示による知識の伝達や初心者による試行錯誤だけでは，原石からの剥離作業を的確に，なおかつ組織的・連続的に行うことができるようになるとは考えがたいのである。熟練者との共同作業を通した知識やノウハウの開示，指導，あるいは熟練者による実演を観察するという機会は，したがって，広郷石器群にみられる石刃剥離作業の伝承と習得を可能にするうえで不可欠であったとみられる。上白滝2遺跡 Sb-9 の接合資料から推定された，熟練者の割り手による石刃剥離作業の実演は，そうした伝達のための重要な機会の一つであったといえよう。なお，本石器群で集中的に剥離作業がなされているのは，前述のように5母岩を対象に限られており，そこに初心者の集中的な作業の産物を見出すことはできない。少なくともこの事例では，熟練者と初心者が同じ場を共有して，剥離作業が執り行われることはなかったことになる。ヨーロッパの後期旧石器時代遺跡（例えばエチオル遺跡）で復元されている状況とは異なることに注意しておきたい。

　では次に，このような伝達の機会が，活動景観のなかのどのような地点で遂行されていたのかを検討していくことにしたい。メッティン・エレンらはこうした問題に関して，利用石材の原産地と石器形態の比較検討からアプローチしているが（Eren et al. 2015），ここでは「学習機会」という点に焦点をあわせるため，広郷石器群がみられる各遺跡で実施されていた石刃剥離を中心とする石材消費形態の内容を確認することから議論を行っていきたい。

3　石材消費形態と石刃剥離技術の学習機会

(1) 広郷石器群における石材消費形態

　本節では，広郷石器群が確認されている事例[4]のうち，石器群としての一定の一括性が想定でき，なおかつ石器群の器種組成や石材消費形態の復元にかかわる接合資料の抽出，石質別分類についてのデータが公表されている資料を，以下では取り上げていくこととする（第1表）。なお，石材消費形態の検討については，髙倉（2003）でかつて示したことがある。

　黒曜石原産地の近傍に展開する白滝遺跡群のなかでは，遠軽町上白滝2遺跡 Sb-9（長沼・鈴木編 2001），同旧白滝1遺跡 D 地区（直江編 2009），同旧白滝3遺跡（坂本編 2015）を扱う（第5図）。

第1表 検討対象とした広郷石器群の器種組成

		細石刃核	細石刃	彫器	掻器	削器	揉錐器	両面調整石器・尖頭器	石斧	石刃	剝片(二次加工剝片・縦長剝片含む)	石刃核	石核	削片(細石刃核・彫器)	舟底形石器	その他	合計	備考
1	上白滝2・Sb-9	12	69	3	15	12				279	1,405			4			1,799	
2	旧白滝1・D	16	57	84	17	23		31			23,992	15	9	95	1		24,340	石刃点数は剝片に含まれる
3	旧白滝3	46	163	103	19	21	6	8		1,723	4,678	28	28	112		10	6,945	
4	日東		7	284	3	9					5	1,093			4			1,405	
5	高瀬(1963発掘)	8	246	28	15	11	6	5	4	65	23	1		64			476	濱口ほか2011再分類
6	アンカリトー7	6	174	57	31	7	9	3	7	82	1,426			242		7	2,051	
7	広郷20	33	1,720	57	18	24	2	5	2	371	1,129	4	2	53		2	3,422	

上白滝2遺跡では，上述のように石刃剝離にかかわる接合資料が確認できたことからも，石刃剝離作業が集約的に行われていた場であったことがわかる。両面調整石器のリダクションも進められていた。加えて二次加工された彫器や掻器，削器等も一定数確認されている。同様の傾向は，旧白滝1遺跡や旧白滝3遺跡でも確認できる。これらの遺跡では，複数の接合資料が示すように，持ち込まれた石核原形からの石刃剝離作業が集約的に実施されているとともに，一定数の二次加工石器が搬入もしくは製作されており，石器製作作業に特化していただけでなく，生業にかかわる活動も営まれていた可能性が想定できる。旧白滝1と旧白滝3では彫器が相対的にではあるが多出していることにも注意しなければならないであろう。これらの遺跡では細石刃剝離作業も実施されているが，後述する原産地から離れた遺跡と比較すると，その作業量は相対的に少なかったとみられる。

上述のような傾向は，置戸の黒曜石原産地近傍や道南の硬質頁岩の大規模原産地近傍でも確認できる可能性が高いことは，置戸安住遺跡（戸沢1967），雄勝嘉藤2遺跡（出穂1998）あるいは美利河1遺跡ⅢB石器群（長沼編1985），同K地点（宮尾1997，岩崎2003ほか）等の資料からうかがえる。広郷石器群においては，石器石材の補給基点となる地点が石材原産地近傍以外にも存在し，集約的に石刃剝離作業が実施されていた可能性もあるが，剝離されている石刃や二次加工石器との関係の実態については，今後の関連資料の検討を待って議論を試みることとしたい。

次に，黒曜石原産地から距離的に離れた遺跡として，上川町日東遺跡（北海道埋蔵文化財センター調査地点，長沼・佐藤編2000），下川町高瀬遺跡（山崎1979，濱口ほか2011），千歳市アンカリトー7遺跡（愛場・末光編2010），北見市広郷20遺跡（久保ほか1980）を取り上げる（第6図）。

日東遺跡での石器石材組成は，多くが黒曜石によって占められている。石刃核からの石刃剝離の作業が行われていた痕跡はほとんど確認できず，石刃あるいは細石刃核，二次加工石器の状態で遺跡に持ち込まれ，細石刃剝離や二次加工石器の製作が実施されている。とくに細石刃剝離作業は集約的に実施されていた。

高瀬遺跡では黒曜石，チャート，頁岩，砂岩が利用されていた。トゥール生産に主として利用

されていたのは前二者の石材である。黒曜石に関しては，石刃剥離の作業が行われていた痕跡はほとんど確認できず，石刃あるいは細石刃核，二次加工石器の状態で遺跡に持ち込まれ，細石刃剥離や二次加工石器の製作が実施されていた。チャートは，遺跡近在で採集が可能な石材であるが，量的には多くないものの石刃剥離作業が実施されている。それとともに，石刃や二次加工石器の状態で遺跡に持ち込まれている母岩もある。

アンカリトー7遺跡では黒曜石，頁岩，珪化岩，凝灰岩，泥岩が利用されていたと報告されている。トゥール生産に主に利用されていた石材は前三者である。黒曜石に関しては，長さが15 cm程度の小形の石刃核から石刃が剥離される作業が実施されていたが，母岩数は限られている。石刃核の原形作出や細石刃核の素材となる大形石刃の剥離作業は実施されていない。石刃核は遺跡外に搬出されている。頁岩に関しては，長さ10 cm程度の小形の石刃核が複数母岩搬入され，石刃剥離の作業が行われるとともに，細石刃剥離作業も集約的に実施されている。細石刃核もしくは石刃の状態で持ち込まれ，細石刃剥離作業がなされていたとみられる。珪化岩に関しては，数母岩の石核が搬入され，縦長剥片や不定形剥片が剥離されている。

広郷20遺跡では，黒曜石，硬質頁岩，珪岩，メノウ，安山岩，石英製の石器が出土していると報告されている。幅が10～20 mm程度の小形石刃が剥離されている黒曜石・メノウ製石刃核は出土しているものの，大形石刃の剥離がなされていた痕跡は見出せない。黒曜石や硬質頁岩製の石器のほとんどは，二次加工石器もしくは石刃の状態で持ち込まれていると考えられる。細石刃剥離作業は集約的に実施されている。

上記4遺跡出土石器群での石材消費形態をまとめると，遺跡内で執り行われている黒曜石を用いた石刃剥離作業としては，アンカリトー7遺跡や広郷20遺跡で小形の石刃が数母岩で剥離されていたが，それ以外の遺跡を含めても，細石刃核や各種のトゥールの素材となる大形の石刃剥離の作業は確認されていない。上白滝2遺跡で確認されたような，大形の石刃核原形から適時石核調整を加えつつ，連続的に大小の石刃を剥離していくという作業は，上記4遺跡では実施されていなかった。これらの石器群では，黒曜石以外の石器石材として頁岩やチャート等が利用されているが，それらに関しても同様の傾向が認められる。遺跡内で実施されていた主たる剥離作業としては，持ち込まれた石刃や細石刃核，二次加工石器からの細石刃剥離や二次加工石器の製作・刃部再生があげられよう。

こうした石材消費形態の傾向は，詳細が——他の技術複合との混在の可能性を含め——かならずしも明確ではないが，北見市広郷遺跡（大場・大谷1959），同広郷丸山遺跡（大場ほか1984），同吉村遺跡（加藤ほか1971），同間村遺跡（加藤ほか1971），興部町札滑遺跡K地点（桑原1975），美幌町みどり1遺跡（荒尾編1991）の出土石器群においても認められる可能性を指摘しておきたい。

石刃剥離工程の途中の段階からということになるが，1～数母岩を利用して小形の石刃を数点ずつ剥離していくという作業の有無，あるいは細石刃剥離作業の多寡という点に着目すると，このような石器群どうしの間でも石材消費形態には差異を見出していくことができるが，広郷石器群のトゥール生産において重要な役割をはたしている大形の原石からの連続的な石刃剥離作業は，

160　III　北海道の晩氷期適応

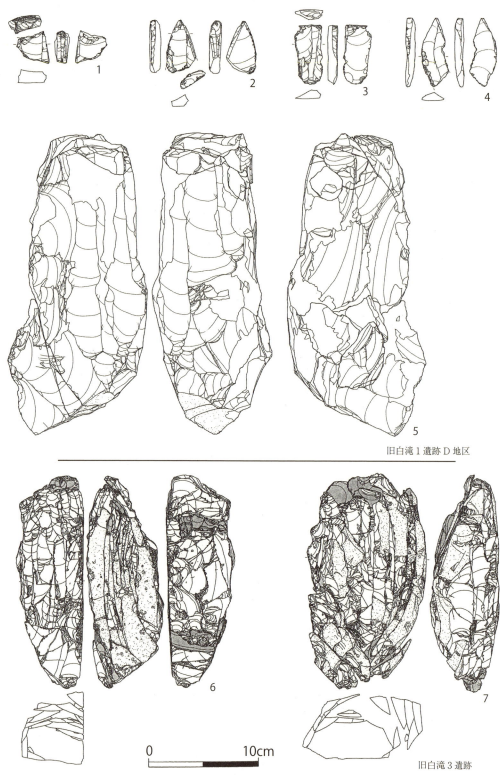

第5図　旧白滝1遺跡D地区・旧白滝3遺跡の広郷石器群（直江編 2009, 坂本編 2015）

第 8 章　広郷石器群にみられる学習行動と文化伝達　　161

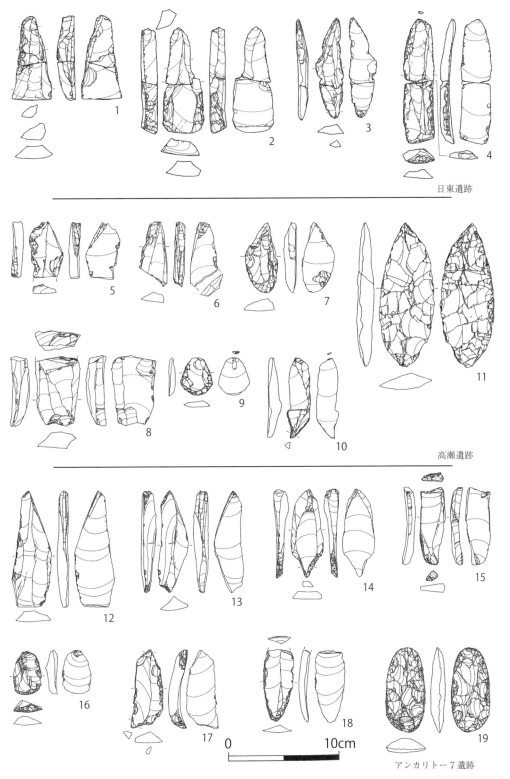

第 6 図　日東・高瀬・アンカリトー 7 遺跡の広郷石器群（長沼・佐藤編 2000，濱口ほか 2011，愛場・末光編 2010）

これらの石器群では共通して実施されていなかった。そうした傾向を示す石器群は，黒曜石原産地からは遠距離の地域を含め，道東を中心に道内の広範囲な諸地域に分布しているとみられる。

(2) 広郷石器群における石刃剥離作業の学習機会

広郷石器群での石材消費形態を概観してきたが，結果的に，大形の原石からの連続的な石刃剥離作業が遂行されていたのは，大規模な石器石材原産地やその周辺の大規模な石材補給基点となる地点のみで，それ以外の遊動過程で占地された各地点では，そうした作業は実施されていないことがわかった。後者の地点では，石刃や細石刃核，二次加工石器が持ち込まれ，そこからの細石刃剥離や二次加工石器の製作が主たる作業となっていたとみられる。遊動する過程で残されたこれらの活動地点の近隣で採集可能な小規模産地の石材もときには利用されていたが，それらはあくまでも石材利用のなかで補助的な役割にとどまっていたと考えられる。ゆえに主たる道具装備の維持・管理のためには，大規模な石器石材原産地への周回が必然となっていた。これらのことは，良質で大形の原石が採集できる原産地近傍への周回とそこでの資源開発を中心に，広域を遊動していく行動戦略がとられていたとする解釈をあらためて裏づけるものであろう（佐藤 2002）。

北海道の広郷石器群における黒曜石原産地推定分析の集計結果によると，道南の硬質頁岩が分布する地域は別として，十勝地域や上川地域でも直近の大規模産地ではない置戸産のものが利用されている傾向が示すように，広範囲に散在する諸遺跡では置戸産の黒曜石に特化した利用がなされている（佐藤・役重 2013）。また，サハリン南部のオリンピア 5 遺跡（ワシリエフスキー 2006）での北海道東部産と考えられる黒曜石利用の事例をふまえれば，北海道東部の大規模産地から 300 km を超す範囲まで遊動に伴って黒曜石の運搬がなされていたことがわかる。相対的に広範囲な地理的範囲を遊動する行動形態をとりながら，特定の石材資源利用に偏向する傾向がうかがえることは，他の細石刃石器群との対比からいっても興味深い特徴といえる[5]。

広郷型細石刃核をはじめ，各種の二次加工石器を製作・使用するためには，良質で大形の原石を利用した，大小の石刃を連続的に剥離していく作業の遂行が必要となる。そうした作業が実施されていたのが――資源開発・利用の偏向もからみ――活動景観のなかの特定の地点に限られていたとすると，技量レヴェルが相対的に低い非熟練者が，石器製作の熟練者による連続的な石刃剥離作業の実演を目の当たりにできる機会，あるいは熟練者との共同作業を執り行える機会もまた，そうした地点に限られていたことになろう。広郷石器群における石刃剥離技術に関わる知識やノウハウの伝承・習得の実態を考えるうえで，こうした学習の機会が限定されていたということは重要な意味をもっているといえる。

熟練者からの明示的な知識の教示，あるいは初心者による練習を通した試行錯誤だけでは，広郷石器群が示す複雑な石刃剥離技術の習得は起こり得なかったとする前述の指摘が妥当ならば，上白滝 2 遺跡 Sb-9 のような，石器石材原産地もしくはその周辺の大規模な石材補給基点となる地点は，活動景観のなかで，石材資源の開発・利用あるいは一定の生業活動を執り行う場として

重要であっただけでなく，石刃剝離技術の伝承や習得の場としても果たしていた役割は大きかったといわねばならない。上白滝2遺跡Sb-9で観察された，石器製作の熟練者による石刃剝離作業の実演という状況は，こうしたコンテクストとの関係で理解される必要があろう。

北海道における広郷石器群以外の細石刃石器群での石器製作技術の学習機会が，活動景観のなかのどのような地点に潜在的に存在し，どのようなコンテクストで学習行動が具体的に遂行されていたのかについては，まだ体系だった検討がなされていないので，現時点で詳しい言及を行うことはできない。しかし，広郷石器群にみられる，相対的に広域におよぶ活動景観のなかでの資源開発・利用の偏向を前提にすると，広郷石器群では，他の石器群と比較して，学習機会が特定の地点に限定される程度が相対的に高かったのではないかと想定される。

晩氷期に帰属する技術複合のなかでも，忍路子型細石刃核を伴う石器群では，大規模な黒曜石産地の近傍で集約的な石器製作作業は行われておらず，むしろ相対的に狭い範囲を遊動する過程で，活動景観内のさまざまな地点において，直近の大規模原産地に由来する石器石材を主に利用した（佐藤・役重2013），二次加工石器やその素材が搬入されるとともに，対象とする母岩を限定して石刃核からの石刃剝離やトゥール製作も執り行われていた（髙倉2000，赤井2008，夏木2015ほか）。このことは，石刃剝離技術や両面調整石器製作技術を中心とした石器製作技術の潜在的な学習機会も，それにあわせ活動景観のなかで分散していたことを示唆する。石器製作技術の学習機会は，さまざまな日常的居住・生業行動のなかに埋め込まれていた，ともいえよう。

こうした石器製作技術の学習機会をめぐる潜在的な分散の程度は，日常的な居住・生業行動のコンテクストからの学習行動の分離・分節化という現象にも関係すると思われ，そのことは集団内・間での文化伝達のあり方にも一定の影響を与えるであろうに違いない。今後，さまざまな石器群において検討対象とすべき課題といえよう。

おわりに

前節までの議論から，広郷石器群においては，石器石材原産地もしくはその周辺の大規模な石材補給基点となる地点が，石刃剝離技術の伝承や習得の場としての役割を特異的にはたしていたことが推定されるにいたった。そうした場では，石器製作の熟練者と相対的には技量レベルが低い非熟練者が，教える者と習う者として集い，石刃剝離作業の実演とその観察がなされていたとみられる。上白滝2遺跡Sb-9の接合資料は，そうした行動の一エピソードを示していると考えられる。広郷石器群での石刃剝離技術にかかわる学習行動に関しては，他の細石刃石器群と比較すると，広域に及ぶ活動景観のなかで相対的に限定された地点でのみ生起し得たという点で，学習機会の空間的な限定性と時空間上での予測性の高さ[6]を想定することができる。多方面のさまざまな集団（日常生活の基本単位であった小集団）に帰属する石器製作の熟練者が，特定の石材資源を偏向的に利用していたがゆえに特定の地点に赴いていたことによって，集団・地域間での石器製作の熟練者どうしの接触や情報交換が促されることになった可能性は充分に考慮されねばな

らないであろう。

　さて，広郷石器群において注目すべきは，本稿の冒頭でも触れたように，その関連資料の分布が，北海道だけに限らず，環日本海北部域の広範囲な諸地域に及んでいる点があげられる。北海道やサハリン南部の石器群と白頭山周辺で産出した黒曜石を利用している可能性が高い石器群との間では，一部に器種組成上の差異は認められるものの（例えば石斧の有無等），石刃剝離技術あるいは石器群の主要な器種である細石刃核や彫器，搔器の技術形態学的諸特徴には多くの共通点が見出せる（鶴丸ほか 2000 ほか）。

　こうした共通性が生み出される背景としては，大規模黒曜石原産地で産出する，良質で大形の黒曜石原石を利用することに第一義的に結びついた，広域を遊動するという行動戦略が，同じようにして発達していたことが考えられてきた（佐藤 2002）。それとともに，「石器の技術と形態は原石材による制約をうけることから，特定の石材産地の間で伝播が生じ易い（結果として階層効果と似たような伝播現象が生じる）」という「産地効果」（山田 2008：60 頁）が，広郷石器群の形成には働いていたことも指摘されている。

　広郷石器群以外で，晩氷期の環日本海北部域のなかで地域的に展開していたと考えられる石器群（例えば，その一つが北海道の忍路子型細石刃核を伴う石器群）を，ほぼ同時期と考えられる他地域の石器群と比較してみると，特定の要素（例えば石斧や尖頭器の形態等）には地域間にまたがって共通点がときに認められる一方で，原石から石刃核や細石刃核を作出するにいたる工程，あるいは主要な器種（細石刃核・彫器・搔器等）の形態にはさまざまな差異が認められ，それらをまとめた全体を同一の技術複合の範疇で理解することは難しい。それに対し，広郷石器群の場合は，上述のように地域間で特定の要素にとどまらない類似を示す。とりわけ，原石選択にはじまり，石刃・細石刃剝離にいたる工程に類似がみられるということは，石刃・細石刃剝離作業の学習機会が他集団・地域の石器製作者を含めて共有されていた可能性を示唆するものであり，文化伝達の観点からいって，特定の器種間のみの類似が確認できる状況とは異なった相互接触が地域間においては生じていたと理解される（Tostevin 2012）。

　地域間での考古学的現象の異同とその背景をめぐる問題については，いずれ別の機会に詳しく論じたいが，ここで確認しておきたい点は，そうした異同は行動戦略や利用される石器石材の影響を受けることはもちろんだが，どのようにして異同が表出するのかに焦点をしぼれば，地域内・間での石器製作者どうしでの技術の学習と文化伝達のあり方もきわめて重要であることは明らかである。本稿では，広郷石器群の形成には，集団・地域間にまたがる石器製作の熟練者の接触・情報交換が大きく寄与していたという可能性を提起したいが，この推定を検証するためには，上白滝 2 遺跡 Sb-9 で抽出されたような学習行動の痕跡が地域間にどのようにひろがり，連鎖しているのかを確認していくとともに，石器群間での石器製作技術の類似がどのような「空間的構造」を示しているのかを分析していく必要があろう。今後の課題としたい。

註

1) 第四紀学上の時期区分である「晩氷期」は，一般的に較正年代でおよそ15,000～11,500年前頃とされている。

2) 直江（2015）の議論も参照されたい。筆者は，白滝遺跡群の服部台2遺跡（直江編2007）で確認されている「石核集中」について，学習行動との関連から検討を試みたことがある（髙倉2015a）。

3) 旧白滝5遺跡で確認されている接合資料には，剥離作業の進行過程で割り手の交替が推定できるものがある（坂本編2013，髙倉2014，直江2015）。そうした状況は，本石器群では確認されなかった。

4) 比較検討の対象にしようとする石器群の石刃剥離工程や器種の技術形態学的諸特徴には多くの共通点が確認できるため，編年・年代的位置づけにかかわる問題は別として，同一の技術複合に帰属するものとして以下の議論を進めていく。なお，広郷石器群に関しては，忍路子型細石刃核を伴う石器群との関係をどのように理解するのかといった課題が依然として残されているが，どのような理解にたったとしても，以下の本稿で示す議論の骨子は影響を受けないと考えるので，ここでこの点について言及はとくにしないこととする。

5) 遊動に伴って，北海道東部の大規模原産地に産する黒曜石が300 kmを超して長距離運搬される事例としては，札滑型細石刃核を伴う石器群があげられる。同石器群に関しては，「遺跡によって，単一の産地で構成される場合と複数の産地で構成される場合」（佐藤・役重2013：16頁）があり，また利用石材から二次加工石器の製作までの剥離工程の系列が一貫して異なる特徴を示す峠下型細石刃核2類を伴う石器群との関係も含めて考えると（直江2009），広郷石器群とは異なった石材資源利用行動がとられていたと考えられる。

6) 活動景観のなかの限られた地点のみが学習の場となりえていたこと，ならびに石材の消費スケジュールに規定される大規模石材原産地への周回サイクルによって，自・他集団にとっての学習機会の予測性の高まりが広郷石器群には想定できる。

引用文献

愛場和人・末光正卓編 2010『千歳市 アンカリトー7遺跡 アンカリトー9遺跡』（財）北海道埋蔵文化財センター

赤井文人 2008「北海道中央部石狩低地帯南部の細石刃石器群」佐藤宏之編『伝播を巡る構造変動―国府石器群と細石刃石器群―』47-59頁，科学研究費補助金基盤研究（B）「日本列島北部の更新世完新世移行期における居住形態と文化形成に関する研究」グループ

阿部朝衛 2003「旧石器時代の技能差と技術伝承―新潟県荒川台遺跡の石刃技法を例として―」『法政考古学』30, 19-44頁

荒尾健志編 1991『みどり1遺跡』美幌町教育委員会

出穂雅実 1998「北海道常呂郡置戸町雄勝嘉藤遺跡における採集資料」『北海道旧石器文化研究』3, 13-28頁

岩崎厚志 2003「北海道今金町美利河1遺跡K地点」『第17回東北日本の旧石器文化を語る会予稿集』22-31頁，東北日本の旧石器文化を語る会

大場利夫・大谷良夫 1959『北見市上常呂遺跡』北見市教育委員会

大場利夫・近堂祐弘・柳原哲司・宮 宏明 1984「広郷丸山遺跡発掘調査報告」『北見郷土博物館紀要』15, 3-29頁

加藤晋平・鶴丸俊明・水村孝行　1971「多面体彫器の問題―北海道東部間村・吉村町遺跡の調査から―」『考古学ジャーナル』57, 10-22 頁

久保勝範・太田敏量・菅野友世　1980『北見市広郷・開成遺跡発掘調査報告書』北見市教育委員会

桑原　護　1975「札滑遺跡」麻生優・加藤晋平・小林達雄編『日本の旧石器文化 2』57-67 頁，雄山閣

坂本尚史編　2013『白滝遺跡群 XIII』（公財）北海道埋蔵文化財センター

坂本尚史編　2015『白滝遺跡群 XIV』（公財）北海道埋蔵文化財センター

佐藤宏之　2002「環日本海における広郷型細石刃核の分布」大貫静夫編『内蒙古細石器文化の研究―平成 10 年度～平成 13 年度科学研究費補助金基盤研究（C）(2) 研究成果報告書―』160-168 頁，東京大学大学院人文社会系研究科

佐藤宏之・役重みゆき　2013「北海道の後期旧石器時代における黒曜石産地の開発と黒曜石の流通」『旧石器研究』9, 1-26 頁

髙倉　純　2000「北海道北見市吉井沢遺跡 B 地点出土細石刃石器群の再検討―忍路子型細石刃核を組成する石器群の石器製作工程と石器製作作業の復元―」『北海道旧石器文化研究』5, 1-34 頁

髙倉　純　2003「北海道の更新世末における石材消費形態からみた遺跡間変異の検討―北海道東部，十勝平野の石器群を検討対象とした予察―」堤隆編『シンポジウム日本の細石刃文化 II』132-151 頁，八ヶ岳旧石器研究グループ

髙倉　純　2014「石器接合資料から割り手の交替を読み取る―北海道紋別郡遠軽町旧白滝 5 遺跡の出土資料を事例に―」西秋良宏編『考古資料に基づく旧人・新人の学習行動の実証的研究 4 ―「交替劇」A01 班 2013 年度研究報告―』71-77 頁，東京大学総合研究博物館

髙倉　純　2015a「石核集中の形成過程をめぐる一考察―学習行動という視点から―」西秋良宏編『考古資料に基づく旧人・新人の学習行動の実証的研究 5 ―「交替劇」A01 班 2014 年度研究報告―』100-109 頁，東京大学総合研究博物館

髙倉　純　2015b「広郷型細石刃核における細石刃剥離および彫器への転用過程―北海道上白滝 2 遺跡・元町 2 遺跡における細石刃核と彫器の剥離方法同定分析から―」『論集忍路子』IV, 103-118 頁

高橋章司　2001「翠鳥園遺跡の技術と構造」『翠鳥園遺跡発掘調査報告書―旧石器編―』192-221 頁，羽曳野市教育委員会

高橋章司　2014「翠鳥園遺跡と豊成叶林遺跡にみる新人の石器製作の学習行動」西秋良宏編『ホモ・サピエンスと旧人 2 ―考古学からみた学習』44-56 頁，六一書房

趙　海龍・陳　全家・李　有塞・李　霞（佐藤文子訳）　2014「吉林省和龍大洞旧石器遺跡出土遺物の研究」佐藤宏之・出穂雅実編『黒曜石の流通と消費からみた環日本海地域における更新世人類社会の形成と変容（II）』186-207 頁，東京大学大学院人文社会系研究科附属北海文化研究常呂実習施設

千葉英一　1985「日本の旧石器―北海道（3）―」『考古学ジャーナル』249, 28-31 頁

鶴丸俊明　1979「北海道地方の細石刃文化」『駿台史学』47, 23-50 頁

鶴丸俊明　1985「『広郷型細石刃核』論―その形質と意味―」論集日本原史刊行会編『論集日本原史』113-138 頁，吉川弘文館

鶴丸俊明・出穂雅実・髙倉　純　2000「大韓民国・上舞龍里 II 遺跡の細石刃石器群―石器群の位置づけと関連する問題について―」『北海道考古学』36, 97-103 頁

戸沢充則　1967「北海道置戸安住遺跡の調査とその石器群」『考古学集刊』3 (3), 1-44 頁

寺崎康史　2006「北海道の地域編年」安斉正人・佐藤宏之編『旧石器時代の地域編年的研究』276-314 頁，

同成社

直江康雄　2009「北海道東部における黒曜石利用」佐藤宏之編『公開シンポジウム　黒曜石が開く人類社会の交流予稿集』14-31頁，科学研究費補助金基盤研究（A）「黒曜石の流通と消費からみた環日本海北部地域における更新世人類社会の形成と変容」グループ

直江康雄　2014「北海道における旧石器時代から縄文時代草創期に相当する石器群の年代と編年」『旧石器研究』10，23-40頁

直江康雄　2015「石器製作技術の伝承と学習―北海道白滝遺跡群資料をもとに―」『日本考古学協会第81回総会研究発表要旨』92-93頁，（一社）日本考古学協会

直江康雄編　2007『白滝遺跡群VII』（財）北海道埋蔵文化財センター

直江康雄編　2009『白滝遺跡群X』（財）北海道埋蔵文化財センター

長沼　孝編　1985『今金町美利河1遺跡』（財）北海道埋蔵文化財センター

長沼　孝・佐藤　剛編　2000『上川町　日東遺跡』（財）北海道埋蔵文化財センター

長沼　孝・鈴木宏行編　2001『白滝遺跡群II』（財）北海道埋蔵文化財センター

夏木大吾　2015「北海道の晩氷期　細石刃・遊動」『季刊考古学』132，59-62頁

濱口　皓・長沼正樹・出穂雅実・髙倉　純・赤井文人　2011「北海道上川郡下川町高瀬遺跡の再検討」佐藤宏之編『環日本海北部地域における後期更新世の環境変動と人間の相互作用に関する総合的研究』146-192頁，東京大学大学院人文社会科学系研究科附属北海文化研究常呂実習施設

光石鳴巳　2002「細石刃石器群における石器製作者をめぐる一考察―恩原2遺跡M文化層における石器集中部の分析から―」『環瀬戸内海の考古学―平井勝氏追悼論集―』51-62頁，古代吉備研究会

宮尾　亨　1997「北海道今金町美利河1遺跡K地点」『第11回東北日本の旧石器文化を語る会予稿集』47-59頁，東北日本の旧石器文化を語る会

山崎博信　1979『モサンル遺跡（付北町タカセ地点）』下川町教育委員会

山田　哲　2006『北海道における細石刃石器群の研究』六一書房

山田　哲　2008「北海道の細石刃石器群をめぐる伝播現象」佐藤宏之編『伝播を巡る構造変動―国府石器群と細石刃石器群―』60-77頁，科学研究費補助金基盤研究（B）「日本列島北部の更新世完新世移行期における居住形態と文化形成に関する研究」グループ

山原敏朗　1998「北海道の旧石器時代終末期についての覚書」『北海道考古学』34，77-92頁

ワシリエフスキー, A. A.（木村英明訳）　2006「サハリンと日本の旧石器文化」『考古学ジャーナル』540，19-24頁

Aoki, K. 2013 Determinants of cultural evolutionary rates. In *Dynamics of Learning in Neanderthals and Modern Humans 1: Cultural Perspectives,* edited by T. Akazawa, Y. Nishiaki, K. Aoki, 199-210, New York: Springer.

Audouze, F. and Cattin, M. 2011 Flint wealth versus scarcity: consequences for Magdalenian apprenticeship. *Lithic Technology* 36, 109-126.

Bodu, P., Karlin, C. and Ploux S. 1990 Who's who?: the Magdalenian flintknappers. In *Big Puzzle: International Symposium on Refitting Stone Artefacts,* edited by E. Cziesla, S. Eickhoff, N. Arts, and D. Winter, 143-164. Bonn: Holos.

Eren, M. I., Buchanan, B., and O'Brien, M. 2015 Social learning and technological evolution during the Clovis colonization of the New World. *Journal of Human Evolution* 80, 159-170.

Grimm, L. 2000 Apprentice flintknapping: relating material culture and social practice in the Upper Paleolithic. In *Children and Material Culture,* edited by J. S. Derevenski, 53-71, London and New York: Routledge.

Johansen, L. and Stapert, D. 2008 Stone age kids and their stones. In *Technology and Archaeology: Proceedings of the SILA Workshop,* edited by M. Sørensen and P. M. Desrosiers, 5-39, Copenhagen: The National Museum Studies in Archaeology and History.

Karlin, C., Ploux, S., Bodu, P., and Pigeot, N. 1993 Some socio-economic aspects of hunter-gatherers in the Paris Basin. In *The Use of Tools by Human and Non-human Primates,* edited by A. Berthelet, and J. Chavaillon, 318-337, Oxford: Clarendon Press.

Nakahashi, W. 2015 The evolution of culturally transmitted teaching behavior. In *Learning Strategies and Cultural Evolution during the Palaeolithic,* edited by A. Mesoudi, and K. Aoki, 23-33, New York: Springer.

Nakazawa, Y., Izuho, M., Takakura, J. and Yamada, S. 2005 Toward an understanding of technological variability in microblade assemblages in Hokkaido, Japan. *Asian Perspectives* 44, 276-292.

O'Brien, M. J., Boulanger, M. T., Buchanan, B., Collard, M., Lyman, R. L., Darwent, J. 2014 Innovation and cultural transmission in the American Paleolithic: phylogenetic analysis of eastern Paleoindian projectile-point classes. *Journal of Anthropological Archaeology* 34, 100-119.

Pelegrin, J. 1990 Prehistoric lithic technology: some aspects of research. *Cambridge Archaeological Review* 9, 116-125.

Pigeot, N. 1990 Technical and social actors: flintknapping specialists at Magdalenian Etiolles. *Cambridge Archaeological Review* 9, 126-141.

Stout, D. 2002 Skill and cognition in stone tool production: an ethnographic case study from Irian Jaya. *Current Anthropology* 43, 693-722.

Takakura, J. 2013 Using lithic refitting to investigate the skill learning process: lessons from Upper Paleolithic assemblages at the Shirataki sites in Hokkaido, Northern Japan. In *Dynamics of Learning in Neanderthals and Modern Human 1: Cultural Perspectives,* edited by T. Akazawa, Y. Nishiaki, K. Aoki, 151-171, New York: Springer.

Tostevin, G. B. 2012 *Seeing Lithics: A Middle-Range Theory for Testing for Cultural Transmission in the Pleistocene.* Oxford and Oakville: Oxbow Books.

第9章　北海道中央部の旧石器について

中沢　祐一

はじめに

　日本列島の最北に位置する北海道地方は，最終氷期の最寒冷期よりヒトが住んでいたことが確認されている。氷河期にヒトが居住していた事実は古人骨の存在からではなく，遺跡に残された石器を主とする考古資料に基づく。なかでも細石刃とよばれる北東アジア全域から北アメリカ北部までの広域に分布する極小な石器の存在が卓越する。北海道の細石刃の大きな特徴は，細石刃をはがした石核である細石刃核の形態・サイズがきわめて多様な点にある。湧別技法の提唱を始めとし（吉崎1961），細石刃核の型式設定や対応する石核整形・細石刃剥離過程（技法）は，細石刃核の綿密な観察によって70年代後半までに体系化されている（安蒜1979，鶴丸1979）。とくに細石刃核の型式設定の完成度は高く，美利河型（長沼1990，千葉1993）などの新型式の提唱はあるものの，その後の資料の増加によっても大きな変更はない。一方で，型式設定がなされた資料は，湧別川上流域の白滝遺跡群や常呂川流域の北見盆地の遺跡群などの層位的な検出例の乏しい地域の事例を中心としている（出穂・赤井2005，矢島1984）。したがって石器組成の複雑さ（矢島1984）とも相まって，特定の型式の細石刃核がどのような石器群に伴い，いかなる種類の定形石器とともにあるかという石器群の特徴を把握するまでに時間を要した。その点で，細石刃核の型式的特徴のみに依存した文化編年案は仮説の域をでなかったともいえる。実際に，90年代以降に細石刃石器群の検出事例は増えたものの，現在でも広郷型細石刃核を伴う細石刃石器群などは編年的位置が揺れ動いている（寺崎2006，直江2014）。地域編年の困難さに呼応するように，細石刃核のヴァリエーションのみに着目するのではなく，道具としての石器の組成の違いが遺跡の機能差を反映しているという考え方（加藤・桑原1969，山田2006）も並存しており，遺跡の機能的な違いが石器群の石器組成や石器を製作した技術の多様性に表れていると考えることも可能である。

　石器群間の多様性という現象については，中期旧石器のムステリアン石器群（Binford and Binford 1966, Bordes 1961, Jaubert et al. 2011, Monnier and Missal 2014, 中沢2003参照）やフランスやスペインなどの西ヨーロッパの後期旧石器の石器インダストリー（Straus 2006）に顕著にみられる現象であり，石器石材の条件，環境への適応行動などの観点から様々な説明がなされてきた。北海道の後期旧石器時代の石器群についても，製作技術や組成において多様性の高さが顕著となっている（髙倉・中沢1999，山田2006）。異なる細石刃核型式の細石刃石器群を時系列に配置するこ

と自体の困難さ——すなわち技術形態学的特徴から予想される系統的変化（鶴丸 1979）も層位的事例によって検証される機会が少ないという実情——いくつかの型式の細石刃核が単一の石器群を形成するという現象（木村 1995，鶴丸 1979）などは，石核整形技術や石器組成の違いなどにみられる石器群の変異が単純に時間，集団，機能などの特定要因に帰するとはいえないことを示唆している。発掘調査による新たな石器群の検出が下火となった現在，これまで蓄積された資料について説明を加えていく必要がある。もし多様性の指標となる石器群のパターンについて，現在どの程度明らかになっているかを示すことができれば，人間行動の適応的側面に関する仮説（遺跡の機能差，集団の移住など）は信頼性をもってくるはずである。

　本稿では北海道内の層位的出土例に恵まれた地域の石器群の現状を整理することを目的とし，そこから指摘できる最終氷期の地域環境とヒトの居住の相互関係について考察し，北海道の後期旧石器時代の課題について若干の問題提起を行いたい。確実な旧石器遺跡が層位的に出土している地域は，東南部の十勝平野と中央部の石狩低地帯である（出穂・赤井 2005，寺崎・山原 1999，山田 2006）。両地域は，2000 年代前半まで活発な行政発掘がなされてきたが，近年は開発も激減し，これまで蓄積された資料の再検討や意義づけが必要とされている地域でもある。

1　支笏火山灰台地の旧石器遺跡

(1) 地質的背景

　北海道中央部では，1970 年代以降，後期旧石器時代の遺跡が徐々に発掘されるようになった。これらの遺跡の多くは，石狩低地帯とよばれる南は勇払海岸，北は砂川に至る南北 72 km，東西平均 20 km の沖積平野の南部に集中する。石狩低地帯はいくつかに地形が区分されており，旧石器が集中する地域は「長沼低地」（江別市から千歳市駒里までの範囲）の南部に含まれ，行政区分では千歳市となる（千歳市史編さん委員会 2010：51 頁）。長沼低地には西側の支笏湖から約 42,000 年前に噴出した火砕流によって「支笏火山灰台地」とよばれる東西 24 km，南北 20 km の範囲に 350 km^2 の広がりをもつ台地が形成されている（千歳市史編さん委員会 2010：55 頁）。支笏火山灰台地は 700 km^2 に及ぶ関東平野の武蔵野台地の半分の広さであり，侵食する河川は，台地北部では支笏湖から東側の低地部へと流れている。千歳市の市街地では河川の勾配は緩やかとなり，蛇行河川となる。それらの河川はやがて千歳川へ合流し，北の石狩湾へと注ぐ。一方，台地南部の湧水から発する美々川は南流し，苫小牧で太平洋へと注ぐ。旧石器時代の遺跡は，支笏火山灰台地北部の千歳市街地および馬追丘陵の裾に主たる分布がある（第 1 図）。また，台地南部の美々川上流でも散発的に旧石器の確認がなされている。支笏火山灰台地北部の旧石器遺跡の多くは，風成古砂丘とよばれる風化した支笏火砕流が堆積した砂丘の上に残されていることが特徴的である。古砂丘は，千歳川が北上しはじめる支笏火山灰台地の東側の低地部に多く確認されている（第 2 図）。この地帯には，祝梅下層遺跡（三角山地点）や丸子山遺跡などの古砂丘上の遺跡が分布

第9章 北海道中央部の旧石器について　171

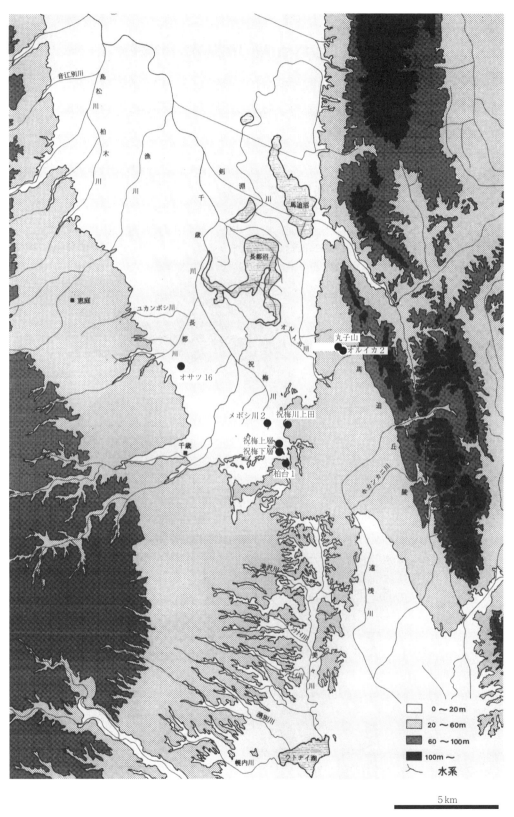

第1図　支笏火山灰台地における旧石器遺跡の位置（三浦ほか2005の図に加筆）

172　III　北海道の晩氷期適応

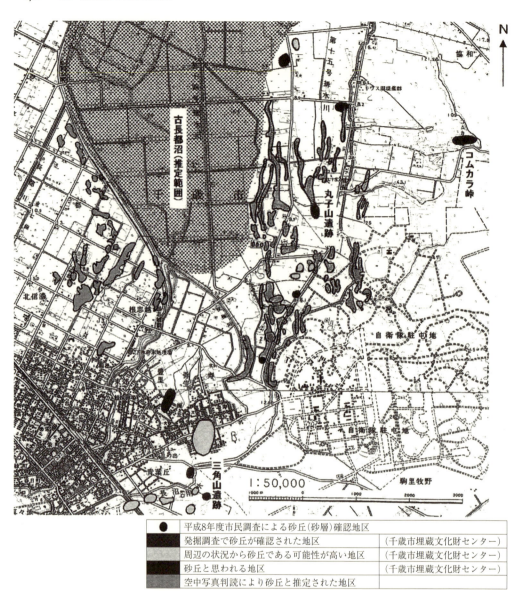

第2図　古砂丘の分布（千歳市史編さん委員会 2010 より）

する。一方で，オサツ 16 遺跡（大島 1997）など段丘上の立地環境にある遺跡も近年の大規模調査から明らかとなっている。古砂丘の分布からも明らかなように，遺跡の多くは特定の河川に沿って分布する遺跡群としてではなく，標高 20 m 前後の低地に位置する。

　旧石器遺跡は火山灰に厚く覆われた台地に位置しており，遺跡周辺に石器石材はあまり多くみられない。台地が比較的平坦であることからも河川の下刻も顕著ではなく，礫の供給量が少ない。すなわち，支笏湖周辺は恵庭岳や樽前山などの活火山を有する火山地帯にあり，溶岩や安山岩などの火山岩を産出する。支笏湖周辺の石器石材の分布調査からは支笏湖西部の美笛で安山岩がえられることが確認されている（中沢 2002）。しかし，河川によって火山灰台地の北部まで運搬さ

第9章 北海道中央部の旧石器について　173

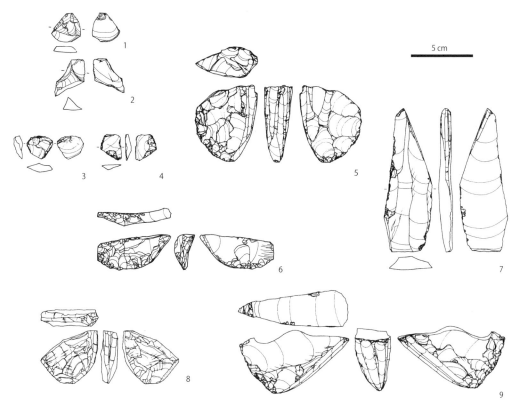

1-4：微細剥離を有する剥片・二次加工剥片，5：蘭越型細石刃核，6：峠下型細石刃核，7：広郷型細石刃核
8：忍路子型細石刃核，9：札滑型細石刃核
1-2：祝梅下層（三角山地点），3-4：柏台1・剥片石器群，5：柏台1・細石刃石器群，6：オサツ16（A地区），7：アンカリトー7，8：メボシ川2・Ⅰ群，9：オルイカ2

第3図　支笏火山灰台地の旧石器資料

れている礫は少ない。比較的勾配のある河川（漁川上流部など）では礫の供給も期待されることから，石器に適した石材が得られる可能性があるが，体系的な調査はなされていない。支笏火山灰台地のさらに東には夕張山地や日高山脈が位置する。夕張山地の南西麓となる厚真町ではダム建設のための緊急調査によって多数の遺跡が発掘されており，メノウや砂岩などが在地石材として確認されている。日高山脈はチャートや変成岩の産地であり，柏台1遺跡の剥片石器群の一部やメボシ川・Ⅱ群には日高産と考えられる赤色のチャートが含まれている。石器群で唯一産地が特定可能な石材は黒曜石である。支笏火山灰台地から最も近い黒曜石の産地は北西に100km離れた日本海側に位置する赤井川の黒曜石である。白滝，置戸，十勝の黒曜石は大雪山系をまたいで，さらに遠距離に位置する。このように支笏火山灰台地は石器石材に乏しい地域である。おそらく河川などによる支笏火山灰の浸食がそれほど進んでいなかった最終氷期には，現在よりもさらに礫の供給量は少なく，利用できた石材も限られていたと考えられる。

(2) 石器群の概要

支笏火山灰台地で最初に調査された旧石器遺跡は，1973年に地元の考古学研究者の立川仁三が土取場より発見した石器によって確認された祝梅下層遺跡（三角山地点）である（吉崎 1974）。吉崎昌一らによるその後の組織的な発掘によって，約 18,000 年前に降下した恵庭 a 降下火山灰（En-a）の直下のローム層から，石刃技法をもたない「切り出形ナイフ」を伴う石器群を検出し，本州や大陸の石器群との対比がなされた（吉崎 1974）。先だつ 1968-71 年にかけて，祝梅上層遺跡からも槌田節雄によって石器が表面採集されていたが（田村 1983），本格的な後期旧石器時代の遺跡調査は，80 年代の高度経済成長期に始まる。市街地の宅地造成や新千歳空港の整備によって，メボシ川 2 遺跡では En-a の上位に堆積するローム層から忍路子型細石刃核を伴う細石刃石器群（以下，忍路子細石刃石器群と呼称）が発掘され（田村前掲），En-a の上位のローム層にも石器群が包含されていることが明らかとなっている。90 年代後半から 2000 年代前半には国道などの道路敷設に伴う大規模な緊急発掘が集中し，多数の遺跡が発掘された。En-a 下位からは柏台 1 遺跡（福井・越田 2000）が発掘され，蘭越型細石刃核を伴う細石刃石器群とスクレイパーや微細剝離痕を有する剝片を多量に伴う剝片石器群が同一層より空間的に重複するかたちで検出されている。その後，それまで未確認であった湧別技法による札滑型細石刃核を伴う細石刃石器群がオルイカ 2 遺跡（三浦ほか 2005）から検出され，アンカリトー 7 遺跡（愛場・末光 2010）では広郷型細石刃核を伴う細石刃石器群が出土している。

2 石器群の特徴

(1) 類型

現在，En-a は北海道の後期旧石器の時期区分を行ううえでの時間的基準にもなっている。また上述したように，En-a の下位には約 42000 年前の支笏火砕流（Spfa-1）が厚く堆積しており，ヒトの居住の痕跡は確認されていないことから，En-a 下位石器群の年代的上限を決めている。柏台 1 遺跡において En-a の下位から検出された最古の細石刃石器群は，年代値が約 19,000 年前（未較正）に集中しており（出穂・赤井 2005），その後細石刃石器群が各地で展開する。この点から，北海道以南の日本列島では AT を境に前半期と後半期を区分するのが通常であるが，北海道では AT 層を確認することが困難であることから，本州との直接的な対比が難しい（佐藤 2003）。AT よりも新しい En-a テフラが中央部から東南部にかけてみられ，細石刃石器群は En-a 上位から盛行する。細石刃石器群の出現は En-a の下位の 2 万年前に遡るものの，その年代は En-a と大きく違わないことから，En-a を境に後期旧石器時代を前半期と後半期を分けることが主流となっている（佐藤 2003，寺崎 2006，寺崎・山原 1999，山田 2006，山原 1996）。寺崎（2006）は北海道の旧石器石器群を 14 類型に分けており，前半期を 5 群，後半期を 9 群としている。このうち，支笏

第1表 石器群類型と支笏火山灰台地と十勝平野の該当する石器群（石器群類型は，寺崎 2006 による）

群	石器群	支笏火山灰台地	十勝平野
1	台形様	祝梅下層（三角山地点）	共栄 3
2	掻器	丸子山下層，柏台 1（B 地区・剝片石器群）	川西 C，嶋木，南町 2
3	小形削器	—	勢雄，上似平下層
4	広郷型尖頭状石器	—	—
5	基部加工ナイフ形石器	—	—
6	蘭越型	柏台 1（B 地区・細石刃石器群）	空港南 A
7	峠下 1 類・美利河型	柏台 1（A 地区），オサツ 16（A 地区）	美川地点
8	峠下 2 類・札滑型	オルイカ 2	暁
9	白滝型	（丸子山上層）	—
10	ホロカ型	—	暁
11	忍路子型	メボシ川 2・Ⅰ群，丸子山 En-a 上層，オサツ 16（B 地区），祝梅上層，祝梅川上田（ブロック 2）	大空
12	広郷型	アンカリトー 7，メボシ川 2・Ⅱ群？	—
13	紅葉山型	—	—
14	小型舟底形石器	（丸子山上層）	落合，南町 1

火山灰台地で確認されているのは前半期 2 群，後半期 5 群の計 7 群である（第 1 表）。なお，小型舟底形石器および白滝型の範疇となる打面に擦痕を有する細石刃核が，丸子山遺跡 En-a 上層にて 1 点ずつ確認されている（田村・高橋 1994）。この単発な出土例を除くと，支笏火山灰台地では全類型の半分に相当する石器群は，En-a 降下軽石層との上下関係が明らかである。同じく En-a の上下で層位的な出土のある十勝平野と比較すると，いくつかの点が明らかである（第 1 表参照）。十勝平野では En-a 下層からは 3 群，上層からは 6 群，計 9 群の石器群が確認されている。また十勝平野では，小形削器石器群（山原 1996）が勢雄や上似平下層より出土しているが，支笏火山灰台地では未確認である。En-a 上層については支笏火山灰台地ではホロカ型細石刃核の検出例がなく，小型舟底型石器は前記した丸子山 En-a 上層で忍路子細石刃石器群とともに確認されるのみである。一方で，広郷型細石刃核の検出例（アンカリトー 7）があり，忍路子細石刃石器群は複数の遺跡で出土している。

（2）石器群の規模とサンプルサイズの問題

北海道の旧石器は，本州の旧石器に比べて遺物量が多いことが特徴である。これは旧石器時代のヒトが，白滝や置戸の黒曜石や道南の頁岩の原産地を開発した結果でもある。遺物量の多さは支笏火山灰台地の遺跡にも認められる。第 4 図には，石器群の遺物数を示した。柏台 1 遺跡やオサツ 16 遺跡からは 2 万点を超える遺物が回収されている。その多くは，剝片剝離時のチップ類であり，スクレイパーなどの素材剝片や刃部形成・再生剝片である（赤井 2015）。一方で，祝梅下層（三角山地点）や丸子山下層では 200 点程の遺物が出土しているのみである（中沢 2000，2001）。こうした顕著な遺物量の違いは，何に起因するのであろうか。単純にヒトの居住期間が長かったためか，特定の作業に特化していたため道具利用の頻度が高かったなど行動的な意味を想定することも可能であるが，居住地（集落遺跡）が完掘されていないことが要因とも考えられる。たとえば，祝梅下層（三角山地点）などは土砂採取のための工事が進行していたため，断面から石器

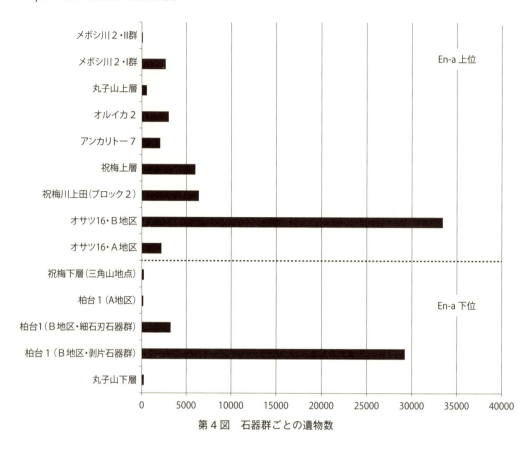

第4図 石器群ごとの遺物数

が回収されており（吉崎1974），遺跡の一部はすでに破壊されていた可能性もある。そのため，遺跡の発掘によって出土した点数が必ずしもその場所に居住した結果残された石器群のすべてを示していることにはならない。また，支笏火山灰台地の西側には広大な自衛隊基地があるため発掘調査が行き届いていない地区があることも否定できない。こうした潜在的なサンプリングバイアスの問題は遺物の多様性の評価に関連する。さらに，サンプルサイズが資料の性質に与える影響についても注意しなければならない（Grayson and Cole 1998, Kintigh 1984, Leonard and Jones 1989）。仮に居住域の遺物分布範囲を完掘していなかった場合，居住活動の結果とはいえ，回収された遺物が居住総体のサンプルとはなりえず，残された石器群が全体をどの程度反映しているかを評価するのは困難となる。石器組成については点数の少ない器種などは抜け落ちている可能性が生じる。大規模発掘であったとしても緊急調査の場合，発掘区以外に石器の分布が続くケースはありえる。また学術調査の場合，大規模な石器集中の一部を小規模な発掘調査区が掘り当てている可能性もある。石器の分布密度がコンスタントであると仮定するなら，一般的には，発掘区の面積が大きいほど，回収される遺物量は増えることが予想される。この場合，得られた資料の量や質は調査範囲の大小による変異によって説明できる（Izuho and Nakazawa 2006）。ここでは資料の出土量を検討対象とし，遺物の量が発掘調査面積によってどの程度説明されるのかを検討する。第5図に，発掘区の面積と遺物の出土量の関係を示した。発掘区の面積と遺物量の間には

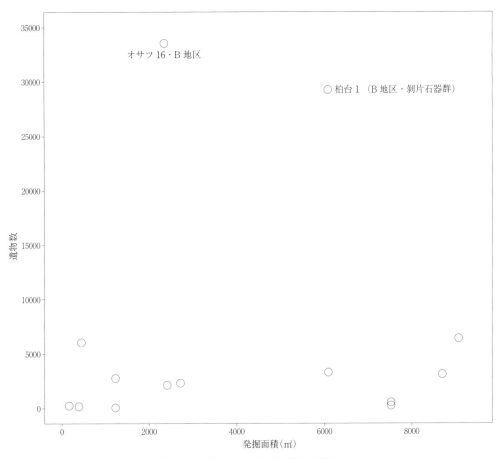

第5図 発掘面積と出土遺物数の関係

相関関係が認められない（ピアソンの相関係数＝0.0554, p＝0.85）。遺物点数がきわめて多いオサツ16・B地区と柏台1・剝片石器群を除いても，相関関係は認められない（ピアソンの相関係数＝0.2434, p＝0.45）。このことから遺物数が発掘面積によって規定されるような関係は，あったとしても大きな影響はなかったといえる。ただし，発掘面積が2000 m^2 と狭いが，比較的遺物数の多い祝梅上層遺跡（佐久間2008）などは，まだ遺跡全体が完掘されていない可能性もある。反対に，調査面積が広いが遺物量が少ない丸子山遺跡（上層・下層）などは発掘によって遺跡全体の調査が完了した可能性が高いことを示唆している。また，遺物数の突出するオサツ16・B地区と柏台1・剝片石器群は大遺跡としての評価が可能である。柏台1遺跡では細石刃石器群もあわせて出土することからも剝片石器群と細石刃石器群を合わせると最大規模の遺跡となる。こうしたことから，遺物の分布密度の高いこれらの大遺跡では，集約的な作業がなされたこと，もしくは回帰的な居住が繰り返された可能性が考えられる。

(3) 石材の利用傾向

石器石材の乏しい環境下では，石材の獲得を動機としてヒトが移動してくることは想定しにく

第2表　石器群の類型ごとの石材利用傾向

群	主要な石器石材		
	黒曜石	その他（頁岩，チャート）	黒曜石とその他の石材
1	祝梅下層（三角山地点）	—	
2	—	—	丸子山下層，柏台1（B地区・剝片石器群）
3	—	—	—
4	—	—	—
5	—	—	—
6	—	柏台1（B地区・細石刃石器群）	—
7	オサツ16（A地区）	柏台1（A地区）	—
8	オルイカ2	—	—
9	（丸子山上層）	—	—
10	—	—	—
11	メボシ川2・I群，オサツ16（B地区），祝梅上層	丸子山上層，祝梅川上田（ブロック2）	—
12	—	メボシ川2・II群	アンカリト-7
13	—	—	—
14	（丸子山上層）	—	—

い。また，遺跡での滞在期間中に石材の補給が頻繁にはなされにくい状況も想定される。仮に補給があったとしても，すべての石を現地で補給することは狩猟活動など他の生計維持活動の遂行に影響を与える点からもリスクが高い（Elston 1990）。石材の補給を行わなくてよいように，あらかじめ石器を準備してくることが必要であったと考えられる。その意味で，残された石器群の石材利用傾向はヒトが移動・居住してきた地域の情報や行動範囲を示唆していることになる。第2表には石器群の類型ごとの石材利用傾向を示した。石材利用傾向は，黒曜石主体，非黒曜石（チャート，頁岩など）主体，黒曜石と非黒曜石が同程度となるグループの大きく三つがある。多くの石器群では黒曜石が主体となるものの，一部では頁岩やチャートなどが主となる石器群もある。石器群は少ないが，前半期では黒曜石を主とする祝梅下層と，黒曜石とその他の石材を同程度に用いている柏台1・剝片石器群や丸子山下層石器群などの2種類がある。後半期では，忍路子細石刃石器群において黒曜石の利用頻度が高いのが特徴的である。黒曜石を多く利用する石器群が後半期になって顕著になるともいえるが，アンカリト-7（愛場・末光 2010）のように良質な頁岩，珪岩など多様な石材を利用する石器群も存在する。すなわち後半期になると，黒曜石主体の石器群が顕著になる一方で，それ以外の石材を主体とする石器群も増えるというように良質な石器石材の利用が多様化していくようである。また後半期になると彫刻刀形石器と頁岩の結びつき（赤井 2005，木村 1995）など，特定の石器と石材の強固な結びつきが確立する可能性もあり，今後定量的なデータによる石器群間の石材利用パターンの把握が必要である。

3 支笏火山灰台地の石器群の多様性について

(1) 居住活動

　支笏火山灰台地には多数の旧石器遺跡が残されており，それらの多様性について石器群の特徴，石器群の規模とサンプリングエラーの可能性，石材利用の面から概観してきた。当該地域は十勝平野とともにEn-a火山灰が明瞭に残されることから層位的な石器群の上下関係が確認でき，前半期と後半期という石器群の文化編年枠を提供している。遺跡の分布をみる限り，前半期，後半期を通じて千歳川が低地部へと注ぐ台地の南部という特定の地域に居住が営まれている（第1図）。その範囲はおおよそ10 km圏内に収まる。往復20-30 kmが狩猟採集民の最大の日常的移動範囲に相当すること（Kelly 1995）を参照すると，支笏火山灰台地の低地部の遺跡は旧石器時代のヒトの日常的活動範囲に含まれると推測される。遺跡に居住した集団は，おそらくこの狭い土地で得られる食料資源にかなりの程度依存していたのではないかと思われる。裏を返せば，その範囲の食料資源の生産性が高かったことが，ヒトの居住をもたらしたと考えることもできる。

　黒曜石をはじめとする良質な石材は在地では直接入手が困難であったと仮定するならば，石材の利用傾向は他のグループとの交換（木村1995，山田2011）や広域移動ルートなどのパターンを示している可能性がある。多数の遺物が出土したオサツ16遺跡などの大遺跡では黒曜石が多数利用されていることから，当該地域における居住活動の内容や予想される居住期間が居住地への滞在前にあらかじめ計画されていたことが考えられよう。その背後には，どのような資源が利用でき，それをどのくらい必要とするかという狩猟対象に対する理解が成り立っていたと思われる。石器群の類型のすべてが存在するわけでもなく，類型ごとの石器群の数も少ない現状であるが，忍路子細石刃石器群は一定数検出されている（第1表参照）。丸子山上層（赤井2005）やオサツ16・B地区（赤井2015，大島1997）では，多数の掻器や彫刻刀形石器などの石刃・縦長剥片を素材とする定型石器もつことが特徴であることからも，特定の道具を利用するような一定の種類の活動を遂行するために支笏火山灰台地へ居住した人類集団があったことが想定される。

(2) 石器組成の多様性

　用いられた道具と活動の関係を明らかにするため，石器群の石器組成について検討を行う。石器組成は，発掘調査報告書に掲載される基礎的データであることからも利用しやすい反面，それがどのような役割をもつかに関しては議論されることが少ない。一般的に石器組成は，石器の技術形態学的基準から定義された石器器種に基づいており，石器の形態的・技術的な特徴が機能と結びついているという前提にある（山中1979）。また，分類単位は切るや突くなどの石器の形や大きさなどから想定される機能や，対象物である用途と結びつけられている（大井1976）。石器の使用痕分析の成果は，分類単位の前提を肯定することもあるが（佐野2011，山原1997），しない

第3表 狩猟具と加工具ごとの器種組成

群	石器群	遺物数	狩猟具		加工具										
			細石刃	尖頭器	掻器	削器	彫刻刀形石器	錐形石器	両面調整石器	礫器	石斧	敲石	砥石	磨石	台石
2	丸子山下層	221			6	5	1								
2	柏台1（B地区・剝片石器群）	29213			243	68		12		10		5			90
6	柏台1（B地区・細石刃石器群）	3261	623		12	2	4					1			16
7	柏台1（A地区）	159	3		1										
7	オサツ16・A地区	2260	129			6	8	2							1
11	オサツ16・B地区	33483	1019	2	174	90	136	13	4	2	1				
11	祝梅川上田（ブロック2）	6362	59		21	6	4		1						
11	祝梅上層	5978	159	1	168	4	18	5	2	1				1	
12	アンカリトー7	2078	173		30	7	56	8	3	7	3	1			
8	オルイカ2	3033	460		21	55	18		5	1					
11	丸子山上層	528	10		40	10	3	5				1		1	
11	メボシ川2・I群	2676	320	3	96	31	10	1	1	3	2			0	
12?	メボシ川2・II群	25			1	5	1					1	1		

場合もありえる（岩瀬 2011）。本稿では器種内に潜在する機能・用途の変異を捨象し，狩猟具と加工具（織笠 1984，白石 2010）という生計維持のための機能的な道具として石器がデザインされたという前提にたつ。具体的に対象石器群において狩猟具とみなされるのは細石刃と尖頭器（有舌尖頭器を含む）であり，加工具には，掻器，削器，彫刻刀形石器，錐形石器，両面調整石器，礫器，石斧，敲石，砥石，磨石，台石が含まれる。第3表は石器群ごとにみた狩猟具と加工具に分類される器種の組成表である。石器組成とその点数は発掘調査報告書から抽出した。器種組成が不明瞭な祝梅下層（三角山地点）は除く，13石器群を検討対象とした。狩猟具では細石刃が多くの石器群にみられ，なかでもオサツ16・B地区では1000点を超える。加工具のなかでは，掻器，削器，彫刻刀形石器が多くの石器群でほぼ共通してみられ，錐形石器と両面調整石器がほぼ半数の石器群に伴う。礫石器は礫器，石斧，敲石などのバラエティーに富む。個別の石器群ではそれぞれの器種が数種類みられる程度であるが，柏台1遺跡では例外的に台石の点数が卓越する。狩猟具と加工具の種類を石器群間で比較すると（第4表），いくつかの所見が得られる。細石刃や尖頭器などの狩猟具に偏った石器群はなく，狩猟具のある石器群のほとんどに加工具が伴っている。反対に，加工具のみの石器群は存在し，丸子山下層，柏台1（B地区・剝片石器群），メボシ川2・II群が該当する。この加工具の卓越は，十勝平野の川西C（北沢ほか 1998）や嶋木石器群（Buvit et al. 2014, 加藤・山田 1988）にも共通する En-a 下層石器群に顕著な特徴である。狩猟具と加工具がともに多種類認められるのは，メボシ川2・I群，オサツ16・B地区，祝梅上層の3石器群であり，いずれも忍路子細石刃石器群に相当する。

北海道中央部の後期旧石器時代の石器群は，狩猟具よりもむしろ加工具に多様性の高さが顕著にみられる。観察された加工具の多様性が，活動内容の多様性や居住期間などの行動的要因の影

第4表　狩猟具と加工具の器種の多様度にみる石器群

加工具の種類	狩猟具の種類 0	1	2
0	—		
1	—	柏台1（A地区）	
2	—	—	
3	丸子山下層		
4	—	オサツ16・A地区	
5	オルイカ2, メボシ川2・Ⅱ群	柏台1（B地区・細石刃石器群）	
6	柏台1（B地区・剝片石器群）	祝梅川上田（ブロック2）, 丸子山上層	
7	—	—	オサツ16・B地区
8	—	祝梅上層	メボシ川2・Ⅰ群

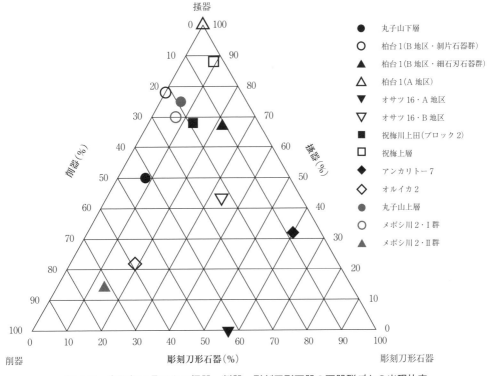

第6図　主要加工具である搔器・削器・彫刻刀形石器の石器群ごとの出現比率

響を受けている可能性を考慮し，主要な加工具である搔器，削器，彫刻刀形石器をとりあげ，それらの量的比率を石器群間で比較した。第6図は搔器，削器，彫刻刀形石器の石器群における出現比率を百分率で表した三角ダイアグラムである。三角形の上部に位置する石器群が多く，搔器の量的比率が70％以上におよぶ石器群が多数あることがわかる。左下隅に位置する石器群は削器の割合が60-70％と高い（オルイカ2，メボシ川・Ⅱ群）。また，右下隅に位置する石器群では彫刻刀形石器が約60％となる（アンカリトー7，オサツ16・A地区）。前・後半期ともに搔器が多数を占める遺跡が一定量存在することが特徴的である。これらの遺跡は，前半期では柏台1遺跡の

剝片および細石刃石器群，後半期では祝梅上層，メボシ川2・I群，丸子山上層の忍路子細石刃石器群である。以上の石器組成の検討からは，忍路子細石刃石器群では道具の多様度が高い一方で，掻器の量的卓越が顕著に認められる。忍路子細石刃石器群という技術体系では，加工具の多様性の高さが顕在化し，それは皮革加工などの特定の作業への集約と組み合わさっていた可能性が考えられる。

4 議論とまとめ

石器群の技術的・形態的な特徴や石材利用の傾向による類型，石器組成の特徴などのパターンから支笏火山灰台地の後期旧石器時代の石器群について検討を加えた。その結果，石材利用や石器組成の多様性の程度が明らかとなり，なかでも忍路子細石刃石器群について，遺跡規模の大きさ，石材利用の特性（非在地産黒曜石の利用），器種の多様性の高さ，掻器の頻出が明確となった。以下では，晩氷期という気候区分と忍路子細石刃石器群の関連性を中心として，石器群の多様性について若干の考察と課題を述べる。

忍路子細石刃石器群の編年的位置は北海道の細石刃石器群の後半期であり，年代的には13,500年前以降とされている（山田 2006）。このことから忍路子細石刃石器群は晩氷期に展開した石器群ととらえられるが，そうした編年案に符合する理化学的年代は少ない（國木田ほか 2014）。支笏火山灰台地では，祝梅上田遺跡 En-a 上層の忍路子細石刃石器群から回収された炭化材の放射性炭素年代（較正年代）が比較的まとまった年代を表している。3点の年代が 18,000-17,000 年前，1点の年代が 14,000 年前となる（山田 2007）。これらの年代値の信頼性への評価は低いが（直江 2014），前者では文化編年案よりも古く，後者であれば晩氷期（ベーリング・アレレード亜氷期）に該当する。いまだ年代的な検証が完全になされていない忍路子細石刃石器群であるが，仮に晩氷期であるとするならば，石器組成（器種）の多様化という傾向は支笏火山灰台地に限らず北海道全域の石器群で認められることから（Nakazawa and Yamada 2015, 山田 2006, 山原 1998），晩氷期に入ってから道具の多様化，とりわけ加工具の多様化が進行したという傾向はありそうである。また，掻器の卓越にみられるように加工具のなかで特定の器種が多数残される状況は，最終氷期最寒冷期（LGM）から引き続く皮革加工（堤 2003）が集約的になされたと考えることもできる。オサツ16遺跡・B地区（大島 1997），道東部の吉田遺跡（加藤ほか 1970）や吉井沢遺跡（佐藤・山田 2014）にみられるように，忍路子細石刃石器群の遺跡は概して石器集中部の範囲が広く，密度も高い。皮革加工という特定の作業の比重が高かった状況とも思える。一方で，寒冷化は晩氷期以前の LGM から進行しており，寒冷化がうながした皮革加工という環境決定論的な視点のみでは加工具の卓越を説明することは困難であろう。以下に述べるように文化的現象である石器群の多様性を気候変動などの環境要因のみによって説明する視点はある程度妥当となる例もあるが，北海道の後期旧石器に関しては十分とは言いにくい。

かつてフォード（Ford 1938）は，北米（アメリカ合衆国南東部）の土器編年の課題を論ずるなか

で，遺跡間に共通する装飾などの様式的特徴を「コンプレックス」という単位として抽出し，それが地域性をもつのであればそのコンプレックスがある時間幅をもっているという可能性を考慮した。さらに，コンプレックスに含まれる特徴的な装飾様式の組み合わせに着目し，それらがコンプレックスの時間的消長に対応するのか，複数のコンプレックスにまたがるのかを検討することによって，時間的前後関係を把握する方法を示した。北米の土器編年研究と同様に，ヨーロッパの旧石器研究の分類学では，石器の技術的・形態的な特徴によって定義された石器のタイプおよびその出現頻度のパターンに基づいて区分されたフェイシーズ（facies）やテクノコンプレックス（technocomplex）などが，分析単位としての石器群となることが多い（Binford and Sabloff 1982, Bordes 1961, Monnier and Missal 2014）。これらの分析単位は気候変動とも関連するという見解（Discamps et al. 2011, Laville et al. 1980, Jaubert et al. 2011, Mellars 1986, Roland and Dibble 1990）もあり，更新世のマクロな気候変動に応じた石器群の変遷が明らかとなりつつある。こうした石器群の変遷と気候変動との相関関係は一つの説明枠を示しているが，あらゆる石器群に対して適用可能とは限らない。南関東地方のような層位的出土による石器群の序列化（鈴木・矢島1978, 諏訪間1988）が期待できない北海道地域では，技術的・形態学的分析から詳細に分けられた石器群の文化編年案を層位によって検証することが困難である。石器群間のゆるやかな共通性を見通すことによってコンプレックスをとらえることが有効な方法の一つと考えられる（Nakazawa and Izuho 2006, Nakazawa and Yamada 2015）。北海道は北東アジアという大地域を構成するミクロな一区画でありながらも，現状では後期旧石器時代の石器群は14類型（寺崎2006）から21類型（直江2014）と多種類に及ぶ。その多くを占める細石刃石器群は25,000年前以降の1万年間に出現・展開したとみなされる（堤2011）。展開した期間が今後も変化しないならば，一つの石器群が500〜700年間隔で推移したか，もしくは石器群類型のいくつかが時間的に並存・重複関係にあったと考えるのが妥当である。しかし現状では，個別の石器群類型に対比可能な細かなスケール（1000年未満）の気候変動を記録したローカルなデータは欠落しており，石器群を気候変動に対応させるための石器群の年代決定も不明確な部分が多い。例えば，晩氷期末の1千年間の寒冷期であるヤンガードライアス期に相当する石器群は判然としない（Nakazawa et al. 2011）。近年の白滝遺跡群の調査成果から，小型舟底形石器石器群や鋸歯縁尖頭器石器群が該期に相当する可能性が推測されているが，相応の年代値は少ない（直江2014）。ノコギリ歯のような氷期のサイクル（Broecker and van Donk 1970）に石器群がどの程度対応するのか，対応するならばどのような説明が妥当なのかといった課題がある。仮に，気候変動が石器群の類型と一対一もしくは一対多に対応したのならば，なぜそうなるのかという適応的な仮説や説明が求められるであろう。こうした問題点を考慮するならば，北海道の後期旧石器における石器群の多様性を解明するためには，環境変動と石器群の消長の関連を明確にするための年代値の評価とともに，本稿で試みたように居住活動などの行動面にみられるヒトの適応の結果が石器群のパターンに反映されているという視点から，これまで蓄積された資料について新たな分析を試み，成果を積み重ねていく作業が必要であろう。

引用文献

愛場和人・末光正卓編　2010『アンカリトー7遺跡：アンカリトー9遺跡：千歳市一般国道337号新千歳空港関連工事用地内埋蔵文化財調査報告書』北海道埋蔵文化財センター

赤井文人　2005「千歳市丸子山遺跡恵庭 a テフラ上位石器群の再検討」『論集忍路子』I, 103-123頁

赤井文人　2015「オサツ16遺跡B地区石器群の接合資料」『論集忍路子』IV, 127-134頁

安蒜政雄　1979「日本の細石核」『駿台史学』第47号, 152-183頁

出穂雅実・赤井文人　2005「北海道の旧石器編年」『旧石器研究』第1号, 39-55頁

岩瀬　彬　2011「杉久保石器群の石器使用痕分析─長野県上ノ原遺跡（第2次・町道地点）の分析を通して─」『旧石器研究』第7号, 37-55頁

大井晴男　1976「資料の分類について」『香深井遺跡　上』東京大学出版会, 68-100頁

大島秀俊編　1997『千歳市オサツ16遺跡（2）』北海道文化財保護協会

織笠　昭　1984「細石刃文化組成論」『駿台史学』第60号, 71-93頁

加藤晋平・桑原　護　1969『中本遺跡』永立出版

加藤晋平・畑　宏明・鶴丸俊明　1970「エンド・スクレイパーについて─北海道常呂郡端野町吉田遺跡の例─」『考古学雑誌』第55巻3号, 44-74頁

加藤晋平・山田昌久編　1988「北海道河東郡上士幌町嶋木遺跡の石器文化─北海道最古の石器群の発掘調査報告─」『歴史人類』3-64頁

北沢　実・山原敏朗・近堂祐弘・藁科哲男編　1998『帯広・川西C遺跡』帯広市教育委員会

木村英明　1995「黒曜石・ヒト・技術」『北海道考古学』第31号, 3-64頁

國木田大・吉田邦夫・松崎浩之　2014「吉井沢遺跡出土資料の14C年代測定」『黒曜石の流通と消費からみた環日本海北部地域における更新世人類社会の形成と変容（III）─吉井沢遺跡の研究─』244-247頁, 東京大学大学院人文社会系研究科・附属北海文化研究常呂実習施設

佐久間光平　2008「北海道千歳市祝梅上層遺跡の石器群」『考古学』VI, 45-65頁

佐藤宏之　2003「北海道の後期旧石器時代前半期の様相」『古代文化』第55巻, 181-193頁

佐藤宏之・山田　哲　2014『黒曜石の流通と消費からみた環日本海北部地域における更新世人類社会の形成と変容（III）─吉井沢遺跡の研究─』東京大学大学院人文社会系研究科・附属北海文化研究常呂実習施設

佐野勝宏　2011「彫器再考：彫刃面打撃の役割に関する機能論的検討」『旧石器研究』第7号, 15-35頁

白石浩之　2010「旧石器時代後半期の槍先形狩猟具─組み合わせ道具からみた試論─」『旧石器研究』第6号, 33-54頁

鈴木次郎・矢島國雄　1978「先土器時代の石器群とその編年」『日本考古学を学ぶ（1）』144-169頁, 有斐閣

諏訪間順　1988「相模野台地における石器群の変遷について─層位的出土例の検討による石器群の段階的把握─」『神奈川考古』第24号, 1-30頁

田村俊之編　1983『メボシ川2遺跡における考古学的調査』千歳市教育委員会

田村俊之・高橋　理編　1994『丸子山遺跡における考古学的調査』千歳市教育委員会

髙倉　純・中沢祐一　1999「北海道地方─旧石器時代石器群研究の課題─」『石器文化研究』7, 1-10頁

千歳市史編さん委員会　2010『新千歳市史　通史編　上巻』千歳市史編さん委員会

千葉英一　1993「新道4遺跡における細石刃石器群の検討─美利河技法の成立─」『先史学と関連科学』

吉崎昌一先生還暦記念論集刊行会，5-23 頁

堤　隆　2003「後期旧石器時代の石器群と寒冷環境への適応戦略」『第四紀研究』第 42 巻 3 号，205-218 頁

堤　隆　2011『最終氷期における細石刃狩猟民とその適応戦略』雄山閣

鶴丸俊明　1979「北海道地方の細石刃文化」『駿台史学』47，23-50 頁

寺崎康史　2006「北海道の地域編年」『旧石器時代の地域編年的研究』安斎正人・佐藤宏之編，276-314 頁，同成社

寺崎康史・山原敏朗　1999「北海道地方」『旧石器考古学』58，3-10 頁

直江康雄　2014「北海道における旧石器時代から縄文時代草創期に相当する石器群の年代と編年」『旧石器研究』第 10 号，23-39 頁

中沢祐一　2000「千歳市丸子山遺跡恵庭 a 下層石器群における小型剝片の剝離過程」『北海道旧石器文化研究』第 5 号，35-42 頁

中沢祐一　2001「北海道最終氷期極相期における素材利用からみた剝片石器群の形成―千歳市丸子山遺跡恵庭 a 下層石器群の属性分析による型式学的検討―」『北海道旧石器文化研究』第 6 号，1-18 頁

中沢祐一　2002『最終氷期極相期における石器石材利用と石器群技術変異に関する研究―北海道地方を中心として―』笹川科学財団研究費報告書(No. 13-038)

中沢祐一　2003「北米における石器研究―ムステリアン論争とその周辺―」『北海道旧石器文化研究』第 8 号，9-11 頁

長沼　孝　1990「美利河 1・石川 1 遺跡の分析」『北海道考古学』第 26 号，31-42 頁

福井淳一・越田賢一郎編　2000『千歳市・柏台 1 遺跡』北海道埋蔵文化財センター

三浦正人・菊池慈人・阿部明義・広田良成編　2005『千歳市オルイカ 2 遺跡（2）』，北海道埋蔵文化財センター

矢島國雄　1984「先土器時代」『北海道考古学』第 20 号，3-27 頁

山田和史　2007「旧石器時代の遺跡（VII 層調査）」『千歳市祝梅上田遺跡・梅川 2 遺跡』95-116 頁

山田　哲　2006『北海道における細石刃石器群の研究』六一書房

山田　哲　2011「産地遺跡形成の経済学―フィールド・プロセシング・モデルによる考察―」『旧石器研究』第 7 号，75-91 頁

山中一郎　1979「技術形態学と機能形態学」『月刊考古学ジャーナル』第 167 号，13-15 頁

山原敏朗　1996「北海道における細石刃文化以前の石器群について―十勝地域の恵庭 a 火山灰降下以前の石器群の分析から―」『帯広百年記念館紀要』第 14 号，1-28 頁

山原敏朗　1997「彫器の形態・技術・機能―暁遺跡における 2 種類の彫器の分析結果から―」『先史考古学論集』第 6 集，1-30 頁

山原敏朗　1998「北海道の旧石器時代終末期についての覚書」『北海道考古学』第 34 号，77-92 頁

吉崎昌一　1961「白滝遺跡と北海道の無土器文化」『民族学研究』第 26 号，13-23 頁

吉崎昌一編　1974『祝梅三角山地点』千歳市教育委員会

Alley, R. B., Meese, D. A., Shuman, C. A., Gow, A. J., Taylor, K. C., Grootes, P. M., White, J. W. C., Ram, M., Waddington, E. D., Mayewski, P. A., G. A., Zielinski, G. A. 1993 Abrupt increase in Greenland snow accumulation at the end of the Younger Dryas event. *Nature* 362, 527-529.

Binford, L. R. and Binford, S. 1966 A preliminary analysis of functional variability in the Mousterian of

Levallois facies. *American Anthropologist* 68, 238-295.

Binford, L. R. and Sabloff, J. 1982 Paradigms, systematics and archaeology. *Journal of Anthropological Research* 38, 137-153.

Bordes, F. 1961 Mousterian cultures in France. *Science* 134, 803-810.

Broecker, W. S. and van Donk, J. 1970 Isolation changes, ice volumes, and the O^{18} record in deep-sea cores. *Review of geophysics and Space Physics* 3, 169-198.

Buvit, I., Izuho, M., Terry, K., Shitaoka, Y., Soda, T., Kunikita, D. 2014 Late Pleistocen geology and Paleolithic archaeology of Shimaki site, Hokkaido, Japan. *Geoarchaeology* 29, 221-237.

Discamps, E., Jaubert, J., Bechellerie, F. 2011 Human choices and environmental constraints: deciphering the variability of large game procurement from Mousterian to Aurignacian times (MIS 5-3) in southwestern France. *Quaternary Science Reviews* 30, 2755-2775.

Elston, R. G., 1990 A cost-benefit model of lithic assemblage variability. *The Archaeology of James Creek Shelter*, pp. 153-163, University of Utah Anthropological Papers, University of Utah, Salt Lake City.

Ford, J. A. 1938 A chronological method applicable to the Southeast. *American Antiquity* 3, 260-264.

Grayson, D. K. and Cole, S. C. 1998 Stone tool assemblage richness during the Middle and Early Upper Palaeolithic in France. *Journal of Archaeological Science* 25, 927-938.

Izuho, M. and Nakazawa, Y. 2006 On variation of assemblage size in Late-Pleniglacial Hokkaido: sampling error or behavioral signature? *Current Research in the Pleistocene* 23, 4-6.

Jaubert, J., Bordes, J-G, Discamps, E., Gravina, B. 2011 A new look at the end of the Middle Palaeolithic sequence in southwestern France. *Characteristic features of the Middle to Upper Paleolithic Transition in Eurasia*, pp. 102-115, Asia Paleolithic Association.

Kelly, R. 1995 *The Foraging Spectrum*, Smithsonian Institution Press.

Kintigh, K. 1984 Measuring archaeological diversity by comparison with simulated assemblages. American Antiquity 49, 44-54.

Laville, H., Rigoud, J. P., Sackett, J. 1980 *Rock Shelters of the Perigord: Geological Stratigraphy and Archaeological Succession*. Academic Press, New York.

Leonard, R. D. and Jones, G. T. 1989 *Quantifying Diversity in Archaeology*. Cambridge University Press.

Mellars, P. 1986. A new chronology for the French Mousterian period. *Nature* 322, 410-411.

Monnier, G. F. and Missal, K. 2014 Another Mousterian debate? Bordian facies, chaîne opératoire technocomplexes, and patterns of lithic variability in the western European Middle and Upper Pleistocene. *Quaternary International* 350, 59-83.

Nakazawa, Y., and Izuho, M. 2006 Stone tool assemblage variability during the Last Glacial Maximum in Hokkaido. *Current Research in the Pleistocene* 23, 26-28.

Nakazawa, Y., Izuho, M. Takakura, J., and Yamada, S. 2005 Toward an understanding of technological variability in microblade assemblages in Hokkaido, Japan. *Asian Perspectives* 44, 276-292.

Nakazawa, Y., Iwase, A., Akai, F., and Izuho, M. 2011 Human responses to the Younger Dryas in Japan. *Quaternary International* 242, 416-433.

Nakazawa, Y. and Yamada, S. 2015 On the diversification in microblade technocomplexes in Hokkaido. *The Emergence and Diversity of Modern Human Behavior in Palaeolithic Asia*, pp. 418-433, Texas A & M

University Press.

Roland, N. and Dibble, H. L. 1990 A new synthesis of Middle Paleolithic variability. *American Antiquity* 55, 480-499.

Straus, L. G. 2006 Of Stones and bones: interpreting site function in the Upper Paleolithic and Mesolithic of Western Europe. *Journal of Anthropological Archaeology* 25, 500-509.

Thiagarajan, N., Subhas, A. V., Southon, J. R., Eiler, J. M., Adkins, J. F. 2014 Abrupt pre-Bølling-Allerød warming and circulation changes in the deep ocean. *Nature* 511, 75-78.

第10章　晩氷期における北海道中央部の石材消費形態
―忍路子型細石刃核を伴う石器群の分析―

赤 井 文 人

はじめに

　旧石器文化から縄文文化へ移行する晩氷期の日本列島を俯瞰すると，本州島以南と北海道では様相が大きく異なっていることが指摘されている（佐藤 2008・2013）。北海道では晩氷期においても細石刃石器群が盛行する。細石刃石器群の分節および年代に関しては，おおむね一致する状況となり（寺崎 2006，山田 2006，Nakazawa et al. 2005 ほか），前期細石刃石器群と後期細石刃石器群に大きく区分され，後者の石器群が晩氷期に該当する[1]。後期細石刃石器群では細石刃製作技術の特殊化が進み，石器群全体が複雑な状況を呈している。さらに，遺跡間で石器の器種・組成が多様で変異性が著しいのも大きな特徴である。晩氷期の苛烈な環境変動に，狩猟採集民がどのように適応したのかについて行動論的に議論することが近年の課題となっている。本論は，晩氷期における北海道の様相について，細石刃石器群の分析からその一端に迫る話題を提供したいと考えている。

　以下では，忍路子型細石刃核を伴う石器群に焦点を当て，北海道中央部石狩低地帯南部を対象に遺跡・石器集中における石材消費形態を具体的に検討する[2]。狩猟採集民が各遺跡にどのような状態の石器を持ち込み，遺跡内でどのような石器製作を行い，どのような石器を持ち出したのかについて明らかにすることで，当該域における石器石材の消費戦略を把握する。検討によって得られる当該域の石材消費形態に関する見通しは，将来的に展開される晩氷期石器群を比較検討する際の一助になると思われる。

1　分析対象・方法

(1) 分析対象

　本論が分析対象に取り上げる地域は，北海道中央部石狩低地帯南部（第1図）である。当該域は，支笏第1テフラ，恵庭aテフラ，樽前dテフラが検出されており，北海道における旧石器遺跡の地質編年を行ううえで重要な地域となっている（出穂・赤井 2005）。さらに，1990年代以降から埋蔵文化財の緊急発掘調査が次々と行われ，細石刃石器群の資料蓄積が進んでいる地域で，

III 北海道の晩氷期適応

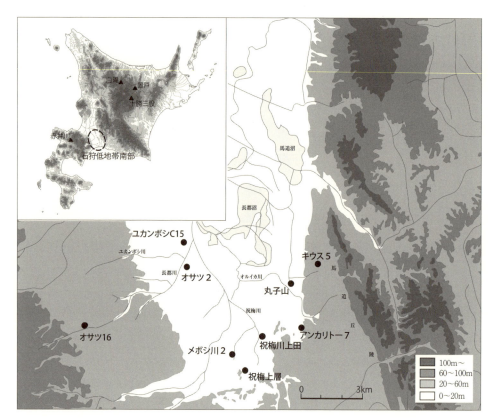

第1図 石狩低地帯南部の晩氷期遺跡位置（北海道埋蔵文化財センター 2005 を再トレース・修正）

本論の分析は，一連の調査成果に依拠するところが大きい。

対象とする石器群は，忍路子型1・2類細石刃核およびそれに関連する細石刃技術が顕著な石器群（E1群・E2群）（山田 2006）のメボシ川2遺跡メボシⅠ群（千歳市教育委員会 1983），丸子山遺跡上層（千歳市教育委員会 1994），オサツ16遺跡B地区ブロック1（北海道文化財保護協会 1997），祝梅川上田遺跡ブロック2（北海道埋蔵文化財センター 2007），キウス5遺跡「台地部」SB-2[3]（北海道埋蔵文化財センター 2013）である（第1図）。各遺跡の石器集中は，北海道固有の遺跡形成過程（出穂・赤井 2005）により変形作用を受けているが，後世の著しい攪乱の影響は少なく，空間的な分布状況は比較的まとまっており，分析の単位として良好な資料である。

(2) 分析方法

本論の分析は次の手順を経る。まず，分析対象とする石器群に共有されている石器製作技術について検討する。各遺跡の石器集中を対象に，石器石材（黒曜石・"硬質頁岩"・泥岩など）ごとに原石から石核成形，素材剝離，掻器・彫器・両面加工尖頭器などのトゥール製作，トゥールの維持管理を経て廃棄に至るまでの石器製作過程を報告書の記載および筆者の分析に基づき把捉し，石狩低地帯南部の忍路子型細石刃核を伴う石器群の石器製作過程をパターン化する。次に，石器

製作過程のパターンを踏まえて，各遺跡（石器集中）における石材消費形態，すなわち石器の搬入形態，遺跡における石器製作の内容，および石器の搬出形態について，石材ごとにどのような過程を経た個体が確認されるかを把握する。

筆者は，石狩低地帯南部の遺跡を対象に個別に分析を行ってきた（赤井 2005a・b ほか）。結果，母岩別分類・個体別資料分類に基づく分析成果で得られる解像度には及ばないが，各遺跡の石材消費形態を大略的に把握することが可能になってきたと考えている（赤井 2009）。今回の分析で，定量的な議論（例えば，どの程度の石刃核が遺跡に搬入され，どれくらいの石刃が剝離され，トゥールに加工された後，どの程度の石器が搬出されたのかなど）については言及しないが，対象石器群における石材消費形態の様相について見通しを得ることが可能になると考える。最後に，各遺跡における石材消費形態を比較検討することで，当該地域における晩氷期石器群の石材消費戦略について考察する。

2 石器製作過程の検討

メボシ川 2 遺跡，丸子山遺跡，オサツ 16 遺跡，祝梅川上田遺跡，オサツ 5 遺跡における石器製作過程の具体的な記載は省略し，対象石器群における石材ごとの石器製作過程のパターンを以下にまとめる。

(1) 黒曜石を石器石材とする石器製作過程

各遺跡において，体系的な産地同定は行われていないが，個別の産地同定結果によると，赤井川産が多数を占めている。出土石器の石質には，①透明度が低く，黒色を基調とし，1 mm 以下の白色球顆が分布し，灰白色の流理構造を伴うことがある，②漆黒を基調とし，白色球顆が分布し，灰白色の流理構造を伴うことがある，の大きく二種類の傾向を見出すことができる。

【Obs.-1】石刃剝離　拳大から幼児人頭大の岩屑・角礫が原石として用いられることがほとんどである。原石形状に合わせて上下面・側面・裏面に剝離が行われ，単設打面で作業面が一面の石刃核が準備される。石刃核整形の際に自然面がすべて除去される場合は少なく，側面・裏面には自然面が残置していることが多いようである。石刃剝離開始の際，稜線の作出が入念に行われる場合がある。頭部調整を伴う小型打面の石刃が剝離され，打面調整・打面再生が適宜行われる。剝離された石刃の側面観は腹面側に緩やかに内湾する傾向がある。

【Obs.-2】両面加工石器製作　原石または素材から両面加工石器製作の過程を明瞭に示す接合資料が確認されていないので，詳細は不明であるが，扁平な岩屑・角礫，または大形の剝片が素材として想定される。

【Obs.-3】Obs-1・2 以外の剝片剝離　【Obs.-1】および【Obs.-2】に該当せず，多様な形態の剝片が剝離される。個体ごとに剝離過程が多様で，キウス 5 遺跡の接合資料から複数のパターンが認められる。拳大の岩屑・角礫を原石として，ある程度打面・作業面が固定され打面調整・頭部

調整が行われず連続的に剝片が剝離される過程（第10図14）。分厚い円盤形の石核で求心状の剝離が行われる過程（第10図16）。原石が分割され，剝片剝離が進行し，最終的に小型のサイコロ状を呈する石核（第2図15，第10図15）に至る過程などが認められる。

【Obs.-4】細石刃剝離　忍路子型細石刃核から細石刃が剝離される。細石刃核の技術的特徴の詳細は山田（2006）によってまとめられている。幅広の両面加工石器を素材とする細石刃核（忍路子型1類）が出土しているのがメボシ川2遺跡，丸子山遺跡で，細長い両面加工石器を素材とする細石刃核（忍路子型2類）が出土しているのがオサツ16遺跡，キウス5遺跡である。

【Obs.-5】トゥール製作　掻器，彫器，削器，錐形石器，両面加工尖頭器，有茎尖頭器などが製作される。掻器および彫器は，【Obs.-1】で剝離された石刃が素材として選択される傾向が強いが石刃以外の剝片（例えば【Obs.-1】で剝離された調整剝片，【Obs.-3】で剝離された剝片など）が素材となる場合も認められる。掻器は，石刃素材の形状を大きく変形させる二次加工が顕著でない。彫器は，側縁・両側縁に二次加工が施され，左斜刃形である。削器は，平面形が縦長の傾向にあるが，素材は石刃・剝片両者が選択されている。両面加工尖頭器・有茎尖頭器は石狩低地帯南部では点数が少なく，また折損して出土する例が多く，その製作過程については不明な点が多い。

(2) "硬質頁岩" を石器石材とする石器製作過程

色調は多様（灰色・褐色・明褐色・白色など）であるが，珪化が進み緻密な石質のものが石器石材として用いられている。黒曜石と比べ，原石からトゥール製作に至る過程を示す接合資料が乏しく，石器製作過程の詳細を明らかに出来ていないパターンがある。

【Ha.-Sha-1】石刃剝離　拳大から幼児人頭大の転礫が原石として用いられていると想定される。各遺跡の石刃および丸子山遺跡の石刃核（第4図12・13・15）の観察に基づくと，単設打面で，打面調整・頭部調整が行われる石刃核から石刃が剝離される。

【Ha.-Sha-2】両面加工石器製作　原石・素材から両面加工石器製作の過程を明瞭に示す接合資料が確認されていないので，詳細は不明である。平面形が楕円の両面加工石器が製作される。

【Ha.-Sha-3】Ha.-Sha-1・2以外の剝片剝離　丸子山遺跡出土の石核および接合資料（第4図14・15・16）の観察に基づくと，石核のサイズは拳大から幼児人頭大で，ある程度打面・作業面が固定され，長さ・幅3〜6cm程度の剝片が剝離される。打面調整・頭部調整の頻度は顕著でない。

【Ha.-Sha-4】細石刃剝離　細石刃が出土しているが，これらに対応する細石刃核が確認されていないため，具体的な剝離過程については不明である。しかし，黒曜石の細石刃と"硬質頁岩"の細石刃のサイズ・形態は大きく違わない。

【Ha.-Sha-5】トゥール製作　掻器，彫器，削器，錐形石器，両面加工尖頭器，有茎尖頭器などが製作される。黒曜石におけるトゥール製作の様相と大きな違いは認められない。彫器については，左斜刃で腹面側に傾く鈍角の刃部であることが黒曜石に比べて多い。

第 1 表　出土石器組成

遺跡	石材	細石刃	細石刃核	尖頭器	両面加工石器	舟底形石器	掻器	彫器	錐形石器	石斧	他のトゥール	石刃	剝片	石核	細石刃核削片	彫器削片	細片	出典
メボシ川2	黒曜石	343	20	1	5	—	120	8	—	—	—	141	435	3	11	28	3765	赤井 2005b
	"硬質頁岩"	18	—	2	—	—	1	10	—	—	—	26	107	—	—	20	396	
	泥岩	—	—	—	—	—	—	—	—	3	—	—	44	—	—	—	1	
	その他	—	—	—	—	—	—	—	—	—	—	—	—	—	—	—	1	
丸子山	黒曜石	—	1	—	—	—	26	—	1	—	—	6	63	—	—	—	413	赤井 2005a
	"硬質頁岩"	—	—	—	—	1	31	15	5	—	7	15	31	—	—	—	20	
	泥岩	—	—	—	—	—	—	—	—	1	—	—	—	—	—	—	—	
	その他	—	—	—	—	—	1	—	1	—	—	—	3	1	—	—	—	
オサツ16		1018	120	2	4	—	174	136	13	—	44	404	1537	3	—	276	28424	北海道文化財保護協会 1997
祝梅川上田	黒曜石	59	—	—	1	—	21	—	—	—	44	63	3312	—	—	—	2810	北海道埋蔵文化財センター 2007
	"硬質頁岩"	—	—	—	—	—	—	4	—	—	2	—	16	—	3	—	—	
	泥岩	—	—	—	—	—	—	—	—	—	—	—	15	—	—	—	—	
	その他	—	—	—	—	—	—	—	—	—	—	—	4	—	—	—	—	
キウス5	黒曜石	104	2	—	2	—	164	11	2	—	192	163	2046	32	46(細石刃核・彫器削片)		13228	北海道埋蔵文化財センター 2013
	"硬質頁岩"	—	—	3	—	—	14	19	2	—	25	15	49	—	157(細石刃核・彫器削片)		338	
	泥岩	—	—	—	—	—	—	—	—	—	—	—	33	—	—	—	12	
	その他	—	—	—	—	—	—	—	—	1	—	1	7	—	—	—	9	

(3) その他の石器石材における石器製作過程

黒曜石・"硬質頁岩"以外に瑪瑙、チャート、珪岩、泥岩の石器が検出されている。瑪瑙、チャート、珪岩は石刃・剝片・トゥールが少量認められる。これらの石器石材は基本的に"硬質頁岩"と同様の石器製作過程を経ている可能性がある。

泥岩は、石斧製作過程に選択的に利用されている。原石および素材形状は不明である。両面加工により断面凸レンズ形・楕円形に整形され、刃部を中心に器体が研磨される。

以上、石材ごとに石器製作過程のパターンを示したが、すべての石器集中に共通した石器製作過程が認められるわけではなく、断片的、あるいは認められない場合もあるが、遺跡間・石器集中間を比較・総合して復元された上記の石器製作過程は、石狩低地帯南部の忍路子型細石刃核を伴う石器群の石器製作技術基盤であったと考えられる。

3　各遺跡における石材消費形態の検討

石器製作過程の検討を踏まえ、各遺跡における石材消費形態を石器石材ごとにまとめる。以下では黒曜石、"硬質頁岩"、泥岩について焦点を当て、遺跡にどのような個体が搬入され、遺跡内でどのような石器製作を経て、搬出・廃棄されたのかを検討する。

(1) メボシ川2遺跡（第2図）

報告書（千歳市教育委員会1983）および筆者の再検討（赤井2005b）に基づき、石材消費形態をまとめ、第3図に模式図を示す。出土石器の組成および石材構成を第1表に示した。

194　III　北海道の晩氷期適応

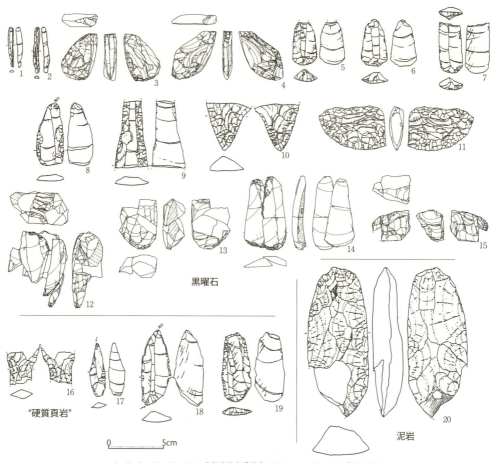

1・2・5～11・16～20：千歳市教育委員会1983, 3・4・12～15：赤井2005b

第2図　メボシ川2遺跡出土石器

a　黒曜石

石器製作過程は，Obs.-1・2・3・4・5が認められる。

〈1〉拳大からそれよりやや大きいサイズで，石刃剥離が進行した石刃核が遺跡に複数搬入され，石刃剥離が行われる過程。剥離された石刃の一部はトゥールに加工された可能性がある。個体によって石刃・石刃核が搬出されている。

〈2〉両面加工石器が遺跡に複数搬入され，①遺跡内で剥片剥離が行われ器体が縮小され，遺跡外へ両面加工石器が搬出される，②遺跡内で剥片剥離があまり行われず廃棄される過程。

〈3〉小型の石核が遺跡に搬入される過程。遺跡内で剥片剥離が行われたかは不明である。

〈4〉細石刃核が遺跡に複数搬入され，細石刃剥離が行われる過程。一部の細石刃・細石刃核が遺跡外へ搬出された可能性がある。

〈5〉トゥールが遺跡に搬入される，あるいは素材の状態で遺跡に搬入・遺跡内でトゥール製作が行われ，刃部再生などトゥールの維持管理が行われる過程。トゥールの一部は遺跡外へ搬

第10章　晩氷期における北海道中央部の石材消費形態　195

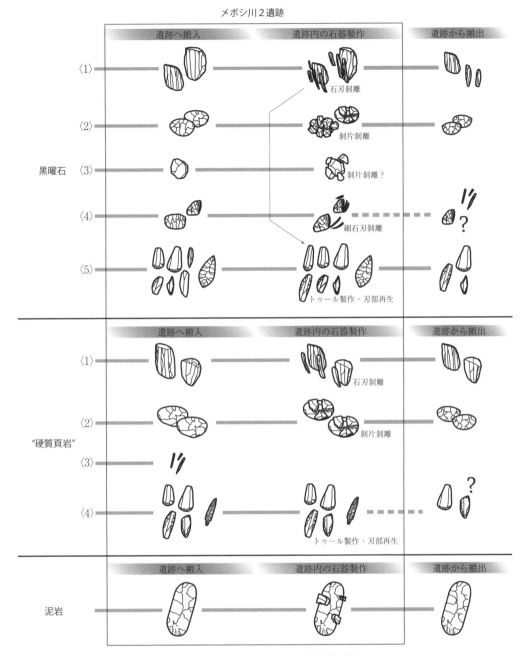

第3図　メボシ川2遺跡石材消費形態

出されたと考えられる。

b　"硬質頁岩"

石器製作過程は，Ha.-Sha-1・2・4・5が確認される。

〈1〉拳大程度で，石刃剝離が進行した石刃核が遺跡に搬入され，石刃剝離が行われる過程。石刃核は搬出されている。

196　III　北海道の晩氷期適応

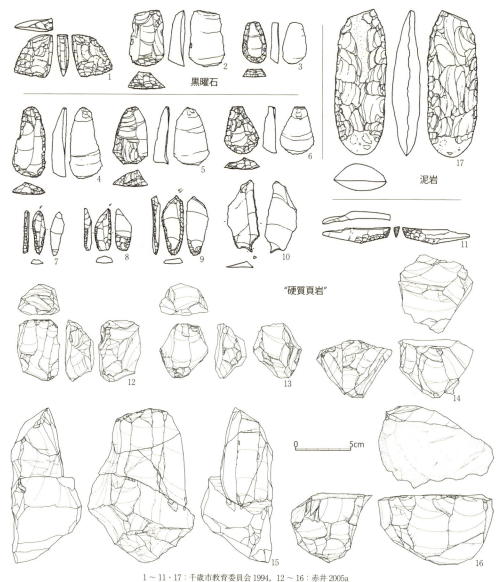

1〜11・17：千歳市教育委員会 1994, 12〜16：赤井 2005a

第4図　丸子山遺跡出土石器

〈2〉器体が整った両面加工石器が遺跡に複数搬入され，遺跡内で器体が縮小され，両面加工石器が搬出される過程。

〈3〉細石刃が遺跡に少量搬入される過程。細石刃剝離の際に生じる削片などが出土していないことから，遺跡内における細石刃剝離の可能性は低いと考えられる。

〈4〉トゥールが遺跡に搬入され，遺跡でトゥールの維持管理にかかわる加工が行われる過程。素材の状態で遺跡に搬入され，トゥール製作が行われた個体も含まれる可能性がある。

第 10 章　晩氷期における北海道中央部の石材消費形態　197

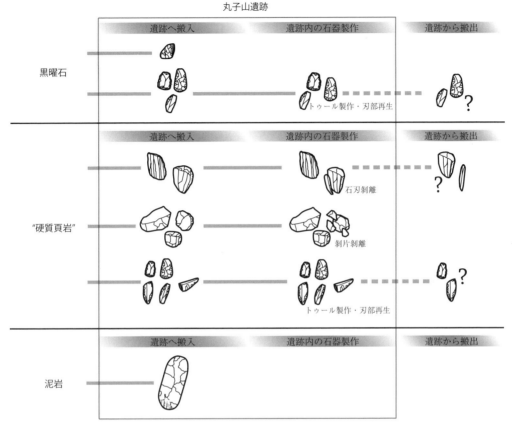

第 5 図　丸子山遺跡石材消費形態

c　泥岩

遺跡に複数の石斧が搬入され，個体によって剥離による器体縮小が行われる。一部の石斧は遺跡外へ搬出されている。

(2)　丸子山遺跡（第 4 図）

報告書（千歳市教育委員会 1994）および筆者の再検討（赤井 2005a）に基づき，石材消費形態をまとめる（第 5 図）。出土石器の組成および石材構成を第 1 表に示した。

a　黒曜石

黒曜石における石器製作過程は，Obs.-1・2・4・5 が認められる。石刃・剥片（ポイントフレイクを含む）が少量出土していることから，遺跡に石刃核・両面加工石器・石核が搬入され，石器製作が行われた可能性があるが，その作業量はごくわずかであったと考えられる。細石刃核が遺跡に搬入されているが，細石刃剥離に伴う削片などが出土していないことから，遺跡内で細石刃剥離が行われた可能性は低い。トゥールが遺跡に搬入される，あるいは素材の状態で遺跡に搬入・遺跡内でトゥール製作が行われ，刃部再生などのトゥールの維持管理が行われる過程が認め

られる。彫器削片が出土していないことから，彫器の刃部再生が行われた可能性は低いといえる。

　b　"硬質頁岩"

"硬質頁岩"における石器製作過程は，Ha.-Sha-1・3・5が認められる。石刃核・石核が遺跡に搬入され，一部の個体で剥離が行われたと考えられるが，その作業量は顕著でなかったと考えられる。搬入された石刃核・石核の多くが遺跡に残されたと想定される。トゥールが遺跡に搬入される，あるいは素材の状態で遺跡に搬入されトゥール製作を経て，刃部再生などトゥールの維持管理が行われる過程に多数の石器が該当すると考えられる。

　c　泥岩

遺跡に石斧が搬入されるが，剥離による器体調整が行われず，遺跡に残されている。

(3) オサツ 16 遺跡（第6図）

報告書（北海道文化財保護協会 1997）の記載内容および筆者による再検討（赤井 2015）に基づいて，石材消費形態をまとめる（第7図）。出土した石器類の組成を第1表に示した。石材構成は，黒曜石：約95％，"硬質頁岩"：約4％，泥岩：1％ 以下である。

　a　黒曜石

黒曜石における石器製作過程は，Obs.-1・2・4・5が認められる。

〈1〉拳大程度の石刃核が遺跡に複数搬入され，遺跡内で石刃が剥離される過程。剥離された石刃はトゥール（特に搔器）に加工されている。搬入された石刃核はほぼ搬出され，石刃の一部も搬出されたと考えられる。

〈2〉整形がほぼ済んだ両面加工石器が遺跡に複数搬入され，遺跡内で剥片剥離が行われ器体が縮小され，遺跡外へ搬出される過程。また，薄手の岩屑・角礫を原石とした剥片剥離の進行していない両面加工石器が遺跡に搬入されている。

〈3〉細長く器体の両面が平滑に整えられた細石刃核ブランク・細石刃核が遺跡に多数搬入され，細石刃剥離が行われる。細石刃核，細石刃，および細石刃核削片の点数から，遺跡内における細石刃剥離の作業量は他遺跡に比べ相対的に多かったと考えられる。

〈4〉（1）メボシ川2遺跡，a黒曜石〈5〉とほぼ同様の過程。搔器の刃部再生細片および彫器削片の点数から遺跡内で搔器・彫器の刃部再生が相当行われたと想定される。一部のトゥールは遺跡外へ搬出されたと考えられる。

　b　"硬質頁岩"

"硬質頁岩"における石器製作過程は，Ha.-Sha-1・2・5が認められる。

〈1〉石刃剥離が進行した石刃核が遺跡に搬入され，石刃剥離が行われる。石刃核はすべて搬出されている。

〈2〉平面形が楕円で器体が整った両面加工石器が遺跡に複数搬入され，剥片剥離が行われ，器体が縮小される過程。これらの両面加工石器の一部は遺跡外へ搬出される。

〈3〉トゥールが遺跡に搬入され，刃部再生などトゥールの維持管理が行われる過程。素材の状

第 10 章　晩氷期における北海道中央部の石材消費形態　　199

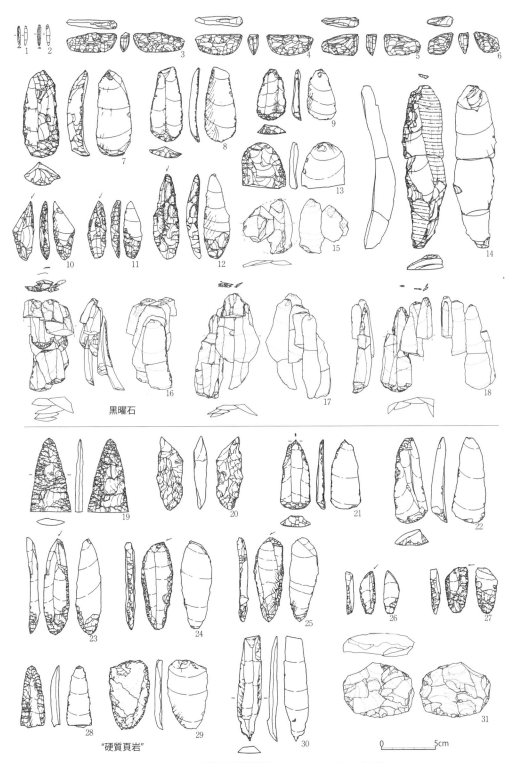

黒曜石

"硬質頁岩"

1～13・19～30：北海道文化財保護協会 1997，16～18・31：赤井 2015

第 6 図　オサツ 16 遺跡出土石器

200　III　北海道の晩氷期適応

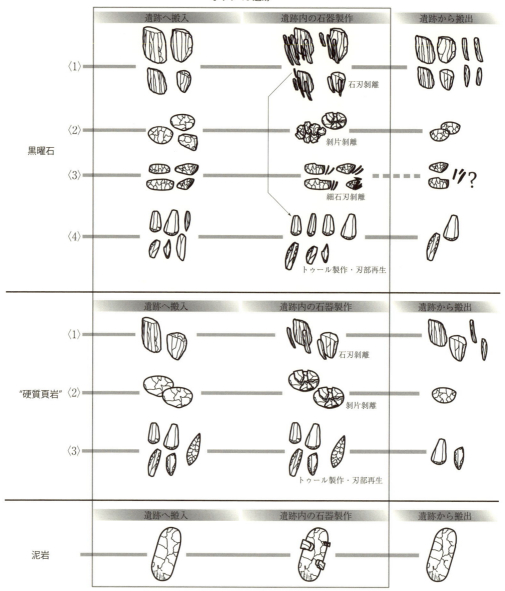

第7図　オサツ16遺跡石材消費形態

態で遺跡に搬入され，トゥールに加工された石器は相対的に少なかったと考えられる。彫器削片の点数から遺跡内で彫器の刃部再生が相当行われたと想定される。一部のトゥールは遺跡外へ搬出されたと考えられる。

c　泥岩

石斧が遺跡に搬入され，器体の調整にかかる剝片剝離が行われ，石斧本体が遺跡外へ搬出されている。

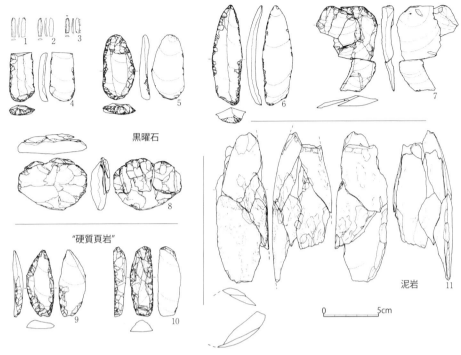

1～11：北海道埋蔵文化財センター2007

第8図　祝梅川上田遺跡出土石器

(4) 祝梅川上田遺跡（第8図）

報告書（北海道埋蔵文化財センター2007）の記載に基づき，石材消費形態をまとめる（第9図）。出土した石器組成および石材構成を第1表に示した。

a　黒曜石

黒曜石における石器製作過程は，Obs.-1・2・4・5が認められる。

〈1〉石刃核の打面再生剝片同士の接合資料が確認されていることから，石刃核が遺跡に搬入され，遺跡内で石刃が剝離された可能性がある。この過程を経た個体は少数であったと考えられる。石刃核は遺跡外へ搬出されている。

〈2〉器体が整った両面加工石器が遺跡に複数搬入され，遺跡内で剝片剝離が行われる過程。個体によって遺跡に残されたものと，遺跡外へ搬出されるものとがある。

〈3〉細石刃が搬入され，遺跡に残されている。細石刃剝離にかかる削片等が検出されていないことから，遺跡内における細石刃剝離の可能性は低いと考えられる。

〈4〉(1) メボシ川2遺跡，a黒曜石〈5〉とほぼ同様の過程。

b　"硬質頁岩"

"硬質頁岩"における石器製作過程は，Ha.-Sha-5が確認される。彫器が遺跡に複数搬入され，刃部再生が行われている。一部の彫器は遺跡外へ搬出されている。

202　III　北海道の晩氷期適応

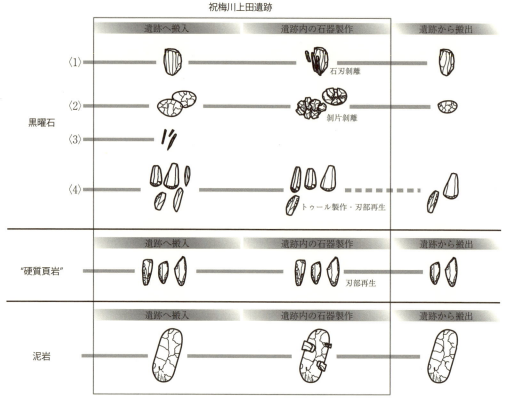

第9図　祝梅川上田遺跡石材消費形態

　c　泥岩

　石斧が遺跡に搬入され，剥片剥離によって器体が縮小されている。石斧本体は遺跡外へ搬出されている。

(5) キウス5遺跡（第10図）

　報告書（北海道埋蔵文化財センター2013）の記載に基づき，石材消費形態をまとめる（第11図）。石器組成および石材構成を第1表に示した。

　a　黒曜石

　黒曜石における石器製作過程は，Obs.-1・2・3・4・5が認められる。

〈1〉複数の石刃核が遺跡に搬入され，石刃剥離が行われている。①幼児人頭大サイズで原石の段階から剥離が進んでいない状態で遺跡に搬入され，遺跡内で石刃核整形，石刃剥離を経て最終的に小型の石核に至るまで剥離が行われている。剥離された石刃の多くはトゥール（特に掻器）に加工されている。②石刃核整形が完了した段階・石刃剥離が進んだ段階の石刃核が複数搬入され，石刃剥離が行われる。剥離された石刃は掻器などのトゥールに加工される。ほとんどの石刃核が遺跡外へ搬出されている。

第 10 章　晩氷期における北海道中央部の石材消費形態　203

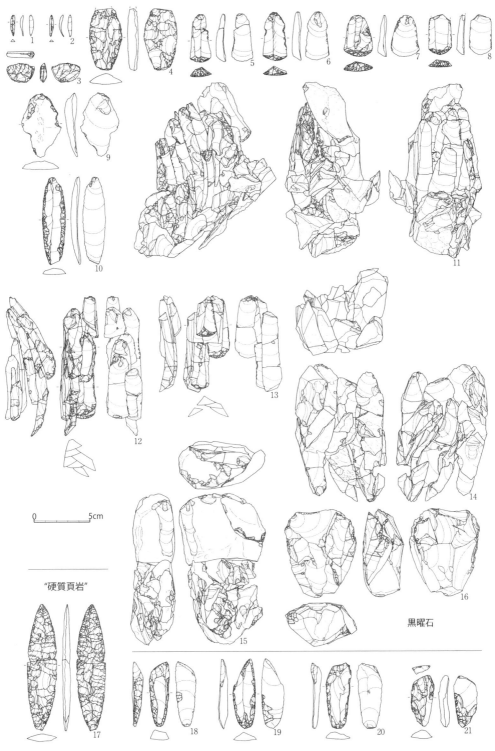

第 10 図　キウス 5 遺跡出土石器

204　III　北海道の晩氷期適応

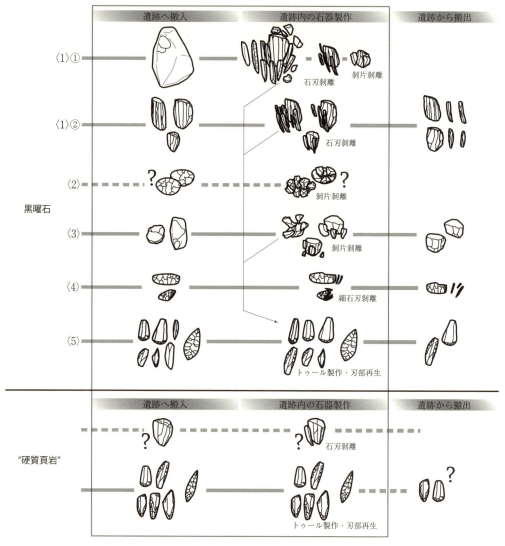

第11図　キウス5遺跡石材消費形態

〈2〉両面加工石器が遺跡に搬入され，遺跡内で剝片剝離が行われた可能性がある。
〈3〉拳大から幼児人頭大サイズの石核が遺跡に複数搬入され，遺跡内で剝片剝離が行われている。剝離された剝片の一部はトゥールに加工されている。剝片の多くが遺跡に残されたと考えられ，石核は遺跡に残される個体と搬出される個体の両者が認められる。
〈4〉細長く器体の両面が平滑に整えられた細石刃核ブランク・細石刃核が遺跡に搬入され，細石刃剝離が行われる。一部の細石刃核は遺跡外へ搬出されている。
〈5〉(1) メボシ川2遺跡，a黒曜石〈5〉とほぼ同様の過程。
b　"硬質頁岩"
"硬質頁岩"における石器製作過程は，Ha.-Sha-1・5が認められる。石刃・剝片が一定量出土

していることから，遺跡内での石刃剥離・剥片剥離が想定されるが，詳細は不明である。トゥールが遺跡に搬入され，刃部再生などのトゥールの維持管理が行われる過程が認められる。一部のトゥールは遺跡外へ搬出された可能性がある。

4 考　察

　分析対象となった遺跡の石材消費形態[4]を，各遺跡の模式図（第3・5・7・9・11図）で比較すると，一様でないことが首肯される。以下では，各遺跡の石材消費形態を比較検討し，石狩低地帯南部において，忍路子型細石刃核を伴う石器群を残した狩猟採集民がどのように石材を消費していったのかについて考察する。

　石器石材の主体を占める黒曜石においては，石刃核・トゥール・石刃をそれぞれ複数携行し，遺跡間を移動する過程でトゥールおよび石刃を使用し，次々と石材を消費していったと考えられる。消費したトゥール・石刃を補充するため，携帯した石刃核から石刃を適宜剥離し，トゥール製作を行っていたと考えられる。例えば，オサツ16遺跡・キウス5遺跡においては，複数個体の石刃核から連続的に石刃が剥離され，掻器に加工された過程を示す接合例（第6図16・17・18，第10図11・12・13）が認められる。この背景には，それぞれの遺跡で掻器の使用度（遺跡に残された掻器はそれぞれ総計174点，164点）が高く，掻器素材が要求されたため，複数の石刃核から石刃が剥離され供給されたと考えられる。一方，各遺跡において，石刃剥離が等しく行われていたのではなく，トゥールおよびトゥール素材としての石刃が一定量遺跡間を移動していたと考えられる。具体例として，丸子山遺跡・祝梅川上田遺跡では，遺跡に搬入されたトゥール・石刃に剥離面同士の接合関係が認められず，また遺跡内での石刃剥離がきわめて限られていたことから，トゥールとして完成した石器が搬入され，遺跡で使用されたと想定される。このように石狩低地帯南部においては，ある地点で集約的な石刃剥離が行われ，他の地点へ石刃が展開する可能性は，現段階で確認されていない。

　両面加工石器については，遺跡に複数個体が搬入され，遺跡内で器体縮小が行われ，多くの両面加工石器が搬出される過程が共通して認められる。該当する両面加工石器は，第2図11，第6図15，第8図7・8にみられるように最大長約6～8cmサイズで，剥離されたポイントフレイクは，トゥールの素材として供給された可能性が低いと考えられ，器体縮小の過程が顕著である。両面加工石器は最終的に忍路子型細石刃核のブランク・両面加工尖頭器などに加工されたと想定されるが，今回の検討ではその過程を明瞭に示す接合資料は認められなかった。一定量の両面加工石器が遺跡に搬入され，器体縮小が行われ，搬出されていることは，留意すべきことと考えられ，今後その意味を考察していく必要がある。

　遺跡に搬入された黒曜石の石器は，基本的に原石から剥離が進んだ段階のものであるが，キウス5遺跡の接合資料（第10図11・14・15）は拳大から幼児人頭大サイズの原石に近い状態の個体が遺跡に搬入されていることを示しており，また，オサツ16遺跡でも薄手の岩屑・角礫で原石

から剥離が進行していない個体が搬入されている。石狩低地帯南部には黒曜石が採集可能な地点が存在しない。当該域の忍路子型細石刃核を伴う石器群で利用されている黒曜石は，赤井川産が多数を占めていることが予想される（山田 2006）が，岩屑・角礫は各遺跡から直線距離で約60～70 km 離れた原産地で採集可能となる。搬入された黒曜石がどのような段階にあるのかを数量的に検討していないが，原石に近い状態の個体が搬入されていたことは注意すべき点と考えられる。狩猟採集民による石材産地の利用・開発と石器の使用・消費の場所との関係について，フィールド・プロセシング・モデルに基づく山田（2011）の考察があり，忍路子型細石刃核を伴う石器群においては，石器製作の段階を進めていない（それほど効用を高めていない）石器が石材産地から搬出される可能性が指摘されている。キウス 5 遺跡・オサツ 16 遺跡に剥離が進んでいない個体が複数搬入されている状況は，山田の論及を裏付けているものと考えられる。当該地域の前期細石刃石器群（札滑型細石刃核を伴う石器群，峠下型細石刃核を伴う石器群）では原石の状態での搬入は認められず，両面加工石器など整形が完了した段階で遺跡に搬入されていることがほとんどである（北海道埋蔵文化財センター 2005 など）。石狩低地帯南部において前期細石刃石器群と後期細石刃石器群との間で石器石材の搬入形態に大きな転換があったことが想定される。

"硬質頁岩"においては，トゥールを複数携帯して遺跡間を移動し，その過程でトゥールを使用し，次々と消費していったと考えられる。石刃核も携行されたと想定されるが，各地点で石刃が剥離され，トゥール製作が行われる頻度は黒曜石に比べ少なかったようである。また，両面加工石器も携帯され，遺跡間を移動する過程で少しずつ器体を縮小していったことが想定される。域内における石器製作の作業量は，黒曜石に比べると相対的に少ないが，大局的には黒曜石と同様の傾向が認められることは注意すべきことと思われる。

泥岩が選択的に利用される石斧については，石狩低地帯南部で原石あるいは素材から石斧が製作される証拠は現段階で確認されておらず，完成した製品の段階で遺跡に搬入されている。すなわち域外における石斧製作が想定されるが，その具体的な様相（例えば，ある地点において集約的な石斧製作が行われていたなど）については今後の検討課題である。石狩低地帯南部においては，遺跡間を移動する過程で主に剥離により石斧サイズが少しずつ縮小していく様子が想定される。

以上のような石材消費形態は，山田（2006・2007）が指摘している，後期細石刃石器群の「低い居住地移動性と高い兵站的移動性に特徴づけられる居住・移動システム」を背景に形成されたと考えられる。域内の各地点で多様な石器が必要とされる状況に対応する仕組みとして，石狩低地帯南部の石材消費戦略が採用されていたと考えらえる。

おわりに

晩氷期の北海道中央部石狩低地帯南部における石器群の石材消費形態について，忍路子型細石刃核を伴う石器群を対象に検討を行い，若干の考察を行った[5]。最後に，本論に関係する今後の課題を述べておきたい。

後期細石刃石器群が複雑多様であることはすでに触れたが、そのなかで、大形で良質な形質の原石を利用する広郷型細石刃核を伴う石器群と忍路子型細石刃核を伴う石器群との関係性を究明することが課題である。北海道東部の常呂川流域の後期細石刃石器群を例に、採集可能な原石材の形状によって石器製作過程・器種・組成が変異することが指摘されている（出穂ほか 2008）。近年、石狩低地帯南部のアンカリトー7遺跡（北海道埋蔵文化財センター 2010）で広郷型細石刃核を伴う石器群が検出され、石器組成、石器製作過程、石材消費形態を検討するうえで良好な資料が得られている。近傍で石器石材の調達が困難な石狩低地帯南部において、それぞれの石器群でどのような石材消費戦略が採られていたのかを明らかにすることが今後の課題となる。

　執筆の機会を与えていただいた佐藤宏之先生に厚く御礼申し上げたい。本論で対象とした資料の分析・実見の際には、倉橋直孝氏、佐久間光平氏、田村俊之氏、広田良成氏、藤井 浩氏、山田和史氏に多大なご配慮を頂いた。末筆ではありますが、感謝申し上げる次第です。

註

1) 北海道の後期旧石器石器群に関する分節・年代については、新出資料の検討を踏まえ新たな仮説が提示さている（直江 2014）。広郷型細石刃核を伴う石器群および紅葉山型細石刃核を伴う石器群について、年代がより遡る可能性が示されている。
2) 先行する研究として、髙倉純（2003）が北海道東部十勝平野の晩氷期石器群を対象に石材消費形態を検討している。
3) キウス5遺跡では2000年代以降複数回に及んで広範囲が発掘調査されており、検討対象となる石器集中は、「台地部」地区で検出された3ヵ所の石器集中のうち、SB-2である。検出された石器集中（SB-1、SB-2、SB-3）はいずれも忍路子型細石刃核を伴う石器群である。SB-1およびSB-3は調査区外へ石器集中が広がる可能性が高く、完掘されていないことから分析対象としなかった。しかし、石器集中間の接合関係が確認されている。
4) 分析対象としていないが、祝梅上層遺跡の石器群（佐久間 2008）も忍路子型細石刃核を伴う石器群で、メボシ川2遺跡と類似した石器製作過程および石材消費形態である可能性を筆者は想定している。
5) 本論は定性的な視点で資料の検討を行っていることから、今後、定量的な分析による評価を行う必要がある。

引用文献

赤井文人　2005a「千歳市丸子山遺跡恵庭aテフラ上位石器群の再検討」『論集忍路子I』103-123頁、忍路子研究会

赤井文人　2005b「石狩低地帯南部における細石刃石器群の研究―千歳市メボシ川2遺跡石器群の再検討―」『北海道旧石器文化研究』第10号、59-78頁、北海道旧石器文化研究会

赤井文人　2009「後期旧石器時代北海道西部における黒曜石の利用」『公開シンポジウム　黒曜石が開く人類社会の交流　予稿集』32-41頁

赤井文人　2015「オサツ16遺跡B地区石器群の接合資料」『論集忍路子IV』127-133頁、忍路子研究会

出穂雅実・赤井文人　2005「北海道の旧石器編年―遺跡形成過程論とジオアーケオロジーの適用―」『旧石器研究』1号，39-55頁，日本旧石器学会

出穂雅実・廣瀬　亘・佐藤宏之　2008「北海道における考古学的黒曜石研究の現状と課題」『旧石器研究』第4号，107-122頁，日本旧石器学会

佐久間光平　2008「北海道千歳市祝梅上層遺跡の石器群」『考古学』Ⅵ，45-65頁

佐藤宏之　2008「序論：縄文文化の構造変動―更新世から完新世へ―」『縄文化の構造変動』1-9頁，六一書房

佐藤宏之　2013「日本列島の成立と狩猟採集の社会」『岩波講座　日本歴史　第1巻　原始・古代』岩波書店

北海道文化財保護協会　1997『千歳市　オサツ16遺跡（2）』

北海道埋蔵文化財センター　2005『千歳市　オルイカ2遺跡』

北海道埋蔵文化財センター　2007『千歳市　祝梅川上田遺跡・梅川2遺跡』

北海道埋蔵文化財センター　2010『千歳市　アンカリト―7遺跡　アンカリト―9遺跡』

北海道埋蔵文化財センター　2013『千歳市　キウス5遺跡（10）』

髙倉　純　2003「北海道の更新世末における石材消費形態からみた遺跡間変異の検討―北海道東部，十勝平野の石器群を検討対象とした予察―」『シンポジウム　日本の細石刃文化Ⅱ-細石刃文化研究の諸問題―』132-151頁，八ヶ岳旧石器研究グループ

千歳市教育委員会　1983『メボシ川2遺跡における考古学的調査』

千歳市教育委員会　1994『丸子山遺跡における考古学的調査』

寺崎康史　2006「北海道の地域編年」『旧石器時代の地域編年的研究』275-314頁，同成社

直江康雄　2014「北海道における旧石器時代から縄文時代草創期に相当する石器群の年代と編年」『旧石器研究』第10号，23-39頁，日本旧石器学会

山田　哲　2006『北海道における細石刃石器群の研究』六一書房

山田　哲　2007「第6章　遺跡間変異と居住形態」『ゼミナール旧石器考古学』110-122頁，同成社

山田　哲　2011「産地遺跡形成の経済学―フィールド・プロセシング・モデルによる考察―」『旧石器研究』第7号，75-91頁，日本旧石器学会

Nakazawa, Y, M. Izuho, J. Takakura, and S. Yamada 2005 Toward an Understanding of Technologial Variability in Microblade Assemblages in Hokkaido, Japan. *Asian Perspectives* 44, 276-292.

第11章　白滝遺跡群の石刃技法

直江康雄・鈴木宏行・坂本尚史

はじめに

　北海道の旧石器文化は，尖頭器製作や細石刃剥離，石刃技法など複数の技術基盤が複合する形で構成されていることが多い。これまでの研究は比較的特徴の把握しやすい細石刃剥離技術を中心として進められてきた。しかし石刃技法については，主体的な研究対象として扱われることが少なく，個別遺跡の技術的特徴の把握（松沢1973など）に留まっていた。そうしたなかで山田晃弘（1986）や山原敏朗（1998）は石器群の編年，構造論的な研究を目的として石刃技法の技術的特徴を抽出したが，接合資料が少ないなどの資料的制約があり，全体的な技術の把握には至っていないのが現状である。

　白滝遺跡群は近年，北海道埋蔵文化財センターによる一連の調査・報告が終了し，それらのデータを利用して遺跡間を等質的に比較検討できる環境が整ってきた（北埋文2000～2002・2004a・b・2006～2009・2011～2013・2015）。出土した遺物量は膨大で，その中から4,600以上の母岩別資料が抽出され，内容的にも出土範囲や共伴する石器から石器群として確定しているものが多い。なかでも多くみられたのが尖頭器および石刃を製作する母岩別資料である。特に石刃技法は，原石の選択から母型の形成，石刃剥離に伴う打面部周辺の諸調整，剥離された石刃の特徴など着目すべき項目が多い。それらを包括的にみると各石器群間で異なる技術的なまとまりがあり，個別の石器群を判定する指標の一つとなりうる。また，石器群の細分化（寺崎2006，山田2006，直江2014）が進展した現在的な視点で石刃技法の技術的な特徴，変遷を検討する意義は大きい。

　これらのことから本稿では，各石器群の石刃技法に注目してその諸特徴をまとめ，比較検討するデータを供し，若干の考察を加えたい。

1　白滝遺跡群の概要

　白滝遺跡群のある紋別郡遠軽町白滝地域は，北海道の屋根といわれる大雪山系の北東山麓に位置する。白滝遺跡群は，黒曜石の原産地として著名な赤石山の周辺に存在する100ヵ所程の遺跡の総称である。原産地遺跡として捉えられ，主に湧別川流域の河岸段丘上に大規模な遺跡が発見されている（第1図）。

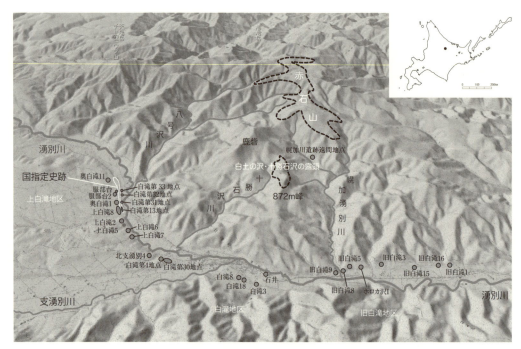

第1図　白滝遺跡群の主な遺跡の位置

　研究の黎明期から注目された遺跡が多く，湧別技法の提唱（吉崎 1961）や遺跡群にみられる分業システムや黒曜石を動かす物流のネットワークの提示，テクノコンプレックスの提唱（木村 1995）など学史的にも重要な役割を果たしている。

　北海道埋蔵文化財センターでは高規格道路の建設に伴い，平成 7 年〜20 年にかけて 22 遺跡，約 12.3 万 m² の発掘調査を行った。発掘された遺物数は膨大で，白滝産とみられる黒曜石を用いた剝片類が約 670 万点，重さ 13.6 t を超えて出土している。また少量ではあるが，白滝産以外の置戸産，ケショマップ産，十勝産，赤井川産，名寄産の黒曜石，頁岩，めのう，珪岩，安山岩などの石器類も出土している。

　上記の一連の調査は，湧別川に沿った段丘面に設定した総延長 3,200 m，幅 40 m 程のトレンチ調査と言い換えることが可能で，流域の遺跡立地や石器群の分布などを考察するうえで，良質のデータを提供している。丹念な接合作業により各遺跡から出土した様々な石器群の様相を捉えることが可能となり，各母岩の原石形状，遺跡への搬入形態，製作技術，搬出形態の一連の流れが把握されている。さらに母岩別資料の搬入・搬出量から生産規模や石材消費戦略についても豊富な情報を提供している。

　現在までに確認している石器群は，北海道の後期旧石器時代前半期（En-a 下位）の中で最も古く位置づけられる「白滝 Ia 群」（台形様石器を含む石器群）から後半期前葉・後葉の細石刃石器群，および本州の縄文時代草創期相当の鋸歯縁小型尖頭器石器群や早期の石刃鏃石器群も含め 20 石器群にのぼる。重要な点として北海道の後期旧石器時代に相当するほぼ全ての石器群が出土していることが挙げられる。

2 目的と資料の特性

　本稿の目的は，白滝遺跡群で出土した石器群ごとの石刃技法の技術的な特徴を明確にすることである。ここで述べる石器群とは，共通する石器組成と石器製作技術をもつまとまりを指し，一定の時空間的なまとまりをもっていると考えられる。石刃技法の諸特徴の把握は，石器群認定の基準の一つとして活用することができうる。例えば共伴関係が不明確な資料や示準的な石器を伴わない資料に対して有効で，分布論や行動論的な研究にも利用できる。

　白滝遺跡群は原産地遺跡であるため，多くの母岩別資料は原石の選択性から製作技術までの全体像の把握が可能である。対象とする石器群はほぼ同一の石材環境下にあり，豊富な石材資源が背景にあるため石材に関する制約を考慮する必要がほとんどなく，当時の集団が主体的に保有している技術が用いられていたと推定できる。また，現在北海道で認識されているほとんどの石器群が出土しているため，通時的な検討も可能である。

　これらを踏まえ，本稿では石器群ごとの石刃技法の特徴をまとめ，最終的に各石器群を大まかな時間軸に置き，石刃技法の変遷を検討する。

3 対象石器群と時期区分

　今回対象とする石器群は石刃技法ないし縦長剝片剝離技術を保有するもので，旧石器時代に本州の縄文時代草創期相当のものを含めた16石器群である（第1表）。石器群の分類については山田哲（2006），寺崎康史（2006）の論考を参考にし，既刊の白滝遺跡群の中で使用した名称を踏襲しつつ特徴的なものを新たに加えた。石器群の時期区分（第1表）は直江康雄（2014）に準拠する。なお，第1表では確度の高い年代値をもつ石器群をゴシック体で表記しているが[1]，I～IVの各時期内の石器群の編年的な位置関係は定まっていないものが多い。

　細石刃石器群以前のI期はおよそ24,000 cal BPより古い年代値である。1白滝Ia群，2広郷型ナイフ形石器を含む石器群（以下石器群名から「を含む」を省略），3川西型石刃石器群の三つがある。白滝Ia群では角礫を利用して縦長剝片剝離が行われるものを対象とした。「川西型石刃」とは大型の打面調整が特徴的に施されたもので（北埋文2012・2013），帯広市川西C遺跡の石刃石器群と対比可能である。

　II期はEn-a下位の細石刃石器群で，およそ24,000～21,000 cal BPにあたり，4蘭越型細石刃核石器群，5峠下型1類細石刃核石器群の二つがある。

　III期は細石刃が盛行する時期で，およそ21,000～16,000 cal BPに含まれる。6広郷型細石刃核石器群，7幌加型細石刃核石器群，8紅葉山型細石刃核石器群，9有舌尖頭器3類石器群[2]，10札滑型細石刃核石器群の五つがある。幌加型細石刃核は，高さ2.5 cm以上と1.5～2 cmのグループに分かれ，前者に服部台型石刃技法や剣菱形削器，大型尖頭器が伴い（北埋文2011），本稿で

III 北海道の晩氷期適応

第1表　対象石器群と石刃技法の特徴

環境区分 (工藤 2012)	Intcal13較正 年代(cal BP)	時期	石器群	原石形状		母型形成		打面部		石刃の サイズ
				転礫	角・亜角礫	なし	あり	平坦	調整	
MIS2 LG Cold	13,000	Ⅳ期	16 鋸歯縁小型尖頭器石器群	○	○		●		●	中
			15 小型舟底形石器群	○	○	○		●		小
MIS2 LG Warm			14 有舌尖頭器2類石器群	○	○				●	小
	15,000		13 有舌尖頭器1類石器群	○	○		●		●潰	小・中
	16,000		12 忍路子型細石刃核石器群		○		●		●潰	中・大
			11 ホロカ型彫器石器群		○		●		●潰	大
MIS2 LGM Cold-2		Ⅲ期	10 札滑型細石刃核石器群	○		○		●		中
			9 有舌尖頭器3類石器群			○			●潰	中
			8 紅葉山型細石刃核石器群		○	○			●	小
	21,000		7 幌加型細石刃核石器群		○	○		●		中
			6 広郷型細石刃核石器群		○		●		●潰	中・大
		Ⅱ期	5 峠下型1類細石刃核石器群	○	○	○			●	小・中
	24,000		4 蘭越型細石刃核石器群	○		○			●	小
MIS2 LGM Cold-1		Ⅰ期	3 川西型石刃石器群	○		○		○	○	中
	28,000		2 広郷型ナイフ形石器群	○	○			●		小・中
MIS3 Early Cold			1 白滝Ⅰa群		○	○		○		中

凡例
石器群名ゴシック…確度の高い年代値を持つもの
母型形成黒塗…加工により断面五角形・三角形が含まれるもの
打面部黒塗…頭部調整あり
石刃のサイズ…大：20 cm 超，中：10-20 cm，小：10 cm 未満

はこれを幌加型細石刃核石器群と呼称する。また後者には細石刃核に小形舟底形石器1類（山田2006）も含まれており，ホロカ型彫器を組成する。これをホロカ型彫器石器群と呼称した。

Ⅳ期は尖頭器が盛行する時期で，16,000 cal BP 以降にあたり，本州では縄文時代草創期に相当する。11 ホロカ型彫器石器群，12 忍路子型細石刃核石器群，13 有舌尖頭器1類石器群，14 有舌尖頭器2類石器群，15 小型舟底形石器群，16 鋸歯縁小型尖頭器石器群の六つを含めた。

白滝遺跡群では，細石刃核の各型式間および有舌尖頭器との共伴関係について断定できるような出土例がみられなかった。よって，本稿では細石刃核・有舌尖頭器ごとに石器群を独立させて取り扱うこととした。

4　観察項目

各石器群の石刃技法の様相を第2～17図に示した。観察項目は，1出土遺跡，2原石の形状，3搬入形態，4母型形成の方法・特徴，5石刃剥離の特徴，6残核の形状，7石刃の形状と大きさ，8石刃技法で得られた素材から製作された石器，9搬出状況の特徴とした。

さらに細目として，1には北海道埋蔵文化財センターの中で，当該石器群が出土している石器

1. 出土遺跡	上白滝8：Sb-4〜6（14個体），Sb-7・8（4個体）　計18個体
2. 原石の形状	角礫が大半を占める。大きさは15〜66cmと多様だが，20〜40cmが多い。
3. 搬入形態	原石が半数以上を占め，分割礫も3割ほど認められる。
4. 母型形成	なし
5. 石刃剥離の特徴	打面調整：なし　頭部調整：なし　打面縁辺部：無調整により不整形 ①自然面の稜を利用して加撃する。その時点で最も剥がし易い所に移動していく。打面と作業面を入れ替える剥離が主体的で，その片方の剥離が石核長軸と同様の場合，縦長剥片が剥離される。剥離は，（ア）作業面が背部に向かって一方向に進行するもの，（イ）石核を周回するものがみられる。しかし，途中下方からの剥離や横方向の剥離も含まれるため，石核の形状変化および最終形態はばらつきが大きい。 ②縦長剥片は不安定な作業面から剥離されるため，剥離の進行による規格性のある変化は認められない。
6. 残核の形状	円柱形，扁平，サイコロ状など多様。
7. 石刃の形状と大きさ	長さ：10〜15cmが主体　幅：2〜6cmにややまとまる 打面が大きく，バルブ，コーンが発達するものが多い。石核調整を行っていないため，石刃の形状も多様。末端がヒンジとなるものがやや目立つ。大半は器体の長軸と剥離軸にずれがある。 打面幅：20〜60mmが多　打面厚：10〜20mm程度　打面形状：単剥離・複剥離打面（不定形，大型）
8. 製作石器	縦長剥片素材：二次加工ある剥片・石核　剥片素材：二次加工ある剥片・石核　核素材：なし
9. 搬出状況	大半の石核が遺跡内に遺棄される。

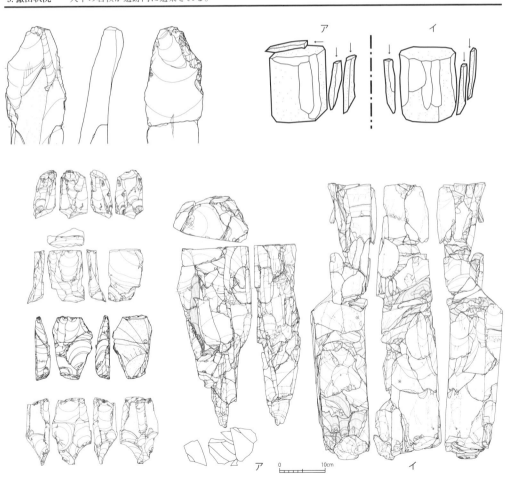

第2図　白滝Ia群の縦長剥片剥離

III 北海道の晩氷期適応

1. 出土遺跡	上白滝8：F区 Sb-61（1個体），I区 Sb-91〜96（3個体），上白滝7：Sb-4〜10（26個体）　計30個体		
2. 原石の形状	角礫と転礫がほぼ同比率で使用される。大きさは10〜25cm程度。		
3. 搬入形態	原石・準原石が主体，石核も3割以上みられる。		
4. 母型形成	ほとんどなし いびつな自然面形状の除去などが先行して行われる程度。作業前石核の形状と大きさは，もっぱら素材原石形状に影響される。作業面高10〜15cmのものと，15cmを超えるものにおおむね分別でき，前者は角礫，後者は転礫が主に利用される。		
5. 石刃剥離の特徴	打面調整：ほぼなし	頭部調整：あり	打面縁辺部：頭部調整は軽微。縁辺部の縁を落とす程度で凹凸形状を大きく変化させない。
	①大型剥離により平坦打面を作出後，自然面稜線等に沿って石刃剥離が開始される。石刃剥離は作業面から背部へ一方向に進行する。 ②当初の縦長剥片・石刃は自然面形状を取り込むため形状が整わず，遺跡内に遺棄されることが多い。自然面除去後の作業面高は10〜15cmとなり，平面・側面とも直線的なものが増加する。石刃の長さは最終段階まで10cm前後が保たれる。これらは彫器・掻器・ナイフ形石器に利用されている。また，作業最終段階で小型剥片剥離，幅広大型剥片剥離に移行するものがみられ，これらはナイフ形石器の素材に利用されている。 ③頭部調整はもっぱら石刃剥離稜線間の打面の縁を落とすもので，打面縁辺の大きな形状の変更は行われない。石刃剥離は剥離稜線間を加撃することが多く，2本以上の稜線を取り込んだ幅広の石刃が得られる。 ④打面再生は打面角が鈍角化した際や打面平坦部を消費した後に行われる。 ⑤打面転移は20cmを超える大型の母岩を主体に作業の後半から最終段階で主にみられ，下設打面を作出し，まとまった石刃・剥片剥離を行うものである。また，求心的な剥離によって小型剥片を生産するものもある。		
6. 残核の形状	平坦打面で頭部調整を有し，背部が広く自然面に覆われ，作業面が平坦となるものが多い。作業の周回とウートラパッセにより円錐状となるものもある。打面と作業面の角度は80度前後が主体。大きさは10cm前後が主体。バルブ，バルバスカーが発達する。		
7. 石刃の形状と大きさ	長さ：7〜12cm程度	幅：3〜5cm程度	
	幅広で側面形はやや直線的。但し腹面のリングのうねりが強いものやウートラパッセとなるものを多く含む。		
	打面幅：10〜30mm	打面厚：4〜10mm	打面形状：やや広い単剥離打面で，同一母岩中でも大きさにばらつきがある。
8. 製作石器	石刃素材：ナイフ形石器・掻器・削器・彫器	剥片素材：ナイフ形石器・掻器・二次加工ある剥片・石核	核素材：なし
9. 搬出状況	石刃核は主に遺跡内で消費し尽くし，遺棄される。石刃の搬出状況は遺跡間で変異がある（上白7・多，上白8・少）。		

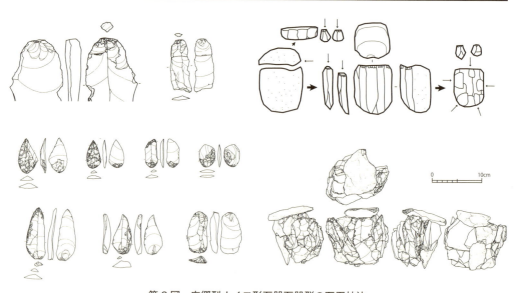

第3図　広郷型ナイフ形石器石器群の石刃技法

第11章 白滝遺跡群の石刃技法　215

1. 出土遺跡	旧白滝5：D3a区（38個体），旧白滝3：BD18-23区（1個体），EH22-25区（2個体），旧白滝15：B区（16個体）　計57個体
2. 原石の形状	転礫が主体で亜角礫が1割程度混じる。大きさは15～30cmで20弱～25cm程度が主体。
3. 搬入形態	原石が主体で準原石を含めれば9割近くを占める。1割程度が石核。
4. 母型形成	ほとんどなし 転礫の短軸方向に打面を作出し，長軸方向の自然面稜線に沿って縦長志向の剝離を施して作業面形成を行う工程を踏む。 選択原石は多様で，形状によって剝離開始位置がa：原石の突出する稜線部，b：原石の左右に位置する稜線部，c：小口面の大きく3種類に分けられる。
5. 石刃剝離の特徴	打面調整：あり　大型　　　頭部調整：基本なし　　　打面縁辺部：先行する剝離に影響され，不定形 ①打面調整・再生を順次施す。（ア）作業面から背部に向かって一方向に進行するもの，（イ）正面→側面→裏面の順で転移しながら進行するもの，がみられる。 ②当初の石刃は自然面付が多く18cm前後の大型が含まれる場合もある。自然面除去後10～15cmの石刃が量産されるが，接合の欠落が目立つ。個体によっては最終段階で10cm以下の小型石刃が剝離されるが，大半が遺棄されている。 ③打面調整は大型で粗いものが主体で，細かなものが併用される場合もある。打面再生を契機に平坦打面に移行する個体もみられる。 ④打面再生は頻繁に行われる。但し，打面再生か打面調整か判断の困難なものも多くみられる。
6. 残核の形状	調整・複剝離打面が主で平坦打面も少数ある。頭部調整はほとんどみられない。両設打面も一定量みられる。打面と作業面の角度は70～90度強が多い。石核は以下の二つに大別できる。 （ア）幅広い作業面が正面側に位置し背部に自然面を広く残したやや扁平なもの （イ）作業面が周回し，角柱状となるもの
7. 石刃の形状と大きさ	長さ：10～15cm主体　　　幅：2～6cm程度，4cm前後が多いが同一母岩の中でも変異が大きい 大型の調整（複剝離）打面。打面幅と石刃幅に大きな差がないものが含まれる。全体に厚さが保たれ直線的。1cm以上奥を加撃するため，打面縁辺と作業面の角度が100度を超える鈍角でも石刃を剝離してしまう。幅や打面の形状は個体ごとの変異が大きい。 打面幅：10～25mm主体　　打面形状：コーン・バルバスカーの発達するものが多くみられるが，同様に浅いリップ状も多くみられる（割れの内容が一定していない）。また打点が中央に位置しないものも一定量みられる。打面の形状は一定せず変異が大きい。 打面厚：10～15mm主体
8. 製作石器	石刃素材：彫器・掻器・削器・石核　　　剝片素材：なし　　　核素材：なし
9. 搬出状況	石刃核は8割以上が遺跡に遺棄される。石刃は自然面付のものと10cm未満の小型のものが遺跡に遺棄され，それ以外の石刃が多数搬出される。

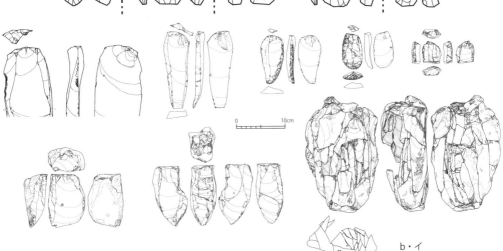

第4図　川西型石刃石器群の石刃技法

216　III　北海道の晩氷期適応

1. 出土遺跡	上白滝8：斜面部，旧白滝3：BD18-23区（3個体），旧白滝15：B区（10個体）　計13個体		
2. 原石の形状	形状のわかるものは転礫。大きさは不明であるが，15 cm以上と推定される。		
3. 搬入形態	石刃核，母型が大半。15 cm前後の大きさで搬入されるものが多い。		
4. 母型形成	あり 型形成は正面を平坦にする横方向の加工と側面を整形する横方向の加工により行われる。側面の加工が正裏面から行われた場合，裏面は両側面への加工により背稜が形成され，断面が扇形に近い三角形となる。側面の加工が正面のみの加工だった場合，裏面には自然面が残存し，断面が四角形となる。		
5. 石刃剥離の特徴	打面調整：あり	頭部調整：あり	打面縁辺部：調整による形状変化は少ない
	①正面の左右の角の稜を利用して剥離が開始される。石刃剥離は正面と左右の側面で行われ，途中，裏面と下面から調整が断続的に施される。その結果，剥離の進行とともに裏面には背稜が作成され，下縁も鋭く調整され，断面が涙滴形の形状となる。また，石核形状は相似形的に小型化していき，良好な形状の石刃核については細石刃剥離に移行していく。細石刃剥離に移行する場合，打面を大きく更新する正面からの削片剥離が加えられ，打面調整はみられなくなる。 ②石刃の長さは，打面調整により石刃核高が減少していくため，徐々に短くなっていく。 ③頭部調整は軽微で，無いものも目立つ。		
6. 残核の形状	背稜をもち，下縁が鋭く打面の上面観は涙滴形となる。大きさは5 cm前後が主体（細石刃核含む）。		
7. 石刃の形状と大きさ	長さ：10 cm前後が主体	幅：3 cmが主体	
	背面に横方向や斜め方向の剥離面を含むものが多い。側面形は直線的で末端が湾曲する。		
	打面幅：7～15 mmが主体	打面厚：5 mm前後が主体	打面形状：調整打面（幅広）
8. 製作石器	石刃素材：彫器・掻器（白滝遺跡群では未検出）	剥片素材：不明	核素材：細石刃核
9. 搬出状況	詳細は不明だが，遺跡内に残された石核は全体の半数程度。		

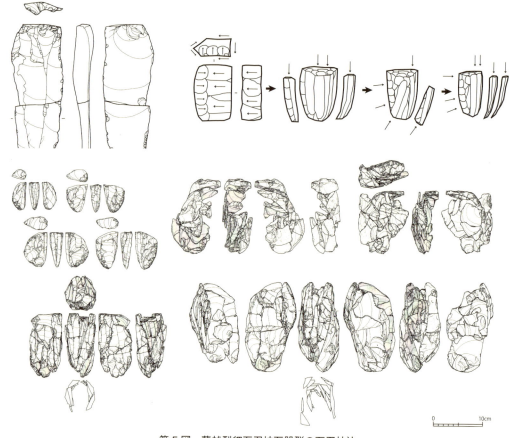

第5図　蘭越型細石刃核石器群の石刃技法

第11章 白滝遺跡群の石刃技法

1. 出土遺跡	上白滝8：A区（12個体），B区，C区（2個体），斜面部，白滝8：Sb-1，旧白滝3：BH30-34区，旧白滝15：C区（5個体），旧白滝1：耕作土A地区　計19個体		
2. 原石の形状	角礫・亜角礫・転礫がおおむね同様な比率で利用され，扁平なものが多い。大きさは15〜40 cm。		
3. 搬入形態	原石，または大型の剝離面のある準原石。		
4. 母型形成	なし 原石の一端に打面が作出されるのみだが，一部稜調整や背部調整が行われるものあり。		
5. 石刃剝離の特徴	打面調整：なし	頭部調整：あり	打面縁辺部：頭部調整によって弧状または直線状。
	①原石の平坦面において石核整形無しで石刃剝離が行われる。背部に向けて一方向に進行し，（ア）そのまま作業を終了するもの，（イ）打面転移や作業面転移が行われるものがある。 ②作業面は平坦であるため石刃形状は幅広である。また，剝離の進行に伴い，作業面高が減少する。 ③頭部調整によって直線的に縁辺部が整形される。 ④作業面の側面観が平坦であるため石刃の末端部がヒンジになるものが多く，作業面形状を修正するために下面からの剝離が行われる。 ⑤単設打面が多いが，下設打面に打面転移されるものや裏面に作業面が転移されるものもある。		
6. 残核の形状	10〜15 cmで，扁平なものが多く，作業面転移が行なわれるものは円盤状になる。また，打面を固定し作業が周回するものは亀甲状になる。打面と作業面の角度は，扁平なものは45度程度，それ以外は70度程度。		
7. 石刃の形状と大きさ	長さ：9〜21 cm程度	幅：4〜7 cm程度	
	打面から側縁にかけてなで肩状で，平坦な作業面形状を反映して平面形は幅広，側面形は直線的である。		
	打面幅：10 mm程度	打面厚：2 mm程度	打面形状：単剝離打面・複剝離打面（凸レンズ状）
8. 製作石器	石刃素材：細石刃核	剝片素材：細石刃核	核素材：なし
9. 搬出状況	20 cm以下の原石は消費し尽くし，遺棄される。20 cmを超える良好な石刃が連続的に剝離されるものは石刃核として搬出される。		

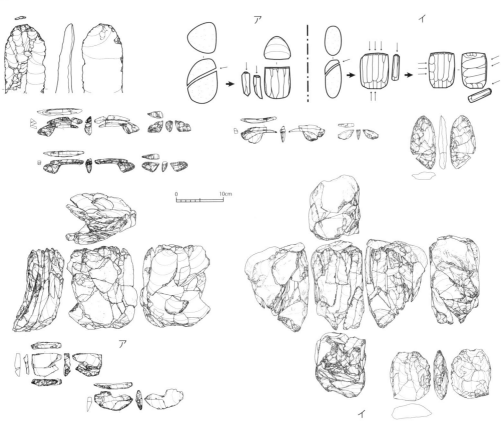

第6図　峠下型1類細石刃核石器群の石刃技法

218　III　北海道の晩氷期適応

1. 出土遺跡	上白滝2：Sb-9（4母岩），旧白滝5：斜面部？，旧白滝3：BD24-26区（36個体），CH35-39区（4個体），CH40-43区（1個体），CH46-48区（3個体），旧白滝1：耕作土D地区　計48個体
2. 原石の形状	角柱状の角礫。大きさは25〜40 cm。
3. 搬入形態	母型
4. 母型形成	あり 大きく2種類あり。a：断面五角形ないし三角形のもの。b：断面台形のもの。正面形はaが紡錘形に近く，bは逆台形を呈するが，底部は平坦で，側面形は台形に近く，作業面は弧状である。母型形成は，側面に対して正面または左右の稜と裏面から調整され，裏面に対しては左右側面から調整される。
5. 石刃剝離の特徴	打面調整：あり　　頭部調整：あり　　打面縁辺部：作業面の稜と打面の交点の両側が擦られ，山形に調整される ①稜付き石刃剝離後，背部に向かって一方向に進行するものと，作業面が側面へ展開するものがある。 ②作業面形状が稜状から平坦に変化するに伴い断面三角形の厚手で幅の狭いものから薄手で幅広のものに変化する。石刃長は変化するものと変化しないものがある。 ③打面調整と頭部調整によって山形に調整された頂部が加撃される。 ④打面調整は石刃剝離に伴い行われる。また作業面形状を維持するため，下部を中心とした側面調整・稜調整が頻繁に施される。 ⑤打面転移は行われない。
6. 残核の形状	高さ15〜20 cm，幅10〜15 cmが主体。背部が平坦なものと背稜を有すものがある。前者が主体で，剝離によって平坦面を形成するものと，平滑な自然面を配置するものがみられる。
7. 石刃の形状と大きさ	長さ：16〜35 cm　　幅：2〜6 cm 稜付き石刃は側面形が弧状であるが，石刃剝離の進行に伴い，直線的になる。 打面幅：5〜20 mm　　打面厚：1〜4 mm程度　　打面形状：調整打面（山形・凸レンズ状）
8. 製作石器	石刃素材：細石刃核・彫器・掻器・削器　　剝片素材：石刃核　　核素材：なし
9. 搬出状況	石刃核は石核調整を経て搬出されるものと遺棄されるものがある。

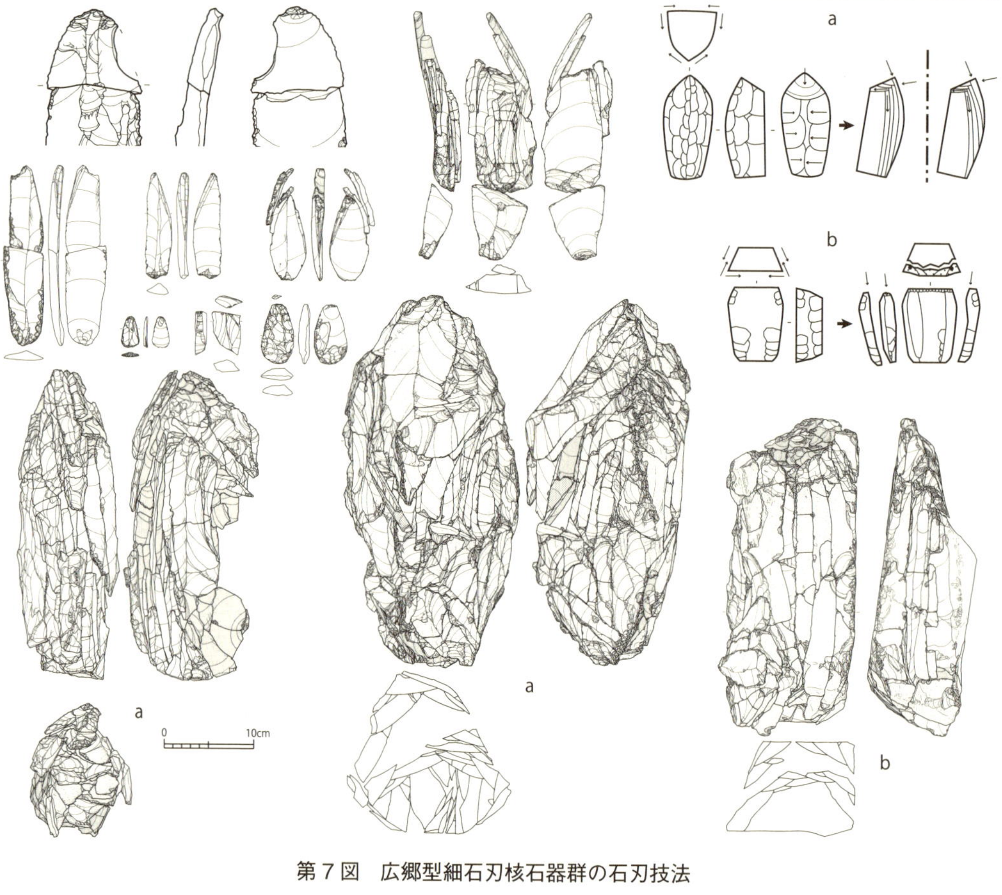

第7図　広郷型細石刃核石器群の石刃技法

第11章 白滝遺跡群の石刃技法

1. 出土遺跡	服部台2：Sb-20〜22（4個体），Sb-53，Sb-55〜63（23個体），上白滝8：B区（18個体），D区，G区，I区，斜面部，白滝第30地点：Sb-1？，白滝8：Sb-4？，ホロカ沢I：Sb-1〜6（15個体），旧白滝3：BD18-23区（1個体），BD24-26区，BC27-29区（4個体），DH27-29区（3個体） 計68個体
2. 原石の形状	角礫を主体とし，亜角礫を含めれば9割以上を占める。大きさは20cm弱と30〜40cmに大別でき，後者が主体である。70cmを超えるものもみられる。
3. 搬入形態	原石・準原石がほぼ同比率みられ，両者で9割以上を占める。
4. 母型形成	ほとんどなし 原石の立方体・直方体形状を変更させない，むしろ角形状へと整える剥離を若干伴う程度。 石核背部に広い自然面・大型剥離面等の平坦面を設定し，素材短軸方向に分厚い大型剥離による打面作出剥離が行われる。その後，もっぱら自然面稜線を利用して縦長剥片剥離を施し作業面を整形する。結果15〜25cmの立方体・直方体状の母型が形成される。原石形状がこれに近い場合はほぼ無加工となる。 大型原石では打面作出剥片を舟底形石器の素材に積極的に利用する。
5. 石刃剥離の特徴	打面調整：ほぼなし　　頭部調整：あり　　打面縁辺部：緩やかな弧状もしくは直線的 ①平坦打面に頭部調整を施し，石刃剥離が行われる。石刃剥離は作業面から背部への一定方向に順次進行するものが主体で，側面へ作業面転移するものもみられる。 ②大型石核の場合，a) 長さ20cm超・幅6cm超→b) 長さ20cm未満・幅4〜5cm強→c) 長さ10〜15cm・幅4cm前後の推移がみられる。当初より20cm未満の石核の場合，cサイズが量産される。作業面横断面は平坦であるため，幅広の石刃が剥離される。 ③頭部調整は先行する石刃剥離稜線の頂部を潰し，多くは緩やかな弧状に整形される。さらに頭部調整は個々の石刃剥離に伴い随時施される。 ④打面再生はa・bサイズ石刃を剥離後1回程度行われるのみで頻度は高くない。 ⑤打面転移は多くみられるが，上設からの剥離を主体とし，ヒンジ等の解消や作業面整形を目的に補助的に行われる程度。
6. 残核の形状	平坦打面で顕著な頭部調整を有す。背部にはもっぱら角礫自然面・大型剥離面等の平坦面が位置し，残核の多くは直方体状を呈す。作業面高は10〜20cmで15cm前後が多い。打面と作業面のなす角度は60〜70度が主体。
7. 石刃の形状と大きさ	長さ：10〜20cm，15cm主体　　幅：4〜6cm 小打面でなで肩状，幅広で両側縁が末端まで並走する短冊形を呈することが多い。 打面幅：5mm程度　　打面厚：2mm程度　　打面形状：小型の単剥離打面で線状を含む
8. 製作石器	石刃素材：彫器・掻器・削器・尖頭器　　剥片素材：細石刃核・舟底形石器・石刃核・石核・尖頭器　　核素材：舟底形石器・尖頭器（極少）
9. 搬出状況	ほとんどの石核は遺跡内に遺棄。剥片・石核を素材に製作した製品は搬出される。石刃は 長さ10〜15cm・幅4cm前後のものが主体的に搬出される。

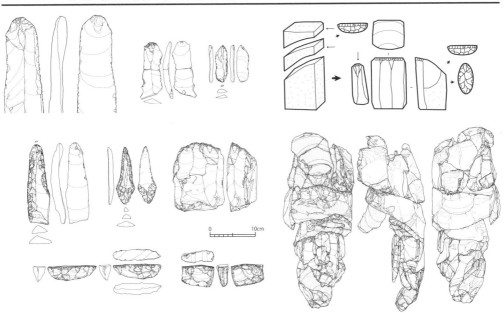

第8図　幌加型細石刃核石器群の石刃技法

1. 出土遺跡	服部台2：Sb-3〜5（8個体），奥白滝1：Sb-7〜10（31個体）　計39個体		
2. 原石の形状	角礫が主体で5割程度を占め，その他に亜角礫と転礫が2割程度みられる。大きさは10〜15cmが主体。		
3. 搬入形態	原石が主体で4割程度，その他に準原石・石核が多く，剝片や母型も少量見られる。		
4. 母型形成	母型形成なしが半数以上，剝片素材や分割礫に母型形成あり。 母型形成は2種類あり，aが主体。a：平坦面を裏面に設定し，両側面に急角度の加工を施して平面形をU字形ないしV字形に整形するもの。部分的な加工も含まれる。b：両面加工により断面凸レンズ状に加工，平面形は打面部が広く末端部が窄まるU字形となる。Aに比べ扁平。		
5. 石刃剝離の特徴	打面調整：あり	頭部調整：あり	打面縁辺部：なだらかな形状
	①母型形成のある母岩では，石刃剝離は石核の両側面で開始される。その後，作業場所を移動しながら進行した結果，作業面が周回する。 ②石刃の長さは，打面調整により石刃核高が減少していくため，徐々に短くなっていく。 ③頭部調整は軽微。打面と作業面の角度はおおよそ90度だが，剝離場所の変更に伴い打面調整を行って打面縁辺部と作業面の角度が鋭角に調節される。 ④下方からの石刃剝離もみられるが，石核整形の意味合いが強い。 ⑤良好な形状の石刃核については細石刃剝離に移行していく。剝離開始時の大きさが小さいもの（剝片素材など）が細石刃剝離まで移行することが多い。細石刃剝離が開始されると打面調整が入念になり，作業面高が急激に縮小する。		
6. 残核の形状	6cm前後で石刃剝離が全周に及び，角錐・楔形になるものが主体。		
7. 石刃の形状と大きさ	長さ：7cm前後が主体	幅：2〜4cmが主体	
	打面幅が広いため，石刃の形状が短冊形ないし末端の窄まる形となるものが多い。ウートラパッセにより側面観が「し」の字状となるものがみられる。		
	打面幅：10〜20mm	打面厚：4〜6mm程度	打面形状：調整打面（幅広）
8. 製作石器	石刃素材：搔器・錐形石器・削器・彫器	剝片素材：搔器・細石刃核	核素材：細石刃核
9. 搬出状況	約半数の石核が遺跡外に搬出される。なお，奥白滝1遺跡と服部台2遺跡では遺跡間接合が4母岩で確認されており，すべて奥白滝1→服部台2への時間的な前後関係である。		

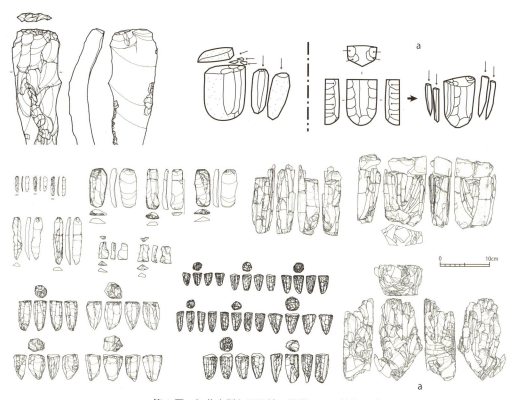

第9図　紅葉山型細石刃核石器群の石刃技法

1. 出土遺跡	上白滝8：Ⅰ区（5個体），J区，白滝18：Sb-1〜9（4個体）　計9個体		
2. 原石の形状	転礫主体で亜角礫少量。大きさは18〜36cm。		
3. 搬入形態	原石主体で準原石少量。		
4. 母型形成	あり 裏面を横方向からの剝離，側面を裏面からの剝離によって整形。		
5. 石刃剝離の特徴	打面調整：あり	頭部調整：あり	打面縁辺部：打面調整・頭部調整が縁辺を擦り潰すようにやや直線的に整形される。
	①作業面の整形は行われず，背部方向に一方向に進行する。 ②作業面は比較的平坦で，両設打面のため，作業面高は徐々に減少する。 ③擦られた縁辺の内側を加撃し，石刃が剝離される。 ④稜調整は頻度が低いが行われる。 ⑤作業面状況の悪化に伴う180度の打面転移が行われ，作業面が裏面に転移される場合もある。		
6. 残核の形状	長さ6〜11cm程度の尖頭器に加工され，搬出される。		
7. 石刃の形状と大きさ	長さ：18〜20cm程度	幅：4〜5cm程度	
	反りが少なく，側面形は直線的。		
	打面幅：15〜30mm程度	打面厚：6〜10mm程度	打面形状：調整打面（不整形）
8. 製作石器	石刃素材：尖頭器・彫器	剝片素材：尖頭器・彫器	核素材：尖頭器
9. 搬出状況	石刃核は尖頭器に加工され，搬出される。		

個体 A-1

個体 A-2

個体 B

第10図　有舌尖頭器3類石器群の石刃技法

222　III　北海道の晩氷期適応

1. 出土遺跡	上白滝 2：Sb-3～6・10（17 個体），上白滝 5：Sb-3？，旧白滝 5：A 区？，旧白滝 16：Sb-13・14？　計 17 個体		
2. 原石の形状	転礫主体で，角礫・亜角礫は客体的。横断面形が円形～四角（a），三角（b），楕円形があり，楕円形のものは作業面が小口面（c）と平坦面（d）に設定されるものがある。大きさは 16～25 cm。		
3. 搬入形態	準原石（打面のみ剝離）が半数，準原石（打面＋数枚の剝離）・原石が残り半数。		
4. 母型形成	なし 原石の一端に大型剝片の剝離によって打面が作出される。		
5. 石刃剝離の特徴	打面調整：なし	頭部調整：あり	打面縁辺部：頭部調整による突出部の除去によって弧状または直線状。縁辺の角度は鈍角。
	①平坦打面から原石の稜を利用して石刃が剝離され，背部に向かって一方向に進行する。 ②作業面高は 15～20 cm から 10～15 cm に減少する。 ③頭部調整によって滑らかに調整された縁辺の作業面の稜の頂部を加撃し，石刃が剝離される。 ④打面再生，石刃剝離の途中での稜調整が頻度は低いが行われる。 ⑤両設打面のものも少量ある。		
6. 残核の形状	平坦打面・扁平な作業面・自然面の 3 面で構成される。側面観は扁平なものと三角形のものがある。打面と作業面の角度は 60 度前後が多い。		
7. 石刃の形状と大きさ	長さ：14～20 cm 程度	幅：3～4 cm 程度	
	打面から側縁にかけてなで肩状で，末端部に反りがある。石刃核下部を取り込むものが多い。		
	打面幅：8 mm 前後	打面厚：2 mm 程度	打面形状：単剝離打面（凸レンズ状・線状）
8. 製作石器	石刃素材：彫器	剝片素材：なし	核素材：なし
9. 搬出状況	石刃核は消費し尽くし，遺棄される。		

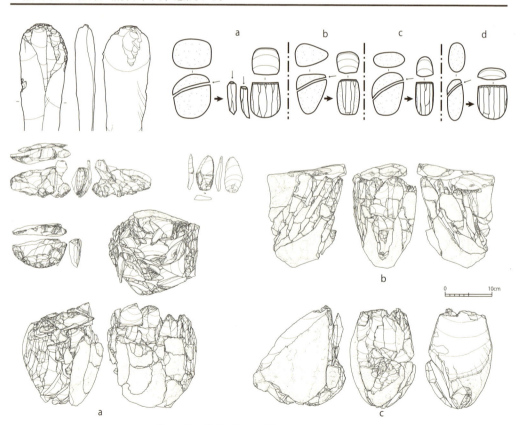

第 11 図　札滑型細石刃核石器群の石刃技法

1. 出土遺跡	上白滝8：斜面部？，旧白滝5：D3b区，D3c区，F3区，ホロカ沢Ⅰ：Sb-18～21，旧白滝3：C4-14区，DH27-29区，旧白滝15：B区（9個体），C区（6個体）　計15個体
2. 原石の形状	区域によって変異有り。B区は転礫主体，C区は角礫主体。大きさは20～40cmが主体で，最大57cm。
3. 搬入形態	母型が主体，石刃核も2割ほどみられる。
4. 母型形成	あり 母型形成は，裏面を両側面からの加工により平坦化させ，正面の稜形成，裏面から両側面への加工により，断面形が五角形ないし三角形となるものが多い。側面観は明確な底面を作出しない弓形となるものが多い。これらの加工は原石の形状によってその有無や範囲が異なる。
5. 石刃剥離の特徴	打面調整：あり　　頭部調整：あり　　打面縁辺部：打面部を突出させ，打面縁辺を激しく擦る。 ①大型の母型は，石刃剥離が石核末端まで達しないことが多い。下設打面からの剥離によって石核形状が修正される。石刃剥離は正面を中心として左右の側面の一部に及び，背部に向かって一方向に進行していく。 ②石刃の長さは，打面調整により石刃核高が減少していくため，徐々に短くなっていく。大型の母型については，石刃の大きさに変化が少ない。 ③打面調整は石刃の頭部を尖らせるようにその両脇に施され，頭部調整は激しく打面縁辺部を擦り，その擦痕が石刃の作業面に及ぶものがある。 ④基本的に単設打面で，下設の打面を設定する場合，作業面を側面に90度転移させるものもみられる。
6. 残核の形状	大きさ，形状とも変異が大きい。
7. 石刃の形状と大きさ	長さ：20～30cmが主体。最大45cm。　　幅：5～7cmが主体 側面観の湾曲が強いものが多い。白滝遺跡群の中で最も大きな石刃を剥離する石器群。 打面幅：5～15mmが主体　　打面厚：3～6mmが主体　　打面形状：調整打面（山形）
8. 製作石器	石刃素材：削器・彫器・舟底形石器　　剥片素材：舟底形石器　　核素材：舟底形石器（極少）
9. 搬出状況	半数以上の石核が遺跡内に遺棄される。

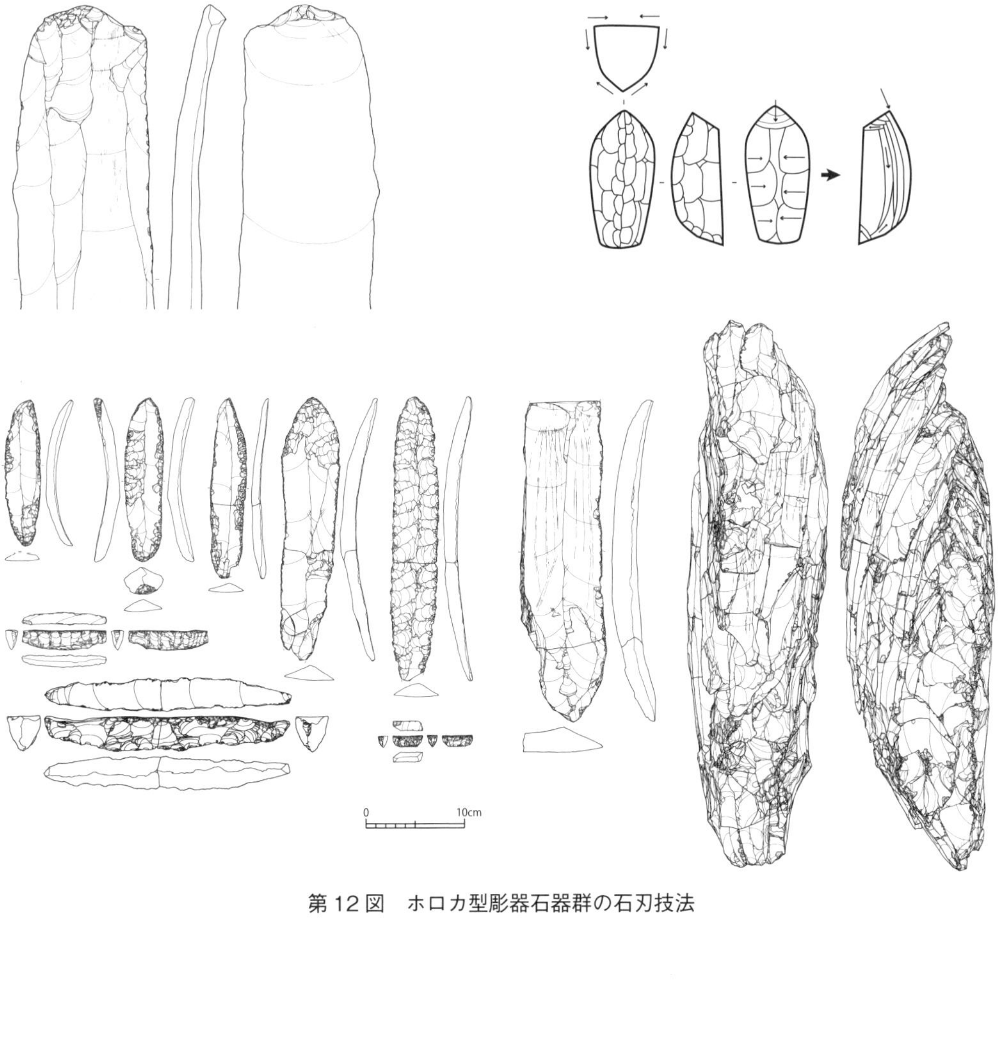

第12図　ホロカ型彫器石器群の石刃技法

224　III　北海道の晩氷期適応

1. 出土遺跡	上白滝8：G区（1個体），H区（13個体），旧白滝15：A区，C区　計14個体		
2. 原石の形状	角礫・亜角礫と転礫はほぼ同比率。横断面三角形が主体で，側面形は半円形・楕円形・円形などがあり，石刃核母型の形状に近いものが選択される。角・亜角礫は長さ30〜35cm程度，転礫は長さ25〜30cm程度。		
3. 搬入形態	角礫は粗い母型，転礫は原石。		
4. 母型形成	あり 2種類あり，aが主体。a：左右側面は正面の稜と裏面から調整され，裏面は左右側面から調整されるもの。正面形は平坦な底面のある砲弾形で，側面形は台形に近く，作業面は弧状。断面形は五角形ないし三角形。正面に形成された稜は擦り潰して「バリ」が除去され，直線的に調整される。b：扁平な原石を素材として両面調整体が準備されるもの。作業面はその側縁に設定される。		
5. 石刃剝離の特徴	打面調整：あり	頭部調整：あり	打面縁辺部：打面調整・縁辺部を擦り潰す縁辺部調整によってなだらかな山形。
	①母型の上部を正面・側面からの剝離によって斜めに断ち切り，打面を作出後，稜付き石刃が剝離される。石刃剝離は背部に向かって一方向に進行する。 ②作業面形状は稜状から平坦に変化し，石刃形状は断面三角形の厚手で幅の狭いものから薄手で幅広のものに変化する。側面形は弧状から直線的に変化する。 ③作業面の稜の頂部が打面調整・頭部調整によってなだらかな山形に整形され，その内側が加撃される。 ④打面調整は石刃剝離に伴い行われ，途中での稜調整・側面調整の頻度は低い。 ⑤打面転移は行われない。		
6. 残核の形状	15〜24cm。上縁は内湾し，平坦な作業面と平坦な背部によって扁平となる。尖頭器（両面調整石器）に加工されるものある。打面と作業面の角度は80度前後。		
7. 石刃の形状と大きさ	長さ：15〜25cmで20cm前後が主体。	幅：3〜5cm程度	
	末端部に反りがある。		
	打面幅：10〜20mm程度	打面厚：2〜4mm程度	打面形状：調整打面（凸レンズ状・三角形）
8. 製作石器	石刃素材：掻器	剝片素材：尖頭器（両面調整石器）	核素材：尖頭器（両面調整石器）
9. 搬出状況	母型aタイプは消費し尽くし，遺棄される。母型bタイプは石刃核が搬出される。		

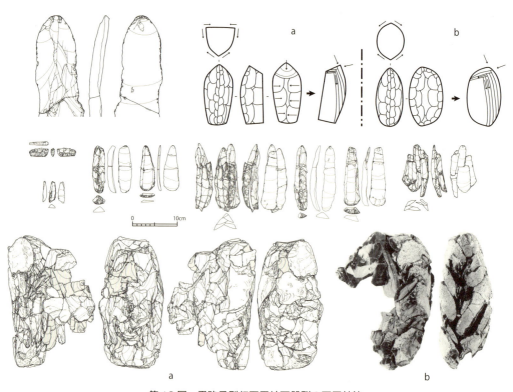

第13図　忍路子型細石刃核石器群の石刃技法

1. 出土遺跡	服部台2：Sb-1・2, Sb-6〜11（3個体）, Sb-14・15, Sb-23〜31（5個体）, Sb-38〜40（2個体）, Sb-47〜52, 奥白滝1：Sb-22〜25・53（13個体）, Sb-26〜30（1個体）, Sb-31〜36（3個体）, Sb-48, 上白滝8：A区, 上白滝2：Sb-1・2, 上白滝6：Sb-2・3, 北支湧別4：Sb-2・3（5個体）, 白滝18：Sb-10？, 旧白滝5：D3b・D3c区（9母岩）, F1区, F2区（4個体）, ホロカ沢Ⅰ：Sb-7〜10？, 旧白滝3：EH22-25区（3個体）, EH26区（3個体）, BD24-26区（8個体）, DH27-29区（2個体）, DF77-78区（3個体）, 旧白滝15：A区, 旧白滝16：Sb-15？, 旧白滝1：耕作土A地区　計64個体
2. 原石の形状	転礫が約半数利用され主体だが，角礫・亜角礫もそれぞれ2割程度みられる。遺跡によって変異がある。北支湧別4は転礫のみ，奥白滝1のSb-26〜30と31〜36は角礫のみ。大きさは15〜25cmが主体。
3. 搬入形態	原石が半数以上を占め，準原石と石刃核もそれぞれ2割程度みられる。母型は少ない。北支湧別4のみ石刃核での搬入が多く，他と異なる。
4. 母型形成	母型形成ありが半数以上。母型形成なしは奥白滝1に多い。 母型形成は大きくa・b：裏面を平坦化させるものとc：背稜を形成するものの3種類がある。a・bとも断面形が五角形ないし三角形となるが，aは正面の稜形成や裏面の加工が大振りで，主に裏面から側面への加工を主体とし，全体的に簡略化された加工となっている。aが大半を占める。a・bいずれも側面形は半月形に近い。
5. 石刃剥離の特徴	打面調整：あり　頭部調整：あり　打面縁辺部：なだらかな山形で，打面縁辺を擦る ①作業は背部に向かって一方向に進行するものと側面に偏って進行するものがある。後者のうち母型aでは片側の裏面と側面との稜線が背稜に変化する。作業面は当初背部に対し急角度で交わるが，進行に伴い直立化し最終的にほぼ平行となる。 ②打面調整を伴うが，作業面と裏面との角度が変化していくため，作業面の高さはさほど変化しない。 ③頭部調整は縁辺をなだらかにする程度。大小の打面調整を頻繁に施し打面縁辺部をやや突出させている。一部頭頂部を擦る例がある。 ④基本的に単設打面で，下設の打面を設定する場合，作業面を側面に90度転移させるものもみられる。
6. 残核の形状	10cm前後が主体。背部が平坦なものと背稜を有すものがある。また，石核は扁平なものと下端部が厚手のものがある。
7. 石刃の形状と大きさ	長さ：5〜15cmが主体　幅：3〜5cmが主体 打面幅が狭いため，石刃の下半部が最大幅となる形状が多い。側面形は若干湾曲するものが主体。 打面幅：10mm前後　打面厚：3mm程度　打面形状：調整打面（線状，山形が少量）
8. 製作石器	石刃素材：掻器・錐形石器・削器・彫器　剥片素材：なし　核素材：尖頭器（極少）
9. 搬出状況	遺跡内に石核の遺棄される母岩が多くみられる。

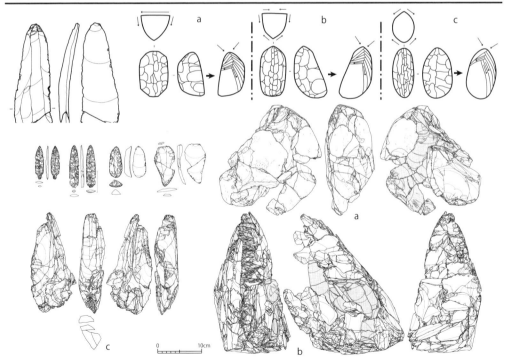

第14図　有舌尖頭器1類石器群の石刃技法

226　III　北海道の晩氷期適応

1. 出土遺跡	上白滝2：Sb-15（16個体），白滝3：重機調査区　計16個体		
2. 原石の形状	角・亜角礫と転礫はほぼ同比率で，形状は扁平なものが多い。大きさは15〜30cm程度。		
3. 搬入形態	原石・準原石が主体で，母型もあり。角礫は各形態があり，転礫は原石・準原石。		
4. 母型形成	なし 盤状の原石に側面調整により両面調整体の母型が準備されるものがある。		
5. 石刃剝離の特徴	打面調整：あり	頭部調整：あり	打面縁辺部：弧状
	①扁平な原石，またはその分割したものを素材として小口面で稜が形成される。長・短軸に関わらず10cm前後の辺に作業面が設定され，石刃剝離は背部に向かって一方向に進行する。基本は単設打面。 ②作業面高は10cm前後で石刃剝離の進行に伴う変化はみられない。 ③打面調整・頭部調整によってなだらかな山形に調整された作業面の稜の頂部が加撃される。 ④打面調整は石刃剝離に対応して行われ，打面と作業面の角度が維持される。作業面形状の悪化に伴う稜調整あり。 ⑤打面転移は少ないが，扁平な原石の2ヵ所の小口面に作業面が転移され，石刃核平面形（側面形）がV字状や三角形になるものがある。		
6. 残核の形状	高さ10cm程度で扁平なものが多い。打面と作業面の角度は70度前後。		
7. 石刃の形状と大きさ	長さ：8〜10cm主体	幅：2〜3cm主体	
	狭い作業面幅を反映して，石刃幅も比較的狭く，石刃核側面を取り込む石刃が多い。末端部に反りがある。		
	打面幅：8〜15mm程度	打面厚：3〜4mm	打面形状：調整打面（凸レンズ状）
8. 製作石器	石刃素材：彫器・搔器・削器	剝片素材：なし	核素材：なし
9. 搬出状況	消費し尽くし，残核は遺棄される。		

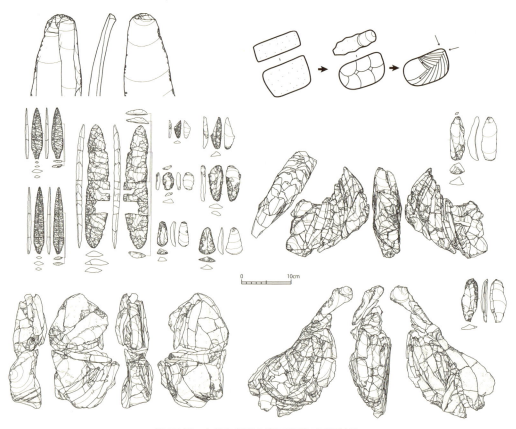

第15図　有舌尖頭器2類石器群の石刃技法

第 11 章 白滝遺跡群の石刃技法　227

1. 出土遺跡	服部台 2：Sb-34〜37, Sb-47〜52（7個体），奥白滝 1：Sb-52，上白滝 8：A区，C区，D区（16個体），E区，G区（28個体），I区（53個体），J区（53個体），K区（2個体），上白滝 2：Sb-11・12（5個体），Sb-13（10個体），上白滝 5：Sb-6〜11（17個体），白滝 3 遺跡 Sb-1・斜面部（8個体），旧白滝 5：A区（18個体），D3a区（9個体），D3c区，F1区，F2区（12個体），F3区，旧白滝 3：BD18-23区（1個体），EH22-25区（1個体），BD24-26区（4個体），EH26区，CH35-39区（1個体），CH44・45区（5個体），C地区，旧白滝 16：Sb-9〜11，旧白滝 1：耕作土 C 地区　計 250 個体
2. 原石の形状	角礫・亜角礫・転礫の全てが利用され，角・亜角礫主体と転礫主体の石器ブロック群がある。大きさは 15〜20 cm。
3. 搬入形態	原石・準原石がほとんど。
4. 母型形成	なし
	原石の一端への 1 回ないし複数回の剝離によって平坦打面を作出し，頭部調整を伴わない粗い剝離によって作業面が「U」字状，側面形が三角形に整形される。
5. 石刃剝離の特徴	打面調整：なし　頭部調整：あり　打面縁辺部：頭部調整によって突出部が除去され，弧状または直線状 ①平坦剝離打面から作業面を固定しながら背部に向かって一方向に進行する。上白 5：Sb-6〜11 と旧白滝 5：A・F2 区のみに複剝離打面が認められる。 ②作業面高は最初 8〜12 cm が主体で，石刃核高の減少に伴い 4〜10 cm に変化する。 ③頭部調整によって滑らかに調整された縁辺の作業面の稜頂部を加撃し，石刃が剝離される。 ④打面再生はほとんど無い。 ⑤打面転移もほとんど無く，石刃核は最終的に分割され，舟底形石器の素材となるものも多い。
6. 残核の形状	高さ 6〜8 cm の厚みのある形状で，裏面に自然面を残置するものが多い。打面と作業面の角度は 60 度前後で，側面形は三角形を呈する。
7. 石刃の形状と大きさ	長さ：6〜10 cm 主体　幅：2〜3 cm 主体 打面から側縁にかけてなで肩状で，末端部に反りがある。両側縁は平行で石刃核下部を取り込むものも多い。 打面幅：5 mm 前後　打面厚：2 mm 程度　打面形状：単剝離打面（凸レンズ状，線状）
8. 製作石器	石刃素材：彫器・搔器・錐形石器・削器　剝片素材：舟底形石器　核素材：舟底形石器
9. 搬出状況	消費し尽くして遺棄されるものや舟底形石器の素材として消費されるものがほとんどである。

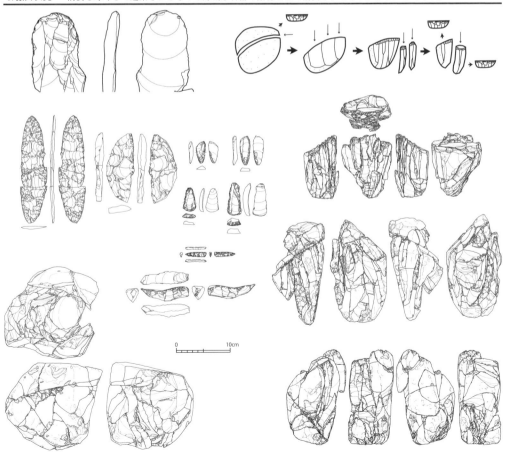

第 16 図　小型舟底形石器石器群の石刃技法

228　III　北海道の晩氷期適応

1. 出土遺跡	旧白滝5：B区（8個体），C区（1個体），斜面部オ～カ区（11個体），D1区（7個体），D2区（14個体），F2区？　計41個体		
2. 原石の形状	角・亜角礫と転礫がほぼ同比率で認められる。大きさは15～25cmが主体。		
3. 搬入形態	原石・準原石・母型・石核など多様である。		
4. 母型形成	あるものが主体。なしも含め以下のa～dに大別が可能。aは15cm程度の小型，b・cは20cmを超える大型が主体で側面形はD字状に近い不整な楕円形を呈するものが多い。dは20cm程度とみられる。 a：背部に剥離面もしくは平滑な自然面による平坦面を設定し，正裏面（主に裏面）から側面調整を施し，断面三角形に整形するもの。ただし加工はやや粗く作業面稜調整は軽微で施されないものもある。 b：背部に調整剥離による平坦面を設定し，正裏面から側面調整を施し，断面五角形ないし三角形に整形するもの。入念な作業面稜調整が施される。 c：正面からの作業面稜調整が入念に施される両面調整体で断面は分厚い凸レンズ状を呈す。 d：やや扁平な角・亜角礫を素材とし，母型形成をほとんど行わずに幅広の石刃を剥離するもの。扁平な残核や背部で剥離された大型剥片は尖頭器の素材に利用される。		
5. 石刃剥離の特徴	打面調整：あり	頭部調整：あり	打面縁辺部：なだらかな山形
	①母型に準備された稜線から石刃剥離が開始され，作業面に残る稜線頂部を次の加撃位置に設定し，調整打面に頭部調整を施しながら順次作業を進める。作業面は当初背部に対し急角度で交わるが，進行に伴い直立化し最終的にほぼ平行となる。作業は背部に向かって一方向に進行する。 ②石刃は幅2～3cmほどの幅狭のもの，5cmを超える幅広のものがある。両者とも長さは10～15cm程度である。 ③打面再生・打面調整は頻繁に施され，打面と作業面のなす角度を調整している。頭部調整は個別の剥離に際し加えられ，予定加撃部の縁辺を滑らかにする程度である。 ④打面転移はみられない。		
6. 残核の形状	背部に大型剥片等の平坦面，側面に横方向の石核調整剥離，調整打面・頭部調整があり，10cm前後のものが主体。扁平となるものもみられる。		
7. 石刃の形状と大きさ	長さ：10～15cm程度	幅：2～3cmと5cm超	
	主体は幅2～3cmの細身で末端が収束するもの。厚さは6mm程度と薄い。		
	打面幅：5mm未満	打面厚：3mm未満	打面形状：調整打面，線状が多い
8. 製作石器	石刃素材：なし	剥片素材：尖頭器・両面調整石器・二次加工ある剥片・石核	核素材：尖頭器・両面調整石器
9. 搬出状況	石刃の大多数が搬出される。石刃核は遺跡内遺棄が主体。扁平な石核は尖頭器に加工し，搬出される。		

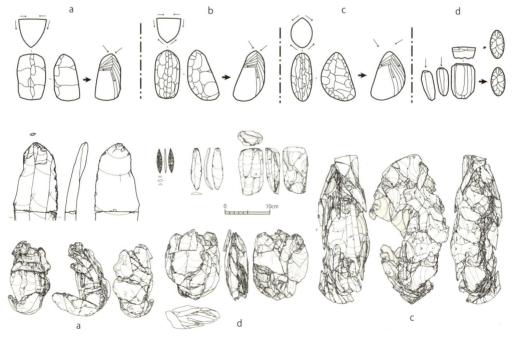

第17図　鋸歯縁小型尖頭器石器群の石刃技法

ブロック群もしくは区域を全て表記した。その中で観察した個体数を括弧内に記した。

2は角礫，亜角礫，転礫から選択し，主体となる大きさを記した。

3では原石，準原石，分割礫，母型，石刃核，剝片に分類した。

4ではまず母型を形成する調整剝離の有無を記入し，一定の形状に作り込む明瞭な加工が認められるものは「有」とした。このとき，原石形状を若干補正する程度の加工や連続的な縦長剝片剝離により作業面を形成していくものは「無」に分類した。母型の形状については正面・側面観，断面形状，剝離の頻度と加工部位を主体的に観察し，石刃剝離直前に至る過程や特徴を記述した。

5は打面調整・頭部調整の有無を記入し，打面縁辺部の形状を記述した。また，石刃剝離の特徴を①剝離の進行具合，②石刃形状の変化，③打面部周辺の調整，④打面転移・打面再生などその他特記事項に分けて記述した。

6では主体となる大きさを記述し，形状は記述形式とした。

7の長さ・幅に関しては主体となる大きさを記入し，形態的な特徴があれば付記した。また，打面幅・打面厚についても主体となる大きさを記入し，打面形状は単剝離・複剝離・調整打面から選択し，形状を付記した。

8では素材を石刃・剝片（石刃技法から剝離されたもの）・石核に分け，それぞれ器種名を記入した。

9では遺跡外に搬出された石器を推定し，その多寡をわかる範囲で記入した。

また下部に当該石器群の実測図を提示した。その内上段左には打面を中心とした一般的な石刃（縮尺任意），上段右には母型形成を中心とした石刃剝離の模式図，下段には石器組成ないし石刃技法の接合図を縮尺と共に図示した。

5　比較分類結果

前節で観察した各項目のうち，選択された原石形状の傾向，母型形成技術，打面周辺の調整技術，目的的な石刃のサイズに関しては石器群を分別する大きな特徴となりうる。ここでは上記の項目についてまとめ，第1表に示した。

(1) 選択された原石形状

角礫・亜角礫主体　白滝Ia群，広郷型細石刃核石器群，幌加型細石刃核石器群，紅葉山型細石刃核石器群。なお，白滝Ia群の不定形剝片剝離には，転礫が高い比率で利用されている。

転礫主体　川西型石刃石器群，蘭越型細石刃核石器群，有舌尖頭器3類石器群，札滑型細石刃核石器群。

両方をほぼ偏りなく利用　広郷型ナイフ形石器石器群，峠下型1類細石刃核石器群，忍路子型細石刃核石器群，有舌尖頭器1・2類石器群，小型舟底形石器石器群，鋸歯縁小型尖頭器石器群。

その他　ホロカ型彫器石器群。石器ブロック群によって異なり，旧白滝15遺跡B区では転礫

主体，旧白滝15遺跡C区では角礫主体となっている。

(2) 母型形成技術

母型形成を行わない　白滝Ia群，広郷型ナイフ形石器石器群，川西型石刃石器群，峠下型1類細石刃核石器群，幌加型細石刃核石器群，札滑型細石刃核石器群，有舌尖頭器2類石器群，小型舟底形石器石器群。有舌尖頭器2類は，扁平な原石の小口面を作業面とするものが主体で，部分的に稜調整が施される母岩が多い。

母型形成を行う　蘭越型細石刃核石器群，広郷型細石刃核石器群，ホロカ型彫器石器群，忍路子型細石刃核石器群，有舌尖頭器1・3類石器群，鋸歯縁小型尖頭器石器群。このうち，蘭越型，有舌尖頭器3類以外の五つの石器群には背部を平坦に整形し，裏面からの側面調整と正面での稜調整により断面が五角形ないし三角形となる特徴的な母型が含まれる。これらは入念な稜調整が施されるが，有舌尖頭器1類，鋸歯縁小型尖頭器では簡易的なものも含まれる。

その他　紅葉山型細石刃核石器群では両者がみられるが，母型形成の施されるものが少ない。

(3) 打面周辺の調整技術

平坦打面で頭部調整なし　白滝Ia群。

平坦打面で頭部調整あり　広郷型ナイフ形石器石器群，峠下型1類細石刃核石器群，幌加型細石刃核石器群，札滑型細石刃核石器群，小型舟底形石器石器群。広郷型ナイフ形石器の頭部調整は，縁辺部の縁を落とす程度で凹凸の形状を大きく変化させず，石核のやや奥を加撃する特徴があり，他との区別が可能である。対してその他の石器群の頭部調整は打面縁辺を緩やかな弧状ないし直線的に整形している。小型舟底形石器の大部分は平坦打面だが，上白滝5（Sb-6～11）・旧白滝5（A・F区）遺跡の母岩別資料には複剥離打面のものも含まれている。同様に峠下型1類細石刃核石器群にも複剥離打面の母岩が一部みられる。

調整打面で頭部調整なし　川西型石刃石器群。一部平坦打面もみられる。

調整打面で頭部調整半数程度あり　蘭越型細石刃核石器群，紅葉山型細石刃核石器群。

調整打面で頭部調整あり　有舌尖頭器2類石器群，鋸歯縁小型尖頭器石器群。

調整打面で頭部調整入念（時に打面縁辺に潰れあり）　広郷型細石刃核石器群，ホロカ型彫器石器群，忍路子型細石刃核石器群，有舌尖頭器1・3類石器群。このうち，ホロカ型彫器石器群では打面縁辺部の擦痕が石刃剥離の作業面に及ぶものが含まれる。

(4) 石刃のサイズ

主体的に剥離された石刃の長さについて大まかであるが大型：20 cmを超えるもの，中型：10～20 cm，小型：10 cm未満に分類し，全体的な傾向を把握した。

大型　広郷型細石刃核石器群，ホロカ型彫器石器群，忍路子型細石刃核石器群。なお，広郷型，忍路子型は中型サイズの石刃も剥離されている。

中型　白滝遺跡群で最も多くみられるサイズで，白滝Ia群，広郷型ナイフ形石器石器群，川西型石刃石器群，峠下型1類細石刃核石器群，広郷型細石刃核石器群，幌加型細石刃核石器群，有舌尖頭器1・3類石器群，札滑型細石刃核石器群，忍路子型細石刃核石器群，鋸歯縁小型尖頭器石器群。この内，広郷型ナイフ形石器，峠下型1類，有舌尖頭器1類は小型サイズの石刃も剝離されている。

　小型　広郷型ナイフ形石器石器群，蘭越型細石刃核石器群，峠下型1類細石刃核石器群，紅葉山型細石刃核石器群，有舌尖頭器1・2類石器群，小型舟底形石器石器群。

6　まとめ

　ここまで各石器群の石刃技法についてカタログ化し，特に原石の選択，技術的な特徴および石刃のサイズについて傾向を観察してきた。本節では各項目での時期ごとの特徴を抽出し，最終的にそれぞれの関連性について言及する。

　原石形状については，Ⅳ期を大きな境として転礫と角・亜角礫いずれかに偏る石器群から角礫・転礫をほぼ同様に利用する石器群に変化するようになる。Ⅳ期では河床で採取した転礫を基本として，赤石山の黒曜石露頭付近の角礫を組み合わせて用いる姿が一般的といえる。また，時間的な連続性は認められないものの，白滝Ia群，広郷型細石刃核石器群，幌加型細石刃核石器群，ホロカ型彫器石器群では40 cm前後の岩屑面付の角礫を主体的に利用して大型ないし幅広の石刃・縦長剝片が剝離されている。

　母型形成についてはⅡ期の蘭越型細石刃核石器群から認められるようになる。Ⅲ期になると背部・側面・作業面稜への全面的な調整によって，断面が五角形ないし三角形に整形される特徴的な母型が準備され，大型の石刃が剝離される広郷型細石刃核石器群が出現し，Ⅳ期の四つの石器群（ホロカ型彫器石器群，忍路子型細石刃核石器群，有舌尖頭器1類石器群，鋸歯縁尖頭器石器群）に継続する。このうち，有舌尖頭器1類石器群，鋸歯縁小型尖頭器石器群では母型形成の簡略化が認められる。

　打面周辺の調整技術では，打面調整・頭部調整の有無や特徴について注目した。頭部調整を施す石器群は14ありⅡ期以降にはすべての石器群で施されるようになる。その中で打面縁辺を潰すような特徴的な頭部調整が五つの石器群（広郷型・忍路子型細石刃核石器群，ホロカ型彫器石器群，有舌尖頭器1・3類石器群）でみられた。このうち，有舌尖頭器3類石器群以外は打面調整や母型の形状も含めた技術的共通性が高い。打面調整を施す石器群は11あり，Ⅱ期以降に主体的になるものの，平坦打面の石器群もⅣ期まで単発的にみられる。また，川西型石刃石器群の打面部周辺は特徴的で，石刃の形状を含めると他の石器群との分別が比較的容易である。

　これら3項目のうち，母型形成と打面形状の属性間で強い相関関係が認められた。すなわち①「母型形成ありと調整打面」，②「母型形成なしと平坦打面」の二者である。これに石刃のサイズを加味すると，大型の石刃剝離には前者が限定して用いられ，対照的に中・小型の石刃剝離では

232 III 北海道の晩氷期適応

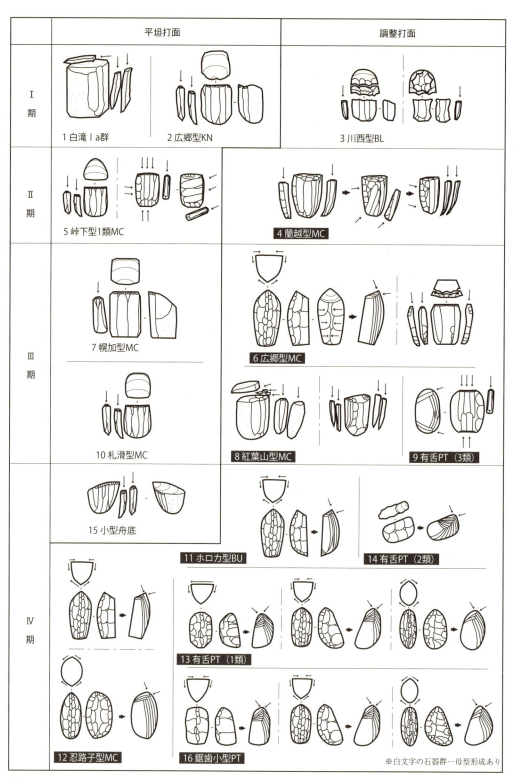

第18図 白滝遺跡群の石刃技法の変遷

両者があり多様な技術的組み合わせとなる。このことから20 cm以上を主体とし30 cmを超えるような石刃剝離には，母型形成と打面調整・頭部調整が不可欠な技術的要件であったと考えられる。また，これらの変遷を確認すると，①はⅡ期の細石刃文化の開始とともに認められ，Ⅲ期以降には母型形成など技術の複雑化が進み，大型石刃の量産を可能にした。こうした点は石刃剝離技術の発達と評価することができる。Ⅳ期にも大型石刃剝離が含まれ前段階と同様の母型・調整技術が認められるものの，有舌尖頭器1類や鋸歯縁小型尖頭器石器群などの相対的に小型化した石刃剝離の一部において母型形成の簡略化が観察できる。対して②は大きな技術的変化が生じることなくⅠ～Ⅳ期まで単発的に認められる。したがって①・②を時間的な前後関係として捉えることは困難である。

　以上のように，石器群による石刃技法の相違を技術的な視点で把握し，一部の項目について比較検討を行った。これらを踏まえると各期の特徴は以下のように評価できる。Ⅰ期は寡少・単独的な調整技術による石刃剝離の段階。Ⅱ期は母型形成と打面調整の技術的組み合わせの開始。Ⅲ期は大型石刃剝離に伴う母型形成や諸調整技術の複雑・定型化。Ⅳ期は前段階を継承しつつ目的石刃の小型化に起因する母型形成の簡略化と転礫・角礫の均等利用の開始。そして各期に「母型形成なし・平坦打面」の技術がみられる。これらのことから，石刃技法の技術的連続性は必ずしも認められず，目的とする石刃のサイズや形態等に起因して石器群ごとに特徴的なあり方が存在することが判明した。今後は周辺地域で同様の技術的広がりを確認し，本稿で認められた石刃技法が普遍的なものか地域的な様相かを検証していくことが必要であろう。

註

1) 広郷型細石刃核石器群については，旧白滝3遺跡（北埋文2015）において複数の炭化木片集中との共伴関係が報告されており，21,000 cal BPを中心とした測定結果が得られている。そのため本稿では確度の高い年代値として認定しⅡ期に含めた。
2) 有舌尖頭器石器群は幅の広いタイプ（3類）と細身のタイプがあり，さらに後者はカエシが明瞭な1類とカエシが不明瞭な2類に細分した。1類が最も多く，舌部の縁辺に潰れの観察されるものの多い立川ポイントが含まれる。2類には右下がりの精緻な斜平行剝離が施されるものが多くみられる。

引用文献

木村英明　1995「黒曜石・ヒト・技術」『北海道考古学』第31輯，3-63頁，北海道考古学会
工藤雄一郎　2012『旧石器・縄文時代の環境文化史』新泉社
寺崎康史　2006「北海道の地域編年」『旧石器時代の地域編年的研究』安斎正人・佐藤宏之編，276-314頁，同成社
直江康雄　2014「北海道における旧石器時代から縄文時代草創期に相当する石器群の年代と編年」『旧石器研究』第10号，23-39頁，日本旧石器学会
（財）北海道埋蔵文化財センター　2000『白滝遺跡群Ⅰ』北海道埋蔵文化財センター調査報告書第140集
（財）北海道埋蔵文化財センター　2001『白滝遺跡群Ⅱ』北海道埋蔵文化財センター調査報告書第154集

（財）北海道埋蔵文化財センター　2002『白滝遺跡群Ⅲ』北海道埋蔵文化財センター調査報告書第169集
（財）北海道埋蔵文化財センター　2004a『白滝遺跡群Ⅳ』北海道埋蔵文化財センター調査報告書第195集
（財）北海道埋蔵文化財センター　2004b『白滝遺跡群Ⅴ』北海道埋蔵文化財センター調査報告書第210集
（財）北海道埋蔵文化財センター　2006『白滝遺跡群Ⅵ』北海道埋蔵文化財センター調査報告書第223集
（財）北海道埋蔵文化財センター　2007a『白滝遺跡群Ⅶ』北海道埋蔵文化財センター調査報告書第236集
（財）北海道埋蔵文化財センター　2007b『白滝遺跡群Ⅷ』北海道埋蔵文化財センター調査報告書第250集
（財）北海道埋蔵文化財センター　2008『白滝遺跡群Ⅸ』北海道埋蔵文化財センター調査報告書第261集
（財）北海道埋蔵文化財センター　2009『白滝遺跡群Ⅹ』北海道埋蔵文化財センター調査報告書第263集
（財）北海道埋蔵文化財センター　2011『白滝遺跡群Ⅺ』北海道埋蔵文化財センター調査報告書第273集
（財）北海道埋蔵文化財センター　2012『白滝遺跡群Ⅻ』北海道埋蔵文化財センター調査報告書第286集
（公財）北海道埋蔵文化財センター　2013『白滝遺跡群ⅩⅢ』北海道埋蔵文化財センター調査報告書第302集
（公財）北海道埋蔵文化財センター　2015『白滝遺跡群ⅩⅣ』北海道埋蔵文化財センター調査報告書第311集
松沢亜生　1973「樽岸ブレイド・テクニック」『石器時代』10, 1-17頁, 石器時代文化研究会
山田晃弘　1986「北海道後期旧石器時代における石器製作技術構造の変遷に関する予察」『考古学雑誌』71-4, 383-411頁, 日本考古学会
山田　哲　2006『北海道における細石刃石器群の研究』六一書房
山原敏朗　1998「北海道の旧石器時代終末期についての覚書」『北海道考古学』第34輯, 77-92頁, 北海道考古学会
吉崎昌一　1961「白滝遺跡と北海道の無土器文化」『民族学研究』日本民族学協会編, 26-1, 13-23頁, 誠文堂新光社

北方大陸の晩氷期適応

第12章　北西ヨーロッパの考古文化と生業戦略の変化

佐野　勝宏

はじめに

　最終氷期最盛期，全地球規模で気温が低下し，北ヨーロッパでは現在のブリテン島の大部分やスカンジナビア半島からドイツ北部地域にまで氷床が拡大する。また，アルプス周辺は広大な地域が氷河で覆われる。その結果，北の氷床とアルプス氷河で囲まれた北西ヨーロッパ地域は，樹木の育たないツンドラ地帯となり，人類が居住できない無人地帯となる（第1図1）。

　最終氷期最盛期が終わると，穏やかな温暖化と共に氷床が後退する。人類は，しばらくは南西ヨーロッパや地中海沿岸の限定されたレフュージア（待避地）にとどまるが（第1図2），やがて北西ヨーロッパから中部ヨーロッパの広大な地域への再居住を果たす（第1図3）。該期は，洞窟壁画や動産芸術等の旧石器時代芸術が極致に達する後期旧石器時代後葉のマグダレニアン文化期で，再居住イベントはマグダレニアン文化の急速な拡散をもたらした。マグダレニアン集団は，良質石材を大型石刃の形態で長距離持ち運び，ベースキャンプにて石刃石器を繰り返し使用する石材消費行動を採っていた。

　晩氷期に入ると，人類は居住域をさらに北に拡げ，陸続きであったブリテン島や北ドイツ，デンマークにまで拡散する（第1図4・5）。一方，晩期旧石器時代にあたる該期は，大規模ベースキャンプが姿を消し，小規模遺跡が高い密度で現れる。また，手の込んだ大型石刃剝離は，簡易な小型石刃剝離に取って代わり，遠隔地の良質石材の管理的な利用から，近傍石材の便宜的利用へと変化する。そして，マグダレニアン期に卓越した芸術活動は，該期に突如として姿を消す。

　本稿は，このような考古文化の変化過程を近年の高精度編年に基づいて紹介し，晩氷期の気候変動との関連についてみていく。さらに，当該狩猟採集民の石材利用形態と移動居住形態を明らかにしたうえで，生業戦略との関連について解き明かし，晩氷期に起きた考古文化変化の背景を探っていく。

238　Ⅳ　北方大陸の晩氷期適応

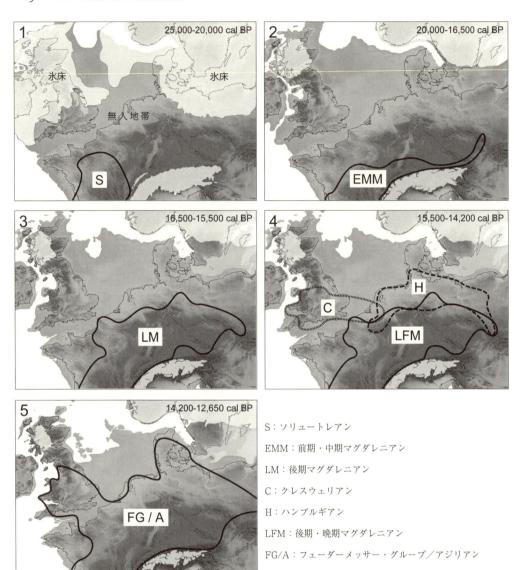

最終氷期最盛期（25,000〜20,000 cal BP）は，北ヨーロッパから大きく氷床が張り出し，アルプス氷河も拡大している。グレーの部分は，陸地を表す。（Jöris and Street 2014 Abb.1 を基に作成）
第1図　25,000〜12,650 年前にかけての北西および中部ヨーロッパにおける考古文化の分布変遷

1　北西ヨーロッパにおける最終氷期末の考古編年

(1) 後期マグダレニアン

　ここで対象とする北西ヨーロッパは，現在のフランス北部からブリテン島，ベネルクス地方，ドイツにかけての地理的範囲を指す（第1図）。最終氷期最盛期に無人地帯となった当地は，およ

そ 16,500 年前に後期マグダレニアン集団によって再居住される（第1図3）。ベネルクス地方やドイツ・ライン川中流域の後期マグダレニアン遺跡の炭素14年代値に基づけば（Sano 2012a），後期マグダレニアン文化は，北西ヨーロッパに 16,500 cal BP から 14,500 cal BP の間継続したこととなる（第2図）。これは，寒冷なグリーンランド亜氷期（以下 GS）2a に相当する。

　後期マグダレニアンの石器群は，大量の背付小石刃，掻器，彫器，石錐，楔形石器で構成される（第3図 1-13）。掻器や彫器は，主に細身で長い石刃で製作され，微小剥離痕があるだけの石刃も多数出土する。石刃は，複合的な調整技術を経る場合と簡易な調整の場合があり，前者はラグビーボール状の両面調整素材で（第3図 14），後者は円柱形である。いずれの場合も，打面調整で鋭角な打角を用意し，剥離が石核末端まで進行するよう準備する。打面と作業面で形成された鋭角部は，微細な頭部調整で先行剥離を入れ，剥離が短く終わる失敗を回避する。さらに，微細な打面調整で突部を作り，打撃具の加撃点をコントロールする。このような調整技術は，アネペロン（en éperon）調整と呼ばれ，マグダレニアン期の石刃剥離技術を識別する指標となる（Barton 1990）。その後，鹿角等の有機質ハンマーで製作された突部を叩打することで，長大な石刃が剥離される。石刃は，両面調整石刃核の側縁稜沿いに剥離されていくため，湾曲した側面観を呈す（第3図 15）。

　後期マグダレニアンを最も特徴付ける遺物は骨角器であり（第3図 16-18），銛は中期マグダレニアン以前の後期旧石器時代には存在しない（第3図 18）。その他，側縁に溝が彫り込まれ，基部を両側から斜めに切り出した角製尖頭器が出土する（第3図 17）。骨角器には，バイソンやウマ，トナカイなどの動物の写実的な彫刻が頻繁に施され，幾何学的な線刻が施された半丸棒状の骨角器（バゲット・デミ・ロン）が特徴的である。抽象化された象牙製の女性像は，後期マグダレ

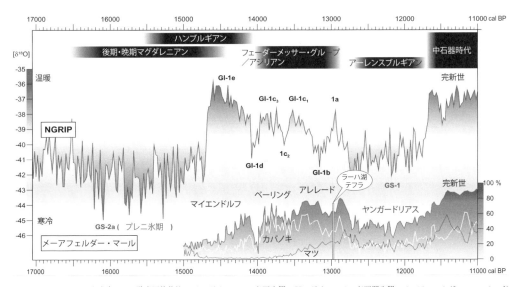

NGRIP：グリーンランド氷床コアの酸素同位体比，GS：グリーンランド亜氷期，GI：グリーンランド亜間氷期，メーアフェルダー・マール：ドイツ・ライン川中流域のアイフェル地方にあるマール（Meerfelder Maar）における花粉記録。（Jöris and Street 2014 Abb. 3 を基に作成）

第2図　北西ヨーロッパにおける最終氷期末の考古文化編年と気候および植生変化

240　IV　北方大陸の晩氷期適応

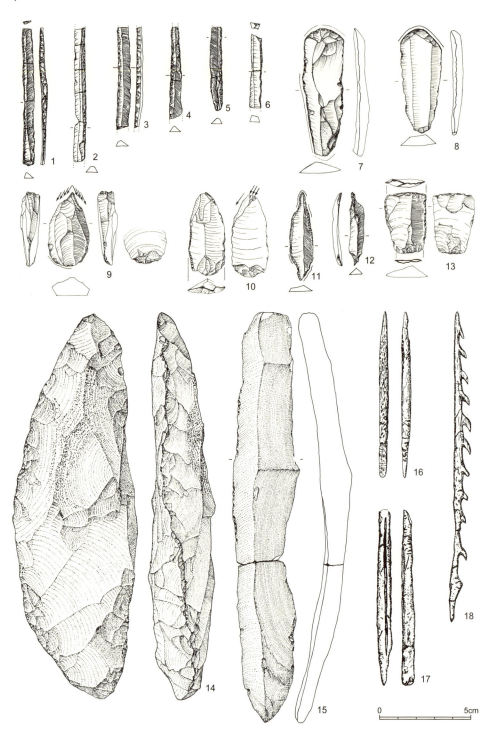

1〜6：背付小石刃，7〜8：搔器，9〜10：彫器，11〜12：石錐，13：楔形石器，14：両面調整石刃核の母型，15：石刃，16：角製尖頭器，17：側縁に溝のある角製尖頭器，18：角製の銛。

第3図　後期マグダレニアンの石器組成と骨角器

ニアンの指標でもあり，同様の女性像は珪化木でも製作される。この時期，南西ヨーロッパでは洞窟壁画が多数見つかっているが，ドイツではスレート板に多様な動物が線刻され，抽象化された女性像も頻繁に描かれる（Bosinski et al. 2001）。

(2) ハンブルギアン／クレスウェリアン

約15,500年前頃，ドイツ北部ではハンブルギアン，ブリテン島南部では，クレスウェリアンと呼ばれる考古文化が出現しはじめる（第1図4）。該期は，後期マグダレニアンでは存在しなかった石刃製尖頭器が出現し，ハンブルギアンでは基部を二次加工ですぼめた有舌尖頭器（第4図1-5），クレスウェリアンは両端（チェダー尖頭器）あるいは一端（クレスウェリアン尖頭器）を裁断剥離で加工した尖頭器（第4図10-13）を指標とする。ハンブルギアンは，ノッチ状の加工で片側に湾曲させた錐部をもつツィンケン（Zinken）（第4図8・9）も指標とする。ハンブルギアン，クレスウェリアンとも，多くの部分でマグダレニアンの石器製作技術を踏襲しており，アネペロン調整もみられる（Barton et al. 2003, Weber 2012）。ただし，マグダレニアンの頃にみられた長大な石刃は少なくなり，有機質ハンマーの他に軟質な石製ハンマーを使って石刃剥離をしていることが，打面直下のバルブ上に発生したネガティブ剥離（*esquillement du bulbe*）の存在からうかがわれる（Weber 2012）。同時期，パリ盆地やベネルクス地方の一部では，晩期マグダレニアンと呼ばれる尖頭器を共伴する遺跡が存在する。これらの遺跡は，ハンブルギアンやクレスウェリアンと技術形態学的な特徴を共有しており，尖頭器は主に短めで側縁観が直線的な石刃を素材として使っている（Sano et al. 2011）。

編年的位置づけに関しては，近年グリムやヴェーバーが精力的にハンブルギアン遺跡の炭素

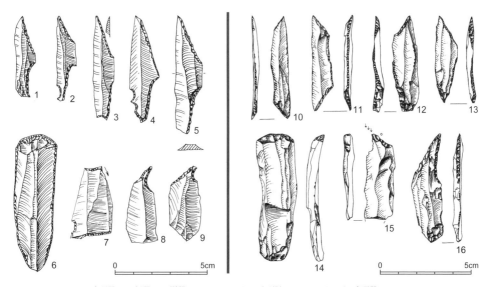

1〜5：ハンブルギアン尖頭器，6：掻器，7：彫器，8〜9：ツィンケン（石錐），10〜11：チェダー尖頭器，12〜13：クレスウェリアン尖頭器，14：掻器，15：彫器，16：石錐。

第4図　ハンブルギアン（1〜9）とクレスウェリアン（10〜16）の石器組成

14 年代値を集成しており，較正年代で 15,500 cal BP から 14,000 cal BP の間に収まる（Grimm and Weber 2008, Weber and Grimm 2009）。これは，GS-2a の寒冷期の終わりから晩氷期初頭 (GI-1e) の急激な温暖期までの期間に相当し，GI-1d の寒冷化と共にみられなくなることを意味する（第 2 図）。クレスウェリアン遺跡の年代値は，ハンブルギアン程集成されていないが，ブリテン島で見つかった数遺跡の年代値は，ハンブルギアンの編年幅の中に収まる（Barton et al. 2003）。

(3) フェーダーメッサー・グループ／アジリアン

約 14,000 年前以降，晩氷期の GI-1c の温暖期に入ると，いわゆる背付尖頭器石器群がヨーロッパの広い範囲で現れる（第 1 図 5）。南西ヨーロッパでは，一側縁を弧状にカーブさせた歯潰し加工をもつ尖頭器石器群が出現し，アジリアンとよばれる（第 5 図 1-10）。北西ヨーロッパから中部ヨーロッパにかけての地域では，小型石刃を素材として一側縁にやや直線的な歯潰し加工を施した尖頭器（フェーダーメッサー）を伴うフェーダーメッサー・グループが出現する（第 5 図

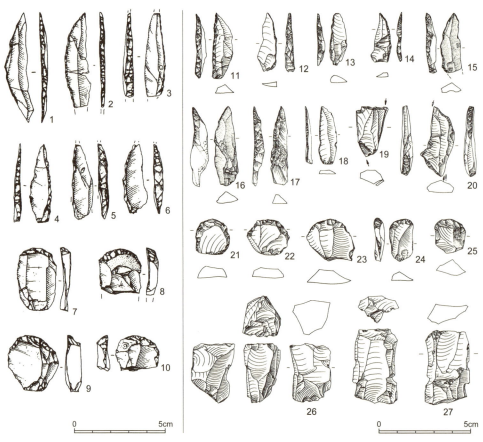

1～6：アジリアン尖頭器，7～10：掻器，11～18：フェーダーメッサー（背付尖頭器），19～20：彫器，21～25：掻器，26～27：石核。
第 5 図　アジリアン（1～10）とフェーダーメッサー・グループ（11～27）の石器組成

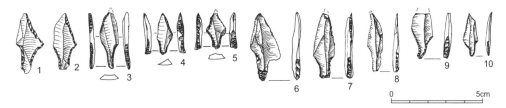

第6図　アーレンスブルギアンの有舌尖頭器

11-27)。編年的には，パリ盆地のアジリアンが先行し，一部14,000年前を遡るが（第5図1・2・7・8），14,000年前以降は尖頭器の小型化を進めつつ広範な地域でアジリアンとフェーダーメッサー・グループが認められる。両石器群では，アネペロン調整はみられなくなり，簡易な調整を施しただけの石核から短い石刃が剥離される。器種組成もシンプルとなり，主な器種は背付尖頭器や搔器で，彫器は少ない。搔器は拇指状搔器が主である。骨角器は著しく少なくなり，厚手の銛以外ではほとんど出土しない。先述の通り，装飾品や芸術作品の類いも姿を消す。

ライン川中流域では，フェーダーメッサー・グループの遺跡の多くが，約13,000年前に大爆発したラーハ湖火山のテフラよりも下位あるいは直上から出土する（Weber et al. 2011）。したがって，これらの遺跡が13,000年前以前かそれより若干新しい時期に相当することがわかる。14,000～13,000年前の期間は，気候の寒暖はあるものの，GI-1cからGI-1aのおおむね暖かい時期に相当する（第2図）。しかし，グリーンランド氷床コアの記録では，およそ12,900年前以降に激しい寒冷化イベントが起こったものと考えられ（Rasmussen et al. 2006），ヨーロッパではおよそ1,200年間に渡り寒冷・乾燥した状態が続いたことが，花粉分析をはじめ（Litt and Stebich 1999）（第2図），湖沼の酸素同位体比や鍾乳石の炭素・酸素安定同位体比の記録からわかっている（Carlson 2013）。フェーダーメッサー・グループやアジリアンの遺跡は，このヤンガー・ドリアス期にみられなくなる。

(4) アーレンスブルギアン

ヤンガー・ドリアス期に入ると，フェーダーメッサー・グループやアジリアンの背付尖頭器石器群に変わり，小型の有舌尖頭器を伴うアーレンスブルギアンが出現する（第2・6図）。アーレンスブルギアンは，特に北ドイツの遺跡で大量のトナカイの骨が共伴することから，トナカイ・ハンターであったと考えられている（Rust 1943）。また，アーレンスブルギアンの小型有舌尖頭器は，その小ささから石鏃として弓で投射されていたと考えられており，第二次世界大戦中に消失したものの，シュテルモーア遺跡からは矢柄や弓と考えられる木製遺物が出土している（Rust 1943）。ヤンガー・ドリアス期の北西ヨーロッパの考古文化とその編年的位置づけは，北部地域のアーレンスブルギアン以外では不明な部分も多いが，約11,600年前の急激な温暖化によって完新世に突入すると，ヨーロッパでは細石器を主体とする中石器時代へと移行する（第2図）（Street et al. 2001, Jöris and Street 2014）。

2 石材の利用形態と移動居住形態の変化

晩氷期に起きた考古文化変化の背景を探るため，ここでは晩氷期直前の寒冷期（GS-2a）に展開した後期マグダレニアンと晩氷期の温暖期（GI-1c～GI-1a）に展開したフェーダーメッサー・グループの比較検討を，まずは石材の獲得消費と移動居住形態の観点から行っていく。次いで，機能研究に基づいて両時期の石材利用形態の違いについてみていく。

(1) 後期マグダレニアンの石材獲得消費と移動居住形態

後期マグダレニアンの狩猟採集民は，良質石材を計画的に獲得消費していたことが，石器石材の搬出入状態の分析からわかる。ライン川中流域のドイツ・ノイヴィート盆地に所在するゲナスドルフやアンデルナハ遺跡は，後期マグダレニアンの住居跡，大量の石器や動物遺存体，装飾品や芸術作品が出土したことで有名である（ボジンスキー／小野訳1991，小野2002，佐野2008を参照）。両遺跡では，良質なバルティック・フリントやマース・フリント，そして玉髄が，100 km 以上離れた産地から持ち運ばれている（Floss 2002, Jöris et al. 2011）。これら良質な遠隔地石材の比率は，ライン川中流域のマグダレニアン遺跡で，全体の石材組成のほぼ50%にのぼる（第7図）。一方，20 km 以上100 km 未満の中距離の産地から持ち運ばれる石材の比率は著しく低く，石材の獲得消費を繰り返しながら移動した結果としてノイヴィート盆地にたどり着いたわけではないことがわかる。

遠隔地から運ばれた良質石材は，原石の状態で持ち込まれることはなく，小石刃，石刃，完成品の状態か小石刃核の状態で搬入されている（第8図）。重量のある石刃核は持ち込まれないが，長大な石刃が多数持ち込まれ，石器の素材供給を果たしている。すなわち，産地で入念な調整を済ませて軽量化した状態でノイヴィート盆地に持ち込んだこんだものと考えられ，100 km 以上離れたノイヴィート盆地に移動することが計画されていたことがわかる。中距離の産地から持ち込まれた石器石材がほとんどない点と遠隔地石材産地とゲナスドルフやアンデルナハとの間に同様の大規模遺跡がないことを考慮すると，産地からノイヴィート盆地への 100 km を超える移動は，石材補給を介在しない短期的な移動であったものと思われる。

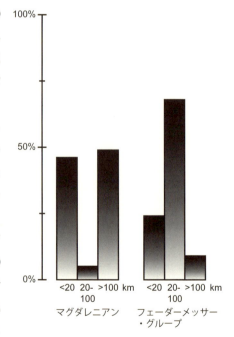

＜20 km：近郊石材，20-100 km：中距離石材，＞100 km：遠隔地石材。（Floss 2002 Figure 3 を基に作成）

第7図 ライン川中流域における後期マグダレニアン期とフェーダーメッサー・グループ期の石材産地から遺跡までの距離別にみた石材頻度

また，ゲナスドルフやアンデルナハは，大型住居跡が複数見つかったことと，大量の石器や動物遺存体が出土したことから，長期間滞在されたベースキャンプであったと考えられている（Jöris et al. 2011）。出土した動物相の分析では，集中部Ⅰの住居跡は冬，集中部Ⅱの住居跡は春から初夏の滞在が推定されてきたが（Poplin 1976），最近の分析ではいずれの集中部（Ⅰ，Ⅱ，Ⅲ）も1月から6月の季節に狩猟されたウマが出土しており，複数回に渡る可能性も含めた長期間にわたる滞在が推定されている（Street and Turner 2013）。したがって，ライン川中流域のマグダレニアン狩猟採集民は，ベースキャンプでの比較的長期間にわたる滞在を基盤とした兵站的移動戦略を採っていたものと考えられる（Floss 2002）。

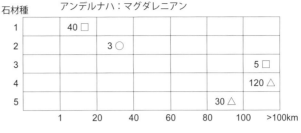

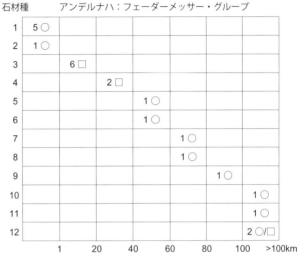

第8図 アンデルナハ遺跡におけるマグダレニアン期とフェーダーメッサー・グループ期の石材別搬入状況と石材産地からの距離（Floss 2002 Figure 4を基に作成）

同様の傾向は，他の北西ヨーロッパ地域でも確認できる。ノイヴィート盆地にも運ばれるマース・フリントは，ドイツ，オランダ，ベルギー国境地帯にあるリンブルフ地方の産地からマース川沿いに100 km近く上流に遡ったベルギーのアルデーヌ地方の洞窟遺跡群にも運ばれている。これらの洞窟遺跡群で出土するマース・フリントは，いずれも小石刃核，小石刃，石刃，完成石器の状態で出土している（Straus and Orphal 1997）。シャルー洞窟のような，南向きの大きな洞窟では，大量の石器と動物遺存体が出土しており，ベースキャンプとして利用されたものと考えられている（Straus and Otte 1998）。シャルー洞窟で出土した動物遺体の分析により，初期的な解体は他の地で済ませ，選択的な部位のみが持ち込まれたことがわかっている（Charles 1996）。一方，近郊の北向きで急斜面に位置するボワ・ラテリ洞窟は，出土した動物遺体に解体痕跡はあるものの，動物遺体が限定的にしか出土しない。したがって，解体された動物は居住地に運ばれ，ボワ・ラテリ洞窟では消費されなかったものと推定されている。ボワ・ラテリ洞窟から出土した石器の使用痕分析は，居住に関わる使用痕跡はあまり確認されない一方，狩猟時に石器につく衝撃剥離は高い頻度見つかっている（Sano 2009, Sano et al. 2011）。したがって，ボワ・ラテリ洞窟は，狩猟時に立ち寄る洞窟として利

用されていたことがわかる。

　一方，ノイヴィート盆地やアルデーヌ地方に石器石材を供給するリンブルフ地方にも，後期マグダレニアンの遺跡が複数知られている（Rensink 1993）。これらの遺跡では，石器製作の初期工程から確認でき，大量の石刃核，石刃，石器製作残滓が出土している。石器群全体に占める完成品の率はきわめて低く，石器製作を主とした滞在痕跡と想定されている（Straus and Orphal 1997）。いわゆる原産地遺跡の機能を探るため，リンブルフ地方の原産地遺跡の一つであるオランダのアイサーハイデ遺跡の使用痕分析を行ったところ，当遺跡で出土した石器の使用痕検出率はきわめて低く，使用痕が観察された場合でもきわめて微弱にしか発達していないことがわかった（Sano 2010）。ただし，高倍率で観察された使用痕の70％以上は，骨角加工に由来するものであった。出土した石器器種では圧倒的に彫器が多く，分析した彫器の8割が骨角加工痕跡を示した。これらの点を考慮すると，石器製作以外にも，完成した石器を装着するための骨角製の柄あるいは尖頭器の製作も行われた可能性が高い。いずれにせよ，使用痕検出率の低さは，アイサーハイデ滞在の主目的が石器の素材供給であったことを示唆する。したがって，後期マグダレニアン集団の一部は，リンブルフ地方に石器製作を主目的として訪れ，製作した石刃，石刃製石器，小石刃や小石刃核を携えてノイヴィート盆地やアルデーヌ地方へと移動し，それぞれの地のベースキャンプで長期間滞在する移動居住形態を採っていたものと考えられる。

(2) フェーダーメッサー・グループの石材獲得消費と移動居住形態

　フェーダーメッサー・グループの時期に入ると，後期マグダレニアンでみられた良質石材の選択的利用はみられなくなり，質の劣る石材を含めた様々な石材が非体系的に採集されている。ライン川中流域でみると，100 kmを超える遠隔地の良質石材は依然として出土するものの，その量は後期マグダレニアン期に比べると明らかに少なくなる（第7図）。粗割や調整が施されない小型の礫が数点搬入されることが多く，計画的な採集というよりも，移動過程で場当たり的に採取した礫が持ち込まれた可能性が高い。後期マグダレニアン期とは対照的に，20～100 km内の中距離の石材が大多数を占め，その種類も多様である（第8図）。移動する先々で石材補給をしながら次の目的地へと移動したものと考えられる（Floss 2002）。

　フェーダーメッサー・グループの遺跡は，後期マグダレニアンに比べて小規模であり，明瞭な住居跡はみられない。遺物量はマグダレニアン期に比較して少なく，直径3 m程度の石器集中部の中心に炉がある程度で，他に明瞭な遺構は存在しない。骨角器，装飾品，動産芸術の類いはほとんど出土しない。遺跡の多様性も低く，いずれの遺跡でも，石器製作の初期工程から確認でき，非体系的調整の後，同一石核から短い石刃や剥片が製作され，前者は小型の背付尖頭器の素材，後者は拇指状掻器の素材として利用される。一方，遺跡密度はマグダレニアン期よりも総じて高くなり，ノイヴィート盆地でも，マグダレニアン期には2遺跡のみであったが，フェーダーメッサー・グループ期には4遺跡に増加している。このように，フェーダーメッサー・グループ期は，ベースキャンプ的遺跡が欠如し，いずれの遺跡も小規模で均質的であり，さらに各地で遺

跡数が増えていることから，各キャンプ地での滞在期間が短く，頻繁な居住地移動を基礎とする移動居住形態であったことが予想される（Baales 2002）。フランス・パリ盆地のアジリアンの遺跡群に対しても，同様に小規模集団の居住地移動性の高い移動居住形態が復元されている（Bignon 2009）。

(3) 長大石刃の管理的利用から汎用的石材利用へ

　上記でみた通り，後期マグダレニアン期には，遺跡による機能的多様性が認められる。ここでは，原産地遺跡で製作された石器が，ベースキャンプでどのように使用されていくのかをみることで，後期マグダレニアン期の石器の利用形態の全体像を探ってみたい。そのうえで，フェーダーメッサー・グループの石材利用形態と比較検討していく。

　ノイヴィート盆地のゲナスドルフでは，リンブルフ地方から持ち込まれたマース・フリントが大量に出土している。そこで，パティナの発達していない203点を選出し，使用痕分析を行った（Sano 2012a・b）。分析した資料のうち，18点（8.9%）は全く使用痕がなく，56点（27.6%）は不明瞭な痕跡のみが確認され，残りの129点（63.5%）には使用痕が確認された。短時間の便宜的な利用では使用痕が発達しないことを考えると，この使用痕検出率はきわめて高いといえ，分析された石器の多くが使用された可能性が高い。

　分析された石器の内，石刃はその側縁を使って動物解体，皮なめし，皮や骨角器の切断，石製品の加工等，様々な目的で使用されたことがわかった。掻器や彫器等の石刃製の石器の側縁にも多様な使用痕が観察され，これら掻器や彫器の側縁も，石刃同様の機能を果たしたことがわかる（第9図b・d）。一方，掻器の本来の機能部位と想定される半円形に二次加工された掻器刃部は，主に皮なめしに使用され（第9図a），次いで石の加工，骨角器の加工に使用されていた。彫器の機能部位と想定される，彫器先端部や彫刀面は，掻器刃部程頻繁に使用されていないものの，骨角器の彫刻（第9図c）や皮革加工等に利用されていた。したがって，これら石刃製石器は，石刃として様々な目的で使用された後，端部を二次加工や彫刀面打撃によって掻器や彫器に加工し，作り出された機能部位で異なる機能に利用されたことがわかる。そして，ゲナスドルフで出土する石器の多くは，最終的に楔として利用されたことを示す両極剥離が認められる（第3図9・10・13）。楔として使用された石器は，それ以上使用出来ないほどの損傷を受けており，そこで石器としての役割を終えている。すなわち，ゲナスドルフでは，一つの石刃を二次加工や彫刀面打撃による刃部作出や再生によって繰り返し使用し，最終的には楔として利用することで極限まで使い切っていたことがわかる。

　後期マグダレニアン期の長大な石刃は，このような繰り返しの利用を意図して製作された可能性が高い。石材産地から100 kmを超えるマース・フリントは，重量がかさむ石刃核ではなく，石刃あるいは完成品の状態でゲナスドルフに持ち込まれている。後期旧石器時代でも突出して長い石刃は，刃部作出と再生による繰り返しの使用を可能にする。しかし，後期マグダレニアン期の石刃は，その長さを最大化させるため，側縁観が湾曲した形態となる。そのため，これらの石

248　IV　北方大陸の晩氷期適応

器は狩猟具先端部用の尖頭器としては不向きである。後期マグダレニアン期は，狩猟用石器に専ら背付小石刃が使われている。ゲナスドルフの使用痕分析でも，出土した背付小石刃には高頻度で指標的衝撃剥離や微細衝撃線状痕等の狩猟痕跡が観察された（第10図）。パリ盆地の後期マグダレニアン期の遺跡であるパンスヴァンでは，背付小石刃が角製尖頭器の側縁に埋め込まれた状態で出土しているため（佐野 2015），これらの背付小石刃は，該期に出土する側縁に溝のある角製尖頭器の側縁に埋め込んで使用したものと考えられる。

このように，後期マグダレニアン期は，石刃と小石刃が機能的に異なる二つの利用形態で成り立っている（第11図）。道具類の素材には石刃を利用し，その長さを最大化させることにより，より長期的な利用を可能にする。一方，石刃の長さを最大化させることによって湾曲した石刃は，狩猟具として使用できないため，狩猟具には小石刃を利用する。ベースキャンプには，石刃と小石刃あるいは小石刃核を持ち込めば，長期にわたって石器需要を満たすことができるため，多量の石器素材をより軽量化した状態で搬入することが可能である。後期マグダレニアンの石刃と小石刃の二極化した利用形態は，原産地から直接的にベースキャンプに移動し，その後ベースキャンプで長期間滞在する移動居住形態に合致した戦略といえる。

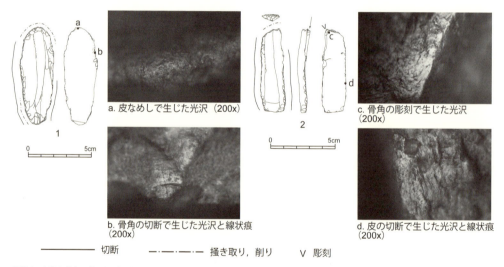

掻器は，側縁が骨角や皮の切断に使われている他（b），一部皮なめしにも使われており，端部の掻器刃部は皮なめしに使われている（a）。彫器は，両側縁が皮の切断に使われている他（d），彫刀面に接する裁断調整部は皮なめしに使われている。一方，彫器先端部は，骨角の彫刻に使われている（c）。

第9図　後期マグダレニアン期ゲナスドルフ遺跡から出土した使用痕のある掻器と彫器

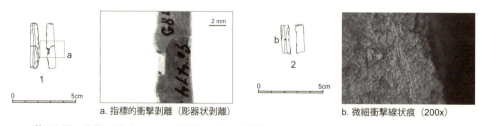

第10図　後期マグダレニアン期ゲナスドルフ遺跡から出土した衝撃痕跡のある背付小石刃

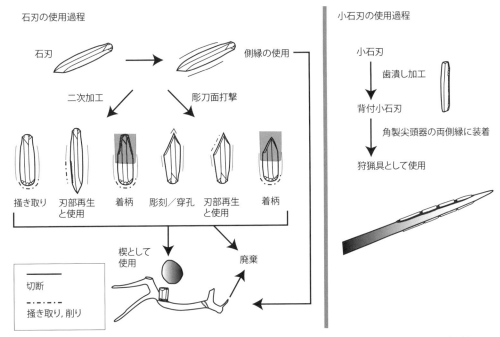

第 11 図 後期マグダレニアン期の石刃と小石刃の使用過程 (Sano 2012a Fig. 178 を基に作成)

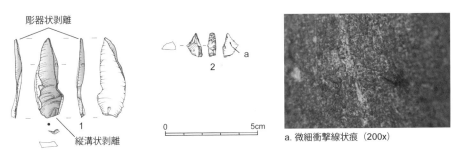

第 12 図 フェーダーメッサー・グループ期リートベルク遺跡から出土した衝撃痕跡のある背付尖頭器

　しかし，このような体系的に管理化された石器の利用形態は，フェーダーメッサー・グループ期に入るとみられなくなる。該期の器種組成は単純化しており，大部分が小型の背付尖頭器と拇指状掻器で構成される。先述の通り，両器種とも基本的に同一の石核から剥離された素材を利用している。フェーダーメッサー・グループの体系的な使用痕分析はなされていないが，いくつかの遺跡で行われた使用痕分析から，背付尖頭器が狩猟具先端部として利用されていたことがわかっている（Sano 2012c）（第 12 図）。同様の結果は，フランスのアジリアン遺跡の使用痕分析でも確認されている（Moss 1983, Plisson 2005）。基部から側縁にかけて膠着材が付着している事例があるため（Pawlik 2002），背付尖頭器は木の柄の先端部に装着して使用したと考えられる。フェーダーメッサー・グループ期には，長大だが湾曲する石刃製作から短く直線的な石刃製作へと移行したため，このように石刃製尖頭器を狩猟具の先端部として利用することが可能となった。しかし，

フェーダーメッサー・グループの狩猟採集民は，なぜマグダレニアン期の管理的な石材利用をやめ，簡易で単相的な石器製作を始めたのであろうか。次に，晩氷期の温暖化に伴う植生や動物相の変化，そしてそれと相関した狩猟採集民の生業戦略の変化に焦点を当て，後期マグダレニアンからフェーダーメッサー・グループにかけて起きた石材管理体系の変化の背景について探ってみたい。

3 晩氷期にかけての生業戦略の変化

後期マグダレニアン期に最も数多く出土する背付小石刃は，先述の通り狩猟時に獲物との接触で発生する狩猟痕跡が頻繁に観察される。したがって，背付小石刃は該期に出土する側縁に溝のある角製尖頭器の両側縁に複数埋め込んで使用されていたことがわかる。角製尖頭器は石製尖頭器に比べて大規模な損傷を負いにくく，メインテナンスは壊れた背付小石刃の交換で済む。そのため，このような複合的狩猟具は，石製の尖頭器1点を槍先に装着する場合に比べ，石材の消費を大きく抑えることが出来る。また，後期マグダレニアンは，投槍器と呼ばれる槍を引っ掛けて遠くに飛ばす道具が多数出土するため，該期の狩猟採集民は背付小石刃が埋め込まれた角製尖頭器を装着した槍を投槍器で投射する狩猟を行っていたことがわかる（佐野 2015）。

投槍器は遠隔射撃を可能にし，また投射された槍は緩やかな弧を描いて飛んでいくため，投槍器猟は，一般的に開けた環境下での狩猟に適している。後期マグダレニアン期は，GS-2aの寒冷期で，北西ヨーロッパはステップの開けた環境下にあった（Floss 2002）。動物相は，ウマ，トナカイ，バイソン，北極ギツネ，サイガ，マンモス等のステップ性の動物相で構成される。遺跡で狩猟解体された動物をみると，ゲナスドルフやアンデルナハ等のベースキャンプ遺跡では，ウマを中心に多様な動物が狩猟されている（Gaudzinski and Street 2003）。ノイヴィート盆地は，開けた草原とライン川の水により，大型動物の群れが常に一定数いたものと考えられる。後期マグダレニアン期の狩猟採集民は，このようにシーズンの多くの期間を通して安定的な食糧確保が望まれる地にベースキャンプを構えていたと考えられる（Street and Turner 2013）。

一方，ドイツのピーターフェルス遺跡やシュッセンクエレ遺跡，フランスのパンスヴァン遺跡やソリュートレ遺跡では，季節移動するトナカイが集約的に狩猟されている（Street et al. 2006）。トナカイの群れの秋の集約的狩猟の重要性は，民族事例でも知られている（Enloe 1999）。後期マグダレニアン期の狩猟採集民は，ベースキャンプ周辺での狩猟活動の他，長い冬に備えたトナカイの集約的な狩猟を行うため，トナカイの群れを効率的に狩猟できる地へ長距離移動していたことが予想される。石材補給を介在せずに，長大な石刃や小石刃を管理的に利用し続ける後期マグダレニアンの石材利用は，季節移動する大型獣を追って長距離移動する狩猟採集民にとって最適である。

しかし，晩氷期に入ると，急激な温暖化により植生は一変し，シラカバ，マツ，ヤナギを主体とした森林環境が拡がる（Floss 2002）フェーダーメッサー・グループが展開するGI-1c〜GI-1a

の温暖期の動物相は，エルク，アカシカ，ビーバー，ノロジカ，ウマ，アイベックス，イノシシが主体となる（Jöris and Street 2014）。後期マグダレニアンにみられた遺跡による多様性はなくなり，どの遺跡も近似的な動物が狩猟される。

狩猟具は，背付小石刃を角製尖頭器の側縁に埋め込む槍先から，石製の背付尖頭器を直接柄に装着する方法へと変わる。該期の背付尖頭器は，軽量で小型であり（第13図および第5図11-18参照），弓で投射される石鏃として機能していたと推定されている（Street et al. 2006）。また，フェーダーメッサー・グループ期は，複数の遺跡で矢柄研磨器が共伴しており（Moreau et al. 2015），ノイヴィート盆地のニーダービーバー遺跡とアンデルナハ遺跡でも矢柄研磨器が出土している（第14図）。おそらく，晩氷期の温暖化に伴う森林の拡大により，投槍器猟から弓矢猟主体へと変化していったものと考えられる。

第13図 フェーダーメッサー・グループの典型的な背付尖頭器（実寸）
（背付尖頭器の写真は Olaf Jöris 氏提供 ©MONREPOS picture archive）

狩猟された動物遺体の分析は，フェーダーメッサー・グループ期の狩猟採集民が，ノイヴィート盆地周辺のライン川中流域に年間を通して滞在していたことを示している（Baales 2002）。季節移動する動物の群れを追いかける短期的長距離移動やベースキャンプでの長期滞在を行わなくなった彼らは，もはや遠隔地の石器を長期にわたって管理的に利用し続ける必要はない。森林環境に適応し，狩猟法を投槍器猟から弓矢猟に変えたため，槍先は石製の小型尖頭器となり，掻器も石刃製から剥片製となったため，長く規格的な石刃や小石刃を剥離するための良質な石材も必要はない。すなわち，フェーダーメッサー・グループの狩猟採集民は，良質の石材を求めて遠隔地に移動する必要はもはやなく，石材の質にこだわらず，移動する先々で獲得出来る石材を利用すればよくなったのである。

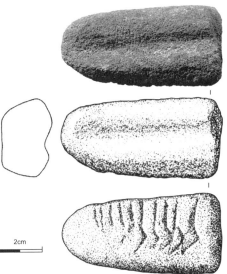

第14図 フェーダーメッサー・グループ期ニーダービーバー遺跡から出土した矢柄研磨器
（矢柄研磨器の写真は Olaf Jöris 氏提供 ©MONREPOS picture archive, 矢柄研磨器の実測図は Bolus 2012 より転載）

一方，晩氷期に起きた動物相の変化により，大型獣の大きな群れを集約的に狩猟する後期マグダレニアン期の狩猟方法は不可能となる。当時の狩猟採集民は，おそらく小さな群れあるいは個体ごとの狩猟へと変化せざるを得なかったであろう（Bignon 2009）。まだ土器を開発していない該期のヨーロッパ狩猟採集民は，晩氷期に入って植物質食糧の利用を劇的に増加させた可能性は

低い。したがって，集約的な大型狩猟対象獣の喪失は，彼らにベースキャンプでの定着的な滞在を困難にさせたに違いない。晩氷期のフェーダーメッサー・グループ期の狩猟採集民は，環境変動に伴う生業戦略の変更に呼応させ，頻繁な移動を繰り返すことで，その土地土地で利用可能な資源を獲得していく居住地移動性の高い戦略へとシフトさせたものと考えられる。

おわりに

このように，長大石刃の管理的利用と小石刃の狩猟具への利用で成り立つ後期マグダレニアン期の石材利用は，該期の狩猟採集民の生業戦略と密接に結びついている。すなわち，ベースキャンプでの長期的滞在，季節移動する大型獣の集約的狩猟をするための短期的長距離移動，遠隔地にある良質石材の大量搬入，これら全てを満たす石材利用形態である。石刃は，長さを最大限にすることでベースキャンプでの繰り返しの利用を可能にし，それによって重量がかさみ持ち運びに限界のある石刃核を持ち込む必要がなくなる。また，小石刃核も小型で軽量であるため，遠隔地の良質石材産地からベースキャンプへと持ち込み，小石刃を繰り返し製作することが出来る。石刃製石器と小石刃・小石刃核のトゥール・キットは，軽量でコンパクトであるため移動性に優れており，管理的な利用によって石材補給の必要性を軽減できるため，目的地への短期的移動をしやすくする。つまり，後期マグダレニアン期の石材利用形態は，ベースキャンプでの安定的な食糧確保と季節的な長距離移動によって成り立つ生業戦略を支えるシステムの一要素として成立している。

また，長期にわたるベースキャンプでの滞在は，彼らに装飾品の製作や芸術的活動を行う時間的余裕を与えたであろう。マグダレニアン期の多岐にわたる石器組成は，骨角象牙製の装飾品の製作や彫刻を行うために必要な道具を反映してもいる。

一方，フェーダーメッサー・グループ期に見られた簡易で単相化した石材利用への変化は，晩氷期の狩猟採集民が当時の環境変動への適応手段として採った生業戦略の変化に呼応するものであり，寒冷期の後期マグダレニアン社会から晩氷期のフェーダーメッサー・グループ社会へのシステム転換を反映したものである。石材の質にこだわらず，各地の様々な石材を利用できる彼らの汎用的石材利用は，短い移動を頻繁に繰り返す居住地移動性の高いフェーダーメッサー・グループの狩猟採集民の生業戦略に合致した石材利用戦略だったであろう。

ただし，短期滞在を繰り返す彼らは，時間を投資して成り立つ活動を行わなくなる。装飾品や芸術活動の衰退も，ベースキャンプを営まなくなった晩氷期狩猟採集民の生業戦略の反映の一つであろう。骨角器の製作が著しく減少した理由は，対象獣の変化や，利用可能な木質資源の増加も関係していようが，石器に比べて遥かに時間を要する骨角器製作が回避されていったのかもしれない。いずれにせよ，骨角器や装飾品の製作，芸術活動を行わなくなったフェーダーメッサー・グループの狩猟採集民は，より生活に密着した狩猟具や皮革加工用の石器のみを製作すればよくなり，製作する石器組成も単相化していく。ヤンガー・ドリアス期の狩猟採集民の生業戦略

はまだよくわかっていないが，居住地移動性の高い晩氷期狩猟採集民の生業戦略は，生業における漁撈の比重が高いグループが現れる完新世の中石器時代になるまで続けられていく。

引用文献

ボジンスキー，G. ／小野　昭訳　1991『ゲナスドルフ―氷河時代狩猟民の世界―』六興出版

小野　昭　2002「中部ヨーロッパの最終氷期と人類の適応」『地学雑誌』111 巻 6 号，840-848 頁

佐野勝宏　2008「石器集中部と住居範囲の空間的関係―ゲナスドルフの事例分析―」『論集忍路子』II，151-173 頁

佐野勝宏　2015「複合的狩猟技術の出現：新人のイノベーション」西秋良宏編『ホモ・サピエンスと旧人 3―ヒトと文化の交替劇』127-139 頁，六一書房

Baales, M. 2002 *Der Spätpaläolithische Fundplatz Kettig. Untershuchungen zur Siedlungsarchäologie der Federmesser-Gruppen am Mittelrhein*. Monographien des Romisch-Germanischen Zentralmuseums Band 51. Mainz: Verlag des Römisch-Germanischen Zentralmuseums.

Barton, R. N. E. 1990 The en éperon Technique in the British Late Upper Palaeolithic. *Lithics* 11, 31-33.

Barton, R. N. E., R. M. Jacobi, D. Stapert, and M. J. Street. 2003 The Late-Glacial Reoccupation of the British Isles and the Creswellian. *Journal of Quaternary Science* 18（7），631-643.

Bignon, O. 2009 Regional Populations and Exploitation of Large Herbivores in the Paris Basin during the Late Glacial: In Search an Integrated Model. In: *Humans, Environment and Chronology of the Late Glacial of the North European Plain. Proceedings of Workshop 14（Commission XXXII) of the 15th U. I. S. P. P. Congress, Lisbon, September 2006*. RGZM-Tagungen Band 6., edited by M. Street, N. Barton, and Th. Terberger, 27-38, Mainz: Verlag des Römisch-Germanischen Zentralmuseums.

Bolus, M. 2012 Schleifsteine mit Rille（Pfeilschaftglätter). In: *Steinartefakte vom Altpaläolithikum bis in die Neuzeit*, edited by H. Floss, 525-534, Tübingen: Kerns Verlag.

Bosinski, G., F. d'Errico, and P. Schiller. 2001 *Die Gravierten Frauendarstellungen von Gönnersdorf. Der Magdalénien-Fundplatz Gönnersdorf Band 8*. Wiesbaden: Steiner Franz Verlag.

Carlson, A. E. 2013 The Younger Dryas Climate Event. In: *Encyclopedia of Quaternary Science（Second Edition)*, edited by S. A. E. J. Mock, 126-134, Amsterdam: Elsevier.

Charles, R. 1996 Back into the North: The Radiocarbon Evidence for the Human Recolonisation of the North-Western Ardennes after the Last Glacial Maximum. *Proceedings of the Prehistoric Society 62*, 1-17.

Enloe, J. G. 1999 Hunting Specialization: Single-Species Focus and Human Adaptation. In: *Le Bison: gibier et moyen de subsistence des hommes du Palélithique aux Paléoindiens des Grandes Plaines*, edited by J.-P. Brugal, F. David, J. G. Enloe, and J. Jaubert, 501-509, Antibes: APDCA.

Floss, H. 2002 Climate and Raw Material Behavior: A Case Study from Late Pleistocene Hunter-Gatherers in the Middle Rhine Area of Germany. In: *Lithic Raw Material Economies in Late Glacial and Early Postglacial Europe*, edited by L. E. Fisher and B. V. Eriksen, 79-88, Oxford: BAR International Series 1093.

Gaudzinski, S. and M. Street. 2003 Reconsidering Hunting Specialisation in the German Magdalenian Faunal

Record. In: *Zooarchaeological Insights into Magdalenian Lifeways. Acts of the XIVth UISPP Congress, University of Liège, Belgium, 2-8 September 2001,* edited by S. Costamagno and V. Laroulandie, 11-21, Oxford: BAR International Series 1144.

Grimm, S. B. and M. J. Weber. 2008 The Chronological Framework of the Hamburgian in the Light of Old and New ^{14}C Dates. *Quartär* 55, 17-40.

Jöris, O. and M. Street. 2014 Eine Welt im Wandel. Die Späteiszeitliche Besiedlungsgeschichte des Rheinlandes im Kontext von Klima und Umwelt. In: *Eiszeitjäger: Leben im Paradies? Europa vor 15000 Jahren,* edited by L. -L. Bonn, 13-27, Mainz: Nünnerich-Asmus.

Jöris, O., M. Street, and E. Turner. 2011 Spatial Analysis at the Magdalenian Site of Gönnersdorf (Central Rhineland, Germany). In: *Site-internal Spatial Organization of Hunter-Gatherer Societies: Case Studies from the European Palaeolithic and Mesolithic*. RGZM-Tagugen Band 12, edited by S. Gaudzinski-Windheuser, O. Jöris, M. Sensburg, M. Street, and E. Turner, 53-80, Mainz: Verlag des Römisch-Germanischen Zentralmuseums.

Litt, T. and M. Stebich. 1999 Bio-and Chronostratigraphy of the Lateglacial in the Eifel Region, Germany. *Quaternary International* 61 (1), 5-16.

Moreau, L., S. B. Grimm, and M. Street. 2015 A Newly Discovered Shaft Smoother from the Open Air Site Steinacker, Breisgau-Hochschwarzwald District (Baden-Württemberg, Germany). *Quartär* 61, 159-164.

Moss, E. H. 1983 *The Functional Analysis of Flint Implements-Pincevent and Pont d'Ambon: Two Case Studies from the French Final Palaeolithic*. Oxford: BAR International Series 177.

Pawlik, A. 2002 Gebrauchsspuren und Klebstoffreste. Mikroskopische Gebrauchsspurenanalyse an fünf Geschoßspitzen und Kratzern vom Fundplatz Kettig. In: *Der Spätpaläolithische Fundplatz Kettig. Untershuchungen zur Siedlungsarchäologie der Federmesser-Gruppen am Mittelrhein*. Monographien des Romisch-Germanischen Zentralmuseums Band 51, edited by M. Baales, 261-269. Mainz: Verlag des Römisch-Germanischen Zentralmuseums.

Plisson, H. 2005 Examen tracéologique des pointes aziliennes du Bois-Ragot. In: *La grotte du Bois-Ragot à Gouex (Vienne) Magdalénien et Azilien. Essais sur les hommes et leur environnement,* Mémoire de la Société préhistorique française 38, edited by A. Chollet and V. Dujardin, pp. 183-189, Paris: Société préhistorique française.

Poplin, F. 1976 *Les grands vertébrés de Gönnersdorf: fouilles 1968. Der Magdalénien-Fundplatz Gönnersdorf Band 2*. Wiesbaden: Steiner Franz Verlag.

Rasmussen, S. O., K. K. Andersen, A. M. Svensson, J. P. Steffensen, B. M. Vinther, H. B. Clausen, M. L. Siggaard Andersen, et al. 2006 A New Greenland Ice Core Chronology for the Last Glacial Termination. *Journal of Geophysical Research: Atmospheres* 111 (D6), doi: 10. 1029/2005JD006079.

Rensink, E. 1993 *Moving into the North: Magdalenian Occupation and Exploitation of the Loess Landscapes of Northwestern Europe*. Leiden: Ph. D thesis, University of Leiden.

Rust, A. 1943 *Die Alt-und Mittelsteinzeitlichen Funde von Stellmoor*. Neumünster: Karl Wachholtz Verlag.

Sano, K. 2009 Hunting Evidence from Stone Artefacts from the Magdalenian Cave Site Bois Laiterie, Belgium: A Fracture Analysis. *Quartär* 56, 67-86.

Sano, K. 2010 Lithic Functional Analysis. In: *Eyserheide. A Magdalenian Open-air Site in the Loess Area of the Netherlands and its Archaeological Context*. Analecta Praehistorica Leidensia 42, edited by E. Rensink, 113-125, Leiden: Faculty of Archaeology, Leiden University.

Sano, K. 2012a *Functional Variability in the Late Upper Palaeolithic of North-Western Europe*. Universitätsforschungen zur Prähistorischen Archäologie. Bonn: Rudolf Habelt Verlag.

Sano, K. 2012b Functional Variability in the Magdalenian of North-Western Europe: A Lithic Microwear Analysis of the Gönnersdorf K-II Assemblage. *Quaternary International* 272-273, 264-274.

Sano, K. 2012c Funktionanalyse an Steinartefakten von Rietberg und Salzkotten-Thühle. In: *Rietberg und Salzkotten-Thüle. Anfang und Ende der Federmessergruppen in Westfalen*. Kölner Studien zur Prähistorischen Archäologie 2, edited by J. Richter, 283-294, Rahden/Westf.: Verlag Marie Leidorf.

Sano, K., A. Maier, and S. M. Heidenreich. 2011 Bois Laiterie Revisited: Functional, Morphological and Technological Analysis of a Late Glacial Hunting Camp in North-Western Europe. *Journal of Archaeological Science* 38 (7), 1468-1484.

Straus, L. G. and J. Orphal. 1997 Bois Laiterie and the Magdalenian of Belgium: Interassemblage Comparisons. In: *La Grotte du Bois Laiterie*, edited by M. Otte and L. G. Straus, 337-359, Liège: ERAUL 80.

Straus, L. G. and M. Otte. 1998 Bois Laiterie Cave and the Magdalenian of Belgium. *Antiquity* 72, 253-268.

Street, M. and E. Turner. 2013 *The Faunal Remains from Gönnersdorf*. Monographien des Romisch-Germanischen Zentralmuseums Band 104. Mainz: Verlag des Römisch-Germanischen Zentralmuseums.

Street, M., M. Baales, E. Cziesla, S. Hartz, M. Heinen, O. Jöris, I. Koch, C. Pasda, Th. Terberger, and J. Vollbrecht. 2001 Final Paleolithic and Mesolithic Research in Reunified Germany. *Journal of World Prehistory* 15 (4), 365-453.

Street, M., F. Gelhausen, S. Grimm, F. Moseler, L. Niven, M. Sensburg, E. Turner, S. Wenzel, and O. Jöris. 2006 L'occupation du bassin de Neuwied (Rhénanie centrale, Allemagne) par les Magdaléniens et les groupes à Federmesser (Aziliens). *Bulletin de la Société préhistorique française* 103 (4), 753-780.

Weber, M. -J. 2012 *From Technology to Tradition: Re-evaluating the Hamburgian-Magdalenian Relationship*. Neumünster: Wachholtz.

Weber, M. -J. and S. B. Grimm. 2009 Dating the Hamburgian in the Context of Lateglacial Chronology. In: *Chronology and Evolution within the Mesolithic of North-West Europe: Proceedings of an International Meeting, Brussels, May 30th-June 1st 2007*, edited by P. Crombé, M. Van Strydonck, J. Sergant, M. Boudin, and M. Bats, 3-22, Newcastle upon Tyne: Cambridge Scholars Publishing.

Weber, M. -J., S. B. Grimm, and M. Baales. 2011 Between Warm and Cold: Impact of the Younger Dryas on Human Behavior in Central Europe. *Quaternary International* 242 (2), 277-301.

第13章 内陸アラスカの石器群の多様性と人類集団の連続性
―近年の研究動向とその問題点―

平澤 悠

はじめに

本稿で主に対象とする細石刃石器群は，最終氷期最盛期（LGM，約23,000〜19,000 cal BP）の終わりと共に，バイカル湖周辺地域から東アジアの北方地域へと広範囲に分布を拡大した。この細石刃石器群の研究において従来注目されてきたのは，細石刃の製作技術であり，細石刃核の形態的特徴を基に製作工程の復原と石核の型式設定が多く試みられた。こうした基礎的研究の積み重ねにより，製作工程が多様かつ地域的であることが明らかとなった。一方，その製作の目的は一つの石核から同様の細石刃を量産する点で一貫している。細石刃核が小型で携帯しやすいこ

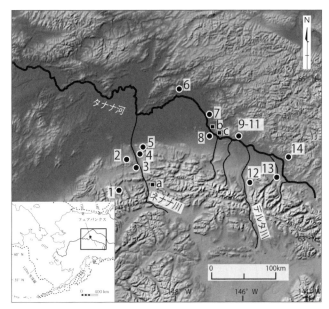

1. テクラニカウェスト，2. オウルリッジ，3. ドライクリーク，4. ウォーカーロード，5. ムースクリーク，6. キャンパス，7. チャグウォーター，8. アップワードサンリバー，9. ブロークンマンモス，10. ミード，11. スワンポイント，12. ドネリーリッジ，13. ガーストルリバー，14. ヒーリーレイク，a. ウインドミル湖，b. ハーディング湖，c. バーチ湖

第1図　本稿で論じる晩氷期遺跡と湖の分布

とや，左右に溝をもつ骨角製尖頭器の替え刃として細石刃が利用された点においても，細石刃は，資源の獲得機会が限定される寒冷な環境下の生活に適した狩猟具であったといえる。つまり，地域的多様性をもちながらも，細石刃の量産を共通目的としたこの石器群は，後期更新世末における人類北方進出を支えた道具であったと考えられる。

東アジアで多出する細石刃石器群は，ベーリング海峡を越えたアラスカ，カナダにも分布することが知られている。この考古学的証拠は，細石刃集団が寒冷環境下にある高緯度地域を東に向けて拡散したことを裏付けている。このような背景から細石刃と新大陸への人類移動仮説は，非常に密接な関係にある。さらに，新大陸の玄関口ともいえるアラスカにおける晩氷期の考古学的

研究は，未だ氷床の多く残る前人未到の環境に，人類がどう適応したのかを知るために重要である。以下では，まずアラスカの晩氷期石器群に関する状況を簡潔に整理し，内在する問題点を指摘することを通して本稿の目的を明確にしたい。

北米旧石器研究は 20 世紀初頭に，アメリカ合衆国ニューメキシコ州フォルサム遺跡における，絶滅動物であるステップバイソンと樋状剝離をもつ尖頭器の発見により開始した。これによって，北米大陸への人類の進出は，更新世にまで遡ることが明らかとなった（Antevs 1935）。以後，新大陸への移動時期と経路については多くの研究者の関心事となってきたが，いまだ全容の解明に至っていない。もっとも，人類を含む陸生哺乳類にとって，LGM の開始した約 23,000 から最終氷期末の 12,000 cal BP にかけて出現したベーリング陸橋が，重要な移動経路の一つとなったことは衆目の認めるところである。

現在までに発見されたアラスカ最初期の遺跡群は，約 14,000～13,000 cal BP に位置づけられており，それらは，ブルックス山脈およびアラスカ山脈の周辺域に分布するが（第 1 図），双方の域内から出土する石器群には特徴の相違が認められる。旧大陸との直接的な関係性を強く示す細石刃石器群が，アラスカ山脈北麓に，樋状剝離などの特徴をもつ尖頭器石器群が，ブルックス山脈周辺に異地性をもって分布する傾向にある点は興味深い。ブルックス山脈周辺域の遺跡群は，特有な尖頭器を基準に，三つのコンプレックス[1]に分類される。これらのコンプレックスに関する近年の研究は，尖頭器に加え，デビタージュや石器石材分析などが試みられている（Bever 2001, Kunz et al. 2003, Rasic 2008・2011, Smith et al. 2013）。しかしながら，放射性炭素年代をもつ遺跡や動物遺体資料の出土に乏しい本地域は，いまだコンプレックス間や，北米南部の尖頭器石器群との関係を具体的に論じるに至っていない（Goebel et al. 2013）。一方，内陸アラスカのアラスカ山脈周辺域は，石器資料，放射性炭素年代試料，古環境データに恵まれることから，晩氷期の人類集団を論ずるに最適な地域といえる。本地域では，細石刃石器群と尖頭器石器群が時期差をもって分布するため，地域内におけるコンプレックス間の連続性，ならびに旧大陸石器群との関係について議論が多く行われてきた。しかしながら，特徴的な石核形態や尖頭器の形態により定義されるコンプレックスは，その担い手である人類集団の社会的背景を直接的に反映しないことから，その系統を議論するために多様なアプローチが必要とされる。こうした背景から，本稿では，まず晩氷期の動植物相の研究結果から内陸アラスカ人類集団が置かれた環境を概観する。次に，近年までの同地域の石器群研究から，各コンプレックスの特徴とそれらの編年的位置づけを把握する。最後に，各コンプレックスにおける人類集団の社会的背景の変化や連続性の抽出を試みた研究事例を基に，今後議論されるべき問題を考察する。

1　後期更新世の環境 —植生と動物相—

アラスカの晩氷期研究は，考古学のみならず古植生，動物，氷河，地形，地質など多岐に渡る。それら自然科学分野の諸研究では，LGM 期から晩氷期にかけて存在したベーリング陸橋の環境

復元に主眼が置かれた。本節では，ヒトの生業活動および資源利用に深く係る古植生と動物相に関した研究を取り上げ，人類社会を取り巻く自然環境の在り方について考えたい。

一般的に古植生研究では，陸地における土壌堆積中，または湖底および海底堆積物などの水中に埋蔵される花粉や植物化石の分析結果を基に，周辺地域の植生変遷史が読み解かれる。しかしながら，安定した分析結果を得るためには，十分な土壌厚と攪乱のない堆積状況を必須とする。土壌の発達やレス堆積が顕著でなく，土壌凍結によって堆積の乱れやすいアラスカにおいて，古植生復元に適した資料を得ることは容易でない。さらに，考古学と古植生研究の分析結果を合わせて考察する際には，年代値の問題が生じる。自然環境の変化と，文化的変化の速度は同様でない。そのため植生変遷史では十分な量の年代値を示したとしても，人類社会の変化と単純に結びつけることは難しい。次項では，アラスカ山脈周辺の湖底堆積物中の花粉，植物化石の研究のなかでも，年代値に関して信頼度の高い事例を取り上げ，内陸アラスカの植生変遷についてまとめる。

(1) 内陸アラスカの古植生

内陸アラスカにおいて，花粉化石の分析に基づく植生変遷の復元は，多数試みられている。ビジロウとエドワーズは，ネナナ渓谷ウィンドミル湖の湖底堆積物を分析し（第1図a），約15,100〜13,600 cal BP 年代を示す層準に，ヤナギ属，ヨモギ属，カヤツリグサ科，イネ科の花粉，約10,345 cal BP の年代を示す層準にカバノキ属の花粉が主体的に含まれていることを確認した（Begelow and Edwards 2001）。後者の層準には湖水面が4mほど上昇した痕跡も認められることから，更新世末期に気候が急激に温暖・湿潤化した様子がうかがえる。

またフィンケンビンダーらは，タナナ河沿いのハーディング湖において，内陸アラスカの環境史を論じるうえできわめて重要な資料となる湖底堆積物の総合的な研究を行った（Finkenbinder et al. 2014, 第1図b）。彼らは，同堆積物中の花粉帯を三つに分類した。それぞれ，約30,700〜19,000 cal BP の年代が得られた花粉帯1が，イネ科，カヤツリグサ科などの草本類花粉，19,000〜11,700 cal BP の年代値を示す花粉帯2がカバノキ属に特徴づけられ，LGMが終焉を迎えるにつれ，植生が乾燥したステップツンドラから低木ツンドラへと移行したことを示した。彼らはまた，同湖水面が，ウィンドミル湖同様，ハーディング，バーチ両湖において花粉帯2の移行期に17〜18mも上昇した一方，完新世直前の寒の戻りであったヤンガードリアス期に著しく低下を生じた事も指摘した（第1図c）。

ハーディング湖において同植生への移行が，南東約20kmのバーチ湖やタナナ河上流のジャン湖に先んじて生じている点からは，LGM以降，地点や地域によって多様な植生が出現した可能性も読み解くべきかもしれない。また，顕著な変化こそ確認されていないものの，域内の堆積物の分析結果からはヤンガードリアス期には一時的にステップツンドラが復活した様子もうかがえる。

同地域における植生の変遷は，若干の地域差はあるもののLGM期のステップツンドラから低

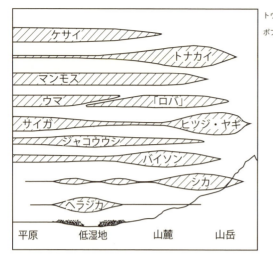

第2図　内陸アラスカ更新世動物の生息地
（Guthrie 1982 を改変）

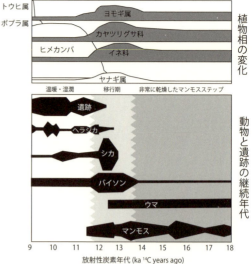

第3図　内陸アラスカの植生・動物相の変化
（Guthrie 2006 を改変）

木ツンドラへ移行した。その後，ヤンガードリアス期に草本類の増加や湖水面の低下を伴うステップ化が生じた。完新世直前には，再びの温暖・湿潤化により，木本類の支配的な環境が形成されたと理解できる。

(2) 内陸アラスカに生息した動物相

　先史狩猟採集社会を考察するうえで，植生と共に重要となるのは動物相にほかならない。ガスリーは，フェアバンクス周辺の河岸で採取された資料を用い，後期更新世動物相の復元に関する先駆的研究を行った（Guthrie 1968）。彼によれば，該期の動物相の主体は，草本類を主食とするグレイザー，特にマンモス，バイソン，ウマが占め，枝や樹皮などをも食料とするヘラジカやトナカイなどのブラウザーに乏しかったという。さらに彼は，晩氷期の主要な動物生息環境を自身の調査結果からまとめ，人類集団の狩猟活動や遺跡立地の解釈に役立つモデルを示した（第2図）。ガスリーはまた古植生研究の成果に加え，蹄の接地面積が少なく，積雪量の少ない地域でしか索餌と移動を行えないウマやバイソンの化石が多出することに注目した。彼は，ベーリンジアの環境がマンモスを中心とした大型哺乳類の生息に適したステップ環境であったと説き，更新世末期に動物相がヘラジカやトナカイなどのブラウザー種へと移行した要因を，湿潤化による積雪と湿地の増加によりグレイザー種の主食たる草本類が減少したことに求めた（Guthrie 1982・2001）。内陸アラスカ出土動物化石の年代を精査した彼の研究成果からは，ヤンガードリアス期に先立ちマンモス動物群のうちウマが絶滅，続いてマンモスも絶滅に向かうが，機を同じくして，シカとヘラジカが出現した様子がうかがえる（Guthrie 2006，第3図）。また，マンモス動物群のうち，バイソンは完新世まで生息することが知られる。したがって，遺跡の出現期に当たる 11,000～12,500 ^{14}C BP（14,000～13,000 cal BP）ごろに暮らした人類集団は，ウマを除く多様な大型草食獣を狩

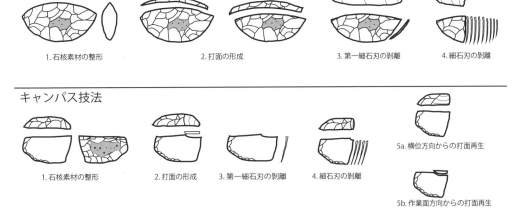

第4図　湧別技法，キャンパス技法概念図（Gómez Coutouly 2012 を改変）

猟の対象にできたと考えてよい。さらに興味深いことに，同時期の遺跡分布は氷河の前線の後退と共に南へ拡大した（Dortch et al. 2010, 第1・5図）。この現象は，気候の温暖・湿潤化によって比較的冷涼かつ乾燥したステップ環境をもつ氷河周辺域に，グレイザー種が流入し，人類集団も動物資源獲得のために，同地域へ進出したと考えられる。このように，晩氷期の内陸アラスカでは動物と人類集団が，植生の変化に呼応し，新たな環境に適応したことを相互の研究結果から読み解ける。

2　内陸アラスカにおけるコンプレックスの位置づけ

　内陸アラスカは，動物骨や遺構の出土に乏しく，石器資料が支配的である。そのため，内陸アラスカにおけるコンプレックスは，二つの異なる細石刃製作技法とチンダディン尖頭器によって定義づけられる。細石刃製作技法の一つである湧別技法は，両面加工石器素材を用い，長軸の縁辺全体を複数回剥離することにより打面を形成する（第4図）。その後，第一細石刃および細石刃を連続的に剥離し，打面の再生頻度は低い。一方，キャンパス技法は，剥片素材の片面を入念に調整し，部分的な打面形成を行う。一定量の細石刃が剥離されると，作業面方向または横位方向からの打面再生が施される。部分的な打面再生を複数回施した場合は，石核上面の段差を解消するために特徴的なスポールが剥離される（第6図7・9）。湧別技法は，内陸アラスカで最も古く位置づけられるイースト・ベーリンジアン・トラディションⅠ（以下 EBt-I）でのみ確認され，デナリコンプレックス（以下コンプレックスを「C.」と略記）以降の細石刃石器群に全くみられない。反対に，キャンパス技法は，EBt-I では用いられずデナリ C. 以降長期にわたり確認される。このように，両技法が楔形細石刃核を製作する他は，年代と技術形態学的特徴がコンプレックス間で大きく異なる。他方，チンダディン尖頭器を伴う石器群は，細石刃を伴うか否かにより，チンダ

ディン C. またはネナナ C. に分類される。

これらのコンプレックスは，多様な石器群を出土する同地域の晩氷期遺跡群を理解するために，基本となる文化的枠組みである。本節では，この枠組みがそれぞれどのように定義され，関係づけられたかを，良好な保存状況と出土資料を有する中心的な遺跡から読み解き，各コンプレックスの概要の把握を行う。

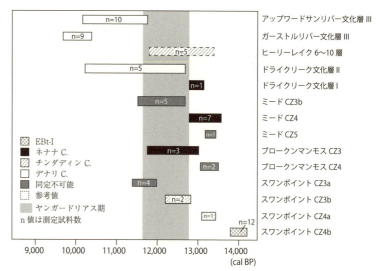

第5図　主要遺跡の AMS 放射性炭素年代幅[2]

（1）デナリコンプレックス

アラスカの考古学は，19世紀後半のエスキモーの起源を求める研究に端を発する。セントローレンス島の発掘調査にもとづく，D. ジェネスや H. B. コリンズの研究はその嚆矢となった。彼らは，海洋適応の開始や民族誌的現在において確認される主要な利器の出現を確認することに研究の主眼を置いた。

アラスカにおける晩氷期文化研究は，N. ネルソンによるアラスカ山脈北麓のキャンパス遺跡（第1図6）で出土した楔形細石刃核とモンゴルのゴビ型石核との技術形態学的比較に始まる（Nelson 1937）。この研究は，旧大陸の細石刃核，石刃核資料との比較を通して，アラスカへの人類移住がより古い年代に生じた可能性を述べた。その後，内陸部からの資料の発見・報告例に乏しかった1940～1950年代にこそ一時停滞がみられたものの，細石刃石器群の研究は，1964年ウェストによってドネリーリッジ遺跡が発掘されると再び活発化をみるところとなった（第1図12）。彼は，細石刃・楔形細石刃核・彫器・両面加工石器・エンドスクレイパーなど計533点からなる同遺跡の石器群，テクラニカウェスト遺跡（第1図1），テクラニカイースト遺跡，さらにキャンパス遺跡で出土した細石刃石器群の石器製作技術と器種組成に注目し，デナリ C. を提唱した（West 1967）。製作技術については，同コンプレックスの最も特徴的な石器である細石刃核が，楔形の断面形を呈し，打面にヒンジフラクチャーの痕跡と下部に間接打撃時の固定に起因するとおぼしき潰れも観察される細石刃核であることに触れ（第6図8・9），ベーリンジアの他遺跡出土資料群との技術形態学的特徴，器種組成の相違を指摘，同コンプレックスを内陸アラスカのみにみられる石器群と結論づけた。

1980年代までにアラスカおよびユーコン地域では，アラスカオイルパイプライン敷設事業に

第13章　内陸アラスカの石器群の多様性と人類集団の連続性　　263

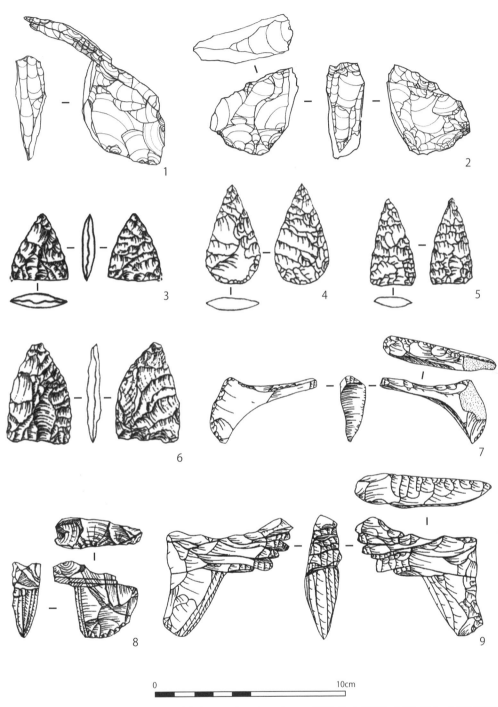

1-2. スワンポイント遺跡 CZ4b, 3. ヒーリーレイク遺跡 (Cook 1996), 4. ウォーカーロード遺跡 (Goebel 1996), 5. ドライクリーク遺跡文化層 I (Hoffecker et al. 1996), 6. ブロークンマンモス遺跡 CZ3 (Holmes 1996), 7-9. ドライクリーク遺跡文化層 II (Hoffecker et al. 1996, Slobodin 2011)

第6図　各コンプレックスの代表的な石器

伴った遺跡分布調査が大規模に行われた。その結果，遺跡と資料数は飛躍的に増加したが，出土した多様な石器群の位置づけが難航した (Goebel and Buvit 2011)。この問題を解消すべく，D. デュモンド (Dumond 1977・1980) はサイベリアン-アメリカンパレオアークティックトラディション（以下 SAPAt）を，ウェストはベーリンジアントラディション（以下 BT）を唱え，ベーリンジア全体における編年案の構築を試みた (West 1981)。

デュモンドは，細石刃または石刃製作技術を保有することを SAPAt の最も基本的な認定基準とした。その基準の一部を満たすデナリ C.，ブルックス山脈周辺の樋状剝離尖頭器石器群，アナングラ石刃石器群などは，一つの大きな文化的枠組みに納められた (Dumond 1977, Goebel and Buvid 2011)。ウェストも同様の基準を設け，内陸アラスカのデナリ C. 石器群と類似する組成と形態の石器群が出土していることを BT の設定理由の一つとして挙げた (West 1981)。

1980 年までの内陸アラスカの細石刃石器群に関する研究は，総じて旧大陸細石刃核資料との技術形態学的比較に重点が置かれていたとみてよい。編年案の構築とコンプレックスの系統関係を明らかにすることが主たる関心事となるなか，研究者らの新旧大陸間における学術交流が活性化，新資料も蓄積したその間は，地域研究の枠を越え，初期移住集団の問題に迫るための基礎が築かれた時期とも評価できる。

(2) チンダディンコンプレックス

アラスカ山脈北麓地域では，晩氷期相当の層準から水滴形や三角形状を呈する尖頭器が，タナナ河流域のヒーリーレイク遺跡から発掘された (Cook 1969・1996, 第 6 図 3)。層位の年代に逆転現象も多々みられる遺跡の出土資料ながら，炉址出土炭化物と焼骨片から更新世の年代が得られた層準とその直上層から発見されたそれらは，更新世末の内陸アラスカを代表する石器型式に位置づけられた (Erlandson et al. 1991)。チンダディン C. と称される同資料群は，細石刃，細石刃核と共に出土することが特徴的である。これらの諸特徴から，チンダディン C. の示標であるヒーリーレイク石器群は，1980 年代以降の内陸アラスカにおける各コンプレックスの時空間的および文化的関連性を解明するうえで鍵を握る資料にほかならない。

(3) ネナナコンプレックス

ウェストのデナリ C. 提唱以後に発掘調査された，最も重要な遺跡の一つにドライクリーク遺跡が挙げられる（第 1 図 3）。本遺跡は，アラスカ山脈を南北に流れるネナナ河の支流ドライクリーク川の段丘上で発見された。1974 年からパワーズらは，大規模な試掘調査を実施し，細石刃を含まず両面加工尖頭器・スクレイパーを主体とする文化層 I と，細石刃・彫器・両面加工尖頭器などで構成される文化層 II を確認し，続く 76〜77 年の調査終了時までに，更新世の層位から 32,398 点の石器を発掘した (Powers 1983)。

文化層 I からは，チンダディン尖頭器 5 点，片面加工エンドスクレイパー 13 点を含む 3517 点の石器が出土した（第 6 図 5）。それらの石器のほぼ 50% は三つの限られた範囲に集中している

(Powers and Hoffecker 1989)。尖頭器とスクレイパー以外の石器製品は，両面加工石器および剝片を部分的に利用した石器である（Powers 1983, Hoffecker et al. 1996）。文化層Ⅱからは，細石刃，楔形細石刃核，両面加工尖頭器，両面加工石器，彫器，スクレイパーなど細石刃を中心とした多様な石器製品が出土した（第6図7～9）。キャンパス遺跡と類似した細石刃製作技法の存在をうかがわせる細石刃核が39点出土し，さらに，両面加工石器および彫器を多く組成にもつ文化層Ⅱの石器群は，デナリ C. に属する最古にして最大の資料群となった。

パワーズらは，文化層Ⅰの特徴的なチンダディン尖頭器と片面加工エンドスクレイパー，ならびに細石刃を出土しない状況に注目し，ネナナ・テクラニカ渓谷一帯の遺跡群における石器組成の比較を行った（Powers and Hoffecker 1989）。ウォーカーロード遺跡文化層Ⅰ・ムースクリーク遺跡文化層Ⅰ・オウルリッジ遺跡文化層Ⅰ・タナナ渓谷のチャグウォーター遺跡文化層Ⅰなどで同様の石器群が確認されること，各遺跡において細石刃が，より上位の文化層から出土する傾向がみられることを示標として，彼らはネナナ C. を提唱した。

(4) イーストベーリンジアトラディション（EBt）

1990年代以降，タナナ河北岸のショークリーク平野西側に，更新世末に形成された文化層をもつ遺跡群が発見された。これらスワンポイント遺跡，ブロークンマンモス遺跡，ミード遺跡は，地理的および年代的に近接しているが，それぞれの石器組成，製作技術，出土動物種組成により，異なるコンプレックスに帰属する（第5図）。

ショークリーク平野北部の残丘頂上に位置するスワンポイント遺跡は，晩氷期に形成された四つの層をもつ（第1図11）。なかでもコンプレックスの示準となる石器資料を出土した Cultural Zone[3]（以下 CZ）4b と 3b は，重要である。CZ4b 出土石器は，細石刃，湧別技法細石刃核・スキースポール・両面加工石器・彫器・彫器ブランク・彫器スポール・剝片であり，尖頭器をもたない細石刃石器群である（第6図1・2）。石器石材の主体は，他の遺跡では類例のない緑色火成岩で，他に流紋岩，玉髄，玄武岩，黒曜石の利用もみられる。CZ3b においては，10点のチンダディン尖頭器に加え，両面加工石器も確認されている。ネナナ C. に該当する他の遺跡と異なり，本遺跡では細石刃を全層位において出土することから，CZ3b はチンダディン C. に該当すると考えられる（Holmes 2011）。

スワンポイント遺跡の南西約5kmに位置するブロークンマンモス遺跡は，晩氷期に比定されるCZ3とCZ4をもつ（第1図9）。CZ3については，チンダディン尖頭器・両面加工石器・台石・敲石・二次加工のある剝片・剝片が出土していることからネナナ C. に位置づけられる（第6図6）。一方，CZ4の石器組成は，片面加工のスクレイパー15点と風触石英礫（Ventifact）製剝片石核5点，それ以外の782点は全て剝片で構成され，細石刃や尖頭器などの特徴的な製品を伴わない（Yesner 2001, Potter et al. 2013）。そのため CZ4 は，特定のコンプレックスに分類することが難しい。その一方で，本遺跡は，定型的な狩猟具に乏しいものの，豊富な動物遺体資料や複数のマンモス牙製加工品と炉址が発見され，遺跡利用および動物資源利用の様相を示す点で特筆に値

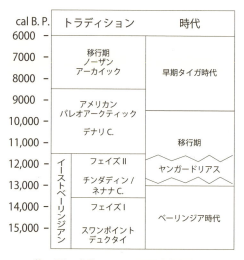

第7図　内陸アラスカ石器文化編年図
（Holmes 2008 を改変）

する。

　ブロークンマンモス遺跡から1 kmほど北に位置するミード遺跡CZ3b・4・5は更新世末期に比定し得る（第1図10）。最も出土資料が豊富なCZ4の石器組成は，彫刀面をもつ剥片2点，チンダディン尖頭器1点，両面加工石器2点，片面加工石器3点，二次加工のある剥片15点，その他の剥片約1480点で構成される（Potter et al. 2013）。同定された動物遺体は少量ながら，CZ3b・CZ4共，ステップバイソンに最も多くの資料が得られている。

　ホームズは上述した遺跡群出土資料を用いて，内陸アラスカの総合的な石器文化偏年を提案した（Holmes 2008・2011 第7図）。彼はスワンポイント遺跡CZ4bが湧別技法を用いた細石刃製作址であるとし，デュクタイ文化を祖型とする東ベーリンジアントラディションフェイズⅠ（EBt-I）に位置づけた。ついで，スワンポイント遺跡とヒーリーレイク遺跡において，細石刃とチンダディン尖頭器の共伴関係が認められることに着目し，チンダディン／ネナナC.を，次の段階であるEBt-IIに比定した。そのうえで，彼は，本地域のキャンパス型細石刃核と細石刃が，完新世後半まで出土することから，デナリC.を完新世前半に出現した「アラスカ特有」の細石刃石器群だと説いた（Holmes 2008：70）。この新規の編年案は，EBt-Iの湧別技法細石刃石器群が内陸アラスカにおける最初期の石器群に比定されたことから，EBt-Iをヤンガードリアス期に出現するデナリC.の祖型とみなした。この両コンプレックスを連続的な石器文化とするならば，年代的に中間に位置するチンダディンC.はその移行期と捉えられる。しかしながら，チンダディンC.に位置づけられる遺跡は，年代の逆転現象が認められるヒーリーレイク遺跡，細石刃核を伴わないスワンポイント遺跡CZ3bを主としており，細石刃核の技術形態学的特徴が不明である。そのため，EBt-IとデナリC.にみられる技法の差が，在地適応の結果であるとは言い切れない点に，ホームズの編年案は問題を抱えている。

3　コンプレックス間の差異と連続性の問題

　先に述べたように，晩氷期の内陸アラスカは，四つの異なるコンプレックスを有する。各コンプレックスの研究は，シベリアの更新世石器群との関係，内陸アラスカにおけるコンプレックス間の連続性について議論を進めてきた。これらのコンプレックス間の系統については，現在大きく二つの解釈がある。一つは，ネナナC.以降のコンプレックスが，遺跡で行われた活動や季節性の差を現しており，遺跡を形成した集団は同一であったとする解釈（Holmes 2001・2008・2011，

Potter et al. 2013)。もう一方は，ネナナ C. が細石刃集団と，異系統のコンプレックスに当たり，文化的に大きな差があったとする解釈である（Powers and Hoffecker 1989, Goebel et al. 1991）。このコンプレックスを担った集団の系統に関する問題は，従来の細石刃核や尖頭器の技術形態学的特徴による分類から検証することが困難である。そのため，コンプレックス間における生業活動や資源利用の相違を明らかにし，石器製作技術と社会的な特徴の関係を考察する必要がある。本節では，上述したコンプレックス間の差異と連続性について論じた複数の事例研究を概観し，研究の動向を探るとともに，問題点の抽出を行う。

(1) 石器石材と初期移住集団

最初期移住集団の資源利用に関する研究は，様々な視点から議論を行っている。例えば D. イェズナーは，最初期移住集団が資源分布等の知識をもたない「一時的探索者（transient explorers）」であったかを，ブロークンマンモス CZ4 を例に検討した（Beaton 1991, Yesner 2001）。彼は，石器石材の画一性，マンモス牙素材への高い依存，小規模な炉址と周辺遺物分布，石器製作址の少なさから，同 CZ を形成した集団が遺跡周辺の利用可能資源に関する知識に乏しく，高い移動性をもっていたと述べた。この特徴は，ケリーとトッドやメルツァーの新大陸初期移住集団の適応モデルと整合的である（Kelly and Todd 1988, Meltzer 2003）。しかしながら，ドライクリーク遺跡文化層 I（ネナナ C.），同遺跡文化層 II（デナリ C.），およびウォーカーロード遺跡（ネナナ C.）の石器群全体を用いて，利用石材と技術的変化を議論したグラフとゲーブルは，限定的な石材利用を異なる視点から評価した（Graf and Goebel 2009, Goebel 2011）。彼らによれば，ネナナ C. の石器群は，在地の小型円礫チャートを素材に両極打法を多用して製作され，定型的な石器製品が比較的少ない点に特徴を認め得るという。ゲーブルは，この技術を遺跡周辺に分布する原礫のサイズと関連して選択された方法と考え，遺跡を利用した初期移住集団が周辺資源を把握し，その状況に適応していたと説いた（Goebel 2011）。ドライクリーク文化層 II からは，細石刃，彫器，両面加工石器などの定型的かつ携帯性の高い器種が出土した。同文化層は，遠隔地石器石材の利用割合が高いことから，この集団はより遊動性が高かったと考えられた。ゲーブルは，この文化層間の差を異系統集団，あるいは環境変化に伴う適応結果であると推測した。

ゲーブルによる利用石器石材と石器製品の分析は，コンプレックス間における石器石材の多様化と石器製作戦略の差を析出した点で重要である。しかし，もしこの差が変化する環境のなかで生じた適応方法の違いであるとすれば，各コンプレックスの違いを同一集団の一方向的かつ段階的な適応結果とみなすことができない。

Y. ゴメスコートリーは EBt-I とデナリ C. における細石刃製作技法の変化を，同一の系統に連なる集団が，在地の石材に適した技術に改変していった結果であると仮定した（Gómez Coutouly 2012）。本仮説は，旧大陸の湧別技法で用いられる主な石材が，旧大陸では黒曜石，フリント，珪質頁岩であるとし，内陸アラスカの場合，チャートや玉髄が主体をしめる点に根拠を求めた。しかしながら，黒曜石製細石刃は移住最初期の EBt-I 期から確認されており，異なるコンプレ

ックスにおいても同様にみられるため，石材分布に関する知識の不足や石材の質的制約による技法の変化は，考えにくい（Reuther et al. 2011）。そして，スワンポイント遺跡CZ4の細石刃核は，緑色火成岩，流紋岩，玉髄製であり，すべてが湧別技法で製作されることから，石材が技法に与える影響は少ないとみてよい。

これらの研究は，剝片類を含む石器群全体の石材および技術形態学的分析を用いて，コンプレックス間の変化を見出し，理論的な説明を試みたことから高く評価される。しかしながら，その変化が適応結果であるとする解釈は，石器組成と特徴的な石器の有無により設定されたコンプレックス間の差異をより顕著に示すだけである。問題の中核を成す集団の系統を論じるには，各コンプレックスの差と同時に，石器群の間にみられる連続的な要素の抽出が必要であると考えられる。

(2) 狩猟具と動物遺体

近年内陸アラスカでは，放射性炭素年代試料と共に，種・部位同定可能な動物骨の出土も増加している。動物骨資料は，遺跡を利用した季節や狩猟対象動物の割合など，食料獲得戦略に関する情報を与えてくれる。さらに，複数の狩猟具が比較的狭い時間幅において出土する晩氷期のアラスカでは，それらと狩猟対象との組み合わせを検討することで，各コンプレックスの生業と石器群の関係を新たな視点から議論することが可能となる。本項では，石器と動物遺体資料を伴う代表的な遺跡を用いて，それらの関連性について考察する。

内陸アラスカの湧別技法細石刃石器群は，スワンポイント遺跡CZ4bにおいてのみ出土する。本遺跡の石器，動物遺体資料の総数は未報告であり，定量的な分析が未だ難しい。ホームズによれば，同石器群は，細石刃および彫器製作に関連するスキースポール，彫器スポールを多量に出土する一方，尖頭器やスクレイパーを含まないとされる（Holmes 2001・2008・2011）。大型の動物遺体は，種および部位同定が成されており，マンモスの牙・肋骨・臼歯片，ウマ下顎前臼歯，鹿角，鳥類骨が出土した（Potter et al. 2013）。わけてもマンモスの牙片については，人為的な加工痕をもつ資料も多数含まれていたことから，牙製品および同素材の加工時の所産とも考えられる（Holmes 2010）。動物遺体からの季節性の推定はなされていないが，マンモス牙，ウマ，炉址の放射性炭素年代は，同様の範囲を示す。遺跡の形成と動物の死亡時期がほぼ同じことから，細石刃を用いた狩猟後に遺体の一部を遺跡へ持ち込んだ経緯をうかがわせる。

ネナナC.に含まれる遺跡群において，まとまった石器群と同定可能な動物遺体資料の共伴例は非常に少ない。ミード遺跡CZ4においては，チンダディン尖頭器と共にバイソン5点とワピティ1点に加え，大型哺乳類骨9点，ガン大の鳥骨片も2点が出土した（Potter et al. 2013）。石器組成中に最大2cm以上の剝片は比較的多いものの，使用痕が認められないため，製作により生じた剝片と考えられる（Potter et al. 2013）。

同じくネナナC.とデナリC.の文化層をもつドライクリーク遺跡では，石核類，石器組成，デビタージュ，石器利用石材に関する分析が行われている（Powers 1983, Goebel 1990, Graf and

第 13 章　内陸アラスカの石器群の多様性と人類集団の連続性　269

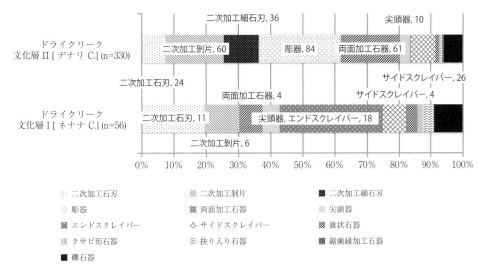

第 8 図　ドライクリーク遺跡主要出土石器割合（Goebel 1990 からデータを引用）

Goebel 2009）。第 8 図にはそれぞれデナリ C., ネナナ C. に比定される同遺跡文化層 I・II の石器組成を比較した。この図からは，文化層 I に尖頭器と片面加工のエンドスクレイパー，文化層 II に両面加工石器が多出していることがわかる。こうした組成からは，文化層 I に皮革加工，文化層 II に細石刃の製作と切削作業の所産となる遺物群が含まれていることをうかがわせる。出土動物遺体については，文化層 I からドールビッグホーンとワピティと考えられるエナメル質破片が，文化層 II から，ワピティとバイソンのエナメル質破片が得られているものの残念ながらいずれも保存状態が悪く資料数も少ない（Guthrie 1983, Hoffecker et al. 1996）。それゆえ，本遺跡でも石器と動物遺存体の組成を関連づけた議論は必ずしも充分に行われていない。特にヤンガードリアス期以前の資料的制約と，石器・動物遺体資料の定量化が不十分であることもあり，各コンプレックス石器群と動物遺体を包括的に扱う研究は未だ緒についたばかりの状況にあるといえる。

　次は，デナリ C. の年代に属する二つの遺跡において比較を試みる。近年調査されたタナナ河上流域に位置するガーストルリバー遺跡文化層 III からは，7,000 点以上の石器と炉址 10 基が発見されている（Potter et al. 2011b・2014, 第 1 図 13, 第 5 図）。出土石器組成は，細石刃・彫器・両面／片面加工石器など，デナリ C. に特徴的な資料で構成される。本文化層の出土動物種としては，ステップバイソンとワピティのみが同定されている。同じくタナナ河流域に位置するアップワードサンリバー遺跡文化層 III は，ガーストルリバー遺跡文化層 III と比較的近い年代を示しており，デナリ C. 期に形成されたと考えられる（第 1 図 8, 第 5 図）。しかしながら両文化層は，石器資料，遺構，動物遺存体の全てにおいて様相を異にする。アップワードサンリバー文化層 III 出土石器は，総数 350 点を数え，両面加工石器 6 点，両面加工尖頭器 2 点，二次加工のある剝片 3 点を含む。動物遺体については，カンジキウサギ，ホッキョクジリス，ハタネズミ亜科，サケ科が主に同定されている。本遺跡で特筆すべきは，火葬幼児遺体の埋葬遺構が発見された点である。同幼児遺体の脇からは，副葬品とみられる鹿角製投槍中柄 4 本，両面加工石器 1 点，中

柄の先端付近に2点の木葉形両面加工尖頭器が並んだ状態で出土した（Potter et al. 2014）。

　それでは，デナリ C. 期に形成されたこれらの遺跡における石器，動物遺体，遺構の差は，何を示しているのだろうか。内陸アラスカのコンプレックス群が，同一系統の集団の所産であるとするポッターは，石器組成の多様性と遺跡出土動物種組成に注目し，細石刃と動物遺体の共伴関係を入念に調査し分析した（Potter 2008・2011, Potter et al 2013）。その結果によれば，細石刃を伴う遺跡は，伴わない遺跡よりも低地に位置し，バイソン，ヘラジカ，ワピティなどの大型哺乳類と共伴する割合が高いとされる。細石刃を主体とする石器群とバイソン，ワピティで構成されるガーストルリバー遺跡では，こうした指摘に整合的な出土状況が確認されている。一方，幼児埋葬遺構を伴うアップワードサンリバー遺跡は，大型哺乳類遺体と細石刃が伴わない。さらに，幼児遺体の副葬品は尖頭器と両面加工石器のみであることも示唆的といえる。こうした違いは，遺跡の機能差を表しており，遊動生活の中の一側面が断片的に遺された結果と考えられるのではなかろうか（Binford 1978, Anderfsky Jr. 1998）。例えばポッターは，サケ科やジリスの若獣に多くの資料が得られているアップワードサンリバー遺跡を夏に形成された遺跡，バイソンとアカシカの成獣遺体が出土動物骨の主体を占めるガーストルリバー遺跡を秋から冬にかけて利用された遺跡とみた。(Potter 2007, Potter et al. 2014)。このように，これらの遺跡は季節ごとの動物資源利用と石器製品の連動的な変化または場の違いを表しており，石器群の多様性の要因を示す好例といえる。

　ヤンガードリアス期以前の石器組成と動物種組成を合わせた研究は，詳細な定量的比較に課題を残すものの，徐々に進展している。両資料群の組成が相互に異なるアップワードサンリバー，ガーストルリバー遺跡を比較すると，デナリ C. における石器群の多様性が，遺跡の性格および季節性による所産であった可能性を示唆する。つまりこの事例は，石器組成が必ずしもコンプレックスの違いを表す示準にならないことを示している。今後，石器と動物遺体資料を伴う遺跡数の増加が望まれるが，内陸アラスカは動物遺体の保存状況に乏しく，年間発掘調査件数も少ないため，あまり期待できない状況にある。そのため，各コンプレックスで多出した定量的分析に耐えうる石器資料の詳細な研究を通し，それらの一貫性を検証することによって，石器群の多様性と集団系統が論じられるべきである。

(3) 狩猟具の変化と集団系統

　細石刃は，内陸アラスカにおいて晩氷期から 1000 cal BP. ごろまで利用された組み合わせ式狩猟具である（Potter 2011）。一方，その間に製作技術は，年代によって大きく変化することも知られている。この技術的な変化は，あくまでも細石刃核の形態的変化から述べられた結果であり，目的製品である細石刃の形態的な変化については，ほとんど注目されてこなかった。異なる技法で製作される細石刃形態に変化があるならば，技術的な変化は，狩猟具の構造や狩猟法，狩猟対象の変化と結びついていたと考えられる。

　筆者は，幸いにもスワンポイント遺跡出土の細石刃資料の定量的計測を行う機会を得，上述し

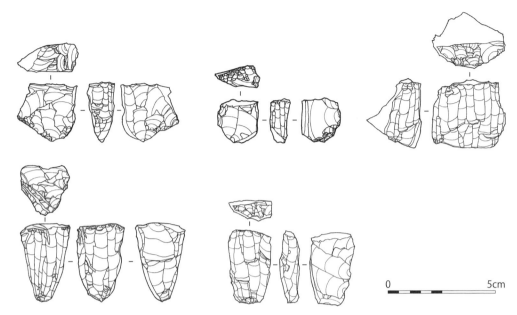

第9図　スワンポイント遺跡出土ノーザンアーカイック期細石刃核

た視点に基づき，コンプレックス間の比較を行った。同遺跡は，EBt-I から湧別技法，中期完新世に属するノーザンアーカイック期相当層から，キャンパス技法や円錐形細石刃核を出土する（第5・9図）。両層準からは，細石刃が多出しており，同一地点において異なる技法により製作された細石刃の比較分析に最適であるといえる。これらの資料を用いて，最大長・最大幅・最大厚を比較したところ，両技法により製作された細石刃は，ほぼ同様の形態を有すると結論づけられた（Hirasawa and Holmes 2015）。このことから，少なくとも初期移住集団と中期完新世の集団は，動植物相の変化が生じたにも関わらず，一定の形態をもつ細石刃を異なる技法により製作していたといえる。さらに同地域の細石刃石器群は，通時的にバイソン，ヘラジカ，ワピティとの共伴性が高いことから，大型有蹄類の狩猟との結びつきが両期において存在した可能性をうかがわせる。この研究結果から内陸アラスカの細石刃は，保守的な道具であったと考えられ，そこからコンプレックスを超えた，細石刃運用法の一貫性も推定される。

　こうしたコンプレックス間に共通する狩猟具に関しては，今後，その製作技術の変化を環境変化のデータにも照らして研究していくことが不可欠となろう。また，そうした観点に立ち，筆者も目下，EBt-I とデナリ C. の細石刃形態の詳細なる観察・分析を進めている。近い将来，その成果も踏まえ，内陸アラスカにおける集団系統についてさらなる知見を提示したいと思う。

おわりに

　本稿は，内陸アラスカにおける動植物相と石器群の先行研究から，近年の晩氷期人類集団に関する議論をまとめた。同地域では，出土した多様な石器群を解釈するにあたって，それぞれのコ

ンプレックスは異系統なのか，または同一集団による遺跡利用の差を表すのかが重要な論点となっている。この問題は，遺跡数や資料数の乏しいなかで行われた細石刃核あるいは尖頭器などの型式学的研究から生じた。最近，少数ではあるが，新たな遺跡出土動物資料の増加に伴い，各コンプレックスの社会的背景の把握とともに，石器群の多様性を再評価する試みが始まっている。型式学的な枠組みからの脱却を目指すこうした研究例の増加は，人類集団の系統や適応行動を論じるうえで重要である。言い換えれば，内陸アラスカの考古学的研究は，これまでの地域編年研究の段階から一歩前進したといえるだろう。その一方で，遺跡数の少なさは，依然として解決の難しい問題である。筆者は，広大な面積をもち，発掘頻度が非常に少ない内陸アラスカでは，既存資料の徹底的な研究を行うことが，新規出土資料との比較検討をより効果的にし，新たな視点からの石器群の考察を可能にすると考える。既存資料の定量化を通して，石材獲得戦略や製作技術の変化を論じ，初期集団の適応行動に言及する研究も若干みられるが，尖頭器，彫器，掻器などの石器製品のほとんどは未着手である。集団系統の議論が，石器型式から生じていることを踏まえれば，内陸アラスカの石器群には未だ研究の余地が多く残されていると言わざるを得ない。

　現在までに行われてきた古環境データを視野に入れた総合的な研究はもちろんのことながら，出土動物遺体および石器群全体の定量的な分析と，各コンプレックスに共通して出土する狩猟具の技術形態学的研究が必要となることを指摘し，本稿の結びとしたい。

　本稿の執筆にあたりアラスカ大学フェアバンクス校 C. E. Holmes 客員教授ならびに慶應義塾大学文学部 佐藤孝雄教授から様々なご指導とご助言を賜りました。末筆ながら御礼申し上げます。なお本稿は，平成27年度 公益財団法人髙梨学術奨励基金 若手研究助成による支援を受けた研究成果の一部です。

註

1) 本稿は，アメリカ考古学で一般的に用いられる「コンプレックス」と「トラディション」を，特徴的な複数の石器群を括る枠組みを示す用語として使用する。筆者は，日本語の「複合」と「伝統」が必ずしも原文を正しく表す訳語ではないと考える。あえて訳すならば，コンプレックスは石器文化とほぼ同義である。トラディションについては，より上位の単位として石器文化伝統が考えられる。文化的枠組みの定義は，フィリップスとワイリーに最も詳しい（Philips and Willey 1953）。

2) 図中の較正年代は，^{14}C AMS 年代測定値を OxCal 4.2.3 を用いて IntCal 13 の較正曲線に基づき算出した（Ramsey 2009, Reimer et al. 2013）。年代値は，算出された最新と最古の幅を示す。各遺跡の年代値データは，Bigelow and Powers (1994), Hoffecker et al. (1996), Thorson and Hamilton (1977), Holmes (1996・2014), Potter (2007・2008), Potter et al. (2011a・b・2013・2014), Cook (1996) から引用した。ヒーリーレイク遺跡6〜10層における年代は，逆転現象を考慮し参考値として扱った。

3) スワンポイント，ミード，ブロークンマンモス遺跡は，Cultural Zone と呼ばれる特有の層位概念を用いている。その他の遺跡にて使用される Component（文化層）に比べて遺物の垂直分布範囲が広い場合，もしくは特定のコンプレックスと結び着けられない遺物出土範囲に利用される用語と考えられる。

本稿では，正確な訳語がないことから，英語表記をそのまま引用した。

引用文献

Ager, T. 2003 Late Quaternary vegetation and climate history of the Central Bering Land Bridge from St. Michael Island, Western Alaska. *Quaternary Research* 60 (1), 19-32.

Anderfsky Jr., W. 1998 *Lithics: Macroscopic Approaches to Analysis*. Cambridge University Press: Cambridge, 258.

Antevs, E. 1935 The spread of aboriginal man to North America. *Geographical Review* 25 (2), 302-309.

Beaton, J. M. 1991 Colonizing continents: Some problems from Australia and the Americas. In *The First Americans: Search an Research*. Edited by Dillehay, T. D. and Melzer, D. J., CRC Press: Boca Raton, 209-230.

Bever, M. R. 2001 Stone tool technology and the Mesa complex: Developing a framework of Alaskan Paleoindian prehistory. *Arctic Anthropology* 38 (2), 98-118.

Bigelow, N. H. and Powers, W. R. 1994 New AMS dates from the Dry Creek Paleoindian site, Central Alaska. *Current Research in the Pleistocene* 11, 114-116.

Bigelow, N. H. and Edwards, M. E. 2001. A 14,000 yr paleoenvironmental record from Windmill Lake, Central Alaska: Lateglacial and Holocene vegetation in the Alaska range. *Quaternary Science Reviews* 20 (1), 203-215.

Binford, L. R. 1978 *Nunamiut Ethnoarchaeology*. Academic Press: San Francisco, p. 509.

Cook, J. 1969 *The Early Prehistory of Healy Lake, Alaska*. Unpublished Ph. D. dissertation, The University of Wisconsin, p. 402.

Cook, J. 1996 Healy Lake. In American Beginnings: The Prehistory and Palaeoecology of Beringia. Edited by West, F. H., The University of Chicago Press: Chicago, 323-327.

Dortch, J. M., Owen, L. A., Caffee, M. W., Li, D. and Lowell, T. V. 2010 Beryllium-10 surface exposure dating of glacial successions in the Central Alaska Range. *Journal of Quaternary Science* 25 (8), 1259-1269.

Dumond, D. 1977 *The Eskimos and Aleuts*. Thames & Hudson: London, p. 184.

Dumond, D. 1980 The archaeology of Alaska and the peopling of America. Science, *New Series* 209 (4460), 984-991.

Erlandson, J., Walser, R., Maxwell, H., Bigelow, N. Cook, J., Lively, R., Adkins, C., Dodson, D., Higgs, A., and Wilber, J. 1991 Two early sites of Eastern Beringia: context and chronology in Alaskan interior archaeology. *Radiocarbon* 33 (1), 35-50.

Finkenbinder, M. S., Abbott, M. B., Edwards, M. E., Langdon, C. T., Steinman, B. A., and Finney, B. P. 2014 A 31,000 year record of paleoenvilonmental and lake-level change from Harding Lake, Alaska, USA. *Quaternary Science Reviews* 87, 98-113.

Goebel, T. 1990 *Early Paleoindian Technology in Beringia*. Unpublished M. A. Thesis, Department of Anthropology, University of Alaska Fairbanks, p. 215.

Goebel, T. 2011 What is the Nenana Complex? Raw Material Procurement and Technological Organization at Walker Road, Central Alaska, In *From the Yenisei to the Yukon*: Interpreting Lithic Assemblage Variability in Late Pleistocene/Early Holocene Beringia, Edited by Goebel, T and Buvit, I., Texas A & M

University Press: College Station, 199-214.

Goebel, T., Powers, W. R., and Bigelow, N. 1991 The Nenana complex of Alaska and Clovis origins. In *Clovis Origins and Adaptations*. Edited by Bonnichsen, R. and Turnmire, K., Center for the Study of the First Americans, Oregon State University: Corvallis, 49-79.

Goebel, T., Powers, W. R., Bigelow, N. H., and Higgs, A. S. 1996 Walker Road. In *American Beginnings: The Prehistory and Palaeoecology of Beringia*. Edited by West, F. H., The University of Chicago Press: Chicago, 356-362.

Goebel, T. and Buvit, I. 2011 Introducing the archaeological record of Beringia. In *From Yenisei to the Yukon: Interpriting Lithic Assemblage Variability in Late Pleistocene/Early Holocene Beringia*. Edited by Goebel, T. and Buvit, I., Texsas A & M Universty Press: College Station, 1-29.

Goebel, T., Smith, H. L., DiPietro, L., Waters, M. R., Hockett, B., Graf, K., Gal, R., Slobodin, S. B., Speakman, R. J., Driese, S. G., and Rhode, D. 2013 Serpentine Hot Springs, Alaska: results of excavations and implications for the age and significance of northern fluted points. *Journal of Archaeological Science* 40 (12), 4222-4233.

Gómez Coutouly, Y. A. 2012 Pressure microblade industries in Pleistocene-Holocene Interior Alaska: Current data and discussions. In *The Emergence of Pressure Blade Making*. Edited by P. Desrosiers, Springer: New York, 347-374.

Graf, K. and Goebel, T. 2009 Upper Paleolithic toolstone procurement and selection across Beringia. In *Lithic Materials and Paleolithic Societies*. Edited by Adams, B., and Blades, B. S., Wiley-Blackwell: Oxford, 54-77.

Guthrie, R. D. 1968 Paleoecology of the large-mammal community in Interior Alaska during the Late Pleictocene, *American Midland Naturalist* 79 (2), 346-363.

Guthrie, R. D. 1982 Mammals of the mammoth steppe as paleoenvironmental indicators. In *Paleoecology of Beringia*. Edited by Hopkins, D. M, Matthers Jr., J. V., Schweger, C. E., and Young, S. B. Academic Press: New York, 307-326.

Guthrie, R. D. 1983 Paleoecology of the site and its implications for early hunters. In *Dry Creek: Archaeology and Paleoecology of Late Pleistocene Alaskan Hunting Camp*. Edited by Powers, W. R., Guthrie, R. D., and Hoffecker, J. H. Report to the National Park Service, Washington D. C., 209-287.

Guthrie, R. D. 2001 Origin and causes of the mammoth steppe: a story of cloud cover, woolly mammal tooth pits, buckles, and inside-out Beringia. *Quaternary Science Reviews* 20 (1), 549-574.

Guthrie, R. D. 2006 New carbon dates link climatic change with human colonization and Pleistocene extinctions. Nature 441 (7090), 207-209.

Hirasawa, Y. and Holmes, C. E. 2015 *Microblade Production Technology in Alaska from the Perspective of Swan Point Site*. Oral presentation, XIX INQUA Congress, July 26-August 2, Nagoya, Japan.

Hoffecker, J. F., Powers, W. R., and Bigelow, N. H. 1996 Dry Creek. In *American Beginnings: The Prehistory and Palaeoecology of Beringia*. Edited by West, F. H., The University of Chicago Press: Chicago, 343-352.

Holmes, C. E. 1996 Broken Mammoth. In *American Beginnings: The Prehistory and Palaeoecology of Beringia*. Edited by West, F. H., The University of Chicago Press: Chicago, 312-318.

Holmes, C. E. 2001 Tanana valley archaeology circa 14,000 to 9000 BP. *Arctic Anthropology* 38 (2), 154-170.

Holmes, C. E. 2008 The Taiga Period: Holocene archaeology of the northern boreal forest, Alaska. *Alaska Journal of Anthropology* 6 (1-2), 69-81.

Holmes, C. E. 2010 *Excavations at Swan Point in 2009: Exploring Technology and Technique at A Beringian Period Workshop in Central Alaska*. Poster presentation, 37th Alaska Anthropological Association Annual Meeting, March 24-27, Anchorage, Alaska.

Holmes, C. E. 2011 The Beringian and transitional periods in Alaska: Technology of the East Beringian Tradition as viewed from Swan Point. In *From Yenisei to The Yukon: Interpreting Lithic Assemblage Variability in Late Pleistocene/Early Holocene Beringia*. Edited by Goebel, T. and Buvit, I., Texsas A & M Universty Press: College Station, 172-191.

Holmes, C. E. 2014 New Evidence Pertaining to the Early Archaeological Sequence at Swan Point, Central Alaska. Poster presentation, 41st Alaska Anthropological Association Annual Meeting, March 5-8, Fairbanks, Alaska.

Kelly, R. L. and Todd, L. C. 1988 Coming into the country: Early Paleoindian hunting and mobility. *American Antiquity* 53 (2), 231-244.

Kunz, M. L., Bever, M. R., and Adkins, C. 2003 *The Mesa site: Paleoindians above the Arctic Circle*. BLM-Alaska Open File Report 86, U. S. Department of the Interior, Breau of Land Management, p. 82.

Meltzer, D. J. 2003 Lessons in landscape learning. In *Colonization of Unfamiliar Landscapes: The archaeology of adaptation*. Edited by Rockman, M. and Steele, J. Routledge: New York, 222-241.

Nelson, N. C. 1937 Notes on cultural relations between Asia and America. *American Antiquity* 2 (4), 267-272.

Philips, P. and Willey, G. R. 1953 Method and theory in American archaeology: An operational basis for culture-historical integration. *American Anthropologist, New Series* 55 (5), part 1, 615-633.

Potter, B. A. 2007 Models of faunal processing and economy in early Holocene Interior Alaska. *Environmental Archaeology* 12 (1), 3-23.

Potter, B. A. 2008 Radiocarbon chronology of Central Alaska: Technological continuity and economic change. *Radiocarbon* 50 (2), 181-204.

Potter, B. A. 2011 Late Pleistocene and Early Holocene assemblage variability in Central Alaska. In *From Yenisei to The Yukon: Interpreting Lithic Assemblage Variability in Late Pleistocene/Early Holocene Beringia*. Edited by Goebel, T. and Buvit, I., Texsas A & M Universty Press: College Station, 215-233.

Potter, B. A., Gilbert, P. J., Holmes, C. E. and Crass, B. A. 2011a The Mead site, a Late-Pleistocene/Holocene stratified site in Central Alaska", *Current Research in the Pleistocene* 28, 73-75.

Potter, B. A., Irish, J. D., Reuther, J. D., Gelvin-Reymiller, C. and Holliday, V. T. 2011b A Terminal Pleistocene child cremation and residential structure from Eastern Beringia. *Science* 331, 1058-1062.

Potter, B. A., Holmes, C. E., and Yesner, D. R. 2013 Technology and economy among the earliest prehistoric foragers in Interior Eastern Beringia. In *Paleoamerican Odyssey*. Edited by Graf, K. E., Ketron, C. V., and Waters, M. R., Center for the Study of the First Americans, Texas A & M University Press: College Station, 81-104.

Potter, B. A., Irish, J. D., Reuther, J. D., and McKinney, H. J. 2014 New insights into Eastern Beringian mortuary behavior: a terminal Pleistocene double infant burial at Upward Sun River. *Proceedings of the*

National Academy of Sciences, Current Issue 111 (48), 17060-17065.

Powers, W. R. 1983 Lithic technology of the Dry Creek site. In *Dry Creek: Archaeology and Paleoecology of Late Pleistocene Alaskan Hunting Camp*. Edited by Powers, W. R., Guthrie, R. D., and Hoffecker, J. H. Report to the National Park Service, Washington D. C., 62-181.

Powers, W. R. and Hoffecker, J. F. 1989 Late Pleistocene settlement in the Nenana valley, Central Alaska. *American Antiquity* 54 (2), 263-287.

Ramsey, C. B. 2009 Bayesian analysis of radiocarbon dates. *Radiocarbon* 51 (1), 337-360

Rasic, J. T. 2008 *Paleoalaskan Adaptive Strategies Viewed from Northwestern Alaska*. Unpublished Ph. D. dissertation, Washington State University, 361.

Rasic, J. T. 2011 Functional variability in the Late Pleistocene archaeological record of Eastern Beringia: a model of Late Pleistocene land useand technology from Northwest Alaska. In *From Yenisei to the Yukon: Interpriting Lithic Assemblage Variability in Late Pleistocene/Early Holocene Beringia*. Edited by Goebel, T. and Buvit, I., Texsas A & M Universty Press: College Station, 128-164.

Reimer, R. J., Bard, E., Bayliss, A., Warren Beck, J., Blackwell, P. G., Ramsey, C. B., Buck, C. E., Cheng, H., Edwads, R. L., Friedrich, M., Grootes, P. M., Guilderson, T. P., Haflidason, H., Hajdas, I., Hatte, C., Heaton, T. J., Hoffmann, D. L., Hogg, A. G., Hughen, K. A., Kaiser, K. F., Kromer, B., Manning, S. W., Niu, M., Reimer, R. W., Richards, D. A., Scott, E. M., Southon, J. R., Staff, R. A., Turney, C. S. M., and van der Plicht, J. 2013 IntCal13 and Marine13 radiocarbon age calibration curves 0-50,000 years cal BP. *Radiocarbon* 55 (4), 1869-1887.

Reuther, J., Slobodina, N., Rasic, J., Cook, J., and Speakman, R. 2011 Gaining momentum: Late Pleistocene and Early Holocene archaeological obsidian source studies in Interior and Northeastern Beringia. In *From Yenisei to The Yukon: Interpriting Lithic Assemblage Variability in Late Pleistocene/Early Holocene Beringia*. Edited by Goebel, T. and Buvit, I., Texsas A & M Universty Press: College Station, 270-286.

Slobodin, S. B. 2011 Late Pleistocene and Early Holocene cultures of Beringia: the general and the specific. In *From Yenisei to The Yukon: Interpriting Lithic Assemblage Variability in Late Pleistocene/Early Holocene Beringia*. Edited by Goebel, T. and Buvit, I., Texsas A & M Universty Press: College Station, 91-116.

Smith, H. L., Rasic, J. T., and Goebel, T. 2013 Biface traditions of Northern Alaska and their role in the Peopling of the Americas. In *Paleoamerican Odyssey*. Edited by Graf, K. E., Ketron, C. V., and Waters, M. R., Center for the Study of the First Americans, Texas A & M University Press: College Station, 105-123.

West, F. H. 1967 The Donnelly Ridge Site and the definition of early core and blade complex in Central Alaska. *American Antiquity* 32 (3), 360-382.

West, F. H. 1981 *The Archaeology of Beringia*. Columbia University Press: New York. 268.

Yesner, D. R. 2001 Human dispersal into Interior Alaska: antecedent conditions, mode of colonization and adaptations. *Quaternary Science Reviews* 20, 321-327.

編者略歴

佐藤宏之（さとう　ひろゆき）東京大学大学院人文社会系研究科考古学研究室　教授

1956 年仙台市生まれ。1994 年法政大学大学院人文科学研究科日本史学専攻博士後期課程修了（博士 文学）。
主要著書
『野と原の環境史』（共編著，文一総合出版・2011 年）
『講座 日本の考古学 旧石器時代（上）（下）』（共編著，青木書店・2010 年）
『縄文化の構造変動』（編著，六一書房・2008 年）

山田　哲（やまだ　さとる）北見市教育委員会ところ遺跡の森

1973 年北海道生まれ。2004 年東京大学大学院人文社会系研究科基礎文化研究専攻博士課程修了（博士 文学）。
主要著書・論文
『北海道における細石刃石器群の研究』（六一書房・2006 年）
「石材資源調達の経済学―石器インダストリーの空間配置と技術に関する考察―」『考古学研究』60-3（2013 年）
『黒曜石の流通と消費からみた環日本海北部地域における更新世人類社会の形成と変容（III）―吉井沢遺跡の研究―』（共編著，東京大学大学院人文社会系研究科附属北海文化研究常呂実習施設・2014 年）

出穂雅実（いずほ　まさみ）首都大学東京大学院人文科学研究科　准教授

1973 年北海道生まれ。北海道大学大学院文学研究科博士後期課程歴史地域文化学専攻（単位修得退学）。
主要著書・論文
Kaifu, Y., Izuho, M., Goebel, T., Sato, H., and Ono, A. (eds.) 2015 *Emergence and Diversity of Modern Human Behavior in Paleolithic Asia.* Texas A & M University Press, College Station.
Ono, A., and Izuho, M., (eds.) 2012 *Environmental Changes and Human Occupation in North and East Asia during OIS 3 and OIS 2.* British Archaeological Report International Series, 2352. Archaeopress. Oxford.
Izuho, M., Hayashi, K., Nakazawa, Y., Soda, T., Oda, N., Yamahara, T., Kitazawa, M., and Buvit, I. 2014 Investigating the Eolian Context of the Last Glacial Maximum Occupation at Kawanishi-C, Hokkaido, Japan. *Geoarchaeology,* 29: 202-220.

執筆者一覧（執筆順）

佐藤宏之	（さとう　ひろゆき）	編者略歴参照
森先一貴	（もりさき　かずき）	文化庁文化財部記念物課　埋蔵文化財部門　文部科学技官
夏木大吾	（なつき　だいご）	東京大学大学院人文社会系研究科附属北海文化研究常呂実習施設　助教
山田　哲	（やまだ　さとる）	編者略歴参照
岩瀬　彬	（いわせ　あきら）	首都大学東京　人文科学研究科　助教
尾田識好	（おだ　のりよし）	（公財）東京都スポーツ文化事業団　東京都埋蔵文化財センター
出穂雅実	（いずほ　まさみ）	編者略歴参照
ジェフリー・ファーガソン		ミズーリ大学コロンビア校実験原子炉施設　特任助教
髙倉　純	（たかくら　じゅん）	北海道大学埋蔵文化財調査センター　助教
中沢祐一	（なかざわ　ゆういち）	北海道大学大学院医学研究科人類進化学分野
赤井文人	（あかい　ふみと）	岩手県教育委員会生涯学習文化課　文化財専門員（北海道派遣）
直江康雄	（なおえ　やすお）	（公財）北海道埋蔵文化財センター　主査
鈴木宏行	（すずき　ひろゆき）	（公財）北海道埋蔵文化財センター　主査
坂本尚史	（さかもと　なおふみ）	（公財）北海道埋蔵文化財センター　主査
佐野勝宏	（さの　かつひろ）	東京大学総合研究博物館　特任助教
平澤　悠	（ひらさわ　ゆう）	慶應義塾大学大学院文学研究科　史学専攻　民族学考古学分野　博士課程

晩氷期の人類社会
――北方先史狩猟採集民の適応行動と居住形態――

2016 年 5 月 10 日　初版発行

編　者　佐藤　宏之・山田　哲・出穂　雅実

発行者　八木　唯史

発行所　株式会社　六一書房
　　　　〒101-0051　東京都千代田区神田神保町 2-2-22
　　　　TEL　03-5213-6161　　　FAX　03-5213-6160
　　　　http://www.book61.co.jp　　E-mail info@book61.co.jp
　　　　振替　00160-7-35346

印　刷　株式会社　三陽社

装　丁　藍寧舎

ISBN 978-4-86445-080-5 C3021　Ⓒ Hiroyuki Sato, Satoru Yamada, Masami Izuho 2016

Printed in Japan